21世纪普通高等院校系列教材

管理信息系统

GUANLI XINXI XITONG

（第二版）

主　编　马法尧　牟绍波
副主编　曹小英　罗　剑　赵良杰

西南财经大学出版社
中国·成都

图书在版编目(CIP)数据

管理信息系统/马法尧等主编．—2 版.—成都：西南财经大学出版社，
2021.12
ISBN 978-7-5504-5182-7

Ⅰ.①管… Ⅱ.①马… Ⅲ.①管理信息系统—高等学校—教材
Ⅳ.①C931.6

中国版本图书馆 CIP 数据核字(2021)第 239283 号

管理信息系统(第二版)
主　编:马法尧　牟绍波
副主编:曹小英　罗　剑　赵良杰

策划编辑:李邓超
责任编辑:高小田
责任校对:雷静
封面设计:杨红鹰　张姗姗
责任印制:朱曼丽

出版发行	西南财经大学出版社(四川省成都市光华村街 55 号)
网　　址	http://cbs.swufe.edu.cn
电子邮件	bookcj@swufe.edu.cn
邮政编码	610074
电　　话	028-87353785
照　　排	四川胜翔数码印务设计有限公司
印　　刷	郫县犀浦印刷厂
成品尺寸	185mm×260mm
印　　张	18.25
字　　数	412 千字
版　　次	2021 年 12 月第 2 版
印　　次	2021 年 12 月第 1 次印刷
印　　数	1—2000 册
书　　号	ISBN 978-7-5504-5182-7
定　　价	49.80 元

第二版前言

信息技术的飞速发展大大推动了社会的进步，改变了人们的工作、学习和生活。采用管理信息系统代替原来的手工管理方式，重新认识和再造企业原有的业务流程和组织结构，已经成为企业在激烈的市场竞争中取胜的首要战略手段。管理信息系统课程是一门典型的综合性、边缘性的课程。由于其研究和关注的主要是如何在企业中为管理者提供合适和全面的信息服务，因此，我国高校的管理学院均开设有这门课程。

管理信息系统课程是工商管理专业、信息管理专业、财务管理专业、市场营销专业等专业的必修课。但由于传统理论教学方法的局限，较多高校管理信息系统课程设置内容较为偏重于系统开发的方法和一些基本原理，在实践性方面改革不够。这样，必将影响学生对于企业实际管理信息系统的认识和掌握，无法培养出具有较强系统分析、系统设计和系统实施能力的专业化人才，无法和现代企业管理模式相适应。在此背景下，我们编写了这本教材，希望能够在教材中反映出管理信息系统的发展和变化，并更好地应用于管理信息系统教育教学。

在撰写本书的过程中，编者参考和吸取了国内外同类教材的教学思想和教学内容，力求教材结构合理、思路清晰、内容全面、密切联系实际，并具有自己的特色。本书具有以下特点：

（1）本书按照管理信息系统的知识脉络，全面、系统地讲述了管理信息系统的基本原理和应用。全书包括 8 章内容。其中：第 1~2 章，对管理信息系统的基本概念、主要类型及信息管理的技术基础进行了详细的分析和研究；第 3~6 章，对管理信息系统的规划、分析、设计和实施的理论、方法、技术和工具进行了全面、详细的描述；第 7~8 章，对管理信息系统的典型应用和具体管理进行了深入分析，这些典型应用包括供应链管理、决策支持系统、客户关系管理及电子商务、电子政务等。这些内容有助于读者理解、掌握和应用管理信息系统的基本原理与方法。

（2）采用案例教学。案例教学法是管理教育中非常有效的一种教学方法。本教材相当重视案例教学，核心章节均添加了相关案例，旨在通过各类企业在搭建管理信息系统中的具体问题，让学生更为形象地掌握管理信息系统的应用。依托各类案例，引导学生进入“角色”，身临“企业现场”，从而培养学生分析问题和解决问题的能力。

（3）内容生动、图文并茂、紧跟前沿，并具有中国特色，充分考虑到了我国信息化建设的特点。在形式和文字等方面符合高等教育教和学的需要，针对学生抽象思维特点，突出表现形式上的直观性和多样性。书中的示例均采用图片显示或电脑截屏图形式，图文并茂，以激发学生的学习兴趣。此外，本书详细介绍了当前流行的管理信息系统，如ERP、CRM、SRM、EC、DSS等在企业的应用实例，展示了科学应用企业管理信息系统对于企业经营所起到的全方位的支持作用。

本书是西华大学所有参编人员集体协作的结果。本书第1章由马法尧、罗剑、梁玉国、曹悦、史安祥和王怀玉编写，第2章由曹小英、王相平、朱广财、史安祥和刘欢编写，第3章由罗剑、牟绍波、陈亮颖、史安祥、王怀玉和赵良杰编写，第4章由曹小英、郑永灵、罗剑、许娜和邓静莹编写，第5章由马法尧、牟绍波、郑永灵、唐云锦、杨雯睿和赵良杰编写，第6章由马法尧、牟绍波、郑永灵、陈昌华、唐云锦和寇耀丹编写，第7章由曹小英、罗剑、徐明、王培林和李青青编写，第8章由马法尧、唐云锦、戴舒蘅、王培林、欧坚强和寇耀丹编写。全书由马法尧统稿，唐云锦审稿。

本书是西华大学工商管理特色专业建设阶段性成果。在本书的撰写过程中，得到了众多同仁的帮助，在此表示诚挚的感谢！

管理信息系统涉及的知识面广泛、内容博大精深，鉴于我们的水平有限，书中难免有不妥之处，恳请读者批评、指正！

编　者

2021年12月

目录

1 管理信息系统概论

本章主要内容：

本章主要对信息的基本概念及特征、信息的度量、信息系统的概念及发展、管理的概念及相关知识、决策问题、信息系统面临的挑战等知识进行介绍；对管理信息系统的定义、特点、结构、功能和管理信息系统的发展历史以及发展趋势等知识点进行讲解。

本章学习目标：

了解信息的基本概念及特征；了解信息的度量；了解信息系统的概念及发展；了解管理的概念及组织结构；了解管理的基本职能；了解决策和决策过程以及决策的科学化；了解决策问题的类型；了解管理信息系统面临的挑战；了解管理信息系统的定义；了解管理信息系统的特点；了解管理信息系统的结构；了解管理信息系统的功能。

1.1 信息及其度量

1.1.1 信息的概念与特征

“信息”一词来源于拉丁文“Information”，原意为解释、陈述。在现代社会中，信息是一个被广泛使用的名词。随着信息的地位与作用的不断增强以及人们对信息认识的不断加深，信息的含义也在不断发展，并已超出了“解释、陈述”的简单内涵。

理论界对信息概念的表述有许多种，例如：信息是数据经过加工后得到的结果；信息是描述客观世界的事物；信息是能够减少不确定性的有用知识；信息是经过加工并对人们的行动产生影响的数据；等等。

一般认为，众多的表述是由于角度不同、研究的目的不同而产生的，而本质上的差异不大。

综合各种表述，能够比较准确包含信息本质特征的定义是：信息是反映客观世界中各种事物的特征和变化并可借某种载体加以传递的有用知识。这一定义包含四个方面的内容：

1.1.1.1 信息是对客观事物特征和变化的反映

人们通常所说的信号、情况、指令、原始资料、情报、档案等都属于信息的范畴，因为它们都是对客观事物特征和变化的反映。

1.1.1.2　信息是可以传递的

信息必须是由人们可以识别的符号、文字、数据、语言、图像、声音、光、色彩等信息载体来表现和传递的。

1.1.1.3　信息是有用的

信息的有用性是相对于其特定的接受者而言的。同样一则信息，对于甲、乙两个接受者，若对甲有用而对乙无用，则甲接收到的是信息，而乙接收到的就不是信息。例如，棉花增产的消息对于纺织业来说是信息，而对航天工业来说就不是信息。

1.1.1.4　信息是知识

所谓知识，就是反映各种事物的信息进入人们大脑，对神经细胞产生作用后留下的痕迹，人们是通过获得信息来认识事物、区别事物和改造世界的。

信息具有以下特征：

（1）事实性。事实性是信息的最基本的属性。这是在信息系统中收集信息时最应当注意的性质，如果收集的信息不符合事实就失去其价值。

（2）传输性。信息是可以传输的，它可以通过各种手段传输到很远的地方，它的传输性能优于物质和能源。信息的传输加快了资源的交流，加快了社会的变化。

（3）扩散性。扩散是信息的本质。它通过各种渠道和手段向各方传播。俗话说："没有不透风的墙"，就说明了信息扩散的威力。信息的浓度越大，扩散性越强。信息的扩散存在两面性：一方面有利于知识的传播；另一方面会造成信息的贬值，不利于保密。在信息系统中，如果没有很好的保密措施，就不能保护用户使用系统的积极性，从而造成系统的失败。

（4）共享性。信息可以共享不能交换，这是与物质不同的性质。物质的交换是零和的，你的所得必为我之所失，给你一支笔，我就少一支。信息分享的非零和性造成信息共享的复杂性。例如，股票信息为股民共享，不会因某人获得信息而使他人减少信息。

（5）等级性。管理是分等级的，不同等级的管理要求不同的信息，因而信息也是分等级的。管理一般分为高、中、低三层，信息对应地也分为战略级、策略级和执行级。不同级别的信息有不同的属性。

（6）增值性。用于某种目的的信息，随着时间的推移可能价值耗尽。但对另一目的可能又显示出其用途。例如，天气预报的信息，预报期过后对指导当前的生产不再有用，但和各年同期天气比较，可以用来预测未来的天气，到一定时间进行提炼就能对这种天气的全貌有个估计。从信息"废品"中提炼有用的信息，已是各国收集信息的重要手段之一。

（7）不完全性。客观事实的信息是不可能全部得到的，这与人们认识事物的程度有关。只能根据需要收集有关数据，不能主次不分。只有舍弃无用的和次要的信息，才能正确地使用信息。

（8）客观性。信息是数据处理的结果，是事物变化和状态的反映。由于事物及其状态、特征和变化是不以人们的意志为转移的客观存在，所以反映这种客观存在的信息同样具有客观性。

（9）主观性。信息不仅有客观性而且具有主观性。这是因为不同的人对同一信息的范围、评价、处理，以及认识的角度等是不同的。

（10）滞后性。数据加工后才能成为信息，利用信息决策才能产生结果。它们在时间上存在的关系为：事实--数据—信息—决策—结果。它们从前一个状态到后一个状态的时间间隔总不为零，这就是信息的滞后性。

1.1.2 信息的度量

不同的数据资料中包含的信息量可能差别很大：有的数据资料包含的信息量多一些，有的则少一些，甚至空洞、啰唆，不包含信息量。数据资料中含信息量的多少是由消除对事物认识的“不确定程度”来决定的。在获得数据资料之前，人们对某一事物的认识不清，存在着不确定性，获得数据资料之后，就有可能消除这种不确定性。数据资料所消除的人们认识上“不确定性”的大小，也就是数据资料中所包含信息量的大小。

信息量的大小取决于信息内容消除人们认识的不确定程度：消除的不确定程度大，则发出的信息量就大；消除的不确定程度小，则发出的信息量就小。如果事先就确切地知道消息的内容，那么消息中所包含的信息量就为零。

可以利用概率来度量信息。例如，现在某甲到 1 000 人的学校去找某乙，这时，在某甲的头脑中，某乙所处的可能性空间是该学校的 1 000 人。当传达室的人告诉他：“这个人是管理系的”，而管理系有 100 人，那么，他获得的信息为 100/1 000=1/10，也就是说可能性空间缩小到原来的 1/10。通常，我们不用 1/10 来表示信息量，而用 1/10 的负对数来表示，即-log1/10=log10。如果管理系的人告诉他，某乙在管理信息系统教研室，那么他获得了第二个信息。假定管理信息系统教研室共有 10 位老师，则第二个信息的确定性又缩小到原来的 100/1 000×10/100=10/1 000。显然：

$-\log 100/1\,000+(-\log 10/100)=-\log 10/1\,000$

只要可能性范围缩小了，获得的信息量总是正的；如果可能性范围没有变化，-log1=0，获得的信息量就是零；如果可能性范围扩大了，信息量变为负值，人们对这件事的认识就变得更模糊了。

信息量的单位叫比特（bit，是二进位制数字 binary digit 的缩写）。1 比特的信息量是指含有两个独立均等概率状态的事物所具有的不确定性能全部消除所需要的信息。在这种单位制度下，信息量的定义公式可以写成：

$H(x)=-\sum P(Xi) \quad i=1,2,3,\cdots,n$

式中，Xi 代表第 i 个状态（总共有 n 个状态），P（Xi）代表出现第 i 个状态的概率，H（x）就是用以消除这个系统不确定性所需要的信息量。例如，硬币下落可能有正、反两种状态。出现这两种状态的概率都是 1/2，即

$P(Xi)=0.5$

这时，$H(x)=-[P(X1)log2\ P(X1)+P(X2)log2\ P(X2)]=-(0.4-0.5)=1$ 比特

同理可得，投掷均匀正六面体骰子的 $H(x)=2.6$ 比特

值得注意的是，计算信息量这一公式恰好与热力学第二定律中熵的公式相一致。

从分子运动论的观点来看，在没有外界干预的条件下，一个系统总是自发地从有序到无序的方向发展。在这个过程中，系统的熵的变化总是增加的。因此，熵是系统的无序状态的量度，即系统的不确定性的量度。但是，信息量和熵所反映的系统运动过程与方向相反。系统的信息量的增加总是表明不确定性的减少，有序化的程度增加。因此，信息在系统的运动过程中可以看出是负熵。信息量愈大，则负熵愈大；熵值愈小，则反映了该系统的无序程度（混乱程度）愈小，有序化程度愈高。信息度量表述了系统有序化过程，由此可以给出给广泛的信息定义：信息是任何一个系统的组织性、复杂性的度量，是有序化程度的标志。

1.2　信息系统的概念及其发展

1.2.1　信息系统的概念

信息系统由人、硬件、软件和数据资源组成，目的是及时和正确地收集、加工、存储、传递与提供信息，实现组织中各项活动的管理、调节和控制。

信息系统包括信息处理系统和信息传输系统两个方面。信息处理系统对数据进行处理，使它获得新的结构与形态或者产生新的数据。比如计算机系统就是一种信息处理系统，通过它对输出数据的处理可以获得不同形态的新的数据。信息传输系统不改变信息本身的内容，作用是把信息从一处传到另一处。由于信息的作用只有在广泛交流中才能充分发挥出来，因此，通信技术的进步极大地促进了信息系统的发展。广义的信息系统概念已经延伸到与通信系统等同。

从狭义的信息系统概念出发，信息系统存在于任何一个社会组织中，它渗透到组织中的每一个部分，就像人体组织的神经系统分布在人体组织中的每个部分；信息系统是为管理服务的；信息系统不同于组织中的其他系统，它不是从事某一具体工作，而是起关系全局系统中各子系统协调一致的作用；信息系统由许多部分组成，各部分相互作用以达到提供信息的目的。

1.2.2　信息系统的发展

计算机在管理中应用的发展与计算机技术、通用技术和管理科学的发展紧密相关。虽然信息系统和信息处理在人类文明开始就已存在，但直到电子计算机问世、信息技术的飞跃以及现代社会对信息需求的增长，才迅速发展起来。第一台电子计算机诞生于 1946 年。60 多年来，信息系统历经了由单机到网络，由低级到高级，由电子数据处理到管理信息系统，再到决策支持系统，由数据处理到智能处理的过程。这个发展过程大致经历了以下几个阶段：

1.2.2.1　电子数据处理系统

电子数据处理系统的特点是数据处理的计算机化，目的是提高数据处理的效率。从发展阶段来看，它可以分为单项数据处理和综合数据处理两个阶段。

（1）单项数据处理阶段。这一阶段是电子数据处理的初级阶段，主要用计算机部分地代替手工劳动，进行一些简单的单项数据处理工作，如工资计算、统计计算等。

（2）综合数据处理阶段。这一阶段的计算机技术有了很大发展，出现了大容量直接存取的外存储器。此外，一台计算机能够带动若干终端，可以对多个过程的有关业务数据进行综合处理，这时各类信息报告系统应运而生。

1.2.2.2 管理信息系统（management information system，MIS）

20 世纪 70 年代初随着数据库技术、网络技术和科学管理方法的发展，计算机在管理上的应用日益广泛，管理信息系统逐渐成熟起来。

管理信息系统最大的特点是高度集中，能将组织中的数据和信息集中起来，进行快速处理，统一使用。有一个中心数据库和计算机网络系统是 MIS 的重要标志。MIS 的处理方式是在数据库和网络基础上的分布式处理。随着计算机网络和通信技术的发展，不仅能把组织内部的各级管理连接起来，而且能够克服地理界限，把分散在不同地区的计算机网互联，形成跨地区的各种业务信息系统和管理信息系统。

管理信息系统的另一个特点是利用定量化的科学管理方法，通过预测、计划优化、管理、调节和控制等手段来支持决策。

1.2.2.3 决策支持系统（decision support system，DSS）

20 世纪 70 年代国际上展开了 MIS 为什么失败的讨论。人们认为，早期 MIS 的失败并非由于系统不能提供信息。实际上 MIS 能够提供大量报告，但经理很少去看，大部分被丢进废纸堆，原因是这些信息并非经理决策所需。当时，美国迈克尔·史蔼夫人（Michael S. Scott Matron）在《管理决策系统》一书中首次提出了“决策支持系统”的概念。决策支持系统不同于传统的管理信息系统。早期的 MIS 主要为管理者提供预定的报告，而 DSS 则是在人和计算机交互的过程中帮助决策者探索可能的方案，为管理者提供决策所需的信息。

DSS 无疑是 MIS 的重要组成部分；同时，DSS 以 MIS 管理的信息为基础，是 MIS 功能上的延伸。从这个意义上，可以认为 DSS 是 MIS 发展的新阶段，DSS 把数据库处理与经济管理数学模型的优化计算结合起来，是具有管理、辅助决策和预测功能的管理信息系统。

综上所述，电子数据处理系统（electronic data processing system，EDPS）、MIS 和 DSS 各自代表了信息系统发展过程中的某一阶段，但至今它们仍各自不断地发展着，而且是相互交叉的关系。EDPS 是面向业务的信息系统，MIS 是面向管理的信息系统，DSS 则是面向决策的信息系统。DSS 在组织中可能是一个独立的系统，也可能作为 MIS 的一个高层子系统而存在。

管理信息系统是一个不断发展的概念。20 世纪 90 年代以来，DSS 与人工智能、计算机网络技术等结合形成了智能决策支持系统（intelligent decision support system，IDSS）和群体决策支持系统（group decision support system，GDSS）。又如，EDPS、MIS 和办公自动化（office automation，OA）技术在商贸中的应用已发展成为电子商贸系统（electronic business processing system，EBPS）。这种系统以通信网络上的电子数据交换（electronic data interchange，EDI）标准为基础，实现了集订货、发货、运输、报关、保险、商检和银行结算为一体的商贸业务，大大方便了商贸业务和进出口贸易。此外，还出现了不少新的概念，诸如总裁信息系统、战略信息系统、计算机集成制造系统和其他基于知识的信息系统等。

1.3 信息系统和管理

1.3.1 管理的概念

到目前为止，“管理”一词还没有统一的、大多数人所接受的定义。

(1) 管理是由计划、组织、指挥、协调及控制等智能为要素组成的活动过程。这个概念是现代管理理论创始人法约尔（H. Fayol）在1916年提出的。它始终是管理定义的基础。

(2) 管理是通过其他人的工作达到组织的目标。这个概念包含三层含义：

①管理其他人及其他人的工作；

②通过其他人的活动来收到工作效果；

③通过协调其他人的活动进行管理。

(3) 管理是协调人际关系、激发人的积极性，以达到共同目标的一种活动。这个概念包含三层含义：

①管理的核心是协调人际关系；

②根据人的行为规律去激发人的积极性；

③同一组织中的人具有共同的目标。管理的任务是促进人们相互间的沟通，为完成共同目标而努力。

(4) 管理是一种以绩效为基础的专业智能。这是美国哈佛大学德鲁克教授提出的观点，包含三层含义：

①管理与所有权、地位、权利无关；

②管理是专业性工作，管理人员是一个专业的管理阶层；

③管理的本质是执行任务的责任。

(5) 管理就是决策。这是西蒙提出的观点。任何组织的管理者在管理过程中都要进行决策，而做决策是一个过程，包括收集信息、指定方案、选择方案、跟踪检查等阶段。所以，从这方面看管理就是决策。

(6) 管理就是领导。这种观点认为任何组织都有一定的结构，领导者占据着结构的各个关键职位。组织中的一切有目的的活动是否有效，取决于领导者领导活动的有效性，所以认为管理就是领导。

综上所述，管理就是通过计划、组织、控制、激励和领导等环节来协调资源，以期更好地达到组织目标的过程。这个定义有三层含义：

(1) 管理的职能，即计划、组织、控制、激励和领导五大基本职能；

(2) 管理的目标，即利用上述措施来协调人力、物力和财力等资源，实现组织目标；

（3）管理的目标，即协调资源是为了使整个组织活动更富有成效，这也是管理活动的根本目的。

1.3.2 管理的组织结构

管理组织是保证管理目标实现的重要手段，是管理的重要问题。由于它和信息技术既相互影响又相互支持，所以和管理信息系统有密切的关系。近年来，由于生产的发展及信息技术的发达，已经出现了各种各样的组织形式。归纳起来可以分为以下几种：

1.3.2.1 U 型组织

U 型组织是直线职能组织结构，是一种内部一元化领导的组织形式。

（1）纯直线型结构。纯直线型结构是一种树状组织结构，它通常适用于任务明确（如图 1-1 所示）而又要求领导集中、控制严格的情况。

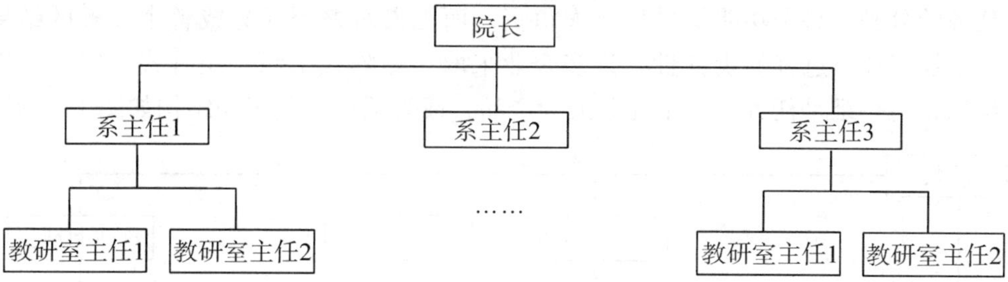

图 1-1 纯直线型结构

（2）非纯直线型结构。在直线型结构中，一般采用的是非纯直线型结构，而不是纯直线型结构，如图 1-2 所示。

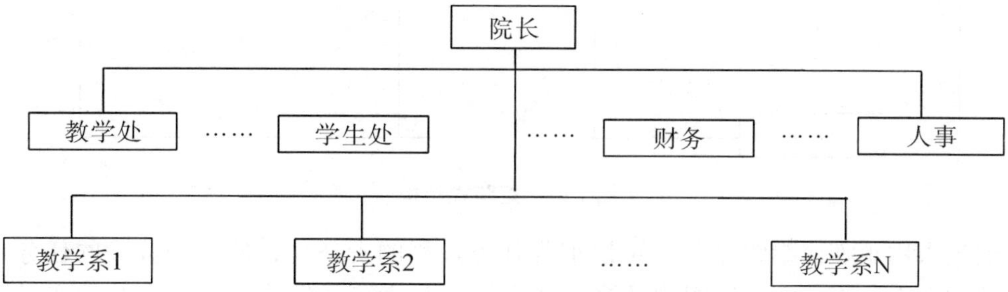

图 1-2 直接隶属关系的直线型结构

在图 1-2 中，院长和教学系之间为直线结构，教学系直接归属院长管理；而职能部门，如教务处、学生处、财务或人事等科室或处室，他们和教学系之间则不是直线结构，各职能部门无权命令各教学系，只有在全场制度的规划的基础上办理事务手续。如有手续不符合规定，他们可以不予办理；如果手续符合规定，他们无权不予办理。但是由于职能部门比较接近领导，而且是全时从事管理工作，因而会有院长代行权力的情况，导致他们权力的增长，从而形成对直线下属也有领导作用的另一种非纯直线结构，如图 1-3 所示。

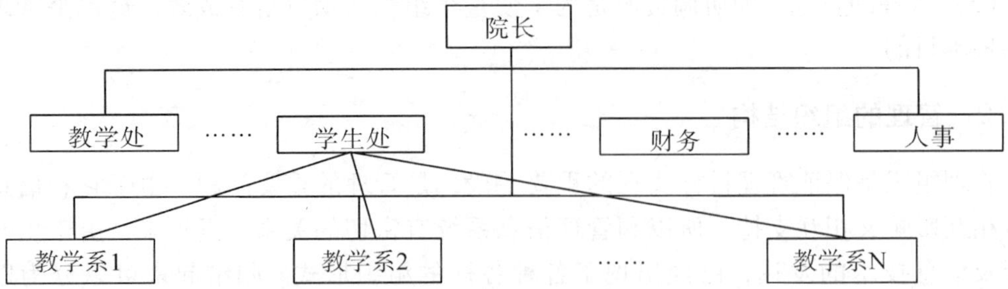

图 1-3　非纯直线型结构

图 1-3 的结构的优点是减少了院长的负担，缺点是增加了教学系的负担，而且容易出现多头管理和办事效率低下等现象。

1.3.2.2　M 型组织

M 型组织是矩阵式组织结构。由于组织中职能部门的权力过大和直线组织的分段引起任务的分割，每个功能似乎均有人负责，而无人对整个任务或整个任务的结果负责。为了加强任务过程的责任性，许多企业采取了矩阵式组织。矩阵式组织的一维是直线组织，另一维是任务，这个任务或为产品，或为项目。其组织结构如图 1-4 所示。

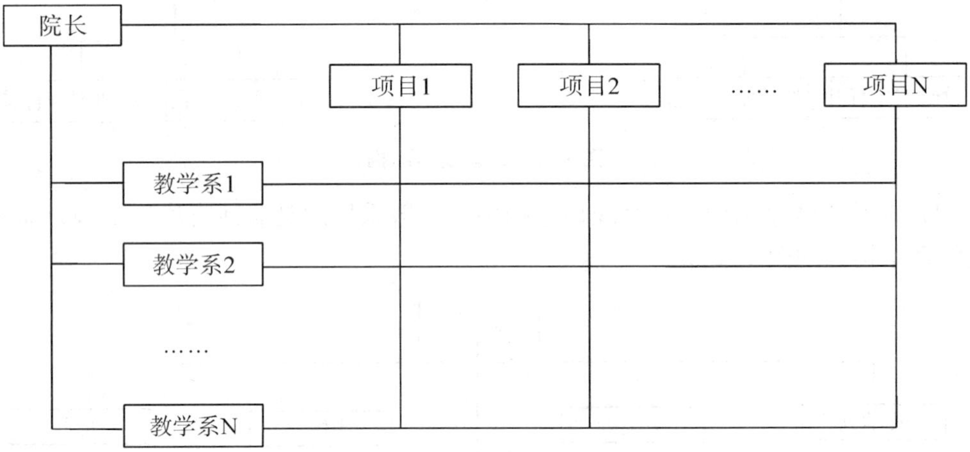

图 1-4　矩阵式结构

通过采用矩阵式组织结构，可以加强任务过程的责任性，使每个分段的任务、每个功能均有人负责，实现组织内的多元化领导，并将统一领导下的配合关系变成协调关系。

1.3.2.3　H 型组织

无论是 U 型组织还是 M 型组织，对企业的领导层来说均是一个“头”的组织，“多头”只是表现在中层间，如多个事务部、多个项目组等。H 型组织是一种多头组织结构，也就是在公司的内部组织有了外部“头”的成分。例如，控股公司就是 H 型组织，如图 1-5 所示。

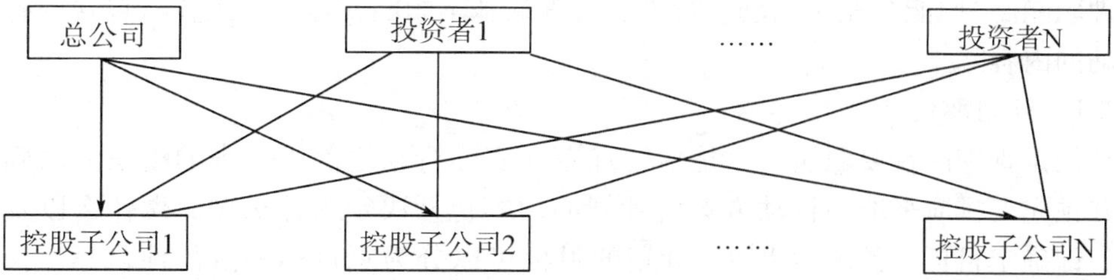

图 1-5 H 型组织结构

控股子公司实际上只是个利润中心。总公司对控股子公司的主要目标就是投资获利。控股子公司本身又有董事会，一切事物包括产品或服务方向、市场、财务等均由自己决定。总公司只能通过董事会施加影响，不能直接干预。由于总公司投资的多少，对子公司的公司性质有所影响，所以，下属子公司又可以分为全资子公司、控股子公司和参股子公司。其组织结构如图 1-6 所示。

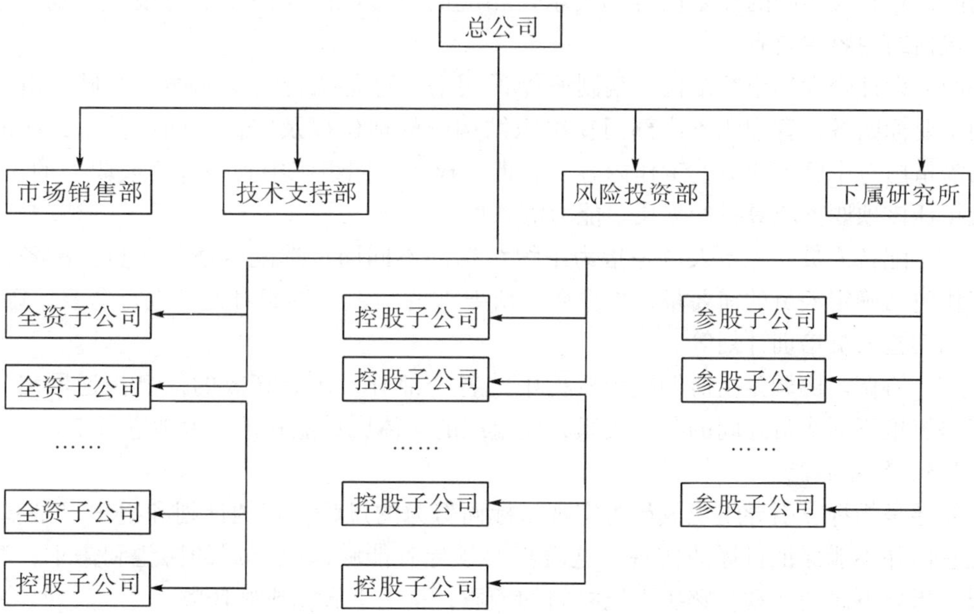

图 1-6 公司组织结构

1.3.2.4 *虚拟组织*

虚拟组织是 H 型组织的进一步发展，又称为动态联盟。它是由多个企业、公司、组织机构组成的临时性的组织。当一项任务来临时，各企业组成联盟，任务完成后联盟自动解散，但是相互仍然保持联系。虚拟组织是“没有组织的组织”。

虚拟组织是现代信息技术发展的产物，特别是互联网技术的发展及电子商务应用的普及，使不同地域的企业、公司、组织机构在逻辑上构成一个组织。其优点在于使企业摆脱了管理制造的机构，企业更容易变革，以适应飞速变化的市场。

1.3.3 管理的基本职能

管理是一个工作过程，管理者要发挥的作用就是管理者的职能，也就是通常所说的管理职能。“职能”是指活动、行为。管理的基本职能就是管理工作所包含的各类基本活动的内容。

1.3.3.1 计划职能

计划是管理的首要职能。它是指管理者在实际行动之前为未来的组织活动确定目标，并预先安排应采取的行动方案。计划的内容包括决定为什么做、做什么以及如何去做，即确定目标、预测和决策。计划的目标可以分为总目标和阶段性目标、长期性目标和短期目标等。目标不同，所实施的计划方案也不同。计划的内容通常用五个“W”和一个“H”来表示：“Why”，为什么做；“What”，做什么；“Who”，谁去做；“Where”，在什么地方做；“When”，在什么时候做；“How”，怎么做。如果管理者进行了详尽周密的计划，就可以保证在今后的工作中开展有效的管理。

1.3.3.2 组织职能

制订出切实可行的计划之后，就要组织必要的人力和其他资源去执行既定的计划。不同的计划有着不同的计划内容和要求，相应的组织职能在内容上有很大差别。组织职能包括的内容主要有：

（1）设计合理的组织结构，编制职能说明书。这是执行组织职能的基础。组织结构图中要标明各种管理职务或部门在组织结构中的地位以及它们之间的关系；职能说明书需指出每个管理职务的工作内容、职责与权利，同组织中其他部门或职务的关系，以及担任该项职务应具备的素质、能力等条件。

（2）配备人员。配备人员是指为组织结构的不同岗位选配合适的人员。配备人员的工作包括确定人员的需要量，根据职务所要求的知识和技能对人员进行考察、筛选，制订和实施人员培训计划等。

（3）协调。协调是指协调组织机构中的各个部分，建立高效的信息沟通网络，处理好组织里不同成员之间的各种关系，使组织的全体成员能和谐一致地进行工作。

1.3.3.3 领导职能

领导是指挥、引导组织成员为实现目标而努力的过程。好的计划和组织只是基础，但是它们并不能保证目标的实现。这就需要领导者能够满足下属的愿望和需求，激励下属，指导下属的活动，解决下属之间的矛盾，指引下属完成好任务。

1.3.3.4 控制职能

控制职能是工作中的重要环节。随着组织内各项工作的展开，管理者需要检查下属人员工作的实际进展情况，以便采取措施纠正已经发生或可能发生的偏差，保证计划顺利的实现。

控制职能与计划职能相比较，计划偏重于事先对行动加以引导，而控制则偏重于事后对行动加以监督。但这里所说的“事后”并不意味着等到行动完全结束后才开始进行，如果那样做就不可能也来不及纠正偏差了。控制要求能及时发现处于萌芽状态的偏差，并有效地进行纠正。

1.3.3.5 激励职能

人力是最宝贵的资源。要搞好一个企业，提高劳动生产率和经济效益，最重要的是调动人的积极性，进行人力资源的开发。人力资源的潜力是很大的，这部分资源的开发对提高劳动生产率的作用很大。

人的行为是由最强烈的动机引发和决定的。要使职工产生组织所期望的行为，可以根据职工的需要设置适当的目标，引导职工按组织所需要的方式行动，这就是激励的实质。设置的目标应该是受激励者所迫切需要的；目标要适当，既不能俯首可拾，又不能高不可攀，目标最好让大家参与讨论，这样不仅可以使目标定得合理，还有助于对目标导向行动的深刻理解，同时满足职工的参与感，使他们能更努力地工作。

1.4 管理信息系统的定义和特点

管理信息系统的概念起源很早。早在20世纪30年代，柏德就强调了决策在组织管理中的作用。在20世纪50年代，西蒙提出了管理依赖于信息和决策的概念。同一时代维纳发表了控制与管理论，他把管理过程当成了一个控制过程。20世纪60年代，美国经营管理协会及其事业部第一次提出了建立管理信息系统的设想，即建立一个有效的MIS，使各级管理部门都能了解本单位的一切有关的经营活动，为各级决策人员提供其所需要的信息。但由于当时硬件、软件水平的限制和开发方法的落后，效果并不明显。进入20世纪80年代以后，随着各种技术特别是信息技术的迅速发展，MIS也得到了进一步发展，MIS的概念逐步充实和完善。

1.4.1 管理信息系统的定义

20世纪80年代管理信息系统才逐渐形成一门新学科。1985年管理信息系统的创始人、明尼苏达大学卡尔森管理学院的著名教授高登·戴维斯（Gordon B. Davis）才给出管理信息系统的一个较完整的定义：它是一个利用计算机硬件和软件、手工作业，分析、计划、控制和决策模型，记忆数据库的用户——机器系统。它能提供信息，支持企业或组织的运行、管理和决策功能。这个定义说明了管理信息系统的目标功能和组成，而且反映了管理信息系统当时已达到的水平。它说明了管理信息系统的目标是在高、中、低三个层次，即决策层、管理层和运行层上支持管理活动。

“管理信息系统”一词在中国出现于20世纪70年代末80年代初，按照《中国企业管理百科全书》的定义：管理信息系统是一个由人、计算机等组成的能进行信息的收集、传递、存储、加工、维护和使用的系统。管理信息系统能实测企业的行为，帮助企业实现其规划目标。

管理信息系统作为一门学科，是综合了管理科学、系统理论、信息科学的系统性的边缘学科。它是依赖于管理科学和技术科学的发展而形成的。它作为一门新兴学科，到目前为止还很不完善。

1.4.2 管理信息系统的特点

1.4.2.1 面向管理决策

管理信息系统是继管理学的思想方法、管理与决策的行为理论之后的一个重要发展，它是一个为管理提供决策服务的信息系统，它必须能够根据管理的需要及时提供信息，帮助决策者做出决策。

1.4.2.2　综合性

从广义上说，管理信息系统是一个对组织进行全面管理的综合系统。一个组织在建设管理信息系统时，可以根据需要逐步应用个别领域的子系统，然后进行综合，最终达到应用管理信息系统进行综合管理的目标。管理信息系统综合的意义在于产生更高层次的管理信息，为管理决策服务。

1.4.2.3　人机系统

管理信息系统的目的在于辅助决策，而决策只能由人来做，因而管理信息系统必然是一个人机结合的系统。在管理信息系统中，各级管理人员既是系统的使用者又是系统的组成部分。在管理信息系统开发过程中，要根据这一特点，正确界定人和计算机在系统中的地位和作用，充分发挥人和计算机各自的长处，使系统整体性能达到最优。

1.4.2.4　与现代管理方法和手段相结合的系统

管理信息系统的应用只简单地采用计算机技术提高处理速度，仅仅是用计算机系统仿真原手工管理系统，充其量只是减轻了管理人员的劳动，其作用的发挥十分有限。管理信息系统要发挥其在管理中的作用，就必须与先进的管理手段和方法结合起来，在开发管理信息系统时融进现代化的管理思想和方法。

1.4.2.5　多学科交叉的边缘科学

管理信息系统作为一门新的学科，产生较晚，其理论体系尚处于发展和完善的过程中。研究者从计算机科学与技术、应用数学、管理理论、决策理论、运筹学等相关学科中抽取相应的理论，构成管理信息系统的理论基础，使其成为一个有着鲜明特色的边缘科学。

1.5　管理信息系统的结构和功能

1.5.1　管理信息系统的结构

管理信息系统作为一个系统，必然有一定的结构，这种结构反映各个部门之间的关系、各个部分的特点、面临的主要问题以及人们的认识水平和技术水平。

管理信息系统是特定结构的系统，这就是总体结构。管理信息系统的总体结构由信息源、信息处理器、信息用户和信息管理者组成，如图 1-7 所示。其中：信息源是信息的产生地；信息处理器负责信息的传输、加工、保存等；信息用户是信息的使用者，并利用信息进行决策；信息管理负责信息系统的设计、实现和实现后的运行、协调。

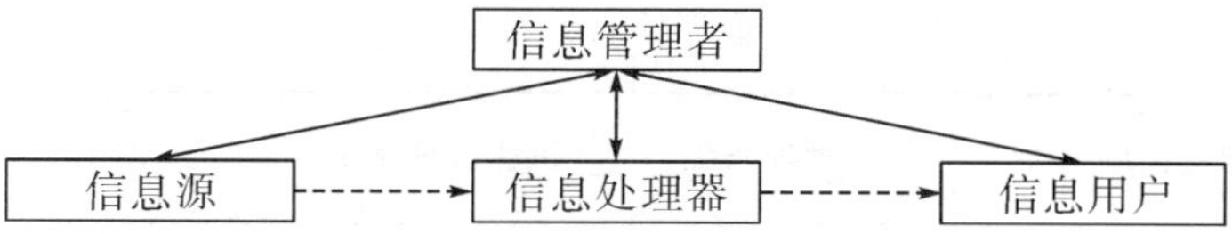

图 1-7 管理信息系统的总体结构

从不同的角度进行研究，管理信息系统有不同的结构。

1.5.1.1 基于管理活动的系统层次结构

（1）管理信息系统的任务在于支持管理业务，因而管理信息系统可以按照管理任务的层次进行分层。管理信息系统的层次结构分为三层，如图 1-8 所示。

图 1-8 管理信息系统的层次结构

（2）战略管理层。战略管理是企业的长远计划，处理中、长期事件，它的决策内容包括确定和调整组织目标，以及制定与获取、使用各种资源相关的政策等。

（3）管理控制层。管理控制属于中期计划范围，包括资源的获取与组织、人员的招聘与训练、资金监控等方面。管理控制层的信息包括计划与预算、定期报告、特别报告、问题条件的分析、评审决策以及查询应答等。

（4）运行控制层。运行控制涉及作业的控制。运行控制的决策是为了保证有效地完成具体任务或操作，有一定的周期性，问题的性质一般属于结构化决策，决策者通常是组织的基层管理人员。

1.5.1.2 基于管理职能的系统结构

管理信息系统的结构也可以按照使用信息的组织职能加以描述。系统所涉及的各职能部门都有着自己特殊的信息需求，需要专门设计相应的功能子系统，以支持其管理决策活动。同时，各职能部门之间存在着信息联系，从而使各个功能子系统构成一个有机结合的整体，管理信息系统正式完成信息处理的各功能子系统的综合。

一个管理信息系统支持着组织的各种功能子系统，使每个功能子系统可以完成业务处理、运行控制、管理控制、战略管理等，如图 1-9 所示。

（1）市场销售子系统。销售与市场功能通常包括产品的销售和推销以及售后服务的全部活动。其中，业务处理有销售订单、推销订单的处理。运行控制活动包括雇佣和培训销售人员、编制销售计划和推销工作的各项目，以及按区域、产品、顾客的销量定期分析。管理控制涉及总的成果与市场计划的比较，它要用到有关客户、竞争者、竞争产品和销售力量等方面的数据。在战略管理方面包括新市场的开拓和新市场的战略，它使用的信息有顾客分析、竞争者分析、顾客调查信息、收入预测和技术预测等。

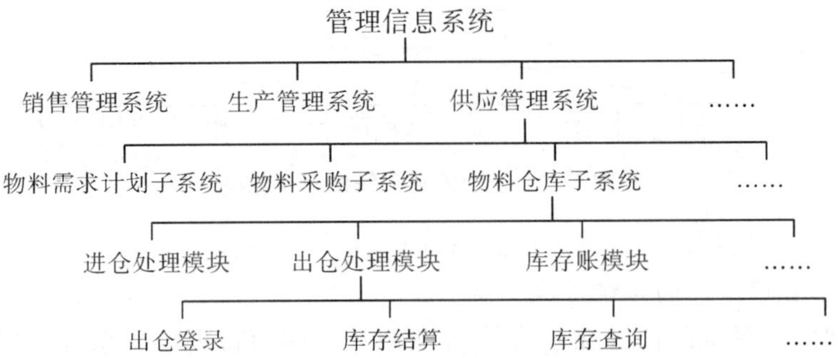

图 1-9　基于管理职能的系统结构

（2）生产子系统。生产子系统的功能包括产品的设计与制造、生产设备计划、作业的调度与运行、生产工人的录用与培训、质量的控制与检验等。在生产子系统中，典型的业务处理是生产指令、装配单、成品单、废品单和工时单等的处理。运行控制要求把实际进度和计划进行比较，找出瓶颈环节。管理控制需要概括性报告，反映进度计划、单位成本、所用工时等项目在整个计划中的绩效变动情况。战略管理包括制造方法及各种自动化方案的选择。

（3）物资供应子系统。物资供应子系统包括采购、收货、库存控制、发放等管理活动。业务处理数据为购货申请、购货订单、加工单、收货报告、库存票、提货单等。运行控制要求把物资供应情况与计划进行比较，产生库存水平、采购成本、出库项目和库存营业额等分析报告。管理控制信息包括计划库存与实际库存的比较、外购项目的成本、缺货情况及库存周转率等。战略管理主要设计新的物资供应战略、对供应商的新政策以及自制与外购的比较分析等。此外，可能还有新供应方案、新技术等信息。

（4）财务和会计子系统。财务和会计有着不同的目标与工作内容，但它们之间有着密切的联系。财务的职责是在尽可能低的成本下保证企业的资金运转，包括托收管理、现金管理和资金筹措等。会计则是进行财务工作分类、汇制标准财务报表、制定预算及对成本数据的分类与分析。对管理控制报告来说，预算和成本是输入数据。也就是说，会计是为管理控制各种功能提供输入信息。与财务有关的业务处理有赊欠申请、销售、开单据、收账凭证、支付凭证、支票、转账传票、分类账和股份转让等。运行控制则使用日报表、例外情况报告、延误处理记录、未处理事项报告等。管理控制利用财务资源成本、会计数据处理成本及差错率等信息。战略管理包括保证足够资金的长期战略计划、为减少税收冲击的长期税收会计政策以及对成本会计和预算系统的计划等。

（5）人事子系统。人事子系统包括人员的录用、培训、考核记录、工资和终止聘用等。其业务处理要产生有关聘用条件、培训说明、人员的基本情况数据、工资变化、工时、福利及终止聘用通知等内容。运行控制层要完成聘用、培训、终止聘用、改变工资和发放福利等。管理控制主要进行实际情况与计划比较，产生各种报告和分析结果，用以说明在岗工人的数量、招工费用、技术专长的构成、应付工资、工资率分配及是否符合政府就业政策等。人事战略计划包括对招工、工资、培训、福利以及各种策略方案的评价，这些策略将确保企业能获得完成战略目标所需的人力资源。战略管理还包括对就业制度、教育情况、地区工资率的变化及对聘用和留用人员的分析。

（6）高层管理子系统。每个组织都有一个最高领导层，如公司总经理和各职能领域的副总经理组成的委员会。高层管理子系统为高层领导服务，它的业务处理活动主要包括信息的查询和决策的支持，处理的文件常常是信函和备忘录以及高层领导向各职能部门发送的指示等。运行控制层主要是会议安排、信函管理和会晤记录文档。管理控制层要求各功能子系统执行计划的当前综合报告情况。最高层的战略管理活动包括组织的经营方针和必要的资源计划等，它要求综合外部和内部的信息。这里的外部信息包括竞争者信息、区域经济指数、顾客偏好、提供服务的质量等。

（7）信息处理子系统。信息处理子系统的作用是保证各职能部门获得必要的信息资源和信息处理服务。该子系统典型的业务处理有工作请求、采集数据、改变数据的请求。信息处理的运行控制包括日常任务的调度、差错率和设备故障信息等。对于新项目的开发，还需要程序员的工作进展情况和调试时间的安排。管理控制对计划情况和实际情况进行比较，如设备费用、程序员的能力、项目开发的实施计划等情况的比较。战略管理层则主要关心功能的组织，如采用集中式还是分散式、信息系统的总体规划、硬件和软件的总体结构等。

管理信息系统的应用离不开办公自动化技术，其主要作用是支持行政工作和文书工作，如字符处理、电子信件、电子文件等。

办公自动化可以看成与信息处理系统结合的子系统，也可以作为一个独立的子系统。

1.5.1.3 管理信息系统结构的综合

以上从管理任务和组织职能两方面对管理信息系统的结构进行了描述。由上述系统的组成和决策支持的要求，可以综合出管理信息系统的概念结构。综合的原则有：

（1）横向综合。该原则就是把同一管理层次的各种职能综合在一起，如运行控制层的人事、工资等子系统可以综合在一起，使基层的业务处理一体化。横向综合正向着资源综合的方向发展，如把人员的信息综合到一个系统，或按物料把采购、进货、库存控制综合到一起。

（2）纵向综合。该原则把不同层次的管理业务按职能综合起来。这种综合沟通了上下级之间的关系，便于决策者掌握情况，进行正确分析。如各部门和总公司的各级财务系统可以综合起来，构成综合财务子系统。

（3）纵横综合（总的综合）。这可形成一种完全一体化的系统结构，能够做到信息集中统一，程序模块共享，各子系统功能无缝集成。

对管理信息系统进行综合可以了解到管理信息系统是由各功能子系统组成的，每个子系统又可以分为四个主要信息处理部分，即业务处理、运行控制、管理控制（战术管理）和战略管理。信息系统的每个功能子系统都有自己的文件，还有为各子系统公用的数据组成的数据库，由数据库系统进行管理。在系统中，除了为每个子系统专门设计的应用程序外，也有为多个职能部门服务的公用程序，有关的子系统都与这些共用程序连接。此外，还有为多个应用程序共用的分析与决策模型，这些公用软件构成了信息系统的模型库。

采用纵向与横向相结合的办法，综合形成管理信息系统。综合形成的管理信息系统的结构实质上是一个概念的框架，人们可以用它来描述有关现有的或进化中的管理信息系统。

1.5.1.4 管理信息系统的物理结构

管理信息系统的物理结构是以计算机为基础的信息系统，主要包括计算机系统、网络与通信、数据库技术、系统规程、人员五个部分。

1.5.2 管理信息系统的功能

管理信息系统是企业的子系统。它收集数据，并向管理人员提供信息，与管理人员一道在整个企业中起着反馈控制的作用。由于企业采取了划分成许多子系统的组织结构，各个子系统往往注意追求本子系统利益的最优化，而把局部目标置于整体目标之上，引起各子系统行动上的不协调，使企业整体利益受到损害。因此，协调企业内部各子系统的行动，优化整体利益是企业取得成功的关键。管理信息系统作为企业的一个特殊的子系统，正是在这一点上起着十分重要的作用。管理信息系统具有数据的输入、传输、存储、处理、输出等基本功能。

1.5.2.1 数据的采集和输入

信息处理界有句口头禅，“输入的是垃圾，输出的必然是垃圾”。它说明了系统输入的极端重要性。要把分布在企业各个部门的数据收集起来，碰到的第一个问题是识别信息。由于信息的不完全性，想得到反映客观世界的全部数据是不可能的，也是不必要的。确定信息需求要从调查客观情况出发，根据系统目标来确定数据收集范围。

识别信息有三种方法：

(1) 决策者识别。决策者最清楚系统的目标，也最清楚信息的需求，可以用发调查表或交谈的方法向决策者进行调查。

(2) 系统分析员亲自观察识别。有时决策者对他们的决策过程不是很清楚，因而不能准确地说明他们的信息需求，这时系统分析员可以从了解其工作过程入手，从旁观的角度分析信息的需求。

(3) 先由系统分析员观察得到基本信息，再向决策人员调查，对信息进行修正和补充。

采集数据的方法大概有三种：

(1) 自上由下的收集，如各种月报、季报、年报。这种收集有固定的时间周期。

(2) 有目的的专项调查，如人口调查，可全面进行，也可随机抽样。

(3) 随机积累法。只要是“新鲜”的事就积累，以备后用。

将收集的数据按系统要求的格式加以整理，录入并存储在一定的介质上，并经过一定的校验后输入系统处理。

1.5.2.2 数据的传输

数据传输包括计算机系统内和系统外的传输，实质是数据通信。其一般模式如图1-10所示。

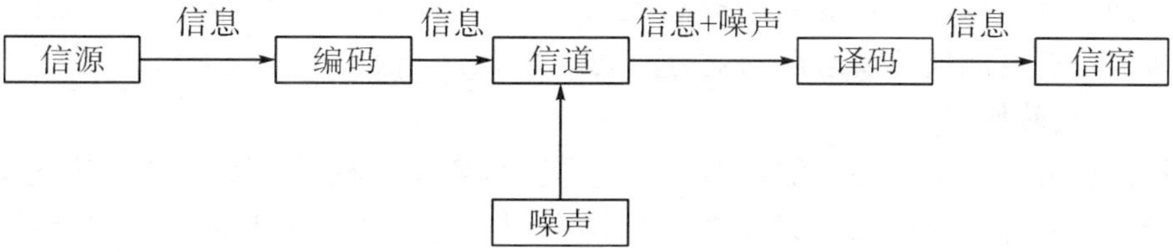

图 1-10 数据传输

信源，即信息的来源，可以是人、机器、自然界的物体等。信源发出信息时，一般以某种符号或某种语言表现出来。

编码是指把信息变成信号。所谓码，是按照一定规则排列起来适合在信道中传输的符号序列。这些符号的编排过程就是编码过程。信号多种多样，如声音信号、电信号、光信号等。

信道，就是信息传递的通道，是传输信息的媒质，分为明线、电缆、无线、微波、人工传送等。信道的关键问题是信道的容量。信道也担负着信息的存储任务。

噪声，无论信道质量多么好，都可能带来杂音或干扰，这就是噪音。它或由自然界雷电形成，或由同一信道中的其他信息引起。在人工信道内的干扰中，还包括各个环节中人的主观歪曲。

译码，信号序列通过输出端输出后，需要翻译成文字、图像等，成为接收者需要了解的信息。译码是编码的反变换，其过程与编码相反。

信宿，即信息的接收者，可以是人、机器或另一个信息系统。

1.5.2.3 信息的存储

数据存储的设备目前主要有纸、胶卷和计算机存储器三种。这三种设备各有优点。

纸已有几千年的历史，至今仍是存储数据的主要材料。其主要优点是存量大、体积小、便宜、永久保存性好、不易涂改。此外，存储数字、文字和图像一样容易。其缺点是传达信息慢，检索不方便。

胶卷的主要好处是存储密度大；其缺点是阅读时必须通过接口设备，不方便且价格昂贵。

计算机存储器是存放变化快的控制信息和业务信息的主要形式，随着技术的进步，成本不断下降，目前用计算机存储器信息的成本比较低。计算机存储器按功能分为内存和外存。内存存取速度快、可随机存取存储器中任何地方的数据。外存的存储大，但必须由存取外存的指令整批存入内存后，才能为运算器所使用。

数据存储的主要问题是确定存储哪些信息，存储多长时间，以什么方式存储，经济上是否合算。这些问题都要根据系统的目标和要求确定。

1.5.2.4 信息的加工

信息加工的范围很大，从简单的查询、排序、归并到复杂的模型调试以及预测。这种功能的强弱显然是信息系统能力的一个重要方面。现代信息系统在这方面的能力越来越强，在加工中使用了许多数学及运筹学的工具，涉及许多专门领域的知识，如数学、运筹学、经济学、管理学。许多大型的系统不但有数据库，还有方法库和模型库。技术的发展给数据处理能力的提高提供了广阔的前景，发展中的“人工智能”科学研究机器也有可能代替创造性的脑力劳动，如诊断、决策、写文章等。

1.5.2.5　信息的维护

保持信息处于合用状态叫信息维护。这是信息资源管理的重要一环。从狭义上讲，它包括经常更新存储器的数据，使数据保持合用状态；从广义上讲，它包括系统建成后的全部管理工作。

信息维护的主要目的是保证信息的准确、及时、安全和保密。保证信息的准确性，第一是要保证数据是最新状态，第二是要保证数据在合理的误差范围内。信息的及时性，要求能及时地提供信息。为此，要进行合理的组织。存放信息，信息目录要清楚，常用的信息要放在易取的地方，各种设备状态完好，操作规程健全，操作人员技术熟练。

信息的安全性要求采取措施防止信息受到意外情况和人为的破坏，一旦信息被破坏后，其数据能轻易被恢复。为此，要保证存储介质的环境，对容易损害信息的介质要定期重录，要注意保存备份。

为了保证信息的保密性，需要采取一定的技术措施，如密码、口令字，要在行政上建立严格的管理制度，不让闲人接触终端盒磁带库。最根本的措施是提高人员的保密素养，慎重选择机要人员。

1.5.2.6　信息的使用

信息的使用包括两个方面：一是技术方面；二是如何实现价值转化。技术方面主要解决的问题是如何高速度、高质量地把信息提供给使用者。现代的技术已经发展到比较先进的地步，但远未达到普遍使用的程度。

信息价值转化的问题相比之下差得太远。价值转化是信息使用概念上的深化，是信息内容使用的深度上的提高。信息使用深度大体上可分为三个阶段，即提高效率阶段、及时转化价值阶段和寻找机会阶段。

信息管理的内容包括以下五个方面：

（1）人事资源管理；

（2）硬件、软件管理；

（3）通信管理；

（4）办公室自动化；

（5）规划管理。

信息管理的广义概念包括以下三方面：

（1）面向开发的项目管理；

（2）面向信息系统内部的运营管理；

（3）面向未来的规划管理。信息管理已成为现代管理的一个重要方面。

从技术上讲，信息的使用主要是高速度、高质量地为用户提供信息。系统的输出结构应易读易懂，直观醒目。输出格式应尽量符合使用者的习惯。

信息的使用，更深一层的意思是实现新信息价值的转化，提高工作效率，利用信息进行管理控制，辅助管理决策。支持管理决策是管理系统的重要功能。

1.5.3 管理信息系统的开发

管理信息系统的开发是一项大的系统工程性质的工作，一般的系统工程均要有三个成功要素：①合理确定系统目标；②组织系统性队伍；③遵循系统工程的开发步骤。领导者推动管理信息系统的第一步是建立一个信息系统委员会；第二步是在信息系统委员会的领导下建立一个系统规划组或系统分析组，简称系统组；第三步是在组成队伍后，应首先进行全系统的规划，系统规划是全面的长期的计划，在规划的指导下就可以进行一个个项目的开发；第四步是系统规划制定完成以后，就可以根据规划的要求组织一个个项目的开发。

系统规划的主要内容包括企业目标的确定、解决目标的方式的确定、信息系统目标的确定、信息系统主要结构的确定、工程项目的确定及可行性研究等。

（1）系统分析的内容包括数据的收集、数据的分析、系统数据流程图的确定以及系统方案的确定等；

（2）系统设计包括计算机系统流程图和程序流程图的确定、编码、输入输出设计、文件设计、程序设计等；

（3）系统实现包括机器的购买、安装、程序调试、系统的切换以及系统的运行和维护等；

（4）系统的评价包括建成时的评价和运行后的评价，发现问题并提出系统更新的请求等。

在这些步骤中值得注意的有以下几点：

（1）系统分析占了很大的工作量，有人对各阶段所耗人力及财力做了描述；

（2）开发信息系统不应当把买机器放在第一位，因此只有在进行了系统分析以后，才知道要不要买计算机，以及买什么样的计算机；

（3）程序的编写要在很晚才进行。

1.6 管理信息系统的发展历史

作为一种以计算机为工具的信息系统，管理信息系统（MIS）的雏形形成于20世纪60年代中期。“MIS”一词出现于1970年，同时也标志着MIS的诞生。

MIS的产生主要有以下原因：

（1）企业环境的变化。市场全球化、需求多元化、竞争激烈化的企业环境变化，使信息量剧增，管理难度加大，传统的管理方法和手段已不能适应，因此企业管理开始寻求新方法、新手段。

（2）管理科学的进展。随着管理科学的进展，强调决策在管理组织中的作用（20世纪30年代），管理依赖于信息与决策、管理就是决策、决策贯穿于管理过程、信息支持决策（20世纪50年代），以运筹学为核心量化管理、优化管理（20世纪50年代）等管理科学的发展，为企业提供了新的管理思想和方法。

(3) 信息技术的发展。计算机、通信网络、办公新设备等信息技术的产生，为企业采用管理新方法提供了技术手段。

在此背景下，人们开始了以计算机为工具的企业信息系统的研究、开发和应用。近半个世纪来，信息系统得到了快速的发展，现在几乎每个企业都有不同规模与档次的信息系统，如图1-11所示。MIS就是在该背景下产生和发展起来的。

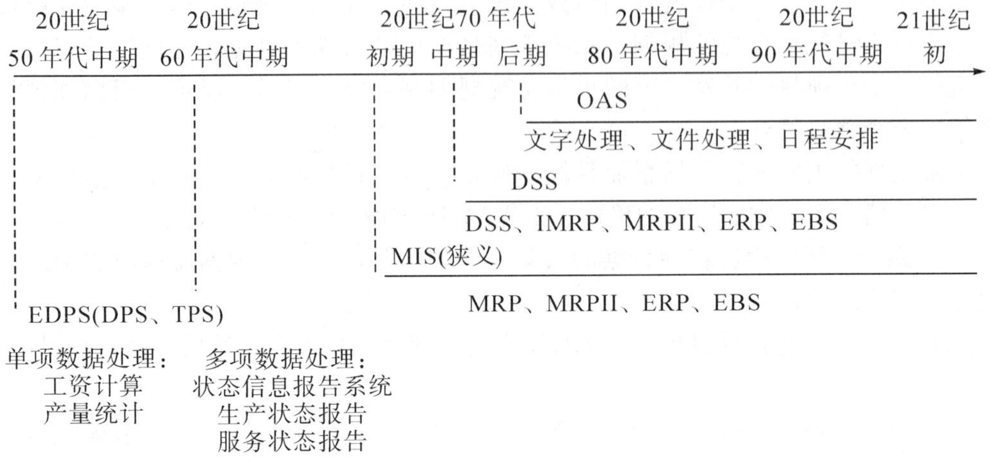

图1-11 MIS的发展历程

1.7 管理信息系统的发展趋势

管理信息系统的发展趋势表现在网络化趋势、智能化趋势、价值化趋势、人本化趋势、集成化趋势等方面。

(1) 网络化趋势。网络技术尤其是互联网的发展，不仅为信息管理带来外在的技术形式的变化，而且触发管理模式、思想上的根本变革。信息管理的网络化具有极为丰富的内涵，涉及管理过程、管理方法、管理范围、组织结构等方面。具体说来包括：组织结构由等级式的金字塔结构走向扁平化的网络结构；信息管理的对象范围由封闭走向开放；企业活动（包括管理过程）由完全的序列活动走向合理的并行活动。

(2) 智能化趋势。自管理信息系统得到普遍认可以来，智能化一直是其发展的目标。随着管理信息系统的发展，智能化的内涵逐渐深化，重心也不断改变，这种进化不断深入地将经验决策、管理转化为由智能化信息管理支持的科学决策、管理，无限提高信息利用的深度。智能信息管理的发展以主动性、自适应性、自组织性、柔性为特征，建立更强有力、更多样化的企业信息管理的模型、智能决策支持系统的理论基础和框架。从某种意义上来说，已经出现的敏捷制造、虚拟组织就是这一思想的体现，信息管理智能化的实现必将在更高的水平上支持它们的运作。

(3) 价值化趋势。价值化是对物流、信息流与价值流关系的深刻认识，是进一步认可和关注价值流的必然结果。通过在最高层次上对价值流进行管理，保证了信息流和物流的运作更加符合企业的战略规划。这一发展趋势带来了企业价值观的变化：从谋求获利的增长（利润的最大化）到谋求投资价值的增长（财富最大化），即更好地在近期利益和长期利益之间取得最佳平衡。价值化的信息管理使得企业的价值观结构日趋合理，即包含宏观水平的信息观和微观水平的信息观。这种信息观突出了业务需要获取并影响的关键信息流。在价值的指导下，企业最终可以获得整体的、协同的、可持续的发展动力。

（4）人本化趋势。管理信息系统的人本化将为企业信息管理带来很多变革，主要体现在：对信息的关注从显性知识转为隐性知识；管理重点从评估及管理现有信息到强调信息增值、知识创造，但不否认以往信息编码化和分享的重要性；组织学习开始纳入信息管理范围，并获得前所未有的重视。这样企业不再是简单、机械的科学管理和信息处理工具和平台，而是作为有活力的有机体，从而能以自我组织、自我适应的形式进行持续知识创新。

（5）集成化趋势。集成是未来管理信息系统的最显著特征。集成包括总体优化和总体优化前提下的局部优化问题。集成不同于简单的集合，集合只是各子部分的简单线形叠加，而集成必须解决集成过程中引起的各种冲突，并且新的整合系统满足1+1>2 的衡量准则。未来管理信息系统的集成化趋势的另一个显著特点是集成的内容无比丰富，并极为错综复杂、难分彼此地交融在一起。集成可大致划分为各应用子系统过程和功能上的集成，人、技术与管理的集成，甚至包括企业间的有关集成。

小结

本章介绍了信息的概念、性质及度量。信息具有事实性、时效性、不完全性、等级性、变换性及价值性等特性。信息量的多少是由消除对事物认识的“不确定程度”来决定的。

信息是管理工作至关重要的组成部分，是管理信息系统的处理对象。信息系统在结构上是一个由人、硬件、软件和数据资源组成的人造系统，其目的是及时、正确地收集、加工、存储、传递和提供信息，实现组织中各项活动的管理、调节和控制。信息系统的发展已经经历了电子数据处理系统（EDPS）、管理信息系统（MIS）和决策支持系统（DSS）三个阶段。DSS 可以认为是 MIS 发展的新阶段，EDPS、MIS 和 DSS 各自代表了信息系统发展过程中的某一阶段，至今它们仍各自不断地发展着，而且是相互交叉的关系。

管理信息系统是一个不断发展的概念。它依托互联网正从企业内部向外部发展，随之出现了电子商务、电子政务、供应链信息系统、虚拟企业、网上交易、谈判支持系统等许多新的概念。

本章还论述了信息系统与管理的关系以及信息系统对决策和决策过程的支持。一个组织的管理职能的四个方面，即计划、组织、领导、控制都离不开信息系统的支持。

基于计算机的信息系统使决策科学化成为可能，决策支持系统的出现使决策科学化成为现实。

管理信息系统作为计算机应用的重要领域，其特点主要表现在它是面向管理决策的、对组织管理业务进行全面管理的综合性人机系统，是与现代管理方法相结合的信息系统，是多学科交叉形成的边缘学科。

管理信息系统是对组织的全部管理职能和整个管理过程进行综合管理的信息系统。按照管理任务的层次，可以把管理信息系统结构划分为战略管理、管理控制、运行控制和业务处理四个层次；按管理职能的不同，可以把管理信息系统划分为销售与市场、生产、物资供应、财务和会计、人事、高层管理、信息处理等功能子系统。

管理信息系统的应用与企业的环境和内部条件密切相关。人是管理信息系统的使用者，又是管理信息系统的组成部分，对其应用有着重要影响，因此，在其应用中必须高度重视人的因素。

案例

不用排队的医院

在 IT 系统的支持下，南京军区福州总医院（以下简称福州总医院）颠覆了传统医院的就诊流程，每年的门诊量都高速增长。

福州总医院的药房能高效率地为患者取药。上午 10 点，正是看病的高峰期，福州总医院的门诊大厅却井然有序，全然不像其他大型医院那般拥挤。并非是福州总医院人气不旺，这家大型综合性三甲医院拥有 53 个专业学科，床位超过 2 000 张，是福州市最大的医院，吸引了大量患者从省内外赶来看病。与别的大型综合性三甲医院不同的是，福州总医院连挂号窗口都没有，患者不用挂号，取药不用划价，甚至每一次要服的药都周到地装在一个密封小袋子里，患者只需要每次打开一袋服用即可，这对于那些眼花的老年人来说非常方便。

医院用 IT 系统颠覆了传统医院的流程，使更多的患者能方便就医。2005 年落成投入使用的福州总医院门诊大楼，起初设计的年门诊量是 80 万人次，而实际上 2008 年门诊量已达 120 万人次以上。而高效率的流程令患者的就诊等候时间大大减少。

被颠覆的流程：

● 电脑、刷卡机和打印机几乎就是福州总医院每位医生桌面上的全部物品。以往的医生桌面上堆满的红红绿绿的处方早已经销声匿迹。就连医生的笔也只有一个用途——处方打印出来之后用作签名，医生根本不用像以往那样长篇累牍地反复填写每个病人的处方单、病历。医生轻敲键盘，便可直接在系统里开处方，患者的性别、年龄等基本信息根本不用重复输入，开药时医生只要点击专科常用的药品字典，其名称、用法等就能立即显示出来，系统还提供了历史处方可以转存并修改为当前处方的功能，大大节省了医生的开药时间。

● 福州总医院令挂号与开处方几乎同时进行。挂号直到病人见到医生才发生，直接合并到看病的流程中，挂号的流程不再单独存在。流程的颠覆再造也让倒卖专家号的“黄牛党”在福州总医院无法生根。

● 就医卡在第一次办理时，患者的姓名、年龄、性别、ID 号、医保或自费类别就已被记录在案。医生一刷卡，就实现了挂号，并且患者的基本情况、以往看病的处方、开药记录都一目了然，最大限度地精简了门诊中的非医疗流程。

● 电脑上开好处方，选择打印，医生把打印出的处方单贴在病人的病历上——门诊医生看病流程就此结束。与此同时，病人处方上开出的药品信息也流转到药房那里，门诊自动摆药机从系统中接收到由医生传输的处方后开始自动摆药。以往需要 10 多名药师和护士送药、分药的流程也被精简，只需要一两名护士照看自动摆药机。

● 病人不用再像以前那样跑上跑下地划价、交费、拿药，这几个流程全部省略成为一个流程——直接去门诊大厅等待叫号取药，大大缩短了病人的就诊时间，甚至可能病人还没走到门诊大厅，药已经由自动摆药机准备好了。

原来看病是“三长一短”：挂号时间长、取药时间长、收费时间长和看病时间短。而现在，首先，流程精简后取消了挂号，刷卡就直接挂号了。其次，就医卡预存费的收费模式也不存在收费问题。因为在各个发生费用的点收费，发生费用时就直接记下，也不存在排队的问题。最后，看完病，信息直接流转到药房，取药自然就发生了。信息化简化了福州总医院的看病流程，把“三长”的问题基本解决掉，而给看病腾出了更多的时间。

资料来源：丁娅琳. 不用排队的医院 [J]. IT 经理世界，2009（265）.

思考题

1. 简述信息的概念以及特征。
2. 管理的职能有哪些？
3. 什么是系统？系统的特征有哪些？如何分类？
4. 管理信息系统所面临的挑战有哪些？
4. 管理信息系统的定义是什么？
5. 管理信息系统的结构是什么？
6. 管理信息系统的类型有哪些？
7. 管理信息系统的特点是什么？
8. 管理信息系统的功能是什么？

2 管理信息系统的技术基础

本章主要内容：

本章主要介绍管理信息系统的技术基础，包括计算机网络技术、数据库技术、多媒体技术。重点对相关技术的重要概念进行介绍。

本章学习目标：

了解计算机网络及相关概念；了解数据库技术；了解多媒体技术。

2.1 计算机网络技术

2.1.1 计算机网络概述

随着时代的发展，人们对更复杂的信息处理手段的需求增长得很快，而计算机技术和通信技术的发展与融合，为解决这些需求提供了可能，计算机和通信技术结合的产物便是计算机网络。

从广义上来说，计算机网络是地理上分散的多台独立的计算机遵循约定的通信协议，它通过软件、硬件互联实现交互通信、信息交换以及信息资源共享的目的。它出现在20世纪50年代，至今虽然发展时间不长，但是发展很快，经历了从简单到复杂、从单个局域网通信到全球网络互联发展的过程。如今，计算机网络已成为人们社会生活、工作、经济、贸易等各个方面不可缺少的重要组成部分。从应用角度来看，计算机网络主要有如下几个方面的作用：

2.1.1.1 远程的资源共享

许多机构都有一定的计算机在运行，这些计算机的地理范围可能相距甚远。最初每台计算机都独立工作，但是管理部门可能需要将这些计算机连接起来，以获取和核对整个公司的信息。通过计算机网络，网络上的用户无论处在何方，都能够在计算机上进行文件传送，使用远程计算机上的数据以及运行或设置程序等，从而取得很好的经济效益和社会效益。

2.1.1.2 网络间的通信和合作

现代社会信息量激增，信息的交换也日益增多，每年有几百万吨信件要投递。利用计算机网络传递信件是一种全新的电子传递方式，它与现在的通信工具相比有很多优点。它不像电话，对话者需同时连接；也不像广播系统只是单向地传递信息；更不像信件需要较长的运输时间。它几乎是即时地通过网络传递到接收者。电子邮件在办公室自动化以及提高人们的工作效率上有着十分重要的作用。

2.1.1.3　提高计算机的可靠性和可用性

提高可靠性表现在计算机网络中各台计算机可以通过网络彼此互为后备机，一旦某台计算机出现故障，那么其他任务可以通过其他计算机代为处理，避免了单机在无后备机使用的情况下由于计算机故障而导致的系统瘫痪的现象，这样就大大地提高了计算机的可靠性。

提高可用性在于当网络中某台计算机负载过重时，网络可将新的任务转交给网中较空闲的计算机完成，这样就可以均衡各台计算机的负载，提高了每一台计算机的可用性。例如，在军事、银行、航空、交通管制、核反应堆安全设备和其他许多的应用中，提高可靠性和可用性是极其重要的。

2.1.1.4　易于分布处理

在计算机网络中，各用户可以根据情况合理选择网内资源，以便就近、快速地处理。对于较大的综合问题，系统通过一定的算法将任务交给网络中的计算机，达到分布处理的目的。这样就可以利用网络技术将多台计算机连成具有高性能的计算机系统，以共同完成对一个复杂问题的处理，这就是当今称之为协同式计算机的一种网络计算机方式。

2.1.2　网络的拓扑结构与分类

2.1.2.1　计算机网络的拓扑结构

为进一步分析网络单元彼此互联的形状与其性能的关系，研究人员采用拓扑学中的一种研究与大小形状无关的点、线特性的方法，把网络单元定义为节点，两个节点间的连线就成为链路。这样，从拓扑学观点看，计算机网络是由节点和链路组成的。

网络节点和链路的几何位置就是网络的拓扑结构。网络中共有两类节点：转接节点和访问节点。节点计算机、交换机和终端控制器等属于转接节点，它们在网络中只是转接和交换传送的信息；主计算机和终端等是访问节点，它们是信息交换的源节点和目标节点。

通信子网的拓扑类型较多，主要有以下三种：星型、环型、总线型结构，如图 2-1 所示。

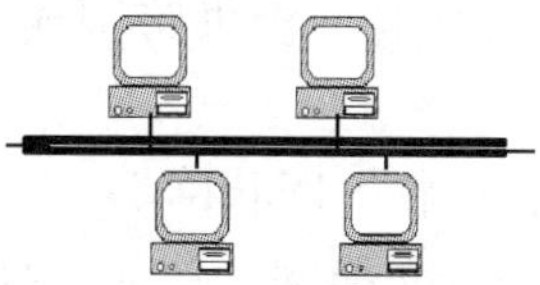

(a) 总线型结构

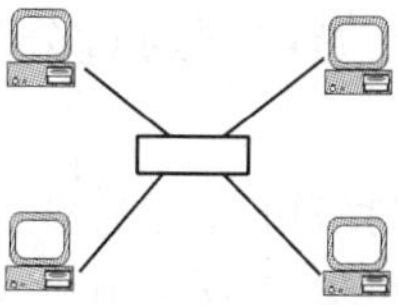

(b) 星型结构

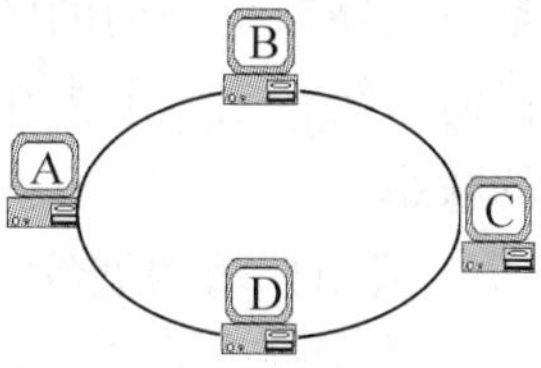

(c) 环型结构

图 2-1　网络拓扑结构

(1) 总线型结构

在总线型结构网络中，所有的节点都通过硬件接口连接在一条公共的电缆线上，如图 2-1 (a) 所示。总线型结构的优点是：结构简单；用的电缆较少，网络连接成本较低；易于布线，安装容易。总线型结构的缺点在于网络线路对整个系统影响较大，由于总线是所有工作站共享的，一旦总线发生故障将会影响到所有用户，就会使整个网络瘫痪；故障诊断和隔离困难，总线结构不是集中控制，发生故障时需要在网络上的各个站点进行检测。

由于总线型结构网络所有节点共享一条公用的数据传输链路，所以在任何一个时间段，它只能被一个设备占用。为使工作有序，系统通常采用具有冲突检测的载波侦听多路复用（CSMA/CD）的访问方式，决定下一次哪个站点可以发送数据。

（2）星型结构

在星型结构网络中，有一个中央节点——集线器，它与所有其他节点直接相连。任何两结点之间的通信都要通过中心结点，中心结点控制网络的通信如图 2-1（b）所示。星型结构简单、易于实现、便于管理；每个连接只接入一个设备，当连接点出现故障时不会影响整个网络。由于每个站点直接连接到中央节点，因而故障易于检测和隔离，人们可以很方便地将有故障的站点从系统中拆除。但是星型结构网络的中心结点是全网可靠性的瓶颈，中心结点的故障可能造成全网瘫痪。

（3）环型结构

在环型结构网络中，所有的计算机用公共传输电缆组成一个闭环，数据将沿环的一个方向逐站传送，如图 2-1（c）所示。环型结构简单，传输延时确定。但环上节点增多时效率下降，负载能力较差。环中任何一个节点出现线路故障，都可能造成网络瘫痪。为保证环的正常工作，系统需要较复杂的环维护处理，环节点的加入和撤出过程都比较复杂。

2.1.2.2 计算机网络的分类

计算机网络可以按照不同的方法进行分类：

（1）按地域范围划分，计算机网络可分为局域网、城域网和广域网三类。局域网是指传输距离在 0.1~10 千米，传送速率在 1~10mbps 的一种范围较小的网络。局域网是计算机网络发展最快的一个分支，经过 20 世纪 60 年代的技术准备、20 世纪 70 年代的技术开发和 20 世纪 80 年代的商品化阶段，现在已在企事业单位的计算机应用中发挥着重要作用。目前局域网正朝着多平台、多协议、异机种方向发展，数据速率和宽带也在不断提高；城域网则是在局域网上的扩展，它的区域范围相比局域网要大，通常指的是一个城市范围内的区域；广域网从广义上讲是指将远距离的网络和资源连接起来的任何系统，它一般由相距较远的局域网通过公共电信网络互联，提供跨国或全球范围的联系。

（2）按拓扑结构划分，计算机网络可分为总线型、星型、环状、网状网等。

（3）按交换方式划分，计算机网络可分为电路交换网、分组交换网、信元交换网、帧中继交换网等。

（4）按网络协议划分，计算机网络可分为 TCP/IP、SNA、SPX/IPX、Apple talk 等。

（5）按网络数据传输和系统的拥有者划分，计算机网络可分为公用网和专用网。公用网由电信部门组建，一般由国家和政府部门控制和管理；专用网则由某部门或公司组建。

2.1.3 通信传输介质与网络设备

2.1.3.1 通信传输介质

通信传输介质是通信系统中发送端与接收端之间的信道通路，主要有以下几种：

（1）双绞线。双绞线是指按一定规则螺旋式缠绕在一起的两根绝缘铜线，它是最传统、应用最普遍的传输介质，如电话线。两条线绞扭在一起的目的是为了减少导线之间的电池干扰。双绞线的线路损失大，传输速率低，并且抗干能力较弱，但由于其价格便宜，易于安装实现结构化布线，传输数字信号的距离可达几百米，因此在局域网中应用很普遍。

（2）同轴电缆。同轴电缆由内外两条道线构成。内导线是单股粗铜线或多股细铜线，外导线是一条网状空心圆柱导体，内外导线之间隔有一层绝缘材料，最外层是保护性塑料外皮。同轴电缆可以在较宽的频率范围内工作，抗干扰能力强，传输距离可达几千米，在计算机网络中被广泛采用。

（3）光导纤维（光纤）。光导纤维由高折射率的细玻璃或塑料纤维外包低折射率的外壳构成。其基本工作原理是：在发送端通过发光二极管将电脉冲信号转换成光脉冲信号，在光纤中以全反射的方式传输，在接收端通过发光二极管将光脉冲信号转换还原成电脉冲信号。

由于广播的频率范围很宽，所以光纤具有很宽的频带。光可以在光纤中进行几乎无损耗的传播，因此可以实现远距离高速数据传输。此外，由于是非电磁传输，无辐射，因此光纤的抗干扰能力强，保密性好，误码率低。但光纤传输系统价格较贵（尽管光纤本身并不贵，但光端设备复杂），因此一般用作网络通信的主干线。

（4）微波。微波是利用高频无线电波在空气中的传播进行通信，发送站将数据信号载波到高频微波信号上定向发射，接收站将信号下载进行接收处理或转发。微波是直线传播的，具有高度的方向性，因此传输距离要受到地球表面曲率所造成的视线距离的限制。如果传输超过一定距离（最长不能超过50千米），就要通过中转站进行接力传输。

微波传输频带较宽，成本比同轴电缆和光纤低，但误码率高。微波传输安装迅速、见效快，易于实现，是在不能铺设线路条件下的远程传输、移动网络通信等场合中最经济、最便利的通信手段。

（5）卫星通信。卫星通信是利用地球同步卫星做微波中继站进行远距离传输。地球同步卫星位于地面上方36 000千米的高空，其发射角度可以覆盖地球的1/3地区，三颗同步卫星就可以覆盖整个地球表面。因此，卫星通信的传输距离不受视线距离的限制，可以发送给全球任何一个区域。卫星通信传输的突出特点是：具有一发多收的传输功能，覆盖面积大，传输距离远，并且传输成本不随传输距离的增加而提高，特别适合广域网络远程互联。但卫星通信成本高，传播延迟较长，并且存在安全保密等方面的问题。

2.1.3.2 网络设备

（1）局域网主要通信设备。局域网的主要通信设备有网卡、中继器、集成器、路由器等。

① 网卡（net interface card，NIC）。网卡是将各个计算机连接成网络的接口部件，是网络接口卡，又称网络适配器。使用时，将网卡插在服务器和客户主机的主板扩展槽中，通信线路通过它与计算机连接。网卡的功能是将计算机数据转换成能在通信介质中传输的信号。

② 服务器（server）。服务器本身是一台功能强大的计算机。它可以由高档微机、工作站或专门设计的计算机（专用服务器）充当。

服务器的功能是为网络上的其他计算机提供信息资源。按照服务器在网络中所起的作用其又可以分为文件服务器、打印服务器、通信服务器等。文件服务器可以提供大容量磁盘存储空间，为网上各微机用户共享；打印服务器负责接收来自客户机的打印任务，管理安排打印队列和控制打印机的打印输出；通信服务器负责网络中各客户及对主计算机的联系，以及网与网之间的通信等。

③ 客户机（client）。客户机是网络中的用户使用的计算机。它可以使用服务器所提供的各类服务，从而提高单机的功能。它是用户直接操作的网络的一端。

④ 传输介质。传输介质也称为通信介质。网络中的数据信息可以通过两类传输介质来传输：一类是有线传输介质，在局域网中常用的有线传输介质有双绞线、同轴电缆和光缆；另一类是无线传输介质，即微波、红外线、激光等。从网络的发展趋势来看，网络上使用的传输介质将会逐渐由有线传输介质向无线传输介质的方向发展。

⑤ 中继器（repeater）。中继器用于同一网络中两个相同网络段的连接。它对于传输中的数字信号进行再生放大，用以扩展局域网中连接设备的传输距离。

⑥ 集线器（hub）。集线器用于局域网内部多个工作站与服务器之间的连接，可以提供多个微机连接端口。在工作站集中的地方使用集线器，既便于网络布线也便于故障的定位与排除，集线器还具有再生放大和管理多路通信的能力。

（2）广域网的常用设备。广域网中的常用设备有调制调解器、网桥、路由器、网关等。这些设备的概况介绍如下：

① 调制调解器（modem）。若计算机要利用电话线联网，可以使用调制调解器连接。其功能将是计算机输出数字信息转换成可以在远程通信线路上传输的模拟信号，并能将从通信线路上接收到的模拟信号转换成数字信息传送给计算机。

② 网桥（bridge）。网桥主要用来连接两个同类网络，也可以用来连接不同协议网络和不同拓扑结构的网络。

网桥可将一个网的帧格式转换为另一个网的帧格式而进入另一个网中。网桥的操作在网络数据链路层进行。网桥可以将大范围的网络分成几个相互独立的网段，使得某一网段的传输效率提高。各网段之间还可以通过网桥进行通信和访问。

③ 路由器（router）。路由器是属于比网桥高一层的网络间的连接设备。它不仅具有网桥的功能，还具有路由寻址、数据转发及数据过滤的功能。它能在复杂的网络互联环境中建立非常灵活的连接。

路由器工作在网络层，它在接收到数据链路层的数据包时，都要拆包，查看网络层的 IP 地址，再根据路由表确定数据包的路由，然后再对数据链路层的信息打包，最后将该数据包转发。路由器实际是一台计算机，它的处理功能程序固化在硬件中，以提高对数据包的处理速度。也可以用一台带有两个以上网卡的普通计算机配上相应的软件来实现路由器的功能。

④ 网关（gateway）。网关是与规模更大的不同操作系统的网络进行连接时使用的设备。网关不仅具有路由器的全部功能，还能进行不同协议的转换。

利用网关可以将局域网连接到广域网上（如连接到互联网上），从而使用户省去与大型计算机连接的接口设备和电缆，却能共享大型计算机的资源。

2.1.4 典型的计算机网络应用

随着互联网的发展，网络已开始使人们能跨越时间和空间的限制，成为人们随时随地获取信息的重要手段，随之，计算机网络的应用也有了进一步的发展。网络从传输单一的正文数据发展为传输语音和视频数据，以及集成声、文、图、像的多媒体传输；从传统的点到点的交互发展到单点到多点的交互，实现如视频广播和远程教育的应用，进而发展到多点到多点的交互应用，如计算机视频会议系统；从集中控制结构发展到分布控制结构，并进一步发展到联邦（具有不同管理域）控制结构；从没有任何服务质量保证的传统服务模式发展到具有服务质量保证的服务模式——高性能网络服务。

高传输速率、高带宽、高服务质量（传输正确性、传输安全性、可靠性）是高性能计算机网络的重要指标，也是21世纪计算机网络发展的主要方向。为此，网络的发展，将会要求和带动如下网络技术的发展和应用。

2.1.4.1 综合业务数字网技术

ISDN（intergrated service digital network，ISDN）是全数字的通信网。由于现有电话网一般是模拟数字混合网，其传输速率低，最高仅为56kbps（bit per second，位/秒），不能传输多媒体信息。ISDN支持文字、语音、数据、图形、活动图像的通信，可以实现全数字化的信息传输，是今后一段时间内多媒体通信的基本传输手段。随着对高清晰电视业务的要求，光纤传输发展为宽带ISDN，即B-ISDN。它利用光纤做传输介质，采用异步传输模式，其传输速率从150Mbps到10Gbps，可支持多种媒体通信业务，满足多媒体通信对网络总带宽的要求，是实现多媒体有效通信的基本条件。由于技术上的成熟、稳定性和使用的经济习性，ISDN已成为中小商业用户和家庭用户最经济、快速的数字接入互联网技术。

2.1.4.2 高速交换网技术

高速交换网技术利用网段微化技术，通过在网段间建立多个并行连接，提供单独网段上的专用频带，有效地提高了网络的吞吐量，提高了传输效率。交换技术是计算机网络的核心技术。其采用新的交换方式，变集中交换为分布交换、多层交换（三层交换和高层交换）；使用高速交换设备，如光交换机等，以提高网间交换速度。

2.1.4.3 宽带网技术

宽带网是能实现高速上网，且在一条线路同时支持语音、数据和视像等多种业务服务的网络。宽带网技术将从根本上改变全球范围信息传播手段。随着高容量光缆、数字交换机、卫星天线链路等世界范围的公共通信基础设施的建立，宽带网技术可以在全球范围内高速、有效地传输多种类型的信息。

（1）异步传输模式（ATM）。ATM是一种能同时满足文字、图形、图像、视频、音频等传输要求的技术，具有高速、大容量、实时等特点，真正实现无缝地高速传送多媒体信息。

（2）电缆调制解调器。电缆调制解调器产品正逐渐成熟，电缆局部网已开始步入家庭和中小型企业，通过电缆插头可以方便地将有线电视直接接入因特网。

（3）10G位以太网。为适应网络数据流量的迅速增加，2000年年初，美国电气和电子工程师学会IEEE进行了10G位以太网的开发，并发布了10G位以太网的802.3ae标准规范。10G位以太网不仅具有很高的宽带（传输速率达10亿/秒，即10Gbps），而且扩展了网络范围，使其超越局域网，进入广域网或城域网范围。此外，实时影视点播、远程医疗、远程教育和虚拟专用网等应用也需在宽带网发展的基础上实现。

2.1.4.4 网络标准化

网络标准化是时代的要求。国际标准化组织（ISO）在这方面做了大量的工作，其开放系统互连参考模型（OSI/RM）是标准化的基础。随着宽带网、光纤骨干网、移动通信和无线通信等技术的应用和发展，新的标准也不断产生，宽带标准化生产的产品，具有互联方便、可维护性好等优点。

2.1.4.5 移动通信技术

笔记本电脑和智能手持设备（smart handheld device，SHD）的发展，使得人们对移动无线网的要求日益提高。移动通信技术将固定综合宽带网通信业务用于移动环境中，采用新技术，提高数字传输速率，实现个人终端用户能在全球范围内的任何时间、任何地点与任何人用任何方式高质量地完成任何信息的移动通信与传输。

2.1.4.6 全球智能网的构筑

全球智能网的构筑，即把全球局域网与互联网融为一体，处理亿万个连接点，提供智能服务，包括确认网上用户身份、位置、需求和服务方法等。网络提供优良的可访问性和广泛的兼容性，是用户的智能助手。用户可以在任何时候、任何地点访问网络，网络具有自动故障检测、诊断和排除功能。

2.1.4.7 复播技术

传统的网络应用局限在两台计算机之间进行相互操作。目前，一些新的应用，如网络电视、视频会议、协同计算等，它们均需在一组计算机之间进行通信，即多点通信。采用复播技术，打破传统的广播方式，把同样信息复制多次，投递到组内每一个要接受此信息的成员。

2.1.4.8 宽带接入技术

随着互联网时代的到来，人们对信息的需求比以往任何时候都强烈。局域网、小型办公室以及家庭用户都迫切要求快速接入互联网，这即是“最后一千米接入技术”。传统的公用电话网通过Modem拨号上的最高传输速率为56kbps，这个速度已远远无法满足人们快速上网的要求。随着信息技术的发展，特别是多媒体信息需求的提高，促进了宽带化、数字化接入技术的研究，并有了极大的发展。其宽带接入的方式有有线电视电缆接入、电信网接入、卫星接入、固定无线接入和移动无线接入。其中，卫星接入、固定无线接入和移动无线接入是今后一段时间内需研究的内容。由于有线电视网具有频带宽的特点，已被世界各国公认为是“信息高速公路最后一千米”，具有巨大开发价值，故有线电视电缆接入技术很有应用前景。

电信网接入中的基于双绞线的不对称数字用户线 ADSL 接入，由于双绞线用户在全世界占据了全部用户的 90%以上，因此充分利用该部分资源，开发新的宽带业务是中近期接入网发展的重要任务。ADSL 技术是近期有广阔应用前景的接入技术之一，它将代替传统的 Modem 方式，成为家庭和小型商务应用的主流接入技术。随着光纤价格的不断下降以及企业、家庭用户对宽带要求的不断增长，光纤系统将逐步从骨干网扩大到接入网。如混合光纤同轴（HFC）接入和基于光纤的无源光网络（PON）方式等，均是光纤接入技术今后研究的内容。

2.1.5 管理信息系统的运行模式

随着网络的发展，其体系结构按其发展过程，经历了文件/服务器模式、客户端/服务器模式、分布式模式和浏览器/服务器模式等阶段。

2.1.5.1 文件/服务器模式

20 世纪 80 年代，个人计算机登上了商用舞台，同时计算机应用的范围和领域也日趋广泛。对于那些没有能力实现大型计算机方案的企业来说，个人计算机无疑就有了用武之地。在个人计算机进入商用领域不久，局域网也问世了，同时也诞生了初期的主机—终端模式，数据处理和数据库应用全部集中在主机上，终端没有处理能力。这样，当终端用户过多时，主机负担过重，于是导致处理能力下降，造成了主机瓶颈。

到 20 世纪 80 年代以后文件/服务器模式开始流行，在文件服务器系统结构中，应用程序是在客户工作站上运行的，而不是在服务器上运行的，文件服务器只提供了资源（数据）的集中管理和访问途径。这种结构的特点是将共享数据资源集中管理，而将应用程序分散安排在各个客户工作站上。文件服务器的优点在于，实现的费用比较低廉，而且配置非常灵活，在一个局域网中可以方便地增减客户端工作站。但是，文件服务器结构的缺点也非常明显，由于文件服务器只提供对数据的共享访问和文件管理服务，所有的应用处理都要在客户端完成，这就意味着客户端的个人计算机必须要有足够的能力，以便执行需要的任何程序，或能完成任何必要的任务。这可能经常需要客户端的计算机升级，否则改进应用程序的功能、提高应用程序的性能等都不能实现。

另外，虽然应用程序可以存放在网络文件服务器的硬盘上，但它每次都要传送到客户端的个人计算机的内存中执行。因为所有的处理都是在客户端完成的，网络上就要经常传送大量无用的数据，这使得网络的负载过重，又导致了传输瓶颈。

2.1.5.2 客户端/服务器模式

虽然文件/服务器结构的费用低廉，但是和大型计算机的集中相比，它缺乏足够的计算和处理能力。为了解决费用和性能的矛盾，客户端/服务器结构就应运而生了。这种结构允许应用程序分别在客户工作站和服务器（注意：不再是文件服务器）上执行，可以合理划分应用逻辑，充分发挥客户工作站和服务器两方面的性能。

在客户端/服务器结构中，应用程序或应用逻辑可以根据需要划分在服务器和客户工作站中。这样，为了完成一个特定的任务，客户工作站上的程序和服务器上的程序可以协同工作。客户端/服务器结构和文件/服务器结构的区别：客户端/服务器结构的客户工作站向服务器发送的是处理请求，而不是文件请求；服务器返回的是处理的结果，而不是整个文件。

当今，客户端/服务器最流行的领域就是数据库应用领域。比较著名的数据库厂商都提供了支持客户端/服务器结构的数据库管理系统，如 Microsoft 的 SQL Server、Sybase 的 Adaptive Server 和 Oracle 等。

从以上可以看出，大型计算机集中式结构的所有程序都在主机内执行，而文件服务器局域网结构的所有程序都在客户端执行，这两种结构都不能提供真正的可伸缩应用系统框架，而客户端/服务器结构则可以将应用逻辑分布在客户工作站和服务器之间，可以提供更快、更有效的应用程序性能。

2.1.5.2　分布式模式

早期的客户端/服务器是基于两层结构的，即一层是客户层，另一层是服务器层。这样的结构存在着一些缺点：第一，在网络计算机系统的中心位置不能插接应用程序组件。而在实际的应用中，很多企业往往需要经常为每个客户机插接一个应用程序，这样就给程序的维护带来很大的困难。在这种环境下，即使是一些小的修改，也会有很大的困难。第二，由于客户计算机经常要处理一些敏感的数据，而在非中心化的计算机环境中，无法对客户的信息存取进行控制，容易产生安全漏洞。第三，由于应用程序的业务逻辑存储在客户计算机上，所以就给客户计算机带来了沉重的负担。

为了适应企业应用，又出现了一种新的三层客户端/服务器模式。所谓三层，实际上就是在客户层和服务器层加入了一个中间层，客户层面向用户，服务器层提供数据服务，中间层面向商业或企业的需求。它可以是一个方案，通过相应的软件支持。中间层强调的是组件开发，需要什么功能就通过开发组件提供相应的功能，而不需要改客户端或服务器端。

2.1.5.3　浏览器/服务器模式

随着互联网的发展，分布在全世界各地的各种计算机系统及网络用户全部可以连接起来，他们可以通过共同的通信协议在不同的网络和操作系统间交换数据。

因此，人们正试图把 WWW 上的数据源集成为一个完整的 Web 数据库，从而使这些数据资源得到充分利用。因此，将 Web 技术与数据库技术相结合，开发动态的 Web 数据库应用势在必行。它是在 Web 服务器端提供中间件来连接 Web 服务器和数据库服务器。中间件负责管理 Web 服务器和数据库服务器之间的通信并提供应用程序服务，它能够直接访问数据库、调用外部程序或利用程序代码来访问数据库，因此它可以提供与数据库相关的动态 HTML 页面，或执行用户查询，并将查询结果格式化成 HTML 页面，然后通过 Web 服务器返回给用户的浏览器。

2.2 数据库技术

2.2.1 数据库技术概述

随着数据管理规模的不断扩大，数据量急剧增加，用文件系统来组织和管理数据显露出许多缺陷。20 世纪 60 年代后期开始，计算机用于信息处理的规模越来越大，应用越来越广泛，这对数据管理技术提出了更高的要求。与此同时，内存大、运行速度快的主机和大容量的磁盘也出现了。在这种背景下，以文件系统作为数据管理手段已经不能满足应用的需求，为了使数据为尽可能多的应用服务，新的数据管理技术——数据库技术产生了。而数据管理技术进入数据库阶段的标志是 20 世纪 60 年代末发生的三件大事：

（1）1969 年，美国 IBM 公司研制并开发了基于层次结构的数据库管理系统——商品化软件 IMS。

（2）1969 年 10 月，美国数据系统语言协会 CODASYL 下属的数据库任务组 DBTG 对数据库方法进行系统的研究和讨论后，发表了关于网状数据模型的 DBTG（1971 年通过）。

（3）1970 年，IBM 公司 SanJose 研究实验室的研究员埃德加·弗兰克·科德（Edgar Frank Codd）发表了题为“大型共享数据库的数据关系模型”的论文。文中提出了数据库的关系模型，从而开创了关系数据库的研究领域，奠定了关系数据模型的理论基础。埃德加·弗兰克·科德在 1981 年获得了 ACM 图灵奖。

20 世纪 70 年代以来，数据库技术是计算机科学技术中发展最快的领域之一，也是应用最广泛的技术之一，它已成为计算机信息系统和应用系统的核心技术和重要基础。同时数据库技术也带动了一个巨大的软件产业产品及其相关工具和解决方案，大量有效的商业化产品正在各行各业得到广泛应用。

数据库系统克服了文件系统的缺陷，提供了对数据更高级、更有效的管理，数据库系统具有以下特点：

2.2.1.1 数据结构化

数据结构化是数据库与文件系统的根本区别。

在文件系统中，相互独立的文件的记录内部是有结构的。传统文件的最简单形式是等长同格式的记录集合。

在数据库系统中，我们不仅要考虑某个应用的数据结构，还要考虑整个组织的数据结构。这种数据组织方式为各部分的管理提供了必要的记录，使数据结构化了。这就要求在描述数据时不仅要描述数据本身，还要描述数据之间的结构。

在数据库系统中，数据不再针对某一应用，而是面向全组织，具有整体的结构化。不仅数据是结构化的，而且存取数据的方式也是灵活的，可以存取数据库中的某个数据项、一组数据项、一个记录或一组记录。

2.2.1.2 数据的共享性高，冗余度低，易扩充

在数据库系统中，数据不再面向某个应用而是面向整个系统，因此数据可以被多

个用户、多个应用共享使用。数据共享可以大大减少数据冗余，节约储存空间。数据共享还能避免数据之间的不相容性与不一致性。

由于数据面向整个系统，是有结构的数据，因此其不仅可以被多个应用共享使用，而且容易增加新的应用。这使得数据库系统弹性大，可以适应各种用户的要求。

2.2.1.3　数据独立性高

数据独立性是由数据管理系统（DBMS）的二级映像功能来保证的。数据与程序的独立，把数据的定义从程序中分离出去，加上数据的存取又由 DBMS 负责，从而简化了应用程序的编制，大大减少了应用程序的维护和修改。

2.2.1.4　数据由 DBMS 统一管理和控制

数据库系统对数据进行统一的管理和控制。数据库系统为用户提供了定义、检索和更新数据的手段，同时还提供了数据的安全性、完整性和并发控制等功能。

下面简单介绍数据库系统中的一些常用术语。

（1）数据（data）。数据是数据库中存储的基本对象。描述事物的符号记录称为数据。描述事物的符号可以是数字，也可以是文字、图形、声音、语言等。数据有多种表现形式，它们都可以经过数字化后存入计算机。

（2）数据库（database，DB）。数据库是存放数据的仓库。只不过这个仓库是在计算机存储设备上，而且数据是按一定的格式存放的。

所谓数据库是指长期存储在计算机内的、有组织的、可共享的数据集合。数据库中的数据按一定的数据模型组织、描述和存储，具有较小的冗余度、较高的数据独立性和易扩展性，并可以为各种用户共享。

（3）数据库管理系统（database management system，DBMS）。数据库管理系统是位于用户与操作系统之间的一层数据管理软件，其主要功能有数据定义功能、数据操纵功能、数据库的运行管理和数据库的建立与维护功能。

（4）数据库系统（database system，DBS）。数据库系统是指在计算机系统中引入数据库系统后的系统，一般由数据库、数据库管理系统（及其开发工具）、应用系统、数据库管理员和用户构成。

2.2.2　数据模型

2.2.2.1　信息抽象

信息是人们对客观世界各种事物特征的反映，而数据则是表示信息的一种符号。从客观事物到信息，再到数据，是人们对现实世界的认识和描述过程，这里经过了三个层次的变换，分别是现实世界、信息世界和数据世界。

（1）现实世界。现实世界是客观存在的事物以及事物间的联系，是由事物本身的性质决定的。例如，学校的教学管理系统中有学生、课程和教师，教师教授课程，学生选修课程等。

（2）信息世界。信息世界是客观存在的现实世界在人们头脑中的反映，是对客观事物及其联系的一种抽象描述。它是现实世界到数据世界必须经过的中间层次。信息世界涉及的概念主要有：

① 实体（entity）。客观存在并可以相互区别的事物称为实体。实体可以是具体的对象，如一个职工、一个学生、一个部门、一门课；也可以是抽象事件，如学生的一次选课、部门的一次订货等。

② 属性（attribute）。实体所具有的某一特性称为属性。一个实体可以由若干个属性来刻画。如学生实体可以由学号、姓名、性别、年龄、系别等属性来描述。属性的具体值称为属性值，用来刻画一个具体实体。如属性值的组合（020611，李明，男，19，计算机系）就表示一名学生。

③ 码（key）。唯一标识实体的属性集称为码。如学号是学生实体的码。

④ 域（domain）。属性的取值范围称为该属性的域。如学号的域为6位整数，姓名的域为字符串集合等。

⑤ 实体型（entity type）。具有相同属性的实体必然具有共同的特征和性质。用实体名及其属性名集合来抽象和刻画同类实体，称为实体型。如学生（学号、姓名、性别、年龄、系别）就是一个实体型。

⑥ 实体集（entity set）。同型实体的集合称为实体集。如全体学生就是一个实体集。

⑦ 联系（relation ship）。实体间的联系通常是指不同实体集之间的联系。两个实体型之间的联系可分为三大类：

一对一联系（1∶1）。设A、B为两个实体集。如果对于A中的每一个实体，B中至多有一个实体与其发生联系；反之，B中的每一个实体至多对应A中的一个实体，则称A与B具有一对一联系，记为1∶1。如班级和班长之间具有一对一联系。

一对多联系（1∶n）。如果对于A中的每一个实体，B中有n个实体（n≥0）与之联系；反之，对于B中的每一个实体，A中至多只有一个实体与之联系，则称A与实体B有一对多联系，记为1∶n。如班级与学生之间具有一对多联系。

多对多联系（m∶n）。如果对于A中的每一个实体，B中有n个实体（n≥0）与之联系；反之，对于B中的每一个实体，A中也有m个实体（m≥0）与之联系，则称A与实体B具有多对多联系，记为m∶n。如课程和学生之间具有多对多联系。

（3）数据世界。数据世界在此不做详细介绍。

2.2.2.2 数据模型

数据模型是实现世界数据特征的抽象，应满足三个方面的要求：一是能比较真实地模拟现实世界；二是容易为人所理解；三是便于在计算机上实现。不同的数据模型实际上是提供给人们模型化数据和信息的不同工具。根据模型应用的不同目的，我们可以将这些模型划分为两类，它们分属于两个不同的层次：一类是概念模型，另一类是数据模型。

（1）概念模型。概念模型用于信息世界的建模，是现实世界到信息世界的第一层抽象，是数据库设计人员进行数据库设计的有力工具，也是数据库设计人员和用户之间进行交流的语言。

概念模型的表示方法很多，其中最著名、最常用的是皮特·陈（P.P.S.Chen）于1976年提出的实体—联系（entity-relationship approach）。该方法用E-R图来描述现实世界的概念模型。

E-R 图提供了表示实体型、属性和联系的方法。

实体型：用矩形表示，矩形框内写明实体名。

属性：用椭圆形表示，并用无向边将其与相应的实体连接起来。

联系：用菱形表示，菱形框内写明联系名，并用无向边分别与有关实体连接起来，同时在无向边旁标上联系的类型（1∶1、1∶n、m∶n）。需注意的是，联系本身也是一种实体型，也可以有属性。如果一个联系具有属性，则这些属性也要用无向边与该联系连接起来。

下面用 E-R 图来表示某学校学籍管理的概念模型。

其中涉及的实体包括：

学校：校名、校长名。

系部：系名、系主任、联系电话。

教师：工号、姓名、性别、职称。

学生：学号、姓名、性别、年龄。

课程：课程号、课程名、学分。

参考书：书号、书名、作者。

这些实体之间的联系包括：

一个学校有多个系部，因此学校和系部之间是 1∶n 的联系。

一个系部有多个学生，因此系部和学生之间是 1∶n 的联系。

一名学生可选修多门课程，一门课程可被多名学生选修，因此学生和课程之间是 m∶n 的联系。

一门课程可以由若干个教师授课，使用若干本参考书，而每个教师只讲授一门课程，每本参考书只供一门课程使用，则课程与教师、参考书之间的联系是一对多的。

（2）数据模型。把现实世界的客观对象抽象成信息世界的概念模型后，需要再把概念模型转换成计算机支持的数据模型。数据模型是数据库系统设计中用于提供信息表示和操作手段的形式构架，是数据库实现的基础。

目前，在实际数据库系统中支持的数据模型主要有三种：层次模型（hierarchical model）、网状模型（network model）和关系模型（relational model）。20 世纪 80 年代以来，计算机厂商推出的数据库管理系统几乎都是支持关系模型的数据库系统。关系模型已经占领市场主导地位。

关系模型建立在严格的数学概念的基础上，它用二维表来描述实体与实体间的联系。下面以学生信息表（表 2-1）为例，介绍关系模型中的一些术语。

关系（relation）：通常对应一张表。

元祖（tuple）：表中的一行即为一个元祖。

属性（attribute）：表中的一例即为一个属性，给每一个属性取一个名称即属性名。如表 2-1 中的五个属性（学生、姓名、年龄、性别、系别）。

主码（key）：表中的某个属性组，它可以唯一确定一个元祖，如表 2-1 的学号。

域（domain）：属性的取值范围。

分量：元祖中的一个属性值。

关系模式：对关系的描述，一般表示为关系名（属性 1，属性 2，…，属性 n）。

表 2-1 学生信息表

学号	姓名	年龄	性别	系别
2006001	张荣华	19	男	计算机
2006002	李康	18	男	计算机
2006003	吴淞	19	男	计算机
2006004	唐飞	20	女	计算机

例如，上面的关系可以描述为：

学生（学号、姓名、年龄、性别、系别）

一个关系模式是若干个关系模式的集合。在关系模式中，实体以及实体间的联系都是用关系来表示的。例如，学生、课程、学生与课程之间的多对多联系在关系模型中可以表示如下：

学生（学号、姓名、年龄、性别、系别）

课程（课程号、课程名、学分）

选修（学号、课程号、成绩）

由于关系模型概念简单、清晰、易懂、易用，并有严格的数学基础以及在此基础上发展起来的关系数据理论，简化了程序开发及数据库建立的工作量，因而迅速获得了广泛的应用，并在数据库系统中占据了统治地位。

2.2.3 数据库系统结构

从数据库管理系统角度看，数据库系统通常采用三级模式结构；从数据库最终用户角度看，数据库系统的体系结构分为单用户结构、主从式结构、分布式结构和客户/服务器结构。

（1）数据库系统的三级模式结构。数据库系统的三级模式结构是指数据库系统是由模式、外模式和内模式三级构成的。

① 模式（schema）。模式也称逻辑模式，是数据库中全体数据的逻辑结构和特征的描述，是所有用户的公共数据视图。它是数据库系统模式结构的中间层，既不涉及数据的物理存储细节和硬件环境，也与具体的应用程序、应用开发工具及高级程序设计语言无关。

模式实际上是数据库数据在逻辑上的视图。一个数据库只有一个模式。数据库模式以某一种数据模型为基础。定义模式时不仅要定义数据的逻辑结构（如数据记录由哪些数据项构成，数据项的名字、类型、取值范围等），而且要定义与数据有关的安全性、完整性要求，定义这些数据之间的联系。

② 外模式（external schema）。外模式也称子模式或用户模式，它是数据库用户（包括应用程序员和最终用户）能够看见和使用的局部数据的逻辑结构与特征的描述，

是数据库用户的数据视图，是与某一应用有关的数据的逻辑表示。

外模式通常是模式的子集。一个数据库可以有多个外模式。由于它是各个用户的数据视图，如果不同用户的应用需求、看待数据的方式、对数据保密的要求等各方面存在差异，则其外模式描述就是不同的。即使对模式中同一数据，在外模式中的结构、类型、长度、保密级别等都可以不同。另外，同一外模式也可以为某一用户的多个应用系统所使用，但一个应用程序只能使用一个外模式。

外模式是保证数据库安全性的一个有力措施。每个用户只能看见和访问所对应的外模式中的数据，数据库中的其余数据是不可见的。

③ 内模式（internal schema）。内模式也称存储模式，一个数据库只有一个内模式。它是数据物理结构和存储结构的描述，是数据在数据库内部的表示方式（例如：记录的存储方式是顺序存储、按照 B 树结构存储还是按照 Hash 方法存储；索引按照什么方式组织；数据是否压缩存储，是否加密；数据的存储记录结构有何规定等）。

数据库系统的三级模式是对数据的三个抽象级别，它把数据的具体组织留给 DBMS 管理，使用户能有逻辑地、抽象地处理数据，而不必关心数据在计算机中的具体表示方式和存储方式。为了能够在内部实现这三个抽象层次的联系和转换，数据库管理系统在这三级模式之间提供了两层映像：外模式/模式映像和模式/内模式映像。正是这两层映像保证了数据库系统中的数据能够具有较高的逻辑独立性和物理独立性。

（2）数据库的二级映像功能与数据独立性。对于每一个外模式，数据库系统都有一个外模式/模式映像，它定义了该外模式与模式之间的对应关系。这些映像定义通常包含在各自外模式的描述中。

当模式改变时，由数据库管理员对各个外模式/模式的映像做相应改变，可以使外模式保持不变，从而保证了数据库的逻辑独立性。

数据库中只有一个模式，也只有一个内模式，所以模式/内模式映像是唯一的，它定义了数据的全局逻辑结构与存储结构之间的对应关系。该映像定义通常包含在模式描述中。

当数据库的存储结构改变了（如采用了更先进的存储结构），由数据库管理员对模式/内模式映像做相应改变，可以使模式保持不变，从而保证了数据的物理独立性。

2.2.4 关系数据库标准语言

关系数据库标准语言（structure query language，SQL）是一种类似于英语的数据语言，1986 年美国国家标准化组织（ANSI）确认 SQL 作为数据库系统的工业标准。所以，商用的数据库系统都采用 SQL 作为数据语言，或者提供 SQL 的支持。

SQL 的命令一般分为四类：

2.2.4.1 查询语句

查询语句是用来对已经存在数据库中的数据按照特定的组合、条件表达式或者次序进行检索，其一般格式为：

SELECT [ALL | DISTINCT] <目标列表达式> [<，目标列表达式>]...

FROM<表名或视图名> [，<表名或视图名>]...

[WHERE<条件表达式>]

[GROUP BY<列名 1> [HAVING<条件表达式>]]

[ORDER BY <列名 2> [ASC | DESC]]

整个 SELECT 语句的含义是，根据 WHERE 字句的条件表达式，从 FROM 字句指定的基本表或视图中找出满足条件的元组，再按 SELECT 字句中的目标列表达式，选出元组中的属性值形成结果表。如果有 GROUP 字句，则将结果按<列名 1>的值进行分组，该属性列值相等的元组为一个组，每个组产生的结果在表中是一条记录。如果 GROUP 字句带 HAVING 短语，则只有满足指定条件的组才允许输出。如果带有 ORDER 字句，则结果表还要按<列名 2>上网值进行升序或降序排列。

2.2.4.2　*数据操纵语句*（Data Manipulation Language，DML）

DML 用来改变数据库中的数据，包括三种基本形式：

（1）INSERT 语句。INSERT 语句可给数据库中的某个表添加一个或多个新行。INSERT 语句在简单的情况下的形式如下：INSERT[INTO]table_or_view[(column_list)] data_values。

此语句将使 data_values 作为一行或者多行插入已命名的表或视图中。Column_list 是由逗号分隔的列名列表，用来指定为其提供数据的列。如果没有指定 column_list，表或者视图中的所有列都将接收数据。

如果 column_list 没有为表或视图中所有列命名，将在列表中没有命名的任何列中插入一个 NULL 值（或者是默认情况下，这些定义的默认值）。在列表中的所有列都必须允许 NULL 值或者指定的默认值。

所提供的数据值必须与列的列表匹配。数据值的数目必须与列数相同，每个数据值的数据类型、精度和小数也必须与相应的列匹配。有两种方法指定数据值：

用 VALUES 字句为一列指定数据值。

INSERT INTO table or_view[(column_list)]VALUES(value 1,value2...)

用 SELECT 子查询为一行或多行指定数据值。

INSERT INTO table_or_view[(column_list)]

SELECT 子查询

（2）UPDATE 语句。UPDATE 语句可以更改表或视图中单行、行组或所有的数据值，还可以用该语句更新远程服务器上的行（使用连接服务器名或 OPENROWSET、OPENDATASOURCE 和 OPENQUERY 函数），前提是用来访问远程服务器的 OLEDB 提供程序支持更新操作。引用某个表或视图中的 UPDATE 语句每次只能更改一个表中的数据。UPDATE 语句在简单的情况下有如下形式：UPDATE{table_name | view_name} SET{column=expression[,...]}WHERE CURRENT OF cursor_name。其中：

SET 字句：包含更新的列和每个列的新值的列表（用逗号分隔），格式为 column_name=expression。表达式提供的值包含多个项目，如常量、从其他表或视图的列中选择的值或使用复杂式的表达计算出来的值。

FROM 字句：指定为 SET 字句中的表达式提供的表或视图，以及各个源表或视图之间可选的连接条件。

WHERE 字句：指定搜索条件，该搜索条件定义源表和视图中可以为 SET 子句中的表达式提供值的行。

DELETE 语句：DELETE 语句可删除表或视图中的一行或多行。DELETE 语法的简化形式为：

DELETE table_or_view FROM table_sources WHERE search_condition

其中，table_or_view 是指定要从中删除行的表或视图。搜索条件的行都将被删除。如果没有指定 WHERE 字句，将删除 table_or_view 中的所有行。FROM 字句是指定删除时用到的额外的表或视图及连接条件，使用 WHERE 字句搜索条件中的谓词来限定要从 table_or_view 中删除的行。该语句不从 FROM 字句指定的表中删除行，而只从 table_or_view 指定的表中删除行。

任何已删除所有行的表仍会保留在数据库中。DELETE 语句只从表中删除行，要从数据库中删除表，必须使用 DROP TABLE 语句。

2.2.4.3 数据定义语句（data definition language，DDL）

DDL 用来建立数据库中各种数据对象（表、视图、索引、存储过程、触发器等），包括三种基本形式：

（1）CREATE：新建数据库对象。

（2）ALTER：更新已有数据对象的定义。

（3）DROP：删除已经存在的数据对象。

2.2.4.4 数据控制语句（data control language，DCL）

DCL 用于授予或者收回访问数据库的某种权限和事务控制，主要包括四种基本形式：

（1）GRANT：授予权限。

（2）REVOKE：收回权限。

（3）COMMIT：提交事务。

（4）ROLLBACK：回滚事务。

SQL 语言之所以能成为工作标准，主要因为它是一种综合的、功能强、易学又便于使用的语言。主要的特点如下：

（1）高度非过程化。SQL 语言进行数据操作只要提出“做什么”，不需要说明“如何做”。这大大减轻了数据库用户的负担，从而有利于提高生产率。

（2）面向集合的操作方式。SQL 语句采用集合操作方式，如要查询所有男职员的信息，数据库管理系统不会一次返回一个职工的信息，而是一次返回所有满足条件的记录。除了查询之外，插入、删除、修改操作都可以一次处理多行记录，也就是集合操作。

（3）语法简单。SQL 语言功能强大，但是语法极其简单，完成核心功能共有九个动词。

2.2.5 关系的规范化

前面讨论了数据组织的概念、关系数据库的基本概念、关系模型的三个部分以及关系数据库的标准语言。但是还有一个很基本的问题尚未涉及，针对一个具体问题，应该如何构造一个适合于它的数据库模式，即应该构造几个关系模式，每个关系模式由哪些属性组成等。关系的属性间存在既相互依赖又相互制约的联系称为数据依赖，其中很重要的一种叫函数依赖。下面介绍有关函数依赖的概念。

定义（1）：设R（U）是属性集U上的关系模式。X、Y是U的子集。若对于R（U）的任意一个可能的关系r，r中不可能存在两个元组在X上的属性值相等，而在Y上的属性值不等，则称X函数确定Y或Y函数依赖于X，记作X→Y。

定义（2）：在R（U）中，如果X→Y，并且对于X的任何一个真子集X′，都有X′→Y，则称Y对于X完全函数依赖，记作 $X \xrightarrow{F} Y$。

例如，关系选修（学号、课程号、成绩）中，（学号、课程名）$\xrightarrow{F}$成绩。

定义（3）：若X→Y，但Y不完全函数依赖于X，称Y对X部分函数依赖，记作 $X \xrightarrow{P} Y$。

例如，关系学生（学号、姓名、性别、年龄、系别）中，（学号、姓名）→年龄。

定义（4）：在R（U）中，如果X→Y，Y C X，Y→X，Y→Z，则称Z对X传递函数依赖，记作 $X \xrightarrow{T} Y$。

例如，设有关系BOOKS（BNO，TITLE，LOCA），其中一本书对应唯一书号，并可能为某一个出版社出版；一个出版社一般只有一个名称和地址，但一个出版社可以出版多种书。该关系拥有的函数依赖：BNO→TITLE，TITLE→LOCA，TITLE→LOCA。因此该关系中存在传递函数依赖 $BNO \xrightarrow{T} LOCA$。

为了使数据库设计的方法走向完备，人们研究了规范化理论，指导人们设计规范的数据库模式。1971年起，埃德加·弗兰克·科德就提出了规范化理论，至今有关规范化理论的研究已经取得了很多成果。关系数据库中的关系是要满足一定要求的，满足不同程度要求的为不同范式，其余以此类推。关系规范化的程度为第一范式、第二范式、第三范式、第四范式和第五范式等。

2.2.5.1 1NF

任给关系R，如果R中的每个列与行的交点处的取值都是不可再分的基本元素，则 $R \in 1NF$。

不属于1NF的关系称为非规范化关系。经过转换形成规范化的关系，称为1NF。

该关系的候选码为：（学号、课程名），函数依赖为：（学号、课程名）$\xrightarrow{F}$成绩，学号$\xrightarrow{F}$系别，（学号、课程名）$\xrightarrow{P}$系别，系别$\xrightarrow{F}$住址。

1NF存在的问题：

（1）插入异常。假若要插入一个学生“学号=9962003，系别=计算机系，住址=本部”，但该生还未选课，即这个学生无课程号，这样的元组就插不进关系模式S-L-C中。因为插入该元组时必须给定码值，而这时码值的一部分为空，因而学生的固有信息无法插入。

（2）删除异常。假定某个学生只选一门课，如9971001就选了一门课“高等数学”。现在“高等数学”这门课他不选了，那么“高等数学”这个数据项就要删除。而“高等数学”是主属性，删除了“高等数学”，整个元组就必须跟着删除，使得9971001的其他信息也被删除了，从而造成删除异常，应删除的信息也删除了。

（3）修改复杂。某个学生从医学系转到计算机系，这本来只需修改此学生元组中的系别分量即可。但因为关系模式S-L-C中还含有住址属性，学生转系将同时改变住处，因而还必须修改元组中的住址分量。

（4）冗余度大。如果这个学生选修了K门课，系别、住址重复存储了K次，那么存储冗余度大。

存在上述问题的原因在于：在关系模式中存在两种非主属性。一种如成绩，它对码是完全函数依赖；另一种如系别、住址，对码是部分函数依赖。

解决问题的办法是把关系模式S-L-C分解为两个关系模式：关系SC和关系S-L。分解后的关系模式SC与关系模式S-L中不再存在部分函数依赖，从而解决了插入异常与删除异常的问题。

2.2.5.2　2NF

若R∈1NF，且每一个非主属性完全函数依赖于码，则R∈2NF。例如，经过上述1NF分解形成两个关系SC和S-L。

由定义判断关系模式SC∈2NF，关系模式S-L∈2NF。

2NF关系存在如下问题：

（1）修改复杂。由于每个系的学生住在同一个地方，因此，当一个系的住址改变时，就要修改多个元组的值。

（2）冗余度大。如果一个系有500名学生，那么学生的住址则重复存储500次，造成存储空间的冗余度大。

在2NF中存在问题的原因是：关系模式S-L存在非主属性住址对码学号的传递依赖。在关系模式S-L中，由于学号→系别，系别→住址，得到传递函数依赖学号T→住址。

解决问题的方法是将S-L分解为：关系模式S-D和关系模式D-L。

分解后的关系模式S-D与关系模式中不再存在传递函数依赖，从而解决了修改复杂与冗余度大的问题。

2.2.5.3　3NF

关系模式R<U，F中若不存在这样的码X，属性组Y及非主属性Z（Z#Y）使得X→Y，Y≠X，Y→Z成立，则称R<U，F>∈3NF。

例如，经过上述2NF分解形成两个关系S-D和D-L。

由定义判断：关系模式S-D∈3NF，关系模式D-L∈3NF。

3NF仍可能存在如下问题：插入异常、删除异常和修改复杂。在这种情况下，可以通过进一步规范化对其进行分解。分解后，原来的插入及删除操作异常问题已不存在。

在关系数据库中，对关系模式的基本要求是满足第一范式。这样的关系模式就是合法的、允许的。但是有些关系模式存在插入、删除异常，修改复杂、数据冗余等问题。人们寻求解决这些问题的方法，这就是规范化的目的。

规范化的基本思想是逐步消除函数依赖中不合适的部分，使模式中的各关系模式达到某种程度的分离。让一个关系描述一个概念、一个实体或者实体间的一种联系，因此，所谓规范化实质上是概念的单一化。关系模式的规范化过程是通过对关系模式的分解来实现的，从认识非主属性的部分函数依赖的危害开始，2NF、2NF、BCNF 的提出是这个认识过程逐步深化的标志。关系模式的规范化过程就是把低一级的关系模式分解为若干个高一级的关系模式的过程。

2.2.6 数据库设计

数据库设计是信息资源管理最有效的手段。数据库设计是指对于一个给定的应用环境，构造最优的数据库模式，建立数据库及其应用系统，有效存储数据，满足用户信息要求和处理要求。

按照规范设计的方法，考虑数据库及其应用系统开发过程，我们可以将数据库设计分为以下六个阶段：

（1）需求分析阶段。需求收集和分析，结果得到数据字典描述的数据要求（和数据流程图描述的处理需求）。

（2）概念结构设计阶段。对用户需求进行综合、归纳与抽象，形成一个独立于具体 DBMS 的概念模型，可以用 E-R 图表示。

（3）逻辑结构设计阶段。将概念结构数据转换为某个 DBMS 所支持的数据模型（如关系模型），并对其进行优化。

（4）数据库物理设计阶段。为逻辑数据模型选取一个最适合应用环境的物理结构（包括存储结构和存取方法）。

（5）数据库实施阶段。运用 DBMS 提供的数据语言（如 SQL）及其宿主语言（如 C），根据逻辑设计和物理设计的结果建立数据库，编制与调试应用程序，组织数据入库，并进行试运行。

（6）数据库运行和维护阶段。数据库应用系统经过试运行后即可投入正式运行。在数据库系统运行过程中必须不断地对其进行评价、调整与修改。

2.2.7 数据库保护

为了保证数据的安全可靠和正确有效，DBMS 必须提供统一的数据保护功能，主要包括数据的安全性、完整性、并发控制和数据库恢复等内容。

数据的安全性是指保护数据库以防止不合法的使用所造成的数据泄漏、更改和破坏。数据的安全可以通过对用户采取标识和鉴定、存取控制、OS 级安全保护等措施而得到一定的保障。

数据的完整性是指数据的正确性、有效性与相容性。关系模型的完整性有实体完整性、参照完整性及用户自定义的完整性。

（1）实体完整性。它是指二维表中描述主关键字的属性不能取空值。如学生基本信息表中的属性“学号”被定义为主关键字，则“学号”的值不能为空。

(2) 参照完整性。它是指具有一对多联系的两个表之间，子表中与主表的关键字相关联的那个属性（外部码）的值要么为空，要么等于主表中主关键字的某个值。

(3) 用户自定义的完整性。它是针对某一具体的数据库的约束条件，由应用环境确定。例如，月份必须是1~12的正整数，研究生的年龄应小于45等。

并发控制是指当多个用户同时存取、修改数据库时，可能会发生互相干扰而得到错误的结果，并使数据库的完整性遭到破坏，因此必须对用户的并发操作加以协调。

数据库恢复是指当计算机软件、硬件或网络通信线路发生故障而破坏了数据库的操作使数据库出现错误或丢失时，系统应能进行应急处理，把数据库恢复到正常状态。

2.2.8 数据库系统的发展

数据库技术从20世纪60年代中期开始运用到现在，几十年间已从第一代的网状、层次数据库系统发展到第三代以面向对象模型为主要特征的数据库系统。数据库技术与网络通信技术、人工智能技术、面向对象程序设计技术、并行计算技术等互相渗透、互相结合，成为当前数据库技术发展的主要特征。

2.2.8.1 数据库技术与其他相关技术相结合

数据库技术与其他学科的内容相结合，是新一代数据库技术的一个显著特征，涌现出各种新型的数据库系统。例如，数据库技术与分布处理技术相结合，出现了分布式数据库系统；数据库技术与并行处理技术相结合，出现了并行数据库系统；数据库技术与人工智能技术相结合，出现了演绎数据库系统、知识库和主动数据库系统；数据库技术与多媒体处理技术相结合，出现了多媒体数据库系统；数据库技术与模糊技术相结合，出现了模糊数据库系统等。下面选择一些数据库系统进行介绍。

(1) 分布式数据库系统。随着地理上分散的用户对数据库共享的要求，结合计算机网络技术的发展，在传统的集中式数据库系统的基础上产生和发展了分布式数据库系统。

分布式数据库系统主要有以下特点：

① 数据的物理分布性；

② 数据的分布独立性；

③ 场地自治和协调；

④ 数据的冗余及冗余透明性。

(2) 并行数据库系统。并行数据库系统通过利用并行计算机的处理器、磁盘等硬件设备的并行数据处理能力来提高数据库系统的性能。并行数据库系统自出现以来，已经取得了一系列引人瞩目的成就，主要原因有两个：

① 关系数据模型和SQL语言的广泛采纳。

② 近几十年来，计算机的处理能力得到了非常迅速的提高，高性能的CPU（中央处理器）、大容量内存、高速磁盘列阵以及高宽带通信网络的出现为高性能数据处理提供了充分的硬件支持。

国外Inter、NCR、Sequent、Teradata公司和国内曙光等许多供应商已经能够提供基于快速、廉价的处理器、内存、磁盘和通信技术的多处理机系统。这些机器以较低的价格提供了比大型计算机更为强大的整体处理能力。并且，这些并行计算机具有很好的伸缩性，其模块化结构使得系统能够不断增长，通过增加处理机、内存和磁盘使得系统对于给定的任务能够迅速完成，或者使得系统在相同的时间内能够处理大规模的任务。

（3）知识库系统。知识库系统是数据库和人工智能两种技术结合的产物，目前已成为数据库研究的热门课题之一。数据库和人工智能是计算机科学两个非常重要的领域，它们独立发展，在各自的领域取得了突出成就并获得广泛应用。

在数据库技术中引入人工智能技术，多年来是沿着数据库的智能化和智能化的数据库两个途径发展的。

（4）多媒体数据库。媒体是信息的载体。多媒体是指多种媒体，如数字、文字、图形、图像和声音的有机集成，而不是简单的组合。其中，数字、字符等称为格式化数据，文本、图形、图像、声音、视像等称为非格式化数据。非格式化数据具有大数据量、处理复杂等特点。多媒体数据库实现对格式化和非格式化的多媒体数据的存储、管理与查询。其主要特征有：

① 能够表示多种媒体的数据；

② 能够协调处理各种媒体数据；

③ 提供更强的适合非格式化数据查询的搜索功能；

④ 多媒体数据库应提供特种事务处理与版本管理能力。

（5）主动数据库。主动数据库是相对于传统数据库的被动性而言的。许多实际的应用领域，如计算机集成制造系统、管理信息系统、办公室自动化系统中常常希望数据库系统在紧急情况下能根据数据库的当前状态主动地做出反应，执行某些操作，向用户提供有关信息。

主动数据库通常采用的方法是在传统数据库系统中嵌入 ECA（事件—条件—动作）规则，在某一事件发生时引发数据库管理系统去检测数据库当前状态，看是否满足设定的条件。若条件满足，便触发规定的执行。为了有效地支持 ECA 规则，主动数据库的研究主要集中解决以下问题：

① 主动数据库的数据模型和知识模型；

② 执行模型；

③ 条件监测；

④ 事务调度；

⑤ 体系结构；

⑥ 系统效率。

（6）模糊数据库。20 世纪 80 年代中后期开始，国内出现了一系列对模糊关系数据库有关概念和方法的研究，建立了一套较合理的理论体系，包括各种模糊数据表示、模糊距离的度量、模糊数据模型、模糊语言、模糊查询方法等。并且摸索了一些较实用的现实技术，在计算机上实现了一些基于上述理论和技术的模糊数据库管理系统的原型。

模糊数据库系统可以定义为存储、组织、管理和操作模糊数据的数据库系统。它除了具有普通数据库系统的公共特性外，还体现了模糊性：

① 存储的是以各种形式表示的模糊数据；

② 数据结构和数据之间的联系是模糊的；

③ 数据上的运算和操作是模糊的；

④ 对数据的约束，包括完整性和安全性是模糊的；

⑤ 用户使用数据库的窗口—用户视图是模糊的；

⑥ 数据的一致性和冗余性的定义是模糊的；

⑦ 精确数据可以看成模糊数据的特例。

2.2.8.2 面向应用领域的数据库技术

数据库技术被应用到特定的领域中，出现了工程数据库、地理数据库、统计数据库、科学数据库、空间数据库等多种数据库，使数据库领域中新的技术内容层出不穷。

（1）数据仓库。传统的数据库技术是以单一的数据资源为中心，进行各种操作处理。操作性处理也叫事务处理，是指对数据库联机的日常操作，通常是对一个或一组记录的查询和修改，主要是为企业的特定应用服务的，人们关心的是响应时间、数据的安全和完整性。分析性处理则用于管理人员的决策分析。例如，DSS、EIS 和多维分析，经常要访问大量的历史数据。于是，数据库由旧的操作型环境发展为一种新环境——体系化环境。体系化环境由操作型和分析型环境（数据仓库级、部门级、个人级）构成。数据仓库是体系化环境的核心，它是建立决策支持系统（DSS）的基础。

英蒙（W.H.Inmon）给数据仓库做出了如下定义：数据仓库是面向主题的、集成的、稳定的、不同时间的数据集合，用以支持经营管理中的决策制定过程。面向主题、集成、稳定和随时间变化是数据仓库四个最主要的特征。

随着技术的进步，人们通过不懈的努力终于找到了基于数据库技术 DSS 的解决方案，这就是 DW+OLAP+DM→DSS 的可行方案。

数据仓库、OLAP 和数据挖掘是作为三种独立的信息处理技术出现的。数据仓库用于数据的存储和组织，OLAP 集中与数据的分析，数据挖掘则致力于知识的自动发现。它们都可以分别应用到信息系统的设计和实现中，以提高相应部分的处理能力。但是，由于这三种技术内在的联系性和互补性，将它们结合起来即是一种新的 DSS 构架。

（2）工程数据库（engineering data base）。工程数据库是一种能存储和管理各种工程图形，并能为工程设计提供各种服务的数据库。它与 CAD \ CAM、计算机集成制造（CIM）等统称为 CAX 的工程应用领域。工程数据库针对工程应用领域的需求，对工程对象进行处理，并提供相应的管理功能及良好的设计环境。

工程数据库管理系统是用于支持工程数据库的数据库管理系统，主要应具有以下功能：

① 支持复杂多样的工程数据的存储和集成管理；

② 支持复杂对象（如图形数据）的表示和处理；

③ 支持变长结构数据实体的处理；

④ 支持多种工程应用程序；

⑤ 支持模式的动态修改和扩展；

⑥ 支持设计过程中多个不同数据库版本的存储和管理；

⑦ 支持工程数据库中长事务和嵌套事务的处理与恢复。

在工程数据库的设计过程中，由于传统的数据模型难以满足 CAS 应用对数据模型的要求，因此我们需要应用当前数据库研究中的一些新的模型技术来满足其要求，如扩展的关系模型、语义模型、面向对象的数据模型。

（3）统计数据库（statistical datea base）。统计数据是人类对于现实社会各行各业、科技教育、国情国力的大量调查数据。采用数据库技术实现对统计数据的管理，对于充分发挥统计信息的作用具有决定性的意义。

统计数据库是一种用来对统计数据进行存储、统计（如求数据的平均值、最大值、最小值、总和等）、分析的数据库系统。统计数据具有层次性特点，但并不完全是层次性结构。统计数据也有关系型特点，但关系型也不完全满足需要。概括起来，统计数据具有以下特点：

① 多维性是统计数据的第一个特点也是最基本的特点。

② 统计数据是在一定时间（年度、月度、季度）期末产生大量数据，故入库时总是定时地大批量加载。经过各种条件下的查询以及一定的加工处理，通常又要输出一系列结果报表。这就是统计数据的“大进大出”特点。

③ 统计数据的时间属性是一个最基本的属性。任何统计量都离不开时间因素而且经常需要研究时间序列值，所以统计数据又有时间向量性。

④ 随着用户对所关心问题的观察角度不同，统计数据查询出来后常有转职的要求。

（4）空间数据库（spicial data base）。空间数据库是以描述空间位置和点、线、体特征的拓扑结构的位置数据及描述这些特征的性能的属性数据为对象的数据库。其中的未知数据为空间数据，属性数据为非空间数据。其中，空间数据是用于表示空间物体的位置、形状、大小和分布特征等信息的数据、用于描述所有二维、三维和多维分布的关于区域的信息，它不仅具有表示物体本身的空间位置及状态信息，而且具有表示物体的空间关系的信息。非空间信息主要包含表示专题属性和质量描述数据，用于表示物体的本质特征，以区别地理实体，对地理物体进行语义定义。

由于传统数据库在空间数据库的表示、存储和管理上存在许多问题，从而形成了空间数据库这门多学科交叉的数据库研究领域。目前的空间数据库成果大多数以地理信息系统的形式出现，主要应用于环境和资源管理、土地利用、城市规划、森林保护、人口调查、交通、税收、商业网络等领域的管理与决策。

目前，空间数据库的研究主要集中于空间关系与数据结构的形式化定义、空间数据的表示与组织、空间数据查询语言、空间数据库管理系统。

2.3 多媒体技术

在当今数字化时代，多媒体已经从一个时髦的概念变成一种实用的技术。计算机是人们应掌握的基本技能之一，而使用计算机必然用到多媒体。多媒体技术不仅应用到教育、通信、工业、军事等领域，也应用到动漫、虚拟现实、音乐、绘画、建筑、考古等艺术领域，为这些领域的研究和发展带来勃勃生机。多媒体技术影响着科学研究、工程制造、商业管理、广播电视、通信网络和人们的生活。

多媒体技术是20世纪后期发展起来的一门新型技术，它大大改变了人们处理信息的方式。早期的信息传播和表达信息的方式，往往是单一的和单向的。后来随着计算机技术、通信和网络技术、信息处理技术和人机交互技术的发展，拓展了信息的表示和传播方式，形成了将文字、图形图像、声音、动画和超文本等各种媒体进行综合、交互处理的多媒体技术。

2.3.1 多媒体技术的基本概念

多媒体（multimedia）是指信息表示媒体的多样化，它能够同时获取、处理、编辑、存储和展示两种以上不同类型信息媒体的技术。这些信息媒体包括文字、声音、图形、图像、动画与视频等。多媒体不仅是指多种媒体本身，而且包含处理和应用它的一整套技术，因此，“多媒体”与“多媒体技术”是同义词。

多媒体技术将所有这些媒体形式集成起来，使人们能以更加自然的方式使用信息和与计算机进行交流，且使表现的信息图、文、声并茂。因此，多媒体技术是计算机集成、音频视频处理集成、图像压缩技术、文字处理、网络及通信等多种技术的完美结合。

多媒体技术就是计算机交互式综合处理多种媒体信息——文本、图形、图像和声音，使多种信息建立逻辑连接，集成为一个系统并具有交互性。简言之，多媒体技术就是计算机综合处理声、文、图信息的技术，具有集成性、实时性和交互性。

2.3.2 多媒体技术的主要特征

根据多媒体技术的定义，它有四个显著的特征，即集成性、实时性、数字化和交互性，这也是它区别于传统计算机系统的特征。

2.3.2.1 集成性

一方面是媒体信息的集成，即文字、声音、图形、图像、视频等的集成。在众多信息中，每一种信息都有自己的特殊性，同时又具有共性，多媒体信息的集成处理把信息看成一个有机的整体，采用多种途径获取信息、统一格式存储信息、组织与合成信息，对信息进行集成化处理。另一方面是显示或表现媒体设备的集成，即多媒体系统不仅包括计算机本身，而且包括电视、音响、摄像机、DVD 播放机等设备，把不同功能、不同种类的设备集成在一起使其共同完成信息处理工作。

2.3.2.2 实时性

实时性是指在多媒体系统中声音及活动的视频图像是强实时（hardrealtime），多媒体系统需具有对这些与时间密切相关的媒体实时处理的能力。

2.3.2.3 数字化

数字化是指多媒体系统中的各种媒体信息都以数字形式存储在计算机中。

2.3.2.4 交互性

人们可以通过多媒体计算机系统对多媒体信息进行加工、处理并控制多媒体信息的输入、输出和播放。简单的交互对象是数据流，较复杂的交互对象是多样化的信息，如文字、图像、动画以及语言等。

多媒体技术是一种基于计算机的综合技术，包括数字信号处理技术、音频和视频压缩技术、计算机硬件和软件技术、人工智能和模式识别技术、网络通信技术等。它包含了计算机领域内较新的硬件技术和软件技术，并将不同性质的设备和媒体处理软件集成为一体，以计算机为中心综合处理各种信息。

2.3.3 多媒体技术的发展历程

多媒体计算机是一个不断发展、完善的系统。多媒体技术最早起源于20世纪80年代中期。

1984年，美国苹果（Apple）公司首先在Macintosh机上引入位图（bitmap）等技术，并提出了视窗和图标的用户界面形式，从而使人们告别了计算机枯燥无味的黑白显示风格，开始走向色彩斑斓的新征程。

1985年，美国康懋达（Commodore）公司推出了世界第一台真正的多媒体系统Amige，这套系统以其功能完备的视听处理能力、大量丰富的实用工具以及性能优良的硬件，使全世界看到了多媒体技术的美好未来。

1986年，荷兰飞利浦（Philips）公司和日本索尼（Sony）公司联合推出了交互式紧凑光盘系统CD-I，它将高质量的声音、文字、计算机程序、图形、动画及静止图像等都以数字的形式存储在650MB的只读光盘上。用户可以通过读取光盘上的数字化内容来进行播放。大容量光盘的出现为存储表示文字、声音、图形、视频等高质量的数字化媒体提供了有效的手段。

1987年，RCA公司首次公布了交互式数字视频系统（digital video interactive，DVI）技术的科研成果。它以计算机技术为基础，用标准光盘片来存储和检索静止图像、动态图像、音频和其他数据。1988年，英特尔（Intel）公司将其技术购买，并于1989年与IBM公司合作，在国际市场上推出第一代DVI技术产品，随后在1991年推出了第二代DVI技术产品。

随着多媒体技术的迅速发展，特别是多媒体技术向产业化发展，为了规范市场，使多媒体计算机进入标准化的发展时代，1990年，由微软（Microsoft）公司会同多家厂商成立了“多媒体计算机市场协会”，并制定了多媒体个人计算机（MPC-1）的第一个标准。在这个标准中，制定了多媒体计算机系统应具备的最低标准。

1991年，在第六届国际多媒体和CD-ROM大会上宣布了扩展结构系统标准CD-

ROM/ XA，从而填补了原有标准在音频方面的缺陷，经过几年的发展，CD-ROM技术日趋完善和成熟。而计算机价格的下降，为多媒体技术的实用化提供了可靠的保证。

1992年，正式公布了MPEG-1数字电视标准，它是由运动图像专家组（Moving Picture Expert Group）开发制定的。MPEG系列的其他标准还有MPEG-2、MPEG-4、MPEG-7和现正在制定的MPEG-21。

1993年，多媒体计算机市场协会又推出了MPC的第二个标准，包括全动态的视频图像，并将音频信号数字化的采集量化位数提高到16位。

1995年6月，多媒体个人计算机市场协会又宣布了新的多媒体计算机技术规范MPC2.0。事实上，随着应用要求的提高，多媒体技术的不断改进，多媒体功能已成为新型个人计算机的基本功能，MPC的新标准也无继续发布的必要性。

多媒体技术已经从一个“婴儿”成长为一个“青年”，随着技术的不断发展和创新，多媒体技术将更多地融入我们的日常学习、工作和生活中。

多媒体技术不仅是多学科交汇的技术，也是顺应信息时代的需要，它能促进和带动新产业的形成和发展，能在多领域应用。多媒体技术发展方向是高分辨率化，提高显示质量；高速度化，缩短处理时间；简单化，便于操作；高维化，三维、四维或更高维；智能化，提高信息识别能力；标准化，便于信息交换和资源共享；多媒体技术的发展趋势是计算机支持的协同工作环境（computer supported collaborative work，CSCW）；增加计算机的智能，如文字和语音的识别和输入、自然语言理解和机器翻译、图形的识别和理解、机器人视觉和计算机视觉、知识工程以及人工智能等；把多媒体和通信技术融合到CPU芯片中等。

2.3.4 多媒体技术的应用领域

随着多媒体技术的不断发展，多媒体技术的应用也越来越广泛。多媒体技术涉及文字、图形、图像、声音、视频、网络通信等多个领域，多媒体应用系统可以处理的信息种类和数量越来越多，极大地缩短了人与人之间、人与计算机之间的距离，多媒体技术的标准化、集成化以及多媒体软件技术的发展，使信息的接收、处理和传输更加方便快捷。

多媒体技术的应用领域主要有以下五个方面：

2.3.4.1 教育培训领域

多媒体技术应用包括计算机辅助教学（computer assited instruction，CAI）、光盘制作、公司和地区的多媒体演示、导游及介绍系统等。现在多媒体制作工具的相关技术已经比较成熟，这方面的发展主要在实现技术和创意两个方面。

多媒体计算机辅助教学已经在教育教学中得到了广泛的应用，多媒体教材通过图、文、声、像的有机组合，能多角度、多侧面地展示教学内容。多媒体技术通过视觉和听觉或视听并用等多种方式同时刺激学生的感觉器官，能够激发学生的学习兴趣，提高学习效率，帮助教师将抽象的不易用语言和文字表达的教学内容，表达得更清晰、直观。计算机多媒体技术能够以多种方式向学生提供学习材料，包括抽象的教学内容，动态的变化过程、多次的重复等。利用计算机存储容量大、显示速度快的特点，能快速展现和处理教学信息，拓展教学信息的来源，扩大教学容量，并且能够在有限的时间内检索到所需要的内容。

多媒体教学网络系统在教育培训领域中得到广泛应用，教学网络系统可以提供丰富的教学资源，优化教师的教学，更有利于个别化学习。多媒体教学网络系统在教学管理、教育培训、远程教育等方面发挥着重要的作用。

多媒体教学网络系统应用于教学中，突破了传统的教学模式，使学生在学习时间、学习地点上有了更多的自由选择的空间。多媒体教学网络系统现在越来越多地应用于各种培训教学、学习教学、个别化学习等教学和学习过程中。

2.3.4.2 电子出版领域

电子出版是多媒体技术应用的一个重要方面。我国国家新闻出版管理部门对电子出版物曾有过如下定义：电子出版物是指以数字代码方式将图、文、声、像等信息存储在磁、光、电介质上，通过计算机或类似设备阅读使用，并可复制发行的大众传播媒体。

电子出版物的内容可以是多种多样的，当 CD-ROM 光盘出现以后，由于 CD-ROM 存储量大，能将文字、图形、图像、声音等信息进行存储和播放，出现了多种电子出版物，如电子杂志、百科全书、地图集、信息咨询、剪报等。电子出版物可以将文字、声音、图像、动画、影像等种类繁多的信息集成为一体，存储密度非常高，这是纸质印刷品所不能比的。

电子出版物中信息的录入、编辑、制作和复制都借助计算机完成，人们在获取信息的过程中需要对信息进行检索、选择，因此电子出版物的使用方式灵活、方便、交互性强。

电子出版物的出版形式主要有电子网络出版和电子书刊两大类。电子网络出版是以数据库和通信网络为基础的一种出版形式，通过计算机向用户提供网络联机、电子报刊、电子邮件以及影视作品等服务，信息的传播速度快、更新快。电子书刊主要以只读光盘、交互式光盘、集成卡等为载体，容量大、成本低是其突出的特点。

2.3.4.3 娱乐领域

随着多媒体技术的日益成熟，多媒体系统已大量进入娱乐领域。多媒体计算机游戏和网络游戏，不仅具有很强的交互性而且人物造型逼真、情节引人入胜，使人容易进入游戏情景，如同身临其境一般。数字照相机、数字摄像机、DVD 等越来越多地进入人们的生活和娱乐活动中。

2.3.4.4 咨询服务领域

多媒体技术在咨询服务领域的应用主要是使用触摸屏查询相应的多媒体信息，如宾馆饭店查询、展览信息查询、图书情报查询、导购信息查询等，查询信息的内容可以是文字、图形、图像、声音和视频等。查询系统信息存储量较大，使用非常方便。

2.3.4.5 多媒体网络通信领域

20 世纪 90 年代，随着数据通信的快速发展，局域网（local area network，LAN）、综合业务数字网络（integrated services digital network，ISDN），以异步传输模式（asynchronous transfer mode，ATM）技术为主的宽带综合业务数字网（broadband inte-

grated service digital network，B-ISDN）和以IP技术为主的宽带IP网，为实施多媒体网络通信奠定了技术基础。网络多媒体应用系统主要包括可视电话、多媒体会议系统、视频点播系统、远程教育系统、IP电话等。

多媒体网络是多媒体应用的一个重要方面，通过网络实现图像、语音、动画和视频等多媒体信息的实时传输是多媒体时代用户的极大需求。这方面的应用非常多，如视频会议、远程教学、远程医疗诊断、视频点播以及各种多媒体信息在网络上的传输。远程教学是发展较为突出的一个多媒体网络传输应用。多媒体网络的另一个目标是使用户可以通过现有的电话网络、有线电视网络实现交互式宽带多媒体传输。

多媒体技术的广泛应用必将给人们工作和生活的各个方面带来新的体验，而越来越多的应用也必将促进多媒体技术的进一步发展。

小结

数据处理的目的是为了更好地利用各类信息资源，为管理决策服务，数据处理的核心是数据管理。数据管理先后经历了人工管理、文件系统和数据库系统阶段。

数据库系统是由计算机系统、数据、数据库管理系统以及有关人员组成的整体，是一个企业、组织或部门涉及的全局数据及其管理系统的综合。

计算机网络是管理信息系统的一项基本使用技术，把分布式信息处理通过计算机网络集成起来，是管理信息系统运行的基础。企业内部一般组建局域网，局域网之间通过TCP/IP协议实现互联。采用互联网技术的局域网结构也称为Intranet。

多媒体技术就是计算机交互式综合处理多种媒体信息——文本、图形、图像和声音，使多种信息建立逻辑连接，集成为一个系统并具有交互性。简言之，多媒体技术就是计算机综合处理声、文、图信息的技术，具有集成性、实时性和交互性。多媒体应用系统可以处理的信息种类和数量越来越多，极大地缩短了人与人之间、人与计算机之间的距离，多媒体技术的标准化、集成化以及多媒体软件技术的发展，使信息的接收、处理和传输更加方便快捷。

思考题

1. 简述数据库系统的组成。
2. 什么是关系模型？关系模型有哪些特点？
2. 计算机网络的分类有哪几种？拓扑结构如何？
3. 简述数据库系统的三级模式结构和两层映像的功能。
4. 数据库设计需要哪几个阶段？

3 管理信息系统的战略规划和开发

本章主要内容：

本章介绍了管理信息系统的战略规划以及相关实施方法和管理信息系统战略规划的意义、方法以及信息系统的几种开发方法和开发方式的特点。

本章学习目标：

了解管理信息系统总体规划的必要性、总体规划的内容，总体规划的工作步骤和组织工作；掌握总体规划的常用方法，即关键成功因素法、战略目标集转化法、企业系统规划法；掌握进行项目可行性分析的任务、内容，以及如何编写可行性分析报告。

3.1 信息系统战略规划概述

受信息系统项目本身特点的影响，管理信息系统项目的开发是一项复杂的系统工程，人们对于它的认识，并不像对一般工程项目那样，更易于掌握并开展工作。在信息系统的建设过程中，由于各类人员之间的协调工作不到位，开发人员一门心思地开发各自负责的部分系统，虽然从局部的角度考虑，属于“界面友好”的系统，但真正把各子系统组装成一个大系统时，问题便暴露出来，往往需要做大量的修改工作，甚至有些系统集成后，由于修改工作量太大，无法进行修改而被迫宣布重新再来。以往的教训，使人们越来越清楚地认识到，一个完整的管理信息系统应该由许多分离的功能模块组成，各模块之间依靠数据联系在一起，即数据是被各功能模块所共享的。只有这些数据被有效地设计出来，各功能模块的开发设计工作才能有效地进行，同时也有利于今后的开发、调试工作。只有在统一的总体规划指导下，这种分散的功能模块，才能被有机结合起来，构成一个有效的大系统。对于管理信息系统的开发设计工作来说，总体规划是不可或缺的。

现代企业用于信息系统的投资越来越多，如中国宝武钢铁集团有限公司对于信息系统的投资已多达数亿元。由于信息系统建设投资巨大并且历时很长，系统的成败将对企业经营产生重大影响。美国和德国的调查统计结果表明，管理信息系统项目的失败差不多有70%是由于规划不当造成的。在管理信息系统建设中，如果一个操作错误可能会造成几万元损失的话，那么一个设计错误就可能会损失几十万元，一个计划错误可能会损失几百万元，而一个规划错误可能导致企业损失几千万元甚至上亿元。信息系统规划不当造成的损失不仅仅是巨大的，而且还是隐性的、长远的，往往要到系统、全面推广实施后才慢慢显现出来。所以，我们要克服只考虑实施的片面性，把信息系统的规划摆到重要的战略位置上。

自20世纪60年代起，信息系统规划就受到企业界和学术界的高度重视，许多学者和组织在实践的基础上提出了不同的方法。但是，由于组织的特点、类型和对规划的具体需求的多样性，企业在信息系统规划的进行过程中经常会遇到各种各样的问题。因此，如何正确应用信息系统规划方法，针对组织的具体特点和需求来进行规划，成为企业信息系统建设中的重要问题。

3.1.1 信息系统战略规划的内涵

3.1.1.1 企业战略和信息系统战略的意义

目前，随着信息技术的迅猛发展和普及，世界经济一体化趋势的发展，市场变化速度加快，企业竞争愈加激烈，企业经营战略的实现已经离不开信息技术的支撑，企业信息化建设成为企业生存发展、实现经营战略目标的必然选择。

正因为信息技术对企业经营战略的影响关系重大，因此企业在建设信息系统时应当有正确的战略。企业建设管理信息系统的战略可以以企业经营战略为基础来制定，也可以与企业经营战略的某些重要部分整合起来，或者完全与企业经营战略合为一体。

企业战略决策层应在掌握企业战略管理的基础上，认真分析企业经营战略目标对信息系统建设的要求，从战略层次上考虑企业信息系统建设的方向、目标，从而形成企业经营战略目标实现的强有力支撑，共同推动企业走向成功。

3.1.1.2 信息系统战略规划的意义

企业建设管理信息系统必然会造成组织变革，对组织影响很大，涉及企业业务流程再造。再者，运用信息技术强调“整合”，整合不善，往往会浪费组织资源，甚至造成系统弃置不用的情形。信息系统的建设是一个巨大的工程，不仅涉及技术方面，而且涉及经营管理业务，甚至经营管理思想与观念。因此，建设信息系统应该事先做规划，先预期组织可能的变化、可能产生的问题以及组织期待在未来所要实现的目标，并预先考虑各子系统、各种技术之间的整合问题，以及信息科技和组织基础建设，如人力、资本等的整合问题，再进一步制定配合各项工作的日程表并安排所需的财力与人力。这些工作就是信息系统规划的工作。

3.1.1.3 信息系统战略规划的必要性

（1）信息是企业的重要资源，应当被全企业所共享，只有经过规划和开发的信息资源才能发挥其应有作用。由于企业或组织内外的信息资源很多，其内外之间都有大量的信息需要交换和共享，如何收集、存储、加工和利用这些信息，以满足各种不同层次的需要，这显然不是分散的、局部的考虑所能解决的问题，必须有来自高层的、统一的、全局的规划，将这些信息提取并设计出来，才能实现信息的共享。

（2）各子系统除了完成相对独立的功能外，相互之间还需要协调工作，总体战略规划的目的是使信息系统的各组成部分之间能够相互协调。子系统之间的协调必须有来自高层的总体规划，总体规划是站在总体的高度，识别并规划出支持各项管理的数据、数据产生的地点、使用的部门，负责协调相互之间的关系，以克服手工管理方式中的弊病。

（3）总体规划主要使人力、物力、时间的安排合理、有序，以保证将来的子系统的开发工作顺利进行。由于信息系统的开发是一项长期而艰巨的任务，其内部各子系统的开发不能齐头并进地进行，往往是先开发一部分，再开发另外一部分。这样一种循序渐进的开发过程，究竟哪些子系统先开发、在什么时间完成，哪些子系统后开发、在什么时间开始。在整个开发过程中，什么时间内完成哪个阶段的任务，这些任务的完成需要什么人，做什么样的工作等有关开发进度的安排、人员的调配、设备的配置等一系列问题，都必须在总体规划阶段给予解决。

3.1.1.4 信息系统战略规划的概念

战略规划是在系统开发之前指定的总体战略，主要包括描述系统总体结构，给出资源配置计划，选择开发方案和确定子系统的开发顺序等。战略规划是宏观指导性的长期计划，是制定执行规划的基础，也是保证信息系统开发全过程顺利进行的重要因素。

企业组织中所要实现的信息技术应用或所开发的信息系统往往不止一个，企业要全面实现计算机管理也不是一项短期的任务。信息系统的战略规划是关于信息系统的长远发展规划，需要在组织战略业务规划的指导下，考虑企业管理环境和信息技术水平，对企业内部的信息技术和信息资源开发工作进行合理安排，确定信息系统在组织中的地位以及结构关系，并确定分阶段的发展目标、发展重点、实现目标的途径和措施等（如图 3-1 所示）。通过战略规划的制定，可以使系统的开发严格地按计划有序地进行，以保证信息技术应用和信息系统的开发能够为企业的发展目标服务；同时，也可以使各种独立开发的应用系统良好地衔接，对企业业务形成全面的支持，使各种应用系统与组织环境相匹配，实现信息系统开发的经济效益。

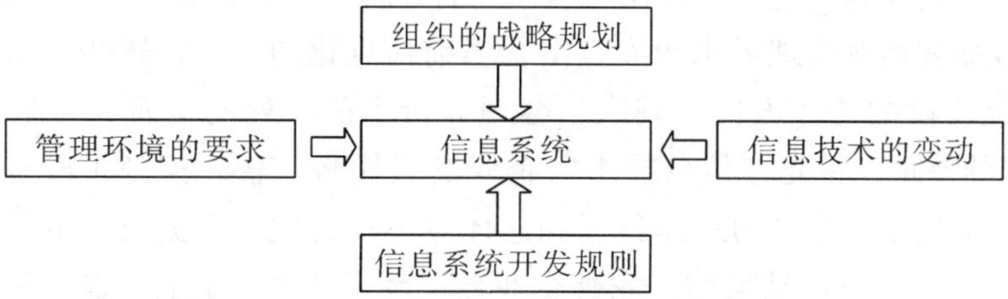

图 3-1 制定信息系统战略规划的相关因素

信息系统战略规划是基于企业发展目标与经营战略制定的，是面向组织信息化发展远景的，关于企业信息系统的整个建设计划，既包含战略计划也包括信息需求分析和资源分配。信息系统战略规划可以帮助组织充分利用信息系统及其潜能来规范组织内部管理，提高组织工作效率和顾客满意度，为组织获取竞争优势，实现组织的宗旨、目标和战略。

信息系统战略规划主要解决四个问题：

（1）如何保证信息系统战略规划同它所服务的组织和总体战略上的一致？

（2）怎样为该组织设计出一个信息系统总体结构，并在此基础上设置、开发应用系统？

（3）对相互竞争的应用系统，应如何拟订优先开发计划和运营资源的分配计划？

（4）面对前三个阶段的工作，应怎样选择并应用行之有效的设计方法？

3.1.2 信息系统战略规划的目的和内容

3.1.2.1 管理信息系统战略规划的主要目的

管理信息系统战略规划的主要目的在于企业如何合理利用信息资源来创造价值，并作为资源分配及控制的基础，节省 MIS 投资，明确 MIS 的任务。管理信息系统战略规划一般既包含三年或更长的长期规划，也包含一年的短期规划。长期规划部分指明了总的发展方向，而短期规划部分则为确定作业和资金工作的具体责任提供依据。

3.1.2.2 管理信息系统战略规划的主要内容

（1）信息系统的目标、约束与结构。

（2）组织的现状、业务流程现状、存在的问题、流程重组，包括硬件情况、通用软件情况、应用系统及人员情况、硬件与软件人员及费用的使用情况、项目进展状况及评价等。

（3）对影响计划的信息技术发展的预测。

（4）近期计划。

3.1.3 信息系统战略规划的过程

信息系统战略规划的过程：首先应用一定的方法（在本章第二节中详细叙述），从企业的发展战略和经营管理需求出发，结合当前信息化的状况，逐步理清企业管理提升和信息系统建设的总体方向；其次，客观分析当前所处的位置，分析当前和未来（远景）之间的差距，将先进信息技术与企业发展战略和管理控制手段有机地结合起来，确定企业信息系统建设的总体目标和总体方案；再次，根据具体的信息需求，分析数据，建立全局一致信息架构，完善企业数据环境体系；最后，制定策略、明确原则、给出路线、明确信息系统建设的各项目之间的时序关系和依赖关系，并确定信息系统建设各项目、各阶段的目标。制定信息系统战略规划的总体思路如图 3-2 所示。

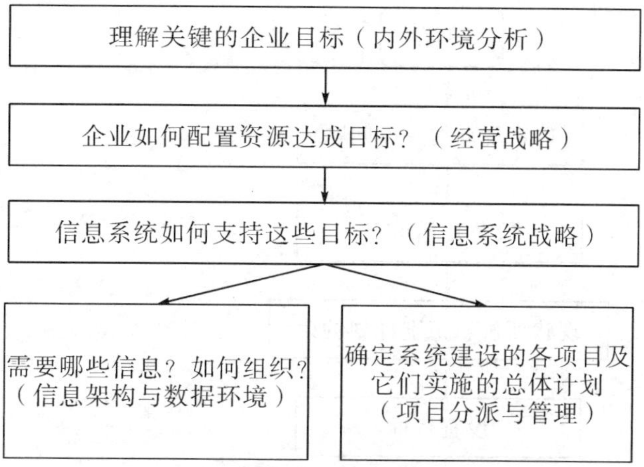

图 3-2 信息系统战略规划的总体思路

信息系统战略规划大致要经过以下几个过程：

（1）确定规划的基本问题，包括确定规划的年限，规划方法的选择、规划方式（集中或分散）的选择以及是采取进取型还是保守型的规划等。

（2）收集初始信息，包括从各级主管部门、竞争者、本企业内部各职能部门，以及从各种文件、书籍和报纸、杂志中收集信息。

（3）现状评价、识别计划约束，包括分析系统的目标、系统开发方法；对现行系统存在的设备、软件及其质量进行分析和评价；对系统的人员、资金、运行进行控制和采取的安全措施，以及各子系统在中期和长期开发计划中的优先顺序等进行计划和安排。

（4）设置目标。由企业组织的领导和系统开发负责人，依据企业组织的整体目标来确定信息系统的目标，包括系统的服务质量和范围、人员、组织以及要采取的措施等。

（5）准备规划矩阵。由信息系统规划的内容，依据相互之间的关系组成矩阵。

（6）识别各种活动。将上面列出的各项活动进行分析，分为一次性的工程项目活动和重复性的要经常进行的活动，并指出需优先进行的项目。由于资源受到限制，各项活动和项目不可能同时进行，企业应该依据项目的重要性、风险的大小，以及效益的好坏等，正确选择工程类项目和日常性重复类项目的组成，并排出执行的先后次序。

（7）确定项目的优先权和估计项目的成本费用。

（8）编制项目的实施进度计划。

（9）写出管理信息系统开发的总体规划。将信息系统开发的总体规划整理成规范的文档，在成文过程中，要与用户、系统信息的开发人员及各级领导不断协商，交换意见。

（10）报送总经理批准。整理成文的管理信息系统的总体规划，必须经过总经理批准才能生效，否则只能返回到前面某一个步骤，重新再来。

总体战略规划步骤如图 3-3 所示。

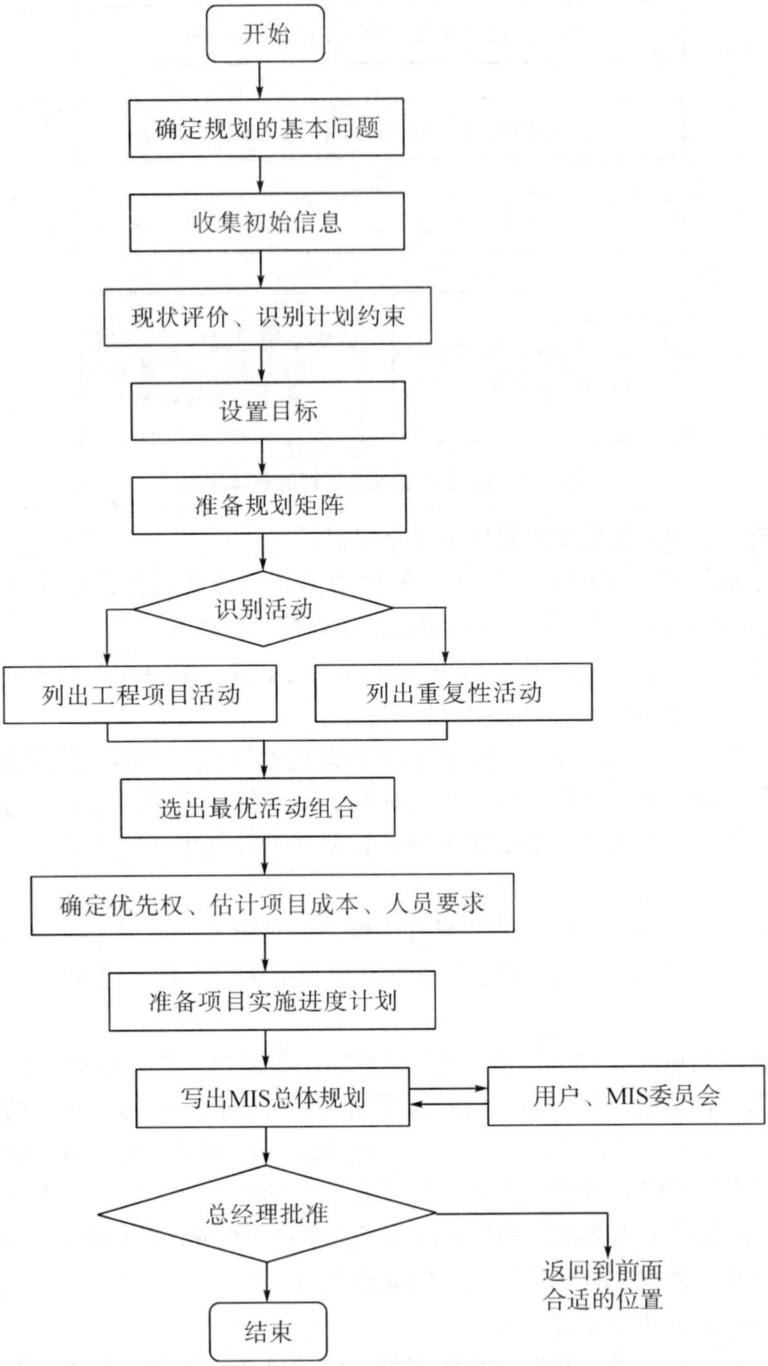

图 3-3　总体战略规划的步骤

3.1.3.1　环境分析、收集初始信息、现状评价

环境分析、收集初始信息和现状评价是信息系统战略规划的依据。在这阶段，设计者首先要明确企业的发展目标、发展战略和发展需求，明确实现企业管理信息系统的总目标，企业各个关键部门要做的各种工作。其次要研究整个行业的发展趋势和信

息技术产品的发展趋势。其不仅分析行业的发展现状、发展特点、发展动力、发展方向以及信息技术在行业发展中所起的作用，还要掌握信息技术本身的发展现状、发展特点和发展方向。再次要了解竞争对手对信息技术的应用情况，包括具体技术、实现功能、应用范围、实施手段以及成果和教训等。最后要认识企业目前的信息化程度和基础条件。信息化程度分析包括现有技术水平、功用、价值、组织、结构、需求、不足和风险等。基础条件分析的内容包括基础设施（如网络系统、存储系统和作业处理系统）、信息技术架构（如数据架构、通信架构和运算架构）、应用系统（如各种应用程序）、作业管理（如方法、开发、实施和管理）、企业员工（如技能、经验、知识和创新）。

3.1.3.2 设置目标

设计者应根据第一部分形势分析的结果来制定和调整企业信息系统建设的指导纲领，争取企业以最适合的规模、最适合的成本，去做最适合的工作。设计者首先是根据本企业的战略需求，明确企业信息系统建设的远景和使命，确定企业信息系统建设的发展方向和企业信息系统建设在实现企业战略过程中应起的作用。其次是起草企业信息系统建设的指导纲领。它代表着信息化管理部门在管理和实施工作中要遵循的企业条例，是有效完成信息系统建设使命的保证。最后是制定信息系统建设目标。它是企业在未来几年为了实现远景和使命而要完成的各项任务。

3.1.3.3 设计信息系统总体架构

信息系统总体架构是基于前两部分而设计的信息系统建设的结构和模块。它以层次化的结构涉及企业信息系统建设的各个领域，每一层次由许多的功能模块组成，每一功能模块又可分为更细的层次，如图 3-4 所示。

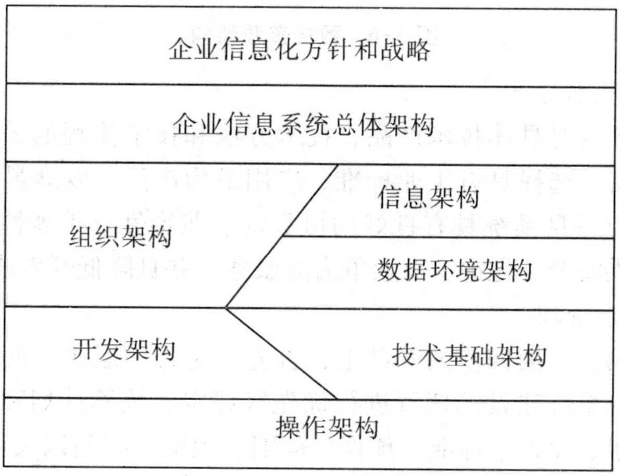

图 3-4 信息系统总体架构

在总体架构下，构造信息应用层次架构如图 3-5 所示。构造数据资源架构如图 3-6 所示。

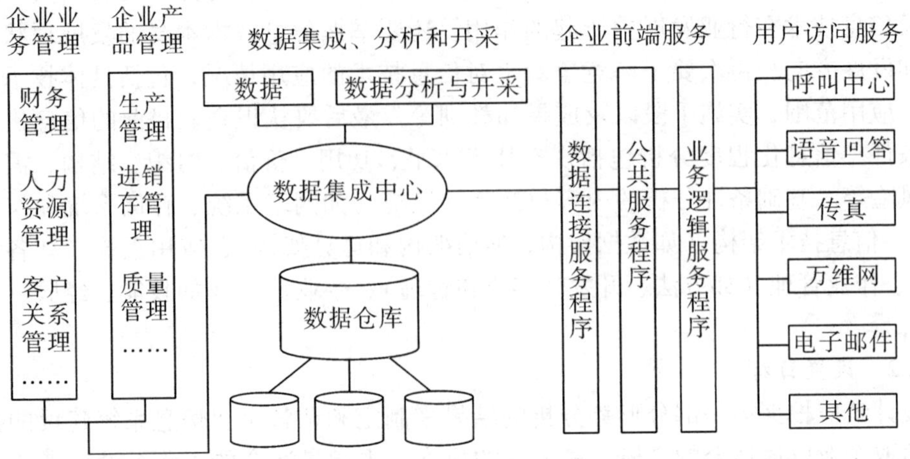

图 3-5 信息架构

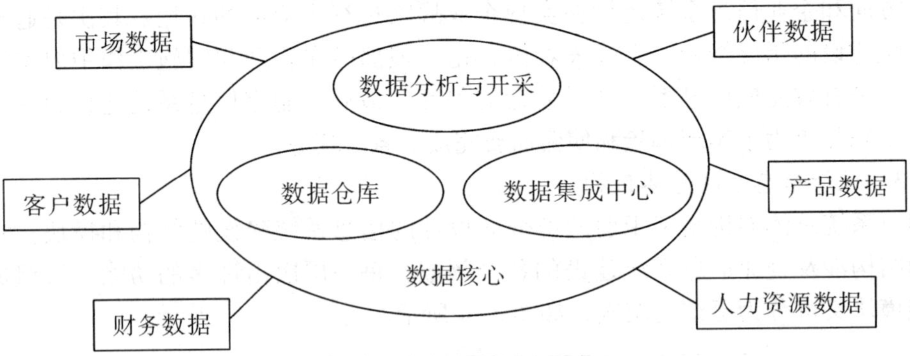

图 3-6 数据资源架构

3.1.3.4 拟定信息技术标准

信息技术标准涉及对具体技术产品、技术方法和技术流程的采用，是对信息系统总体架构的技术支持。选择具有工业标准、应用最为广泛、发展最有前景的信息技术为标准，可以使企业信息系统具有良好的可靠性、兼容性、扩展性、灵活性、协调性和一致性，从而提供安全、先进、有竞争力的服务，并且降低开发成本和时间。

3.1.3.5 项目分派和管理

企业在第二、第三、第四步的基础上，首先，对每一层次上的各个功能模块以及相应的各项企业信息系统建设的任务进行优先级评定、统筹计划和项目提炼，明确每一项目的责任、要求、原则、标准、预算、范围、程度、时间以及协调和配合；其次，选择每一项目的实施部门或小组；最后，确定对每一项目进行监控与管理的原则、过程和手段。

企业通过信息系统战略的制定，实现信息系统战略与经营战略、信息系统战略与信息系统建设实施无缝衔接，确保在后期的实施建设过程中不走样，并通过构建企业的信息架构，完善满足各种应用的数据环境体系，确保 IT 投资支持企业的经营战略，确保在信息架构内各 IT 系统的整体集成和应对业务流程与组织的变化，有效地规避了信息化建设过程中的风险，提高了 IT 投资的效益。

课堂案例讨论：

项目规划，为何难以继续

开云公司是浙江省宁波市的一个小型零售连锁企业，总部设在宁波。随着企业业务的不断扩展，目前已在宁波下属一些县区设有分部。

改造信息孤岛

开云公司业务扩张后使企业内部出现了一系列的问题。各门店之间、门店与总部之间、与供应商之间的信息管理系统是不相连接的，各店也是分别向供货商采购。如此一来，开云公司实际上的运营模式就成了单店经营，一个个店其实就是一个个信息孤岛，规模优势和集团化优势难以发挥。

面对这些问题，开云公司急于借力信息技术来提升其整体管控能力，满足扩张需求。作为公司首席信息官（CIO）的张励提出采用在线供应链管理系统（supply chain management，SCM）。

在 2005 年 12 月得到老总的支持后，张励就积极地和一些 IT 供应商联系，最终确定了宏研公司为项目合作伙伴。宏研公司的项目经理李楷负责这个项目。

但是，直到 2006 年 6 月，双方还没有确定出一个认可的方案，而且，项目的进展几乎陷入困境。按照李楷的话说："我现在已经害怕接到张励的电话。"这是为什么呢？

方案反复修改

最初，经过双方的协商，李楷为开云公司量身打造了一个以该门店为中心的 B2B 电子商务平台。平台主要包括基于 Intranet 内网的报表统计系统；基于 Extranet 外网的 E-SCM 供应链管理系统。系统功能有在线结算、信息分享（销售、库存、补货、结算）以及品类管理及分析。

最初的方案确定实现了开云公司多家门店与供货商之间的电子订单、对账、经营数据分析、查询等协同商务工作。

但是不久之后，张励就发现，其上游供货商由于各自业务统计和分析的需要，会对自己所经营的商品制定一定的分类标准和编码规则，即使是同一连锁集团内，各门店所经营的商品种类、商品编码、价格等各种属性也可能各不相同。因此，项目方案内必须要解决如何按照一定的标准将信息进行转换，否则，B2B 的电子商务平台将成为一句空谈。

对于张励新问题的提出，李楷又对以前的方案做出了调整，做出了异构系统之间的"翻译"模块。由于这个调整，在整体的项目方案中做了不小的改动。

就在双方基本确定了方案可行性后的不久，张励根据自身企业的特点又提出了新的要求：在总部建设数据中心系统，包括基于数据仓库的 CRM 顾客关系管理系统。当然，李楷不辞辛苦地又对项目方案做了进一步的调整。每一次方案的调整，对李楷来说都是一次繁忙的工作，要对开云公司的工作流程仔细调研，制订方案，甚至要和其一些上游厂商进行沟通、确保方案的可行性。

本以为经过几次的调整，这次应该能让张励满意了。然而，事情又出现了新的变化，经过进一步的考虑，张励又提出需要一套 BI 商业智能系统为企业的决策提供支持。

到底怎么做

这一次，李楷再也坐不住了。第一，项目方案又要调整，这又会是一个较长的时间，而其不知道以后又会怎样去继续变化；第二，李楷认为，对于开云公司，BI 商业智能系统的考虑太长远，目前的数据量太少，项目实施后数据量的增加也会是一个长期过程，没必要现在就做全部规划。

作为企业 CIO，张励有不同的意见，现在的零售连锁竞争相当激烈，企业要考虑长远的规划，系统上线后，随着供货商和各门店的数据共享，信息量不断扩大，企业需要一套 BI 商业智能系统为企业领导的决策提供帮助。这样才会在竞争中保持不败。

项目初期就遇到了如此多的问题，张励认为"用户更喜欢一个能提出个性化的解决方案、碰到问题时都能够解决的供应商，能根据我们企业的发展提供符合要求的差别化服务。"

而李楷却有自己的苦恼，客户不断改变方案，经常遇到客户要将做好的方案推倒重来。这样一来，作为解决方案供应商根本没有办法控制成本，导致反复推倒重来的局面，使得 IT 供应商无所适从。更何况，李楷认为，有些方面的规划对目前来说不是急需的。

资料来源：www.ccidnet.com/2006/1018/925535.shtml.

讨论题：

1. 在项目规划上，IT 供应商与客户之间如何更好地沟通和协调？
2. 项目究竟应该满足现有的应用需求，还是要满足未来的应用需求？

3.2 信息系统规划模型

信息系统战略规划是实施信息系统的关键步骤，以合理的模型与方法作为指导是提高信息系统规划的重要基础。模型刻画了信息系统规划过程中的指导模式，而方法描述了具体实施规划时的步骤。目前使用比较多的信息系统规划模型有诺兰的阶段模型、战略一致性模型和三阶段模型。而规划方法有很多，信息系统规划的常用方法有企业系统规划法、战略数据规划法、组织计划引出法、战略方格法、战略目标集转换法、关键成功因素法、目的手段分析法、投资回收法、零点预算法、收费法等。

3.2.1 诺兰阶段模型

3.2.1.1 诺兰阶段模型概述

计算机在企业管理中的应用，一般要经历若干阶段。诺兰在 1973 年首次提出的信息系统发展阶段理论确定了信息系统生长的四个不同阶段，到 1980 年，诺兰又把该模型扩展成六个阶段，如图 3-7 所示。

这是一种波浪式的发展历程，其前三个阶段具有计算机数据处理时代的特征，后三个阶段则显示出信息技术时代的特点，前后之间的"转折区间"是在整合期中，由于办公自动化机器的普及、终端用户计算环境的进展而导致了发展的非连续性，这种非连续性又称为“技术性断点”。

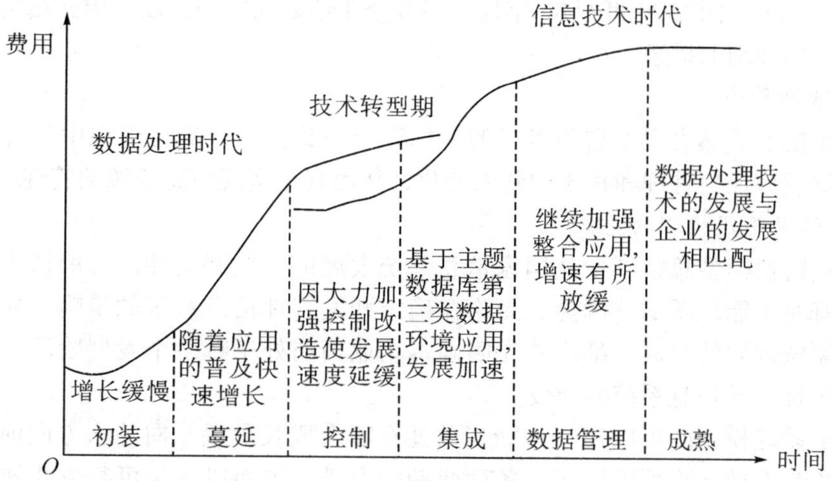

图 3-7 诺兰阶段模型

诺兰的阶段模型反映了信息系统的发展阶段，并使信息系统的各种特性与系统生长的不同阶段对应起来，从而成为信息系统战略规划工作的框架。根据这个模型，我们只要知道一个信息系统存在某些特性，便知其处在哪一阶段，而这一理论的基本思想是一个组织的信息系统在能够转入下阶段之前，必须首先经过系统生长的前几个阶段。因此，我们如果能够诊断出一个企业目前所处的成长阶段，就能够对它的规划提出一系列的限制条件和做出针对性的规划方案。

3.2.1.2 诺兰阶段模型的阶段划分

（1）初装阶段

初装阶段从企业购置第一台计算机开始，一般是在财务部门和统计部门应用。该阶段的特点是组织中只有少数人使用计算机，计算机是分散控制的，没有统一的计划。

（2）蔓延阶段

随着计算机的应用见到成效，应用面迅速扩大，从企业少数部门扩展到各个部门，以至于在对信息系统的管理和费用方面都产生了危机。在此阶段，计算机处理能力得到飞速发展，但在组织内部又出现大量数据冗余、数据不一致以及数据无法共享等许多问题。

（3）控制阶段

这一阶段组织开始制定管理方法，控制对计算机的随意使用，使得计算机的使用正规化、制度化，推行成本—效益分析方法，但这种控制可能影响一些潜在效益的实现。而且这一阶段针对已开发的应用系统的不协调和数据冗余等问题，建立统一的计划。

（4）集成阶段

在经过控制阶段的全面分析、引入数据库技术、建立数据通信网技术的条件下，数据处理系统进入一个高速发展阶段。建立集中式的数据库和能够充分利用及管理组织各种信息资源的系统。

(5) 数据管理阶段

诺兰认为，在集成阶段之后才会真正进入数据管理。这时，数据真正成为企业的重要资源。由于美国在20世纪80年代时多数企业还处在第四阶段，因此诺兰对第五阶段还无法给出详细的描述。

(6) 成熟阶段

信息系统的成熟表现在它与组织的目标完全一致，可以满足组织中各管理层次的要求，能够适应任何管理和技术的新的变化，从而真正实现信息资源的管理。

3.2.1.3 诺兰阶段模型的意义

诺兰的阶段模型总结了发达国家信息系统发展的经验和规律。一般认为，模型中的各阶段都是不能跳跃的。因此，无论在确定开发管理信息系统的策略，或者在制定管理信息系统规划的时候，都应首先明确本企业当前处于哪一个发展阶段，进而根据该阶段的特征指导信息系统的建设。

诺兰的阶段模型既可以用于诊断当前处在哪个成长阶段、向什么方向前进、怎样管理对开发最有效，也可以用于对各种变动的安排，进而以一种可行方式转至下一个生长阶段。虽然系统成长现象是连续的，但各阶段则是离散的。在制定规划过程中，根据各阶段之间的转换和随之而来的各种特性的逐渐出现，运用诺兰的阶段模型辅助规划的制定，将它作为信息系统规划指南是十分有益的。

3.2.2 战略一致性模型

3.2.2.1 模型简介

战略一致性模型是哈佛商学院约翰·亨德森（John Henderson）于1999年提出的一套进行信息技术战略规划的思考架构，帮助企业检查企业经营战略与信息技术战略之间的一致性。

Henderson认为，企业战略和信息科技战略都有外部与内部两个方面。众所周知，在企业战略领域中外部定位与内部安排之间的协调配合程度对企业经营绩效非常重要。同理，在制定信息技术战略时也应该依照外部领域（企业在信息科技市场的地位）以及内部领域（信息科技基础设施与流程的组态及管理）的观念来进行规划。

在Henderson模型的定义中，企业战略的外部领域是企业竞争的范围，包括关于企业范畴、竞争力及治理结构的决策；内在领域则包括管理结构、关键企业流程的设计及再设计、人力资源技能的取得及发展。在对应的信息技术战略方面，其外在领域包括技术范畴、系统竞争力与信息科技驾驭机制；内在领域则包含信息科技结构、信息科技流程及信息科技技能，如图3-8所示。

传统上，信息技术战略多半反映出内部导向的特性，扮演着公司经营中非必要的支持角色。但随着信息科技成为企业转型的重要催化剂后，组织也应该开始重视信息科技的外部要素。

模型中的纵轴表示内、外两个领域的战略适配度，强调任何战略都应该同时处理内、外两个领域。在许多组织中，信息科技内、外领域的不适配往往是无法取得信息科技投资效益的主要原因。

模型中的横轴则表示功能整合的向度，考虑的是信息科技领域及企业领域内所做的选择会如何对彼此造成冲击；它又可以分为战略层级的整合及运作层级的整合。Henderson 等人主张，任何信息系统规划流程必须同时考虑到这两个向度的整合，而信息技术的有效管理则必须在所有四个领域间求得平衡。

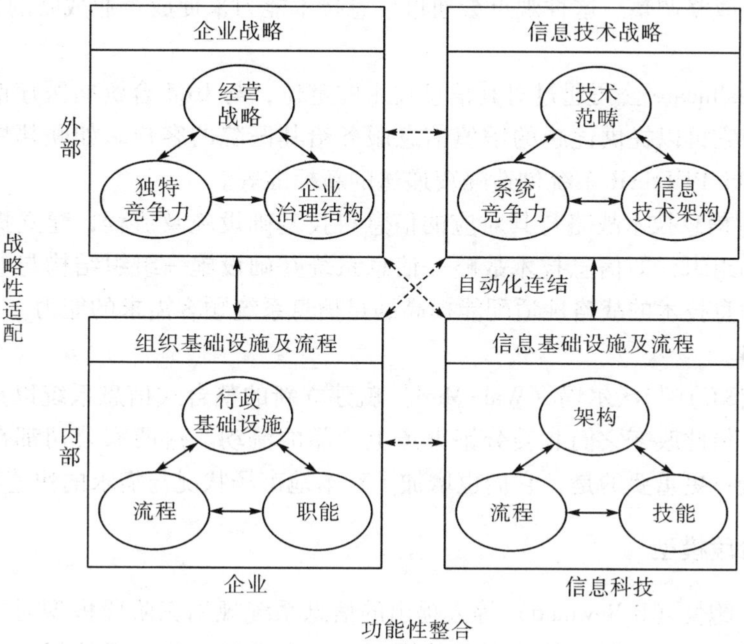

图 3-8 战略一致性模型

3.2.2.2 信息化路线

根据这个模型，企业在进行信息化建设时，可能会出现两种情况，采取四种不同的路线。

情况一，当企业战略是驱动企业变革的动力时，可能采取两种路线：

（1）以企业战略为动力，驱动组织设计的选择及信息系统基础设施的设计，即经营战略→组织结构与业务流程设计→信息系统基础设施设计。

🕮实例 1

柯达公司在其削减作业成本战略的驱动下，与 IBM 达成外包协议，由 IBM 负责柯达四个数据中心的工作，并且 300 名柯达的人员成为 IBM 的雇员。此外，柯达还将其电信网络的管理委托给 DEC，而将其个人电脑的维护交给 Computerland 公司。

（2）通过信息科技战略的制定及信息系统基础设施的设计，保障企业战略实施，即经营战略→信息技术战略→信息系统基础设施设计。

🕮实例 2

美国保险业的一家领导厂商 USAA 的企业战略是通过电话营销及优越的文件处理系统来提供低价的保险。由于这种文件系统需要市面上还没有的最新电子影像技术，因此它们决定与 IBM 合作开发。为此，USAA 制定了信息科技战略，包含该关键技术范畴的界定、对应的关键竞争力及对技术联盟的承诺，同时在该战略管理流程中也定义了执行该技术战略所需的信息科技基础设施。

情况二，当信息技术战略成为推动者时，则可能采取另外两条路线：

（1）利用信息技术能力来冲击新的产品与服务（企业范畴）、影响战略的关键属性（独特竞争力）并发展新的关系形式（企业治理结构），即信息技术战略→信息系统基础设施→企业战略调整。这种观点会通过信息技术能力来促成企业战略的调适。

实例 3

Baxter Healthcare 公司通过对其信息技术的定位，与 IBM 合资向医疗市场提供软件服务，从而使它可以提供优越的增值信息服务给其医院的客户。如联邦快递公司，通过其 COS-MOS/PULSAR 系统创造隔夜递送的新标准等。

（2）了解信息技术战略与其对应的信息科技基础设施及流程，建立提供第一流信息系统服务的组织，即信息技术战略—信息系统基础设施—组织结构与业务流程重新设计。这种信息技术的战略性适配能提高满足信息系统顾客需求的能力。

实例 4

宝洁（P&G）与沃尔玛（Wal-Mart）就建立新的整合式信息系统以重新设计其重要业务流程，借此改变它们北美分销渠道上产品的流动。这两家公司都在作业成本上获得重大改善，更重要的是，它们也增加了对本地市场状况与需求的快速回应能力。

3.2.3 三阶段模型

由比尔·鲍曼（B.Bowman）等人提出的信息系统规划三阶段模型对规划过程和方法论进行分类研究，是具有普遍意义的模型。这个模型将信息系统规划活动按活动的顺序分为战略计划、组织的信息需求分析和资源分配三个部分，其相应的任务及有关方法论的分类描述如图 3-9 所示。

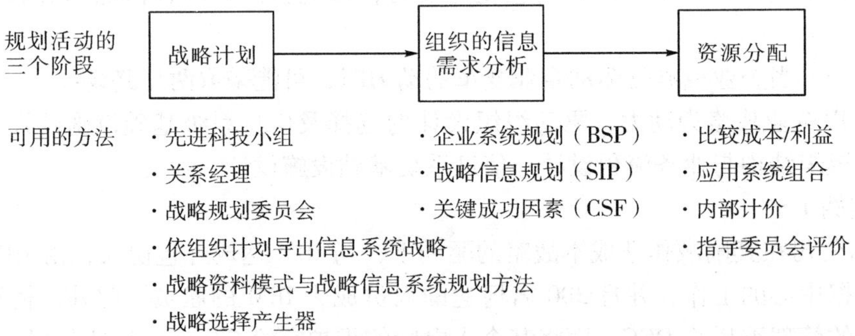

图 3-9　信息系统规划的三阶段模型及可用方法

战略计划是为了在整个组织的计划和信息系统规划间建立关系。其内容包括：提出组织的目标和实现目标的战略；确定信息系统的任务；估计系统开发的环境；定出信息系统的目标和战略。

组织的信息需求分析是要研究广泛的组织信息需求，建立信息系统总体结构，并用来指导具体应用系统的开发。其内容包括：确定组织在决策支持、管理控制和日常事务处理中的信息需求；制订主开发计划。

资源分配是为实行在组织的信息需求分析阶段中确定的主开发计划而制订计算机硬件、软件、通信、人员和资金计划，即对信息系统的应用、系统开发资源和运营资源进行分配。

3.3　信息系统规划方法

在管理信息系统的开发中，可以用于总体规划的方法很多，主要包括关键成功因素法（critical success factors，CSF）和企业系统规划法（business system planning，BSP）。

3.3.1　关键成功因素法

3.3.1.1　*方法简介*

关键成功因素法是一种重点问题突破法，即首先抓住影响系统成功的关键因素，进行分析，确定企业组织的信息需求。这种方法于1970年由哈佛大学教授威廉·扎尼（Willian Zani）提出，是一种较早应用于管理信息系统开发规划的方法。

关键成功因素法认为一个组织的信息需求取决于少数管理者的关键性成功因素。关键性成功因素特指某些工作目标，如果这些目标能够达到，那么企业或组织的成功就有了保障。

关键性成功因素是由行业、企业、管理者以及周围环境形成的。关键成功因素法的一个重要前提就是有一些易于被管理者识别和信息系统能够作用其上的目标。例如：对汽车制造业，关键成功因素可能是制造成本控制；对保险业，关键成功因素是新项目开发和工作人员的效率。

3.3.1.2　*关键成功因素分析*

在关键成功因素分析中使用的主要方法是面谈。设计者通过与一些高层管理者的若干次面谈，辨明其目标及由此而产生的关键性成功因素；将这些个人的关键性成功因素进行汇总，从而导出企业整体的关键性成功因素；据此建立能够提供与这些关键性成功因素相关信息的系统。图3-10给出了组织中开发关键性成功因素的方法。

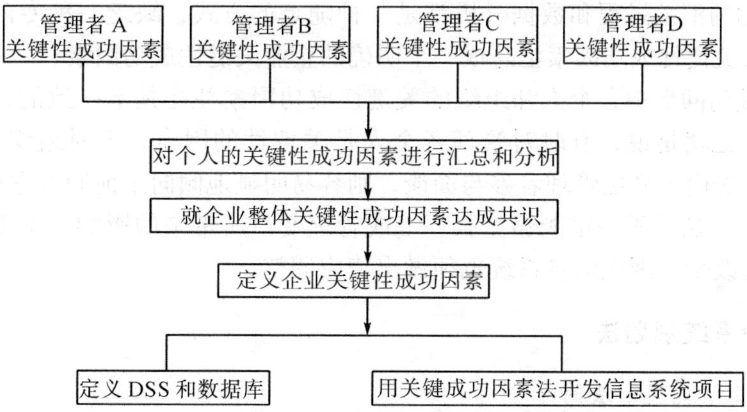

图3-10　用关键性成功因素法建立信息系统

3.3.1.3　关键成功因素法的步骤

任何一个企业组织中，都存在着对该组织的成功起关键作用的影响因素，关键成功因素总是与那些能够确保企业生存和发展的方面与部门相关。在不同的业务活动中，在不同的时期，关键性成功因素也会不同。随着时间的改变，某个时期的关键性成功因素可能会变成一般的影响因素，一些很一般的因素可能会成为关键成功因素。问题的关键是，当我们制定管理信息系统规划时，都要明确弄清哪些影响因素是规划涉及期内最重要的。

以数据库的分析与建立为例，关键成功因素法的工作步骤是：

（1）了解企业组织的目标；

（2）识别关键性成功因素；

（3）识别性能指标和标准；

（4）识别测量性能的数据。

这四个步骤，如图 3-11 所示。

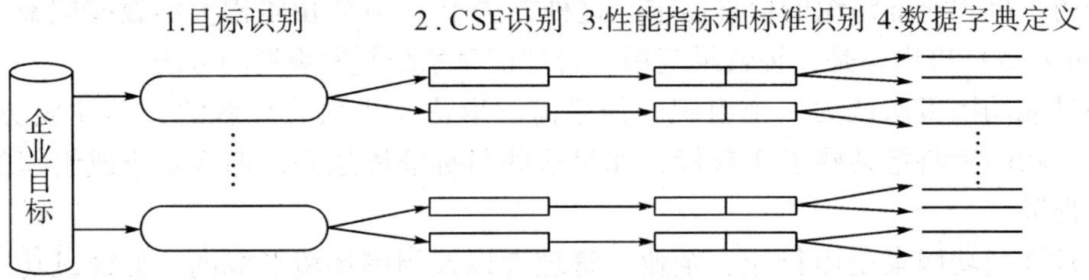

图 3-11　关键成功因素法的步骤

3.3.1.4　关键成功因素法的优缺点

关键成功因素法的优点：

（1）数据量较小。因为只有高层管理者参与面谈，所以问题也集中在少数几个关键性成功因素上，而不是泛泛地调查使用哪些和需要哪些信息。

（2）它注意到了组织和管理者必须面对变化的环境。该方法要求管理者要着眼于环境，在对其环境分析的基础上认真考虑如何形成自己的信息要求。

关键成功因素法的缺点：

（1）数据的汇总过程和数据分析都是一种随意的方式，缺乏一种专门、严格的方法将众多个人关键性成功因素汇总成一个明确的企业关键性成功因素。

（2）在被访问者中，个人和组织的关键性成功因素往往是不一致的，两者的界限有时被混淆。也就是说，有时对管理者个人是关键性的因素，而对组织就未必重要。而且用这种方法由于高层管理者参与面谈，则容易明显地倾向于他们的意见。

（3）这一方法并不一定能够克服环境或管理变革所带来的影响。由于环境和管理常常迅速发生改变，因此信息系统也须做出相应调整。

3.3.2　企业系统规划法

3.3.2.1　企业系统规划法简介

企业系统规划法是美国 IBM 公司在 20 世纪 70 年代初用于企业内部系统开发的一

种方法。这种方法是基于信息支持企业运行的思想，首先是自上而下地识别系统目标、识别企业的过程与识别数据，然后自下而上地设计系统目标，最后把企业的目标转化为管理信息系统规划的全过程，如图 3-12 所示。

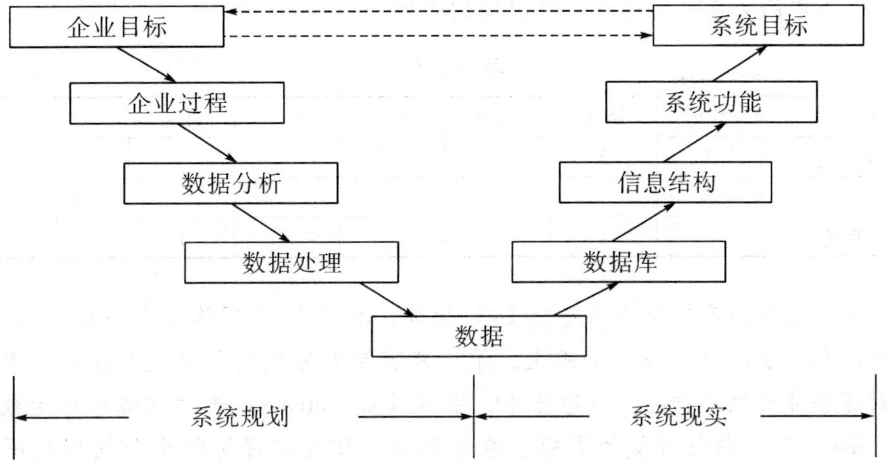

图 3-12 企业系统规划法过程示意图

企业系统规划法认为对企业信息需求的认识是建立在充分观察整个组织中各部门、职能、工作过程和数据元素基础上的。企业系统规划法能帮助企业标识出组织中数据的主要实体和属性。企业系统规划法源于这样一种思想：只有对组织整体具有彻底认识，才能明确企业或各部门的信息需求。

企业系统规划法的中心环节就是对众多的管理者进行抽样调查，了解他们如何使用信息，信息的来源有哪些，他们所处的环境是什么，以及他们的目标是什么，如何做决策，他们的数据需求是什么。

3.3.2.2 企业系统规划法的作用

（1）确定出未来信息系统的总体结构，明确系统的子系统组成和开发子系统的先后顺序。

（2）对数据进行统一规划、管理和控制，明确各子系统之间的数据交换关系，保证信息的一致性。

📖案例：用企业系统规划法开发一个企业信息系统

表 3-1（a）给出了一个企业系统规划法开发信息系统，并利用 U/C 矩阵法划分子系统的范例。它首先将对管理者大量调查的结果汇总到一个表上。

表 3-1（a）

主要问题	问题解	价值说明	信息系统要求	过程/组影响	过程/组起因
由于生产计划影响利润	计划机械化	改善利润 改善客户关系 改善服务和供应	生产计划	生产	生产

然后将调查数据进行分类，任何采访的数据均可以分为三类：①现行系统的问题和解；②新系统的需求和解；③非 IS 问题。第三类问题虽不是信息系统所能解决的，但也应充分重视。下一步是把问题和过程关联起来，可用问题/过程矩阵表示。见表 3-1（b），表中的数字表示这种问题出现的次数。

表 3-1（b）

过程组问题	市场	销售	工程	生产	材料	财务	人事	经营
市场/客户选择	2	2						2
预测质量	3						4	
产品开发			4			1		1

最后根据信息的产生和使用建立 U/C 矩阵，利用 U/C 矩阵定义系统的总体结构。在对数据类和企业流程了解的基础上，下一步就要对它们的关系进行综述。为此，将数据类对照企业流程安排在一个矩阵中，用字母 C（create）表示该流程产生数据，用字母 U（use）表示该流程使用数据。在矩阵中，按关键资源的生命周期顺序放置过程，即计划过程、度量和控制流程、直接涉及产品的流程、管理支持资源的流程。之后，根据流程产生数据的顺序将数据类排在另一轴上，开始是由计划过程产生的数据，接着把所有其他数据类列入矩阵中，并在适当的行列交叉处填上字母 C 和 U，如表 3-1（c）所示。

表 3-1（c）

功能	计划	财务计划	产品	零件规格	材料表	材料库存	成本库存	任务单	设备负荷	物资供应	工艺流程	客户	销售区域	订货	成本	职工
经营计划	C	U												U	U	
财务规划	U	C													U	U
资产规模		U														
产品预测			U									U	U			
产品设计开发	U		C	C	C							U				
产品工艺			U	U	U	U										
库存控制						C	C	U		U						
调　　度			U				U	C	U		U					
生产能力计划									C	U	U					
材料需求			U		U	U				C						
操作顺序								U	U	U	C					
销售管理		U	U				U					C	U	U		
市场分析		U	U									U	C	U		
订货服务			U				U					U	U	C		
发　　运		U	U				U						U	U		
财务会计	U	U	U				U					U		U		U

表3-1(c)(续)

功能	计划	财务计划	产品	零件规格	材料表	材料库存	成本库存	任务单	设备负荷	物资供应	工艺流程	客户	销售区域	订货	成本	职工
成本会计	U	U	U											U	U	
用人计划																C
业绩考评																U

恰当调整数据类的排列，即对该矩阵进行行变换和列变换，使矩阵中的字母 C 和 U 尽可能集中分布在对角线上及其附近。

确定主要系统。将业务流程和数据类依据其管理的资源而划分成若干组，并用方框框起来，如表 3-1（d）所示。这些方框代表逻辑子系统的组合，表明产生和维护某些特定的、相关的数据类的责任。

表 3-1（d）

功能		计划	财务计划	产品	零件规格	材料表	材料库存	成品库存	工作令	机器负荷	材料供应	工艺流程	客户	销售区域	订货	成本	职工
经营计划	经营计划	C	U												U	U	
	财务规划	U	C													U	U
	资产规模		U														
技术准备	产品预测			U									U	U			
	产品设计开发	U		C	C	C							U				
	产品工艺			U	U	U	U										
生产制造	库存控制						C	C	U		U						
	调　　度			U				U	C	U		U					
	生产能力计划									C	U	U					
	材料需求			U		U	U				C						
	操作顺序								U	U	U	C					
销　　售	销售管理		U	U				U					C	U	U		
	市场分析		U	U									U	C	U		
	订货服务			U				U					U	U	C		
	发　　运		U	U				U						U	U		
财　　会	财务会计	U	U	U				U					U		U		U
	成本会计	U	U	U											U	C	
人　　事	人员计划																C
	人员招聘 / 考评																U

表示数据流向。落在系统方框外的那些字母 U 表示对数据流的应用，用箭头表示数据从一个系统流向另一个系统。

识别子系统。用方框和箭头表示数据的产生和使用后，可以去掉字母 C 和 U，并给每个子系统命名，这就是一个完整的管理信息系统的总体结构图，如表 3-1（e）所示。

表 3-1（e）

功能		计划	财务计划	产品	零件规格	材料表	材料库存	成品库存	工作令	机器负荷	材料供应	工艺流程	客户	销售区域	订货	成本	职工
经营计划	经营计划	经营计划子系统													U	U	
	财务规划															U	U
	资产规模																
技术准备	产品预测			产品工艺子系统									U	U			
	产品设计开发	U											U				
	产品工艺						U										
生产制造	库存控制						生产制造计划子系统										
	调　度			U													
	生产能力计划																
	材料需求			U		U											
	操作顺序																
销　售	销售管理		U	U				U					销售子系统				
	市场分析		U	U													
	订货服务			U				U									
	发　运		U	U				U									
财　会	财务会计	U	U	U				U					U		U	1	U
	成本会计	U	U	U											U		
人　事	人员计划																2
	人员招聘／考评																

注：1——财会子系统；2——人事档案子系统。

3.3.2.3　企业系统规划法的工作步骤（见图 3-13）

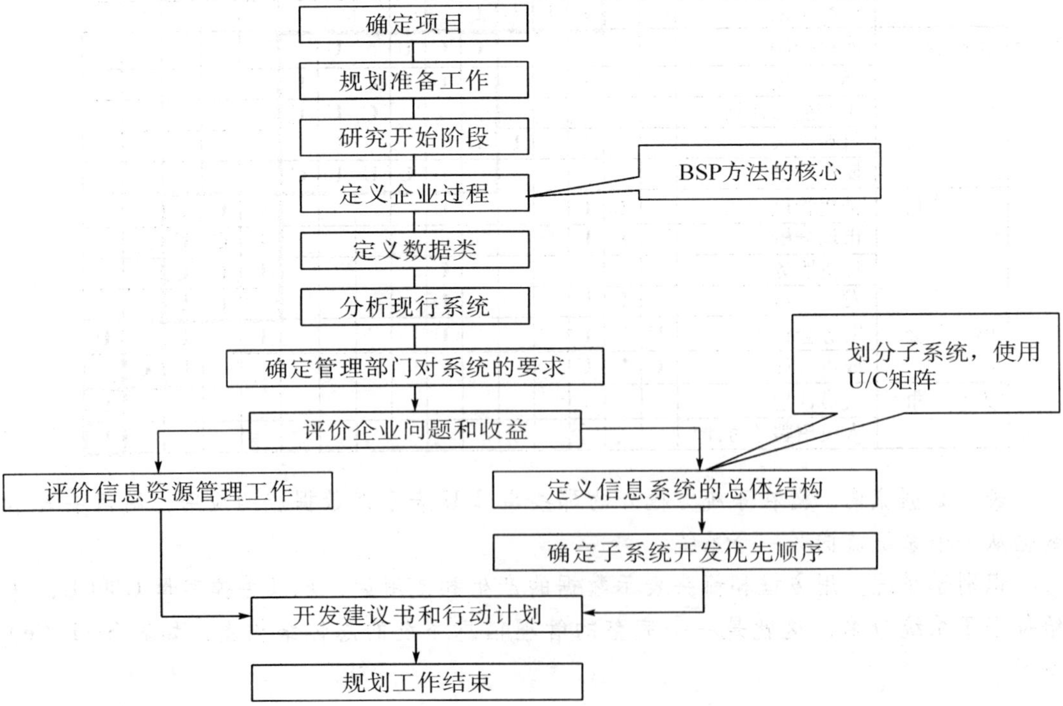

图 3-13　企业系统规划法的工作步骤

3.3.2.4 企业系统规划法的优缺点

企业系统规划法的优点：

（1）它全面展示了组织状况、系统或数据应用情况以及差距。它尤其适用于刚刚启动或产生重大变化的情况。

（2）它可以帮助众多管理者和数据用户形成组织的一致性意见；并通过对管理者们自认为的信息需求调查，来帮助组织找出在信息处理方面应该做些什么。

企业系统规划法的缺点：

（1）收集数据的成本较高，数据分析难度大，一些有偏见的高层管理者认为这是一项昂贵的技术，数据处理成本高昂；

（2）采用该方法的多数调查、会谈只是在高层或中层管理者之间进行，很少从基层工作人员那里收集信息；

（3）问题往往不是集中在确需信息的主要管理目标上，而是集中在目前被使用的信息上，其结果往往导致信息系统只是一种把现有手工过程实现自动化的翻版。在很多情况下，"企业如何经营"可能需要一种全新的方法，而这种需要却没在该方法中反映出来或被提出。

📖阅读材料：信息化规划五大平衡问题

1. 如何在长远规划与适应变化之间取得平衡

在信息化规划过程中最突出的问题之一是，既要尽可能地保持开放性和长远性，以确保系统的稳定和延续性；同时又因为规划没有变化快，再长远的规划也难以保证跟上企业环境的变化。老实说，解决这一问题没有非常理想的方法。相对有效的做法是：在信息化规划时，认真分析企业的战略与 IT 支撑之间的影响度，并合理预测环境变化可能给企业战略带来的偏移，在规划时留有适当的余地，从商务战略到信息战略，做务实的牵引，不要追求大而全。

2. 如何在组织流程与系统流程之间取得平衡

信息化推广中一直在争论的话题就是，到底是应该通过改变企业业务流程来适应软件，还是通过修改软件来适应企业业务流程？管理咨询公司会毫不迟疑地告诉你是前者，客户则更愿意坚持后者。而供应商的态度则非常微妙，他们往往会取中间路线，比如：通过修改软件的部分模块或开发接口程序，来迎合用户"以我为主"的心态。

从根本上说，组织采用新技术的方式决定着新技术对组织结构和流程的影响程度。而组织及管理模式也影响着信息技术和信息系统。这就要求信息技术和信息系统在理论和应用上要不断创新，同时要具有适应变化的能力。解决这一问题，通常是基于企业自身的动因，即是出于战略考虑还是出于实际考虑。如果着眼于企业长远发展战略，则倾向于让企业行为和业务流程适应系统；相反，如果着眼于更现实的需求，则可能更乐意让系统适应企业流程。

3. 如何在管理变革与技术变革之间取得平衡

企业管理的变革需求往往是信息化建设的一个重要原因，比如出于提高管理效率的考虑，而缩短生产周期和交货期，加快资金和存货周转；出于提高管理效益的考虑，而加强成本控制，降低制造成本，集中管理资金；出于提高竞争力的考虑，而改善服务方式，提高投诉响应速度；等等。技术的变革同样是迫切和必要的，从单主机应用到C/S应用，再到B/S应用，每一次技术的演进都能带来管理上巨大的变革和更大的想象空间。

那么是不是越先进的技术就越适合企业？答案是不确定的。因为至少有三个方面的原因会导致不同的企业对管理变革有不同的需求。一是不同行业的企业需求有可能不同；二是不同业务流程的企业可能有不同的需求；三是不同管理模式的企业可能有不同的需求。不同的管理变革需求必须有不同的解决方案，特别是不同的技术方案去满足。

4. 如何在信息化规划的各层级之间取得平衡

信息化规划的四个层次之间，同样应该有一个很好的平衡。完整的信息化规划，无疑应具备这四个层次，而且理想的规划应该是分层递进的。然而不同性质的企业、不同规模的企业，也可能采取灵活的方法。比如信息化基础空白的企业在上信息化时，就可能有多种选择，比如：不经过信息资源规划，直接进行信息系统规划；不经过企业资源规划，就选择最急需的、又容易实施的模块（如OA、财务等）先上，待见成效后再回头做企业资源规划。

5. 如何在信息化规划与建设实施之间取得平衡

信息化规划的目的是为信息化建设和实施提供框架指南。事实上，这二者之间存在天然的断层。原因主要是不同的参与者所站立场不同。在信息化规划阶段，通常应该是以第三方专家为主导、业主积极参与配合；而在信息化建设实施阶段，则以供应商为主导、业主参与配合。如何确保信息化规划在后期的实施建设过程中不走样，单纯靠业主去协调和监督，效果往往是不理想的。解决这一问题的最好办法是，让第三方咨询监理进来，由他们来协调业主和供应商之间的步调，站在第三方立场，本着客观公正、忠于信息化规划、忠于系统需求的原则，来全力推动和监控信息化建设实施过程，并对竣工工程进行专业的验收测试。有了第三方的介入，信息化规划才有了刚性约束力，才能确保与信息化建设实施的无缝衔接。

资料来源：作者根据多方面资料整理。

3.4 企业业务流程重组

🕮案例：快鱼吃慢鱼

“物竞天择，适者生存”。在生物界，弱肉强食，大鱼吃小鱼；在人类社会，这种现象似乎不是那么明显了，弱和强没有明显的分水岭，“河东”“河西”不断地交换角色，有的时候，小鱼却能吃掉大鱼。

透过这个现象，我们进一步思考，在信息社会中，不管是大企业还是小企业，终归有它们存在的道理和价值，总是有它们施展能力的空间。然而大浪淘沙，为什么我们每天早上翻开报纸时，总是会看到包含“兼并”“破产”等刺眼文字的头版头条呢？这些新闻的主角中，有“大鱼”也有“小鱼”。但是一旦睁大了你的双眼，透过新闻的纸面，每一次你都会看到这样的字眼：“快鱼吃慢鱼。”

提问：

为什么成本领先等战略失效了？

为什么出现了“快鱼吃慢鱼”的现象？

提示：

传统企业的成功模式：以最低的成本提供最高的价值。

现代企业的成功模式：在最短的时间内以最低的成本提供最高的价值。

提问：时间上的浪费是怎样产生的呢？

提示：

“流程限制”，如日常审批占用了太多的时间。

“质量问题”，如因设计、操作、检测疏忽等问题造成返工浪费时间。

“组织缺陷”，主要是指因为组织结构不合理导致信息流动和沟通方面的低效率。

3.4.1 企业流程与企业信息流

3.4.1.1 流程

流程：为了实现某一共同目标，将一系列单独的活动组合在一起，实现将“输入”经过流程变化为“输出”的全过程。

流程包括四个方面的要素，如图 3-14 所示。

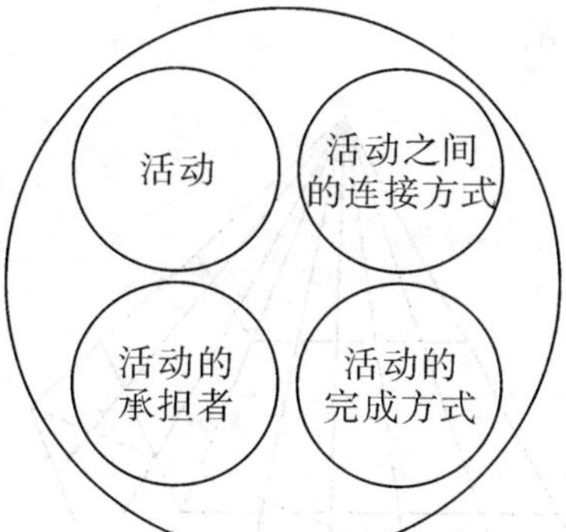

图 3-14 流程要素

实例：泡茶的流程如图 3-15 所示。

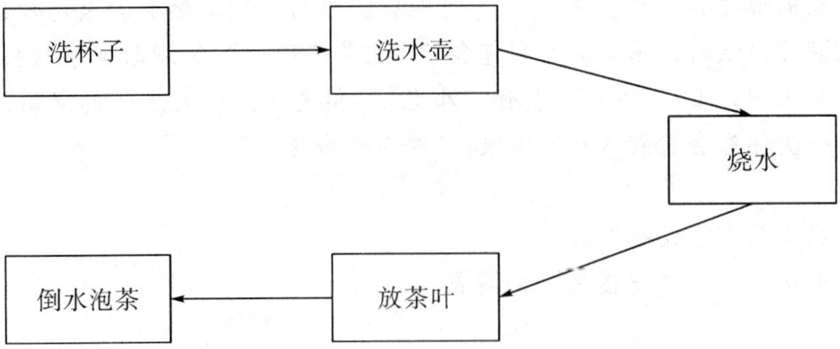

图 3-15　泡茶流程

3.4.1.2　企业流程

企业流程：企业完成其业务并获得利润的过程。企业流程是一组共同为顾客创造价值而相互关联，具有逻辑性、变动性、可分解性、时序性的企业活动。

3.4.1.3　企业信息流

企业信息流是企业“物流”“资金流”和“工作流”的反映。企业管理工作正是通过“企业信息流”得到反映，并且企业管理者通过“信息流”实现对企业的管理和控制。

3.4.1.4　企业信息流类型

（1）向下的信息流；

（2）向上的信息流；

（3）水平方向的信息流；

（4）纵向的信息流。

企业信息流如图 3-16 所示。

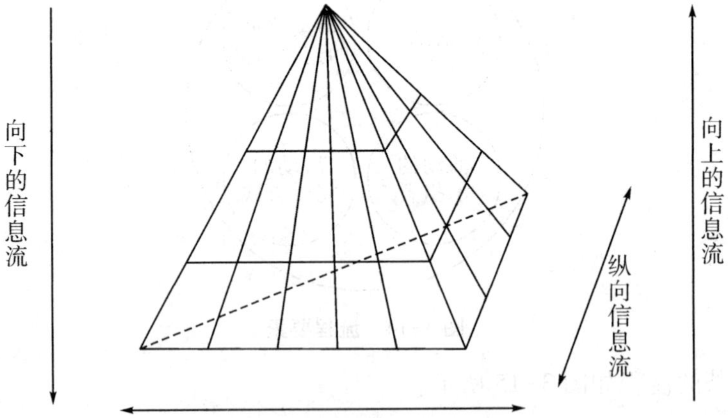

图 3-16　流程立体示意图

🕮实例：财务部门纵向的信息流

财务部门纵向信息流如图 3-17 所示。

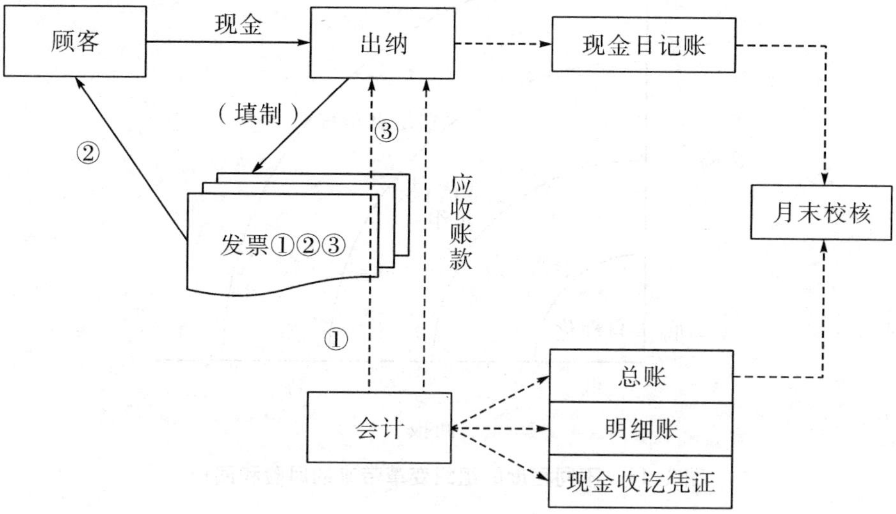

图 3-17 财务部信息流示意图

3.4.1.5 信息流在企业中的作用

信息流在企业中的作用如表 3-2 所示。

表 3-2 信息流在企业中的作用

信息流的类型	作用
向下的信息流	控制着商流、物流、资金流产生的时间、大小、快慢和方向（控制）
向上的信息流	反映商流、物流、资金流的速度
水平信息流	协调商流、物流、资金流的速度
纵向信息流	加速商流、物流、资金流的速度

3.4.2 企业业务流程重组

3.4.2.1 信息技术和组织变革

新的信息系统可以成为组织变革的强有力手段，使组织重新设计它们的结构、范围、权利关系、工作流程、产品和服务。实际上，信息技术在企业中应用的不同深度可以促使组织产生由低到高不同程度的变化。图 3-18 给出了四种信息技术能够予以支持的结构化组织变革方式：自动化、合理化、企业流程重组和立足点转移。这几种变革所带来的风险和收益各不相同。

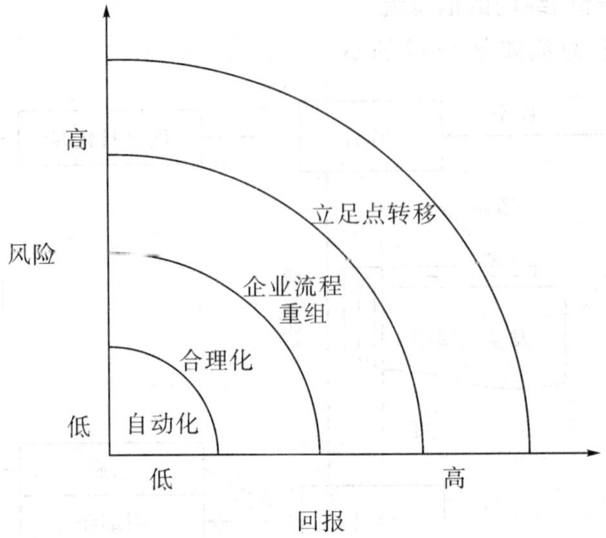

图 3-18　不同程度的组织变革带来的风险和回报

（1）自动化（automation）。信息技术能够予以支持组织变革的最常见方式就是自动化。信息技术最早主要是用于帮助员工提高其工作效率，如：计算工资单；使银行出纳快速存取顾客存款记录；为航空公司开发一个航空预售票的全国网络等都是早期的自动化应用。自动化就如同为已有的汽车再装上一个更大功率的马达。

（2）过程的合理化（rationalization of procedures）。一种更为深入的组织变革形式就是过程的合理化。在生产过程中，自动化常常暴露出一些新的瓶颈，使现有过程的安排和结构烦琐、不方便。过程的合理化就是简化标准操作过程，消除明显的瓶颈，以便运用自动化使操作过程更加高效。如标准化库存零件的代码。

（3）企业流程重组（business process reengineering）。在这一变革过程中，要对企业过程进行分析、简化并重新设计。企业流程重组主要包括对工作流的重新认识和为降低企业成本而用于产品制造与服务的企业过程的重新认识。企业过程是指一系列为实现企业产出而执行的逻辑上相互关联的任务，如开发新产品、向供应商订货或处理和支付保险索赔等。利用信息技术，组织能够重新认识并设计自己的业务过程，以改进效率、服务和质量。企业流程重组对工作流程进行重新组织，减少了浪费并消除了重复性工作，比过程的合理化更加雄心勃勃，它需要用一种全新的眼光来对过程进行重新组织。

（4）立足点转移（paradigm shift）。它包括对企业性质及组织自身性质的重新认识。例如，银行可能决定并不对出纳员工作进行自动化、合理化或流程重组，取而代之的是决定取消各支行并力争较为廉价的资金来源（如国际贷款）；可能还要求零散客户使用国际互联网或专用网进行其所有商业活动。形象地说，立足点转移不仅要求重新认识汽车，还包括交通运输本身。

提示说明：

当然，世上没有不需付出代价的事情。因为要想通过多方面的组织变革来达到预期结果难度相当大，所以立足点转移和企业流程重组的结果常常以失败告终，甚至有些专家认为失败的可能性高达70%。那么为什么还有众多企业对这种根本性变革跃跃欲试呢？因为尽管风险、难度较大，但回报相当高；而且确实有相当一部分企业通过实施立足点转移和企业流程重组的战略获得了惊人的投资回报，生产率大幅度提高。

3.4.2.2 业务流程重组

（1）业务流程重组概述。业务流程重组（business process reengineering，BPR）是20世纪90年代初由美国学者哈默（Michael Hammer）和钱皮（James Champy）等提出的一种观念。BPR的思想一经提出，即引起美国舆论的广泛注意，成为管理学界的一个重大成就。

哈默和钱皮给BPR下的定义是：对企业过程进行根本的再思考和彻底的再设计，以求企业当代关键的性能指标获得巨大的提高，如成本、质量、服务和速度。

这里描绘BPR用了三个关键词：根本的、彻底的和巨大的提高。

① 根本的。“根本的”的意思是指不是枝节的、不是表面的，而是本质的。也就是说，它是革命性的，是要对现存系统进行彻底的怀疑。首先认为“现存的均是不合理的”。按照美国的说法是：在管理科学家的眼里，美国现在所有政府和企业的管理均是“一无是处”。所有这些均是强调要用敏锐的眼光看出企业的问题。只有看出问题、看透问题，才能更好地解决问题。

② 彻底的。“彻底的”的意思是要动大手术，是要大破大立，不是一般性的修补。正像我国政府改革那样，先转变职能，再精简组织，只有这样才能彻底。

③ 巨大的提高。“巨大的提高”是指成十倍成百倍的提高，而不是改组了很长时间，才提高百分之二三十。例如，有的企业人员减到只剩10%，产量提高10倍，总体效益就提高了百倍。有的企业在两三年内营业额由上亿元猛增到百亿元。这种巨大的增长是在原来线性增长的基础上的一个非线性跳跃，是量变基础上的质变。抓住跃变点对BPR是十分关键的。

（2）业务流程重组的原则。

① 以过程管理代替职能管理，取消不增值的管理环节；

② 以事前管理代替事后监督，减少不必要的审核、检查和控制活动；

③ 取消不必要的信息处理环节，消除冗余信息集；

④ 以计算机协同处理为基础的并行过程取代串行和反馈控制管理过程；

⑤ 用信息技术实现过程自动化，尽可能摒弃手工管理过程。

案例：福特汽车采购业务流程重组

公司成立之初，采用的传统的采购流程如下：

（1）采购部向供货商发订单，并将订单的复印件送往应付款部门。

（2）供货商发货，福特的验收部门收检，并将验收报告送到应付款部门（验收部门自己无权处理验收信息)。

(3) 供货商将产品发票送至应付款部门，当且仅当“订单”“验收报告”以及“发票”三者一致时，应付款部门才能付款。而问题就在于该部门的大部分时间都花费在处理这三者的不吻合上，从而造成了人员、资金和时间的浪费。

随着社会的进步和技术的发展，福特汽车公司的采购部门进行了业务流程重组。业务流程重组后的新流程如下：

(1) 采购部门发出订单，同时将订单内容输入联机数据库。

(2) 供货商发货，验收部门核查来货是否与数据库中的内容相吻合。如果吻合就收货，并在终端上按键通知数据库，计算机会自动按时付款。

经过再造流程后，福特公司无论是工作效率还是企业形象都获得了较大的提高和改善。福特公司的新流程采用的是“无发票”制度，大大地简化了工作环节。主要表现如下：

(1) 以往应付款部门需在订单、验收报告和发票中核查14项内容，而如今只需3项——零件名称、数量和供货商代码。

(2) 实现裁员75%，而非原定的20%。

(3) 由于订单和验收单的自然吻合，使得付款也必然及时而准确，从而简化了物料管理工作，并使得财务信息更加准确。

通过对福特汽车公司对其采购流程的重组可以看出，业务流程重组有以下几个特点：

(1) 面向流程而不是单一部门。倘若福特仅仅重建应付款一个部门，那将会发现这么做是徒劳的。正确的重建应是将注意力集中于整个“物料获取流程”，包括采购、验收和付款部门，这样才能获得显著改善。

(2) 大胆挑战传统原则。福特的旧原则是收到发票时，我们付款。福特的业务重组后的新原则是收到货物时，我们付款。旧原则长期支配着付款活动，并决定了整个流程的组织和运行，从未有人试图推翻它，而BPR的实施就是要求我们要大胆质疑、大胆反思，而不能禁锢于传统。

资料来源：余菁. 企业再造：重组企业的业务流程［M］. 广州：广东经济出版社，2000.

3.4.2.3 业务流程重组的使能器

BPR实现的手段是两个使能器（enabler）：一个是IT（信息技术），另一个是组织。

（1）BPR之所以能得到巨大的提高在于充分地发挥IT的潜能，即利用IT改变企业的过程，简化企业过程。

🕮案例：某化纤公司营销部门流程重组方案

某化纤公司营销部门BPR之前的销售流程如图3-19所示。

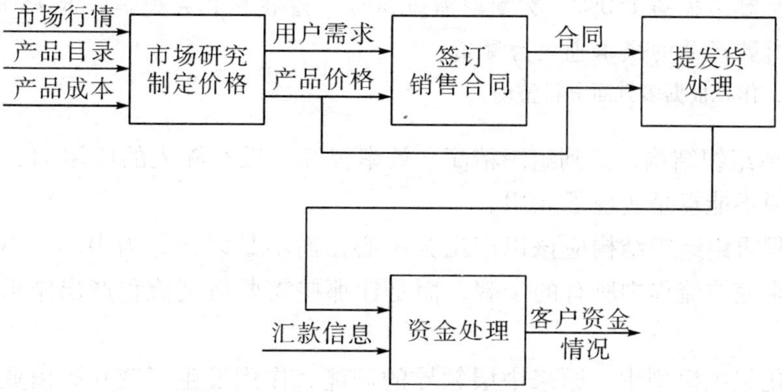

图 3-19 BPR 之前的销售流程

存在的问题：效率低下；无人对整个流程负责；顾客的满意度得到保障。

某化纤公司营销部门借助信息技术对其流程进行了重组，重组之后的流程如图 3-20 所示。

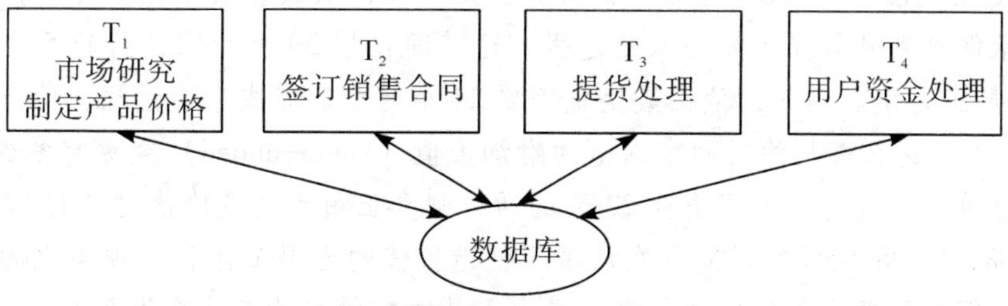

图 3-20 重组后的流程图

资料来源：http://www.docin.com/p-590146102.html.

📖案例：流程重组案例

福特公司

在福特公司改革前的旧流程中，验收部门虽然产生了关于货物到达的信息，但无权处理它，而需将验收报告交至应付款部门。在新流程下，福特公司采用新的计算机系统，实现信息的收集、存储和分享，使得验收部门自己就能够独立完成产生信息和处理信息的任务，极大地提高了流程效率，使得精简 75%员工的目标成为可能。

惠普公司

惠普公司在采购方面一贯是放权给下属制造单位的，它们最清楚自己需要什么，因此其 50 多个制造单位在采购上完全自主。这种安排具有较强的灵活性，对于市场变化需求也有较快的反应速度，但是对于总公司来说，这样可能会损失采购时的数量折扣优惠。现在运用信息技术，惠普公司重建其采购流程，总公司与各制造单位使用一个共同的采购软件系统，各部门依然是自己订货，但必须使用标准采购系统。总部据此来掌握全公司的需求状况，并派出采购部与供应商谈判、签订总合同。在执行合同时，各单位根据数据库，向供应商发出各自的订单。这一流程重建的效果是惊人的，公司的发货及时率提高150%，交货期缩短50%，潜在顾客丢失率降低75%，并且由于获得折扣，所购产品的成本也大为降低。

资料来源：作者根据多方面资料整理。

（2）变革组织结构，达到组织精简，效率提高。没有深入的应用IT，没有改变组织，严格地说不能算是实现了BPR。

业务流程重组组织结构应该以产出为中心，而不是以任务为中心。不是让一个人或一个小组来完成流程中所有的步骤，而是让那些需要得到流程产出结果的人自己来执行流程。

在扁平化组织模型中，原来中层领导的职能、作用发生了变化，由业务负责人转化为监督、训导、行政管理角色，并对企业的业务全局平衡。而各个流程控制点、负责人实际是对企业的最终流程业务负责，也就是对企业最高领导负责。

🕮案例：MBL的BPR

MBL是全美国第18大人寿保险公司。在重建前，从顾客填写保单开始，须经过信用评估、承保直到开具保单等一系列过程。这其间包括30个步骤，跨越5个部门，须经过19位员工之手。因此，他们最快也需要24小时才能完成申请过程，而正常情况则需要5~25天。这么漫长的时间中创造的附加价值（value-added）究竟有多少呢？

有人推算，假设整个过程需要22天的话，则真正用于创造价值的只有17分钟，还不到0.05%，而98.95%的时间都在从事不创造价值的无用工作。这种僵化的处理程序将大部分时间都耗费在部门间的信息传递上，使本应简单的工作变得复杂。

例如，一位顾客想将自己现有的保单进行现金结算，并同时购买一份新保单。这是他们每天都要遇到的寻常工作。可是在这种流程下，却变得格外复杂，必须先由财务部计算出保单的现金价值，开具发票，然后再经过承保部的一系列活动，最后客户才能拿到所需的保单。

企业现有的组织结构如图3-21所示。

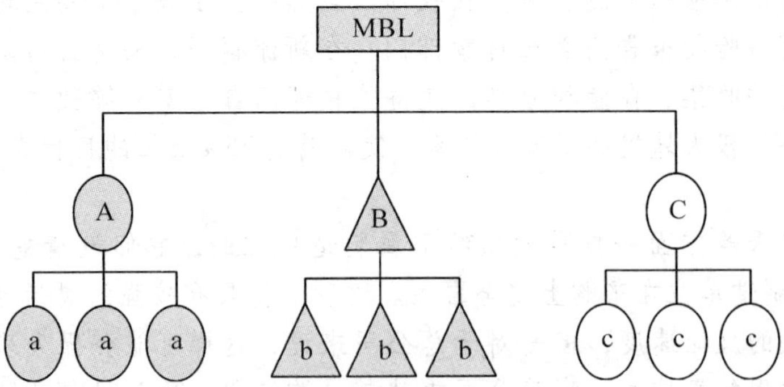

图3-21　企业现有组织结构图

面对上述这种情形，MBL的总裁提出了将效率提高60%的目标。这种野心勃勃的60%的目标是不可能通过修补现有流程达到的，唯一方案就是实施BPR。

MBL 的新做法是扫清原有的工作界限和组织障碍，设立一个新职位——专案经理（case manager），对从接收保单到签发保单的全部过程负有全部责任，也同时具有全部权力，如图 3-22 所示。好在有共享数据库、计算机网络以及专家系统的支持，专案经理对日常工作处理起来游刃有余。只有当遇到棘手的问题时，他们才请求专家帮助。

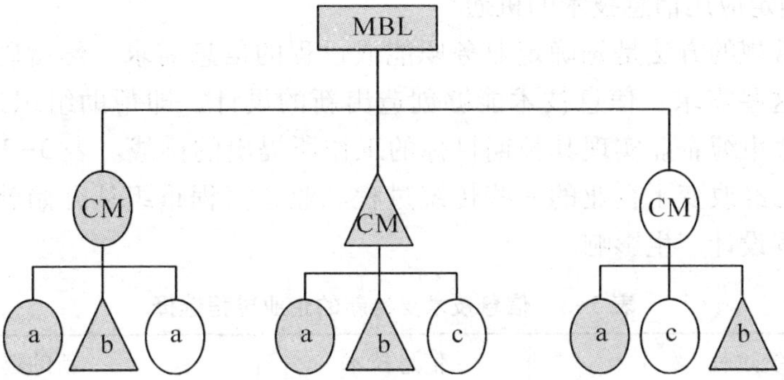

图 3-22　改变后的组织结构图

这种由专案经理处理整个流程的做法，不仅压缩了线形序列的工作，而且消除了中间管理层。这种从两个方面同时进行的压缩，取得了惊人的成效。MBL 在削减 100 个原有职位的同时，每天工作量却增加了一倍，处理一份保单只需要 4 个小时，即使是较复杂的任务也需要 2~5 天。

除了这两个使能器，对 BPR 更重要的是企业领导的抱负、知识、意识和艺术。没有企业领导的决心和能力，BPR 是绝不能成功的。领导的责任在于克服中层的阻力，改变旧的传统。在当今飞速变化的世界中，经验不再是资产，而往往成了负债，对改变经验的培训的投入也越来越多。领导只有给 BPR 创造一个好的环境，或给 BPR 创造一个好的“势”，BPR 才能得以成功。

资料来源：http://www.docin.com/p-590146102.html.

3.4.2.4　业务流程重组的步骤

业务流程重组须建立一个企业职能运作的过程模型，分析各业务部门之间的相互关系，减少冗余过程，使业务部门更高效率地运作。流程重组的专家们归纳出企业过程再造的五个主要步骤：

步骤 1：建立企业目标和过程目的。

高层管理者要树立明确的实施业务流程重组的战略目标（如降低成本、加速新产品开发、使企业成为行业巨头）。

步骤 2：找出需重新设计的过程。

企业应找出几个最有可能产生极大回报的核心业务过程进行重新设计。低效的过程一般具有如下特征：过多的数据冗余和信息重复输入；处理例外和特殊情况需花费较多时间，或大量时间用于纠错和重新工作上。分析人员应找出哪些组织职能和部门与该业务过程有关以及该过程需如何变革。

步骤 3：了解并衡量现有过程的绩效。

例如，我们假设重新设计的过程其目的是减少新产品开发或填写一份订单所需的时间和成本，那么组织就需要测出原有过程所花费的时间和成本。可以采用列表的方式进行业务流程重组工程的量化分析。

步骤 4：确定应用信息技术的机遇。

设计系统常规的方法是先确定业务职能或过程的信息需求，然后确定如何通过信息技术来支持这些需求。信息技术能够创造出新的设计，即帮助组织进行流程重组，它能够应付那些束缚企业实现其长期目标的工作所提出的挑战。表 3-3 给出了一些创新的实例，它已经改变了企业的一些传统过程。业务流程重组从开始就应该允许信息技术对企业过程设计产生影响。

表 3-3　信息技术支持新的企业过程选择

传统过程	信息技术	新的选择
工作人员要靠办公室来接收、存储和传输信息	无线通信	无论在何地工作的人员都能够发送或接收信息
信息同时只能出现在一个地点	共享数据库	人们可以分散在不同地点，朝同一项目进行协作；信息能够被需要的地方同时使用
事件位于的地点需要由人去确定	自动识别跟踪技术	事件能够自动地告诉人们它们发生的位置
企业需保持库存以防缺货	电子通信网络与 EDI	即时供货和缺货支持

步骤 5：建立一个新过程的原型。

组织应在实验的基础上设计这个新过程，在重新设计的过程获得批准之前，还要进行一系列的修订和改进。

说明：

以上步骤只是重新设计企业的一般过程，并不意味着照这些步骤去做，就一定保证业务流程重组工程会成功。"业务流程重组"这一术语本身在某种程度上易使人产生一些误解，认为如果按照已找到的一些原则去做，就一定会达到预期结果。事实上，大多数业务流程重组项目不可能在企业绩效上产生突破性结果。迈克尔·哈默是再造工程的主要倡导者之一，他宣称所观察到的 70%的再造工程均告失败。其他学者对不成功的流程重组项目也有相同的评价。流程重组只是大目标中的一部分，这个大目标就是为使组织变革达到最大的效益，而引入包括信息技术在内的所有新的革新方法。对管理的变革既不能简单化也不能凭直觉。一个经过再造的业务过程或一个新的信息系统必然会影响到工作、技能需求、工作流和汇报关系。而由于对这种变革的畏惧会形成变革的阻力、混乱，甚至会有意识地去破坏这一变革。组织变革对新的信息系统的需求是非常重要的。

3.5 管理信息系统的开发方法

管理信息系统的开发是一项复杂的系统工程工作。它涉及的知识面广、部门多，不仅涉及技术而且涉及管理业务、组织和行为。它不仅是科学而且是艺术，至今也还没有一种完全有效的方法来很好地完成管理信息系统的开发。但也确实有一些方法在系统开发的不同方面和不同的阶段带来了有益的帮助。

3.5.1 管理信息系统的发展历程

从20世纪60年代开始，人们已开始注意信息系统开发的方法和工具。到了20世纪70年代，系统开发的生命周期法诞生了。它较好地给出了过程的定义，也大大地改善了开发的过程。然而，问题的累积，成本的超支，性能的缺陷，加大了系统开发的困难。20世纪80年代以后，友好的语言和自动化编程工具的出现，使得开发方法又有些进步，但是维护费用又差不多占去了百分之七八十的系统开发费。20世纪90年代利用模块化和模块连接技术，大大降低了维护成本和大大提高了开发者的劳动生产率。20世纪90年代中期，由于Web技术的出现，开发方法又出现了新的机遇，许多工作可以推给用户去做，这可能是一个很好的趋势。但系统工作仍然很多，需要信息部门自己完成或借用外力去完成。下面我们根据时代的特点，介绍系统开发方法的演变。

3.5.1.1 20世纪70年代

开发环境：

◆第三代语言用于编程。

◆已有数据库管理系统，用于数据管理。

◆联机处理和批处理混合使用。

◆主要针对主干机开发。

◆只由专业程序员进行程序开发。

◆利用标准符号来说明过程。

◆用户只在定义需求阶段和安装阶段介入开发。

◆企图用结构化的程序设计方法和自动化的项目管理。

开发方法：结构化生命周期法，“瀑布模型”，见图3-23。

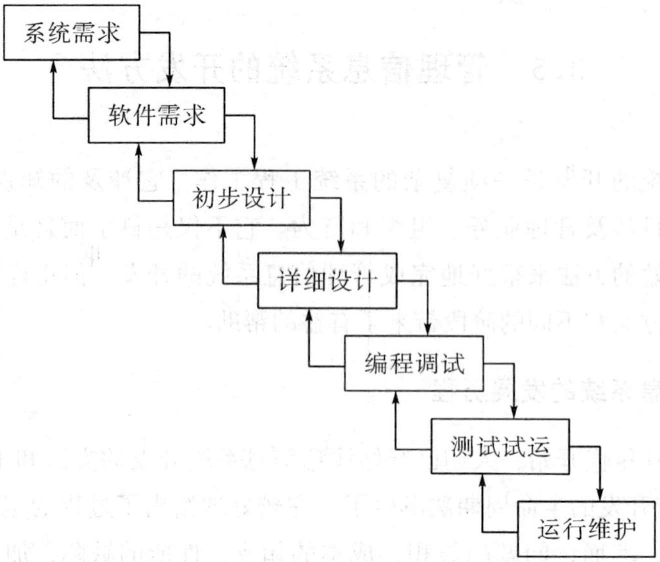

图 3-23　瀑布模型

由于开发不可能一条直路走到底，因此 Glass 提出了蛛网模型，见图 3-24。

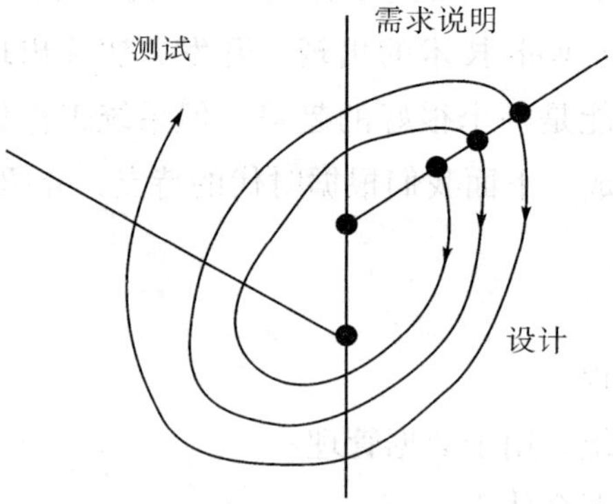

图 3-24　蛛网模型

在 20 世纪 70 年代后期，人们开始强调“初期阶段”的重要性。差错产生得越早，后面为纠正差错所花的成本越高；反过来说，纠正差错越早所花成本越低。

3.5.1.2　20 世纪 80 年代

开发环境：4GL（关系数据库系统、数据字典、非过程语言、交互查询机构、报告生成器、排序和选取、字处理和文本编辑、图形处理、数据分析和模型工具、宏命令库、程序界面、复用程序、软件库、支持和恢复、安全和保密）、WEB 交互方式。

开发方法：原型方法（prototyping）、面向对象（object-oriented，OO）、计算机辅助软件工程（computer aided software engineering，CASE）。

原型方法和结构化生命周期法是完全不同思路的两种方法。结构化生命周期法企图在动手开发前，完全定义好需求，然后经过分析、设计、编程和实施，从而一次全面地完成目标；而原型法则相反，在未定义好全局前，先抓住局部设计实现，然后不断修改，达到全面满足要求。这两种方法实现的最终系统应当是同功能的，但它们实现的轨迹完全不相同。一种是单次的，另一种是多重循环的。

20 世纪 80 年代末期，计算机辅助软件工程和面向对象的开发方法得到很大的发展。面向对象的方法在 20 世纪 80 年代初已用于计算机科学，20 世纪 80 年代末开始用于企业系统。20 世纪 90 年代初，面向对象的分析与设计和面向对象的语言，如 C++，开始实际应用。

对象是一组数据和一组操作的集合，这组操作可以存取和处理这组数据，见图 3-25。

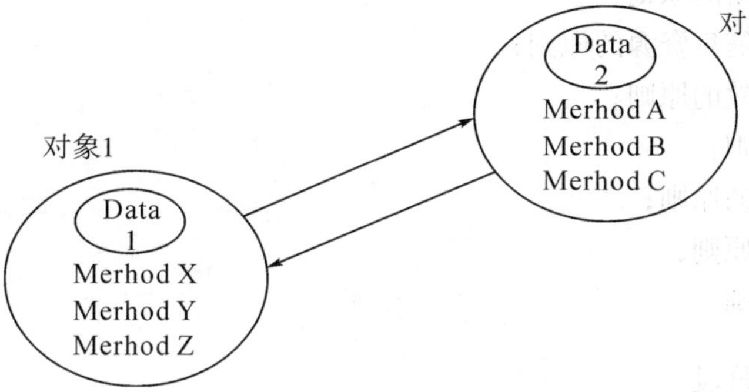

图 3-25　对象示意图

面向对象的方法有以下特点：它把数据和操作绑扎在一起作为一个对象。这里数据是主动的，操作跟随数据，不像通常的程序，程序是主动的，而数据是被动的；面向对象的方法很容易做到程序重用，重用也较规范，不像传统程序，重用是很随意的；面向对象技术使新系统开发和维护系统很相似，因为均是重用已有部件，当用于企业管理时，面向对象的方法就像给出一个企业模型，模拟企业的运行。这时开发者和企业管理者的沟通用的是企业语言，如会计、顾客、报告等，而不是技术术语。面向对象的方法特别适用于图形、多媒体和复杂系统。

如上所述，20 世纪六七十年代是结构化系统分析和设计时代，20 世纪 80 年代初是 Prototyping 时代，20 世纪 80 年代末是 CASE 和 OO（object oriented）时代，那么 20 世纪 90 年代的特点是什么呢？是客户/服务器的时代，或基于 Web 的开发时代。这时客户宁愿买现成的软件包甚至是整个系统，而不愿自己开发。用户买来许多软件部件，自己或请顾问公司把它们集成起来。这就是系统集成或基于部件的开发，在 20 世纪 90 年代中后期这种趋势越来越明显。

3.5.2　系统开发的任务与特点

3.5.2.1　系统开发的任务

系统开发的任务是根据企业管理的战略目标、规模、性质等具体情况，从系统论的观点出发，运用系统工程的方法，按照系统发展的规律，为企业建立起计算机化的信息系统。其中的核心是设计出一套适合于现代企业管理要求的应用信息系统。

3.5.2.2 系统开发的特点

(1) 复杂性;

(2) 基于原系统，高于原系统;

(3) 一把手工程;

(4) 产品是无形的。

3.5.2.3 系统开发的原则

(1) 领导参加的原则;

(2) 优化与创新的原则;

(3) 充分利用信息资源的原则;

(4) 实用和时效的原则;

(5) 规范化原则;

(6) 发展变化的原则;

(7) 面向用户原则;

(8) 系统性原则。

3.5.3 系统开发阶段

在系统开发过程中有一些公用阶段或活动可能会在各种方法中出现，为简化以后的叙述，我们把它们抽出来先加以介绍。这些阶段或活动甚至在一种开发方法中也可能反复出现。

3.5.3.1 问题的识别

系统开发要搞清楚5个W，即What、Why、Who、Where、When，即要做什么、为什么要做、由谁来做、在什么地方做和什么时候做。

3.5.3.2 可行性研究

可行性研究是指在当前组织内外的具体条件下，系统开发工作必须具备资源和条件，看其是否满足系统目标的要求。在系统开发过程中进行可行性研究，对于保证资源的合理使用，避免浪费和一些不必要的失败，都是十分重要的。

系统开发的可行性研究包括如下几方面:

(1) 目标和方案的可行性。

(2) 技术方面的可行性:

① 人员和技术力量的可行性;

② 基础管理的可行性;

③ 组织系统开发方案的可行性;

④ 计算机硬件的可行性;

⑤ 计算机软件的可行性;

⑥ 环境条件以及运行技术方面的可行性。

(3) 经济方面的可行性。

(4) 社会方面的可行性。

3.5.3.3　系统开发前的准备工作

搞好系统开发前的准备工作是信息系统开发的前提条件，系统开发前的准备工作一般包括基础准备和人员组织准备两部分。

（1）基础准备工作：

① 管理工作要严格科学化，具体方法要程序化、规范化；

② 做好基础数据管理工作，严格计量程序、计量手段、检测手段和数据统计分析渠道；

③ 数据、文件、报表的统一化。

（2）人员组织准备工作：

① 领导是否参与开发是确保系统开发能否成功的关键因素；

② 建立一支由系统分析员、管理岗位业务人员和信息技术人员组成的研制开发队伍；

③ 明确各类人员（系统分析员、企业领导、业务管理人员、程序员、计算机软硬件维护人员、数据录入人员和系统操作员等）的职责。

3.5.3.4　系统开发策略与开发计划

（1）接收式的开发策略。经过调查分析，认为用户对信息需求是正确的、完全的和固定的，现有的信息处理过程和方式也是科学的，这时可以采用接收式的开发策略，即根据用户需求和现有状况直接设计编程，过渡到新系统。这种策略主要适用于主系统规模不大、信息和处理过程结构化程度高、用户和开发者又都很有经验的场合。

（2）直接式的开发策略。这种策略是指经调查分析后，即可确定用户需求和处理过程，且以后不会有大的变化，则系统的开发工作就可以按照某一种开发方法的工作流程（如结构化系统开发方法中系统开发生命周期的流程等），按部就班地走下去，直至最后完成开发任务。这种策略对开发者和用户要求都很高，要求在系统开发之前就完全调查清楚实际问题的所有状况和需求。

（3）迭代式的开发策略。这种策略是指当问题具有一定的复杂性和难度，一时不能完全确定时，就需要进行反复分析、反复设计，随时反馈信息，发现问题，修正开发过程的方法。这种策略一般花费较大，耗时较长，但对用户和开发者的要求较低。

（4）实验式的开发策略。这种策略是指当需求的不确定性很高时，一时无法制订具体的开发计划，则只能用反复试验的方式来做。这种策略一般需要较高级的软件支撑环境，且对大型项目在使用上有一定的局限性。

系统开发计划主要是针对已确定的开发策略，选定相应的开发方法。但是选定开发方法时必须注意到这种方法所适用的开发环境、所需要的计算机软硬件技术支撑以及开发者对它的熟悉程度。这对开发方法的选择是很重要的。

开发计划主要是制订系统开发的工作计划、投资计划、进度计划、资源利用计划。开发计划一般多是根据具体问题、具体情况而定，没有什么统一的模式。在一般情况下，我们常用甘特（Gautt）图来记载和描绘开发计划的时间、进度、投入和工作顺序之间的关系。

经改造后的甘特图如图 3-26 所示。它的横坐标表示开发阶段、纵坐标表示人员的工作投入，图中的阴影部分表示工作计划所跨越的阶段和拟投入的人力。

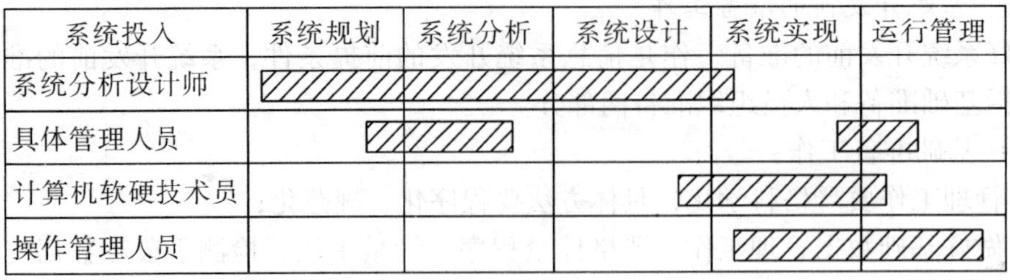

图 3-26　系统开发计划

3.5.4　系统开发的方法

系统开发的方法有很多，鉴于结构化的生命周期法和原型方法是传统开发方法的代表，是所有开发方法的基础，而面向对象的开发方法又有其特殊性。下面重点介绍结构化生命周期法、原型方法和面向对象等开发方法。

3.5.4.1　结构化系统开发方法（结构化生命周期法）

结构化系统开发方法，是自顶向下结构化方法、工程化的系统开发方法和生命周期方法的结合，它是迄今为止开发方法中应用最普遍、最成熟的一种。

结构化的意思是用一组规范的步骤、准则和工具进行开发。结构化系统开发方法是用系统工程的思想和工程化的方法，遵照用户至上的原则，从系统的角度分析问题和解决问题，按照规定的步骤和任务要求，使用图标工具完成规定的文档，采用自顶向下整体分析和设计，自底向上逐步实施的系统开发过程。

（1）结构化系统开发方法的基本思想

结构化系统开发方法的基本思想是：用系统工程的思想和工程化的方法，按用户至上的原则，结构化、模块化，自顶向下地对系统进行分析与设计。

（2）结构化系统开发方法的特点

① 自顶向下整体性的分析与设计和自底向上逐步实施的系统开发过程，即在系统分析与设计时要从整体全局考虑，要自顶向下地工作（从全局到局部，从领导至普通管理者）。而在系统实现时，则根据设计的要求先编制一个个具体的功能模块，然后自底向上逐步实现整个系统。

② 用户至上。

③ 深入调查研究。

④ 严格区分工作阶段。

⑤ 充分预料可能发生的变化。

⑥ 开发过程工程化。

（3）系统开发的生命周期

用结构化系统开发方法开发一个系统，将整个开发过程划分为五个首尾相连接的阶段，一般称之为系统开发的生命周期，如图 3-27 所示。

系统开发的生命周期各阶段的主要工作有：系统规划阶段；系统分析阶段；系统设计阶段；系统实施阶段；系统运行阶段。

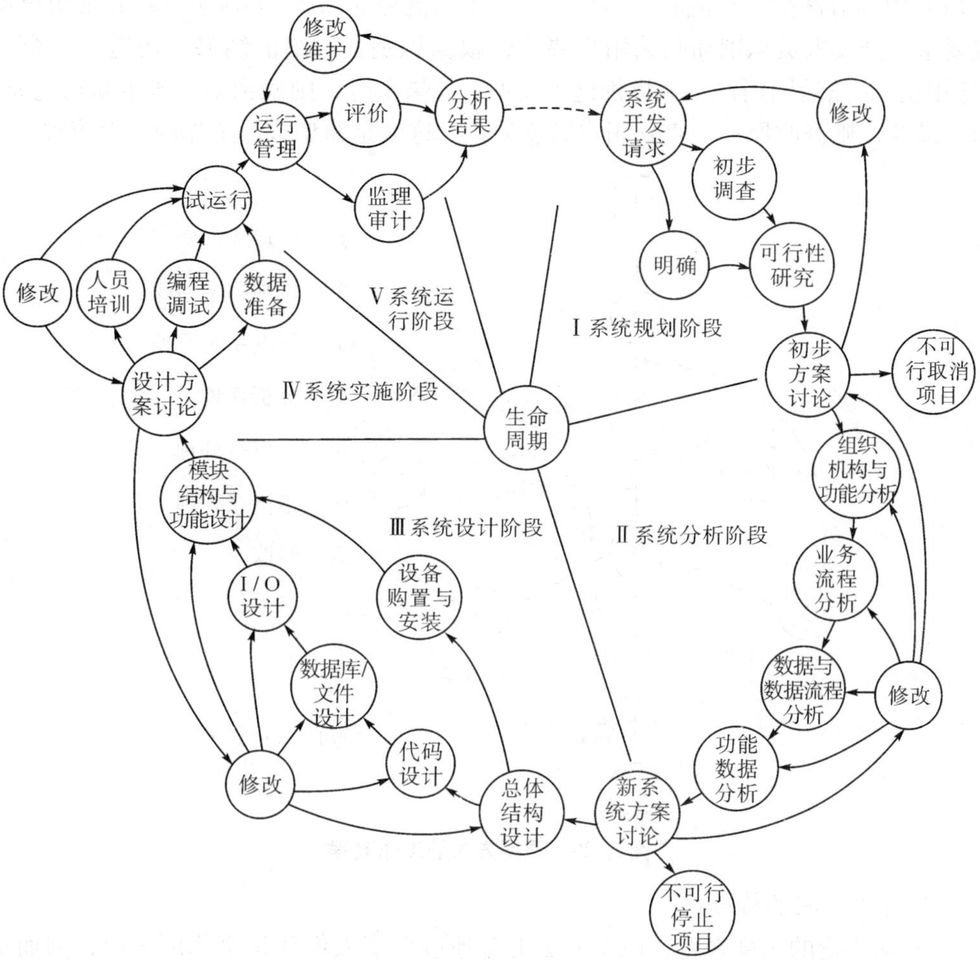

图 3-27 系统开发生命周期

（4）结构化系统开发方法的优缺点。

结构化系统开发方法的优点：面向用户的观点；严格区分工作阶段；设计方法结构化、模块化；文档标准化、规范化。

结构化系统开发方法的缺点：开发周期长；烦琐；不能充分应变可能发生的变化；不直观。

3.5.4.2 *原型方法*

原型方法是 20 世纪 80 年代随着计算机软件技术的发展，特别是在关系数据库系统（relational data base system，RDBS）、第 4 代程序生成语言（4th generation language，4GL）和各种系统开发生成环境产生的基础之上，提出的一种从设计思想、工具、手段都全新的系统开发方法。与前面介绍的结构化方法相比，它扬弃了那种一步步周密细致地调查分析，然后逐步整理出文字档案，最后才能让用户看到结果的烦琐做法。原型方法一开始就凭借着系统开发人员对用户要求的理解，在强有力的软件环境支持下，给出一个实实在在的系统原型，然后与用户反复协商修改，最终形成实际系统。

（1）原型方法的工作流程。原型方法的工作流程如图 3-28 所示。首先由用户提出开发要求，开发人员识别和归纳用户要求，根据识别、归纳的结果，构造出一个原型（程序模块），然后同用户一道评价这个原型，如果不行，则回到第三步重新构造原型；如果不满意，则修改原型，直到用户满意为止。这就是原型方法工作的一般流程。

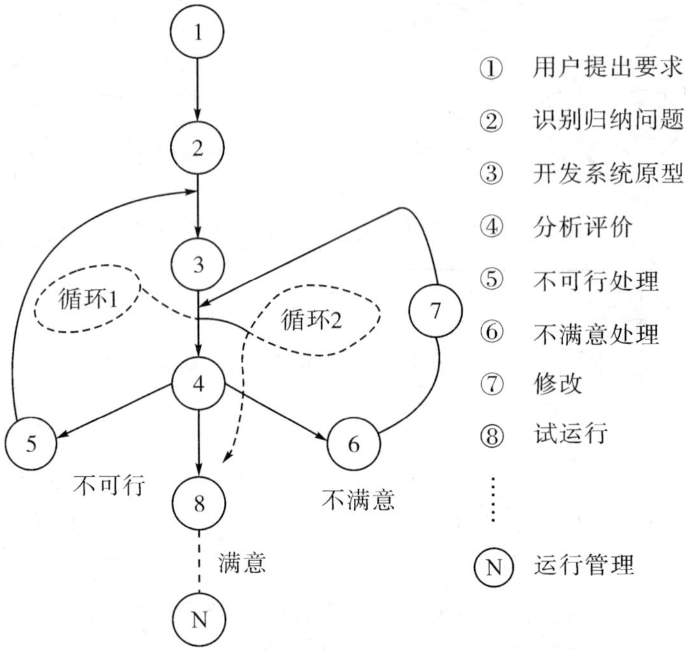

图 3-28　原型方法的工作流程

（2）原型方法的特点。

① 从认识论的角度来看，原型方法更多地遵循了人们认识事物的规律，因而更容易为人们所普遍接受。

② 原型方法将模拟的手段引入系统分析的初期阶段，沟通了人们的思想，缩短了用户和系统分析人员之间的距离，解决了结构化方法中最难于解决的一环。

③ 充分利用了最新的软件工具，摆脱了老一套工作方法，使系统开发的时间、费用大大地减少，效率、技术等方面都大大地提高。

（3）原型方法的类型。

① 丢弃式原型法。丢弃式原型法把原型系统作为用户和开发人员之间进行通信的媒介，并不打算把它作为实际系统运行。开发这类原型的目的是为了对最终系统进行研究，使用户和开发人员借助这个系统进行交流，共同明确新系统的要求。通常，这种方法可以作为结构化生命周期法的一个阶段。

② 演化式原型法。演化式原型法的开发思想与丢弃式原型法完全相反。其思想为：用户的要求及系统的功能都无时不在地发生变化，与其花大力气了解不清楚的东西，不如先按照基本需求开发出一个系统，让用户先使用起来，有问题随时修改完善。该方法在实施时，要注意加强管理和控制，必须围绕系统的基本需求进行。

③ 递增式原型法。对于递增式原型法，其面对的系统框架、模块、功能比较成形，

只是各个部分需要完善。

（4）原型方法的软件支持环境。

① 功能强大、安全可靠、方便灵活的关系数据库系统（RDBS）；

② 面向对象的可视化的软件开发工具。

（5）原型方法不适用的范围。

作为一种具体的开发方法，原型方法不是万能的，有一定的适用范围和局限性。这主要表现在以下几个方面：

① 大型的系统；

② 大量运算的、逻辑性较强的程序模块，原型方法很难构造出模型来供人评价；

③ 对原基础管理不善、信息处理过程混乱的问题，使用有一定的困难；

④ 对于一个批处理系统，其大部分是内部处理过程，这时用原型方法有一定的困难。

（6）原型方法的优缺点。

① 原型方法的优点：便于满足用户要求。原型方法与用户交流比较多，能够较好地满足用户要求，使用户容易接受和使用系统。发挥了用户和开发人员的密切配合作用，容易激发用户的积极性，增强用户信心，更好地体现了逐步完善、逐步发展的原则。在上述反复迭代的修改过程中，每循环一次都要求用户体验原型并提出修改意见。这样的开发机制较好地沟通了开发人员与用户的思想，极大地提高了用户参与的积极性，从而为开发成功提供了重要保障。事实上，用户的所有需求不可能在开发初期确定。原型方法就是遵循了人们认识事物的这种规律，先建立原型，在此基础上不断地修改和完善。

② 原型方法的缺点：频繁的需求变化使开发进程难以管理。由于需求依赖用户修改意见，如果用户本身考虑不周，可能会造成系统偏离开发方向。

3.5.4.3　面向对象的开发方法

（1）面向对象的开发方法的基本概念

面向对象（object oriented，OO）是当前计算机界关心的重点，它是20世纪90年代软件开发方法的交流。面向对象的概念和应用已经超越了程序设计和软件开发，扩展到了很广的范围，如数据库系统、交互式界面、应用结构、应用平台、分布式系统、网络管理结构、CAD技术、人工智能等领域。

面向对象至今还没有一个统一的概念，这里把它描述为：按人们认识客观世界的系统思维方式，采用基于对象（实体）的概念建立模型，模拟客观世界分析、设计、实现软件的办法。通过面向对象的理念使计算软件系统能够与现实世界中的系统一一对应。它的基本思想是将客观世界抽象地看成若干相互联系的对象，然后根据对象和方法的特性研究出一套软件工具，直接完成对象的思想已经涉及软件开发的各个方面，如面向对象的分析（object oriented analysis，OOA）、面向对象的设计（object oriented design，OOD）以及面向对象的编程实现（object oriented programming，OOP）。当然，面向对象的开发方法和原型方法一样需要支持其系统开发的工具，其中应用最广泛的一种就是统一建模语言（unified modeling language，UML）。下面结合实例来说明面向对象的开发方法的基本概念。

对象（object）。对象是对客观世界里的任何实体的抽象，是客观世界实体的软件模型，由数据和方法两部分组成。面向对象的开发方法就是把数据及施加在这些数据上的操作合并为一个统一体，并把它称为对象。这种方法把客观世界看成是由各种对象组成的，因此用面向对象的开发方法开发出来的系统也由对象组成。

类（class）。类是对一类相似对象的描述，这些对象具有相同的属性和行为、相同的变量（数据结构）和方法实现。类的定义就是对这些变量和方法实现进行描述。类代表一种抽象，作为具有类似特性与共同行为的对象的模板，可用来产生对象。比如，可以把客观世界的车看成由各种车辆对象组成，车这个抽象概念就是一个类，将车具体化为车的对象，如奔驰车等。每个类都定义一组数据和一组方法。数据用于表示对象的静态属性（attribute），是对象的状态信息。方法（method）是允许施加于该对象上的操作，为该类对象所共享。

继承（inheritance）。把若干个对象类组成一个层次结构的系统，下层的子类具有和上层父类相同的特性，称为继承。如车即一个父类，自行车和汽车除继承了与车相同的数据和方法以外，还分别增加了新的数据和方法，自行车和汽车都是车的子类。

消息（message）。对象之间的相互作用是通过消息发生的。消息由某个对象发出，请求其他某个对象执行某一处理或回答某些信息。对象之间只能通过外部接口传递消息来相互联系。比如，奔驰车、别克车在进行相互消息传递时，并不知道传递的对象内含什么样的数据和方法，但仍然可以正常完成消息传递。

（2）面向对象的开发方法的步骤

面向法按系统开发的一般过程可分为如下几个阶段：

系统调查和需求分析。要对系统面临的具体管理问题以及用户对系统开发的需求进行调查研究，即先弄清“要干什么”的问题。

面向对象分析（OOA），即分析问题。在系统调查资料的基础上，将面向对象方法所需的素材进行归类、分析和整理，建立对象模型。面向对象分析模型包括对象模型、动态模型和功能模型、对象间的关系和服务等；然后，以对象模型为基础，将对象的交互作用和时序关系等建立动态模型；最后设计有关对象功能的功能模型。

面向对象设计（OOD），即整理问题。从 OOA 到 OOD 是一个逐渐扩充模型的过程，OOA 模型反映问题域和系统任务，OOD 模型则进一步反映需求的实现，填入或扩展有关需求的信息。OOD 工作的内容主要包括主体部件设计和数据管理部件设计。

面向对象编程（OOP），即程序实现。OOP 任务是为实现 OOD 各对象应完成的预定功能而编程，分为可视化和代码设计两个阶段。可视化设计阶段主要是进行用户界面设计。代码设计阶段的主要任务是为对象编写所需要响应的时间代码，建立不同对象间的正确连接关系等。

（3）面向对象的开发方法的优点与缺点

面向对象的开发方法的优点：

① 与人们习惯的思维方法一致，面向对象以对象为核心，按照人类对现实世界的认识将现实世界中的实体抽象为对象，避免了其他方法可能出现的客观世界问题领域

与软件系统结构不一致的问题。

② 稳定性好。面向对象方法基于构造问题领域的对象模型，而不是基于算法和应用完成功能的分解。当系统功能需求发生变化时并不会带来软件结构的整体变化。

③ 可重用性好。对象固有的封装性、多态性等特点使对象内部的实现与外界隔离，因而具有较强的独立性，为可重用性提供支持。类和对象提供了面向对象软件系统的模块化机制，极大地提高了类的可重用性，这种重用也较为规范。

④ 可维护性好。面向对象的软件容易理解、修改、测试及调试，从而缩短了开发周期，并有利于系统的修改、维护。

面向对象的开发方法的缺点：

目前，这种方法需要有一定的软件环境支持，对系统开发的人力、财力、物力要求也比较高。由于面向对象的视角缺乏全局性的控制，若不经过自顶向下的整体划分，而是一开始就自底向上地采用 OO 方法开发系统，可能会造成系统结构不合理、各部分关系失调等问题。面向对象的开发方法特别适合于图形、多媒体和复杂的系统。由于存在上述不足，在大型信息系统开发过程中，要将 OO 方法和结构化方法与结构方法互补使用，以防止系统结构不合理的情况发生。

3.5.4.4 计算机辅助开发方法

自计算机在工商管理领域应用以来，系统开发过程特别是系统分析、设计和开发过程，就一直是制约信息系统发展的一个瓶颈。这个问题一直延续到 20 世纪 80 年代，计算机图形处理技术和程序生成技术出现后才得以缓和。解决这一问题的工具就是集图形处理技术、程序生成技术、关系数据库技术和各类开发工具于一身的计算机辅助开发方法（CASE）。

（1）CASE 方法的基本思路

如果严格地从认知方法论的角度来看，计算机辅助开发并不是一门真正独立意义上的方法，但目前就 CASE 工具的发展和它对整个开发过程所支持的程度来看，又不失为一种实用的系统开发方法，值得推荐。

CASE 方法解决问题的基本思路是：在前面所介绍的任何一种系统开发方法中，如果对象系统调查后，系统开发过程中的每一步都可以在一定程度上形成对应关系的话，那么就完全可以借助于专门研制的软件工具来实现上述一个个的系统开发过程，这些系统开发过程中的对应关系包括：结构化方法中的业务流程分析—数据流程分析—功能模块设计—程序实现；业务功能一览表—数据分析、指标体系—数据/过程分析—数据分布和数据库设计—数据库系统等；OO 方法中的问题抽象—属性、结构和方法定义—对象分类—确定范式—程序实现等。

另外，由于在实际开发过程中上述几个过程很可能只是在一定程度上对应（不是绝对的一一对应），故这种专门研制的软件工具暂时还不能一次“映射”出最终结果，还必须实现其中间过程。即对于不完全一致的地方由系统开发人员再做具体修改。上述 CASE 的基本思路决定了 CASE 环境的特点：

①在实际开发的一个系统中，CASE 环境的应用必须依赖于一种具体的开发方法，如结构化系统开发方法、原型方法、OO 方法等，而一套大型完备的 CASE 产品，能为

用户提供支持上述各种方法的开发环境。

②CASE 只是一种辅助的开发方法，这种辅助主要体现在它能帮助开发者方便、快捷地产生出系统开发过程中各类图表、程序和说明性文档。

③由于 CASE 环境的出现从根本上改变了我们开发系统的物质基础，从而使得利用 CASE 开发一个系统时，在考虑问题的角度、开发过程的做法以及实现系统的措施等方面都与传统方法有所不同，故常有人将它称之为 CASE 方法。

（2）CASE 方法的特点

① 解决了从客观世界对象到软件系统的直接映射问题，强有力地支持软件/信息系统开发的全过程；

② 使结构化方法更加实用；

③ 自动检测的方法大大地提高了软件的质量；

④ 使原型方法和 OO 方法付诸实施；

⑤ 简化了软件的管理和维护；

⑥ 加速了系统的开发过程；

⑦ 使开发者从繁杂的分析设计图表和程序编写工作中解放出来；

⑧ 使软件的各部分能重复使用；

⑨ 产生出统一的标准化的系统文档；

⑩ 使软件开发的速度加快而且功能进一步完善。

3.5.5 各种开发方法的比较

目前这些工具技术的发展主要支持的都是在信息系统开发的后几个环节，如系统实施、系统设计和系统分析中各种流程图的绘制等，这就导致了目前信息系统开发工作中工作量重心的偏移。从国外最新的统计数据来看，在信息系统开发过程中各环节工作量所占的比重如表 3-4 所示。

表 3-4 开发过程中各环节所占的比重

阶段	调查	分析	设计	实现
工作量	>30%	>40%	<20%	<10%

从表 3-4 中不难看出系统调查、需求分析和管理功能分析两个环节占到总开发工作量的 60%以上，而系统设计和系统实现两个环节只占总开发工作量的不到 40%，其中原来在开发工作中占工作量最大的编程与调试工作，而今只占不到 10%的工作量。这一切都要归功于 4GL、RDBS 以及各种开发工具的出现。

前面所讨论过的几种常用方法对系统开发过程中的几个主要环节支持情况如何呢？我们分析如下：

（1）原型方法。它是一种基于 4GL 的快速模拟方法。它通过模拟以及对模拟后原型的不断讨论和修改最终建立系统。要想将这样一种方法应用于一个大型信息系统开发过程中的所有环节是根本不可能的，故它多被用于小型局部系统或处理过程比较简单系统的设计到实现环节。

（2）面向对象的开发方法。它是一种围绕对象来进行系统分析和系统设计，然后用面向对象的工具建立系统的方法。这种方法可以普遍适用于各类信息系统开发，但是它不能涉及系统分析以前的开发环节。

（3）CASE 方法。它是一种除系统调查外全面支持系统开发过程的方法，同时也是一种自动化（准确地说应该是半自动化）的系统开发方法。因此，从方法学的特点来看，它既具有前面所述方法的各种特点，又具有其自身的独特之处——高度自动化的特点。但值得注意的是，在这个方法的应用以及 CASE 工具自身的设计中，自顶向下、模块化、结构化却是贯穿始终的。这一点从 CASE 自身的文档和其生成系统的文档中都可以看出。

综上所述，只有结构化系统开发方法是真正能较全面支持整个系统开发过程的方法。其他几种方法尽管有很多优点，但都只能作为结构化系统开发方法在局部开发环节上的补充，暂时都还不能替代其在系统开发过程中的主导地位，尤其是在占目前系统开发工作量最大的系统调查和系统分析这两个重要环节。这里再一次强调所列举的几种方法不是相互独立的，它们经常是可以混合应用的。

3.6 管理信息系统的开发方式

3.6.1 系统的开发方式

信息系统的开发方式主要有独立开发、委托开发、合作开发、购买现成软件四种。这四种开发方式各有其优点和不足，需要根据开发单位的技术力量、资金状况、外部环境等各种因素进行综合考虑和选择，也可以将多种开发方式结合使用。

3.6.1.1 独立开发方式

独立开发方式适合有较强的系统分析与设计队伍的组织和单位，如大学、研究所、高科技公司等。相比而言，独立开发的优点是：开发费用较少，实现开发后的系统能够适应本单位的需求，单位满意度较高，系统维护工作方便。其缺点是：由于不是专业开发队伍，容易受业务工作的限制，系统优化不够。由于开发人员是临时从各部门抽调出来的，在其原部门还有其他工作，精力有限，容易造成系统开发时间长，开发人员调动后系统维护工作没有保证，新平台兼容性等问题，系统维护问题也比较突出。

3.6.1.2 委托开发方式

委托开发方式适合于使用单位无系统软件开发人员或开发队伍力量较弱，但资金较为充足的单位。双方应签订系统开发项目协议，明确新系统的目标和功能、开发时间与费用、系统标准与验收方式、人员培训等内容。委托开发方式的优点是省时、省事，开发的系统技术水平高。其缺点是费用高、系统维护需要开发单位的长期支持。

3.6.1.3 合作开发方式

合作开发方式适合于使用单位有一定的系统分析、设计及软件开发人员，但开发队伍力量较弱，希望通过信息系统的开发完善和提高自己的技术队伍，便于系统维护工作的单位。该方法的优点是：相对于委托开发方式而言节约了资金，并可以培养、增强使用单位的技术力量，便于日后的系统维护工作。其缺点是：双方在合作中易出现沟通问题，需要及时协调达成共识。

3.6.1.4　购买现成软件

目前，软件的开发正在向专业化方向发展。一批专门从事信息系统开发的公司已经开发出一批使用方便、功能强大的专项业务信息系统软件。为了避免重复劳动，提高系统开发的经济效益，也可以购买信息系统的成套软件或开发平台。这一方式的优点是节省时间和费用、技术水平较高；其缺点是通用软件的专用性较差，需要有一定的技术力量根据用户的要求做软件接口改善等二次开发工作。

3.6.2　IT 外包与主要风险

IT 外包是随着社会经济的发展流行起来的一种经营管理方式。近年来，我国的外包市场增长很快。外包有利于降低成本、形成战略联盟。但是，外包并不适合所有的单位，不可预见的因素很多，存在较大风险，甚至可能导致重大的法律纠纷。对 IT 外包项目风险的分析和控制是十分必要的。

3.6.2.1　IT 外包概述

IT 外包是将组织中与信息相关的活动，部分或全部交给组织外的信息服务提供者来完成。外包内容包括信息处理服务、业务流程支持、应用软件系统开发、网络系统建设、硬件设备选型与维护、IT 知识培训、企业信息化方案咨询等。

软件行业是人力资源成本、技术含量相对较高的行业，采用外包形式，有利于降低人力资源成本，提高效率，用较为先进的信息科技增强企业对环境的应变能力。更重要的是，企业可以把精力放在自己最擅长的领域，充分发挥自身核心竞争力，支持其战略目标的实现。

3.6.2.2　采用 IT 外包的主要优点

有益于企业将力量集中到核心能力上。选择 IT 外包及相关的顾问咨询服务将外围业务逐渐外包出去，可以利用外部专业人员、资源优化企业 IT 投资。企业的 IT 工作由对过程的管理转变为对结果的管理，能够充分发挥企业在信息化建设上的投资效益。更重要的是，外包的目的不仅仅是简单地变换一种经营方式，而是有助于企业核心竞争力的提升，有利于企业差异化、创新化的战略方向。外包并不是一种“卸包袱”的手段，而是基于对成本和利润的战略分析与评估的一种结果。

有益于预见成本。通过 IT 业务外包，企业不必对 IT 人员进行无休止的培训，也不必担心人才流失，从而节省了人力资源成本和管理成本。另外，外包需要签订合同，以合同价款为参考可以提高未来信息化成本的预见性。

简化内部的管理工作。IT 业务外包可以提高办公效率和质量，减少 IT 系统故障发生率，避免网管人员的流动给企业 IT 系统带来的不稳定，确保企业网络系统始终处于良好的运行状态，让系统及时得到合理优化和升级，简化了企业内部的管理工作。IT 外包还可以使企业以较低的成本不断地接触最新的信息技术创新与升级。

促进企业资源整合。IT外包后，企业原有IT部门的去留、部门功能的全面程度等都将发生重大变化。业务流程的优化改进必将给企业的核心业务部门带来较大的调整。外包企业所提供的是经过整合的IT服务包，具有很强的系统性和完整性，是一般企业靠自己力量难以达到的，通过对企业业务流程和数据流程的分析、重组与优化，为企业带来更有效的经营、生产模式，增强了企业在市场当中的竞争力。

3.6.2.3 IT外包的主要风险

当然，我们对IT外包也不应过分乐观，从外包的委托方本身和外包商两个角度讲，它们都将面临一定的风险。从委托外包的公司角度讲，如果没有透彻理解产业模式的变化和这种新的商业关系的意义就将自己IT的业务外包出去，就有可能面临很大的风险。具体来说，IT外包的主要缺点如下：

（1）降低了企业的控制能力。某些IT外包可能导致企业自动放弃对信息系统的控制，从而丧失企业的部分职能。外包还会降低企业对在某些技术的跟踪和对新技术的了解程度。

（2）委托代理关系复杂，容易引起法律纠纷。企业一旦把工作交给了外包商就基本不再插手管理，造成管理过程不易控制。特别是在合同内容不明确或者含糊的情况下，一旦企业和外包商发生误会或者不一致，双方各自站在自己的立场上，则会产生矛盾甚至法律纠纷。这样，就很难形成战略合作伙伴关系了。

3.6.2.4 IT外包与风险管理

规避IT外包的风险可以参考以下方法：

（1）依照相关法律和政策健全合同文档管理。按照相关法律和政策定义与规范合同和子合同。制订承包商开发计划，跟踪开发计划，实施规范的更改管理，定期审核、评价承包商的能力。为此，企业一定要对整个外包项目有足够的了解，其中包括项目需求、实现方法和预期的经济利益效益等，建立一个具有交叉职能的合同管理团队，制定各方可度量和实施的共享目标。在合同签订和项目启动之前，双方应就项目的工作范围达成一致，包括项目需求、所有要完成的任务以及完成任务的基础条件等；否则，项目实施时会有很多不清楚的地方，验收时会由于对项目范围理解不一致而带来许多麻烦。

（2）供应商的选择需要参考国际评估标准。IT服务商最好选择通过ISO 9000或CMM认证级别较高的规范企业。项目开始前就要建立起完整的服务和质量保证规则，并将其写入签订的合同中。对于已经完成的部分，要有一套合理的评估方法，建立绩效基准，执行定期竞争性评估和基准检查。

（3）引入多个供应商。选择同一家服务供应商会节省一些管理费用，但是不利于分散风险。IT外包有时候也可以考虑将大项目分割成多块能够更好管理的小计划，每一块都有特定的目标，可以独立运作，每一块都可以由不同的服务商来开发。如此一来，外包厂商就可以不止一家，从而减少风险。

综观IT外包市场，目前占主导地位的仍是大型的传统外包服务供应商。国内许多传统IT厂商、增值经销商都看到了外包服务的前景，正纷纷向这一领域转型。与具有丰富经验的外国专业服务商相比，国内企业在外包市场中还略显稚嫩。但随着国内IT

企业技术水平、管理机制和管理观念上的提高，用户对于外包服务认识程度的加深以及外包服务运作水平的提高，国内IT资源外包服务市场将进一步发展并走向成熟。

小结

通过本章的学习，同学们应该掌握以下三个方面的问题：

1. 管理信息系统总体规划，包括进行总体规划的必要性、总体规划的内容、进行总体规划的工作步骤和总体规划组织工作。

2. 在管理信息系统的开发中，进行总体规划的常用方法有关键成功因素法、战略目标集转化法、企业系统规划法。

3. 进行项目可行性分析的任务、可行性分析的内容，以及如何编写可行性分析报告。

案例

信息系统的外包——索尼公司的信息系统外包的成功应用

“做你做得最好的，其余的让别人去做”——企业只关注自己的核心竞争业务，将生产和经营管理的一个或几个环节交给最擅长的企业去做，这已经成为全球企业重要的战略思想和经营管理模式。

信息系统外包从美国开始流行起来，这种趋势正变得越来越明显。进行外包的公司常常雇用开发商完成各种数据处理服务，包括数据中心运作、电子通信、软件维护、硬件支持及应用程序的开发。外包的最主要原因之一是成本低。外部合约者提供的服务成本通常要比公司内部数据中心自行管理的成本要低一些。

外包的主要的好处之一是使MIS工作成员从传统的、维护型的项目中解脱出来，从事更具有战略价值的应用开发项目。例如，托民联邦储蓄信贷公司（Talman Federal Saving and Loan）决定外包数据中心运作业务，以便使公司的信息系统人员开发出复杂的分支银行产品和服务，在储蓄与贷款市场中获得竞争优势。其中一项服务是家庭银行，这项服务让客户可以在家里在账户之间调用资金，处理金融业务。还有一项服务是让客户通过按键式电话处理金融业务。从这个例子中可以看到，公司可以将没有战略意义的活动外包出去，如数据中心的管理，而将注意力集中到对经营活动有重要影响的项目上。这种方法符合将业务范围缩小至必须完成的核心经营活动这一总的经营战略思想。

外包的缺陷是，一旦管理层决定外包数据中心业务，就很难再将这些业务做重新组织。如果最初没有详细的计划，外包机构提供的服务不会比内部管理运作好。圣路易斯市农业信贷银行的管理层在20世纪80年代中期外包了一个项目。外购合同包括网络管理、数据中心运作、计算机处理、应用程序开发、PC机支持系统维护、人员配置和数据库管理。然而，外包机构提供的服务效果不好，主要问题是缺少了解银行业务的系统分析人员。为改变这种情况，该银行购进了一台中型计算机，并雇用了熟识银行业务的开发人员。这些银行内部开发人员致力于开发关键的系统项目，而数据中心的管理和运作则外包给外部签约人。

外包的另一个弊端是将自己限制在不灵活的合同里。合同应该是发展变化的，这样公司才能不断地追寻新技术和开发方法。合同还应把双方的关系看成互利互惠的合作。固定成本的合同一旦商议通过，缺少激励，开发商将只会提供最小限度的服务。

但如果将收入与项目的成果挂钩，公司和外包商就都会获益。索尼公司的信息系统外包的成功应用就很好地证明了这一点。

索尼是日本最棒的电子产品制造商，其竞争优势主要体现在永不疲倦的创新精神和精益求精的制造工艺上。这家全球化的、产品众多的跨国公司，如何证明能做得和成长过程一样好，除了继续发扬无可比拟的核心竞争力，还需适应新的变革时代。

1. 信息化五年

索尼信息化的最初两年，将大量精力投入在基础网络和硬件平台建设的准备工作上。后三年的数字化和信息化的建设中，索尼应用了 ERP 系统——SAP 系统，处理索尼日常的销售、财务管理和库存管理。SAP 系统是一套单独的系统，硬件设备与其他的系统是分开的，由 SAP 中国公司负责管理；数据仓库系统为决策层和市场部进行数据分析和决策，数据来源主要依靠 SAP 和其他的系统；供应链系统主要建立上游供应链的管理以及市场的预测。除了这三大系统以外，索尼还有一些 ERP 所不能覆盖的信息化系统，比如办公用的 OA 系统，包括：在全国 20 个地方通用的负责管理考勤、员工评估的 e-HR 系统；实现员工付款和公司部门费用管理的 e-ACCOUNTING 系统以及公司邮件系统；电子商务系统。

经过五年的信息化建设，索尼信息化规模日益庞大，拥有 40 多条网络专线，40 多台 UNIX 的服务器（其中 80%都是 IBM 的产品），80 多台 NT 服务器。随着越来越多的应用项目的开展，索尼基础建设的规模开始面临越来越重的 IT 包袱。

2. 相互渗透——两国际巨头握手在中国

在索尼信息化的五年中，IBM 的产品起到了关键的应用。IBM 作为一家处于国际领导地位的 IT 公司，与索尼在中国一直有着长期深入的合作。索尼在网络建设、网络安全及内部网与互联网的连接等方面，都用到了 IBM 的产品。在电子商务上，索尼自 1999 年以来陆续在国内推出了定位于公司信息和融合电子营销与时尚生活的网站——Sony 在中国（www.sony.corn.cn）与 Sony Style（www.Sonystyle.com.cn）网站。前者可以使浏览者简单、方便地获得关于索尼公司及其产品和服务支持的重要信息；后者则通过互联网在消费者中间普及索尼产品知识，推广索尼产品，并提供网上购物服务。因此，网络的信息安全非常的重要。索尼内网系统总用户数为 1 000 人左右，主要用户有 600 人。公司与工厂的网络分开，信息共享的内容也不一样。关于如何保持网络与客户资料的管理的安全性，索尼应用了防火墙及 IBM 的 NQ 等信息安全解决方案。NQ 服务器保证数据实时的交换、传输 100%的准确；另外，保证数据加密、保护内网系统。

3. 外包服务

索尼乐当“甩手掌柜”。和其他公司一样，不同的时间索尼的业务对IT的需要也体现出不同。如何保持公司是先进的公司，要各个方面达到先进。IT设备更新很快，三年更新一次，而供这些庞大的IT系统成为索尼一个很大的负担。“我们开始了外包的探索，刚开始是简单的租用，后来增加了IT专业服务。IT设备的专业性，需要专人和专有的知识。产品的更新，技术也会更换，如果自己管理这些IT产品，人力成本很高，所以我们把租用加上服务，一起外包给一些专业公司去做。”

“IBM的IDC的基础建设以及蓝色快车的覆盖率，对网点实现7×24小时的监测，可以很好地为我们IT系统服务。”目前索尼很多的站点都由IBM来做7×24小时的监测服务。另外，索尼现有的14个仓库，位置比较分散，也一同交给IBM和蓝色快车来负责。这样，索尼的客户端机器、网络与应用的维护，都由IBM的蓝色快车做现场的支持。把IT外包，索尼可以更专注于自己核心业务的发展。为自己的用户提供优质的产品和服务。索尼在华的售后服务，以“创造21世纪的服务新标准”为主题，通过建立更加完善、科学的售后服务网络、强化顾客咨询和互动的职能、创建新型顾客关系而不断提高服务水平。目前，索尼在国内建立了3家技术服务中心、30多家特约维修站和400多家指定维修站及技术认定店，为遍布在全国的广大索尼用户提供高水平的维修服务。

“在成本下降，质量没有降低的情况下，租的确是比买要好的方案，符合我们实施的要求。另外，由于索尼的分公司比较多，可以有效结合IBM或是其他公司的基础建设和服务的资源。”基于此，索尼现在正在考虑把公司的PC卖给IBM，将来资产也归IBM所有。不仅仅是PC，索尼把一些高端的机器也做了外包。因为这些高端机器的技术含量越来越高，管理它们要用到专业人的专业知识，否则很难运行不同的系统。

从以上角度分析和评估下来，外包是一个很好的解决方案。尝到甜头的索尼越来越发扬外包。索尼正在和IBM商谈下一步IT外包的具体操作。

IBM在华的打包服务为索尼提供了信息化建设所需的软硬件产品、咨询及IT服务，并帮助其建立起一套针对自身应用的信息系统。该系统整合了索尼内部及上下游的信息流、资金流和物流，极大地提高了索尼的企业竞争力。

资料来源：http://tech.ccidnet.com/art/20/20060322/486545_1,html.

某高等学校学生管理信息系统的开发

1998年9月的一天，A高校校长办公室的会议室中正在召开一次关于学生管理信息系统的讨论会。参加会议的有主管学校信息化的郑副校长、现代软件开发公司的总工程师李总、管理学院MIS教研室主任杨教授、学校计算中心的张主任和负责MIS项目的王老师、学生处刘处长、经济系的赵老师等十余人。过去开这类讨论会大家都是谈笑风生，而今天的气氛却是迥然不同。会场上青烟袅袅，经常是无言的冷场，人们发表意见时都轻声慢语，再三斟酌。大家似乎都在回避着什么。

A校是我国一所有名的重点大学，不仅在教学质量上属于国内一流，在院校教学设施等方面也一直是名列前茅。A校在信息系统建设方面也颇有远见，郑副校长早在

5 年前就提出了建设全校信息系统的目标，设想将所有的教务、人事、办公、图书情报和教学设备等信息全部用计算机管理起来。当时在全国高校中提出这样宏大目标的院校真是凤毛麟角。

学生管理信息系统是 1996 年 9 月开始实施的，原计划于 1997 年 7 月完工。当时，随着局域网络的发展和计算机价格的大幅度降低，学校办公自动化的普及成为可能，各高校纷纷开始注意建设学校信息系统。同时，随着国内高教事业的发展，A 校的规模迅速扩大，短短几年内学生人数就由 5 000 人猛增至上万人，原有的教务人员已难以应付随之猛增的学生管理工作。正是在这样的情况下，郑副校长提出了建立学生管理信息系统的方案，想通过办公自动化来提高该校的办公效率，以应付越来越多的学生管理业务。另外，这也是考虑到，为了在高等院校办公自动化的发展过程中，在与兄弟院校的竞争中占有有利地位，增强 A 校在国内该领域的信誉。如有可能，也希望将此信息系统推广到全国各地的高等院校去。

该项目涉及的部门有学生处和全校二十几个院系的教务处。其中，学生处拥有全校学生的基本信息，负责处理全校性的学生管理业务，如学生证的制作与管理、全校所有课程的选课安排等，同时学生处还要督导各院系教务处的管理工作，双方存在着比较松散的领导与被领导的关系。而各院系教务处负责本院系具体的学生工作，如本院系学生成绩的录入与编排、学生选课的登记等，同时将有关数据如学生成绩等上报学生处，供其用于存档等处理。因此，建立一个统一的数据库系统将使数据共享、重用更为方便。

因此，在郑副校长的责令下，由学生处全权负责，学校计算中心负责开发，其他相关部门协同工作，开始了该系统的开发实施。为此，学校拨款 50 万元给计算中心购买了两台奔腾 II 服务器以及集线器等设备，在学生处和计算中心又安装了十多台计算机作为客户端，而其他各院系的计算机则自行解决。起初，学生处刘处长和计算中心张主任当着郑副校长的面说定，计算中心于 1997 年 7 月完成开发工作，在系统完成后学生处将付给计算中心 10 万元开发费。

系统具体实施开始后，计算中心派了一位负责此项目的王老师带领 2 名学生到学生处进行系统分析，对项目进行了整体的系统规划。他们花了 3 个月时间，找学生处每一个人都谈了一次话，并写了一份很详细的系统分析报告。该系统分析报告内列出了所有的数据项目，有 20 个表和 400 多个数据项。另外，他们还列出了整个学生处业务的详细流程图。学生处负责该项目的刘处长看到王老师夜以继日地工作很感动，对图文并茂的精美的分析报告也很满意。张主任请刘处长就此报告谈谈意见，刘处长和处里的几个同志研究了一下。由于该处没有负责计算机系统的专业人员，对计算机的使用仅限于应用软件 WPS、WORD 等的操作，对于报告中系统开发方面的图表和术语没人能看懂，抱着对计算中心王老师等人完全信任的态度，刘处长说："技术上由你们负责，我们完全放心。"当时刘处长主要关心的是另一件事：在系统运行后，自己的任务量究竟是多少。因为当时学生处的工作量过于繁重，他希望该系统能够改善这一情况，因此希望计算中心王老师等在系统设计中能考虑将学生管理业务在学生处和各院系之间重新进行分配。如学籍管理数据，原系统规划中是由学生处在学生入学前统一录入数据库，供各院系和学生处共同使用；后来按刘处长的要求，此项工作被分布到各院系的教务处去执行。另外，学生证原来也是由学生处统一制作，而现在学生处也要求划分到各院系完成，学生处只负责加盖公章。王老师等根据学生处的要求修改了系统分析报告书，并按此报告书开始了具体的开发实施。

系统开发期间，王老师由于另有其他工作任务，并没有参与实际的开发工作，具体的编程工作就交给两位学生负责。王老师考虑系统分析报告书已经写好并得到用户认可，编程工作可以让编程能力较强的学生来做，关键是程序设计是否按系统设计方案实现。于是，他就将这项工作作为两位学生的毕业设计课题，要求他们按时保质保量地完成任务。学生们很乐意做这项工作并很快开始了程序设计。开发该系统选择的是最先进的开发工具 POWERBUILDER（当时是 4.0 版）和 SYBASE 数据库。虽然当时他们对此开发工具并不熟悉，但对赫赫有名的 POWERBUILDER 十分感兴趣。在此期间，他们经常工作到很晚，从入门开始学习 POWERBUILDER 和 SYBASE 数据库系统，经过一段时间，他们逐渐精通了这些工具。直到 1997 年 7 月，他们顺利完成了系统设计和实施，同时也完成了毕业论文，走上了工作岗位。

1997 年 8 月，系统按期安装上学生处的机器。学生处的第一印象是：该系统设计的界面十分漂亮。看惯了 DOS 下文字界面的用户对于图形界面精美的画面和用鼠标指指点点很感兴趣，他们赞叹计算中心的技术高人一筹。但不久就出现了一系列问题。首先是在这期间，许多院系都开始购买新的 586 机器，代替了过去的 486 机器，而操作系统也从 WINDOWS3.1 升级到 WINDOW 95。这时，原来开发的应用系统就必须安装到新机器上。计算中心的同志帮助安装后，系统可以工作了，但是在屏幕显示和打印时又出现了一些问题，有时候会死机，有时打印出乱码。学生处想找计算中心来解决问题，可是两位编程的同学已经不在学校，而其他人又都不敢贸然接手。学生处派人到各院系去了解系统的使用情况时，发现许多院系还未开始使用或很少使用该管理系统。当问及原因时，还未使用该系统的教务人员说，他们最近工作很繁重，还没有时间学习新系统。院系的教务人员说，他们已习惯于使用 WPS、Word 等办公软件而且用得很好，他们不明白为什么还要弄一套学生系统。更有教务人员说，新系统不但没有减轻他们的工作量，反而增加了一些不必要的操作，还不如手工处理来得方便。此种情况出现后，学生处的刘处长和计算中心的王老师谈过，计算中心王老师说用户只要使用一段时间就熟悉了。于是，刘处长要求各院系的教务部门尽快将系统投入使用，但事隔一个月之后，各院系仍未见起色。当学生处再次问及他们原因时，许多人都反映说系统使用不方便，有些数据不知道怎么输入，有的数据要输入好几遍。有一位教务人员说，昨天我输入一个数据，但我不知道怎么输入，就想跳过去，但是系统不让我跳过去，我也退不出来，只好关机了。学生处将此情况反映给计算中心，要求计算中心人员对该系统进行修改。而计算中心则认为该系统的设计达到了系统规划书的设计要求，要求学生处尽快付给他们开发费，否则就不能进行新的修改工作。而学生处则认为系统没有投入使用不能付款。这样谁也不肯让步，系统应用也就被搁置了下来。

一晃一年时间过去了，系统的正常运作仍迟迟未能实现。在系统设计前和系统开发期间，准备购买该系统的学校很多。但随着时间的不断推移，各学校也都失去了等待的耐心，纷纷取消了购买该系统的计划。据说至少有100万元的计划付诸东流。

该系统的搁浅以及产生的矛盾也引起了学校领导的重视。郑副校长多次找刘处长和张主任谈话，但双方各执一词，一直未能解决。1998年9月，郑副校长主持召开了学生处、计算中心、各院系以及相关部门参加的会议，并邀请了校内外几位信息系统方面的专家列席会议。会上，郑副校长要求大家坦诚相见，将所有遇到的问题和要求都摆出来。这样就出现了本文开头的那一幕。而后，各部门的负责人还是对系统在本部门使用中遇到的问题发表了意见。

经济系的赵老师首先发言。他认为，在整个系统设计过程前和过程中，没有人征询过他们的意见，因此，在系统开始使用后，出现了诸多问题。首先，系统的应用并没有减少日常的工作量，而且还增加了一些原本不属于他们工作范围内的任务。增加这些额外的任务时，计算中心和学生处也未事先予以通告。另外，系统投入使用前，也没有进行必要的培训，工作人员对系统的功能很不了解。出现了一些问题也没有人来指导。这样一个系统大家不愿意使用是必然的。赵老师的发言得到了一些院系的教务工作人员的支持，他们也谈了一些对系统的意见。

计算中心负责该项目的王老师认为，系统的硬件、软件的选型是合理的，整体设计是成功的。系统分析报告交给学生处看过，也得到了他们的首肯。系统开发完成后，学生处的同志曾经大加赞扬，而现在却又将它说得一无是处。使用过程中遇到问题是必然的，然而这并不是系统设计的失败，操作人员面对新生事物首先要学习。不学习怎么能会？另外还要多使用，针对使用中出现的问题提意见让我们修改，而不应该把系统闲置不用。另外，各院系和其他部门认为自己的工作量增加了，这并不是我们的责任，我们的设计是根据学生处的要求来做的。另外，这个系统刚开始时都需要输入大量基础数据，以后就不会增加工作量了。同时，计算中心在设计过程中只是对学生处单一用户负责，而与各院系和其他部门的沟通是学生处的任务，并不属于计算中心的工作范围。况且，学生处一直拖欠系统开发费用，计算中心本身也没有财力投入系统的修正和维护。

学生处刘处长不同意计算中心王老师的说法。他说，我们对计算中心提出的系统分析报告在技术上并不了解，抱着信任计算中心的态度，相信他们能够做出令我们满意的系统。比如我们买电视机，不需要厂家将电路图给我们看，但是电视机的功能必须保证。现在信息系统出现不少问题，而计算中心非但没有对使用过程中出现的问题进行及时的修改，反而以开发人员毕业离校为由来推诿，这是不负责任的做法。对于这样一个有很多缺陷的系统，我们不付给他们开发费用是理所当然的。另外，关于给各部门增加工作量的问题，我们和计算中心的同志谈过，他们认为这样做是合理的，可以给用户和办事人员带来方便。

郑副校长最后也做了总结。他认为系统至今未投入使用，自己有一定责任。过去他一直认为计算中心有足够的技术力量，因此对系统的进展情况关心不够。从刚才谈的情况来看，确实有许多尚待解决的问题。我们一定要尽快解决这些问题，早日将系统投入使用。学生处至今还没有付开发费也不合适，应当先付给一部分费用，等系统完全投入使用后再将余款付清。计算中心要尽快找到问题所在，解决各院系提出的问题。各院系也要抓紧时间学习使用，向计算中心反映自己的要求。

会后，应郑副校长的要求，李总和杨教授从技术角度对系统的设计进行了分析。他们认为：该系统的开发过程基本上是符合软件开发规范的，所选择的开发工具和数据库以及系统结构都是合理的。之所以至今尚未使用，有很多原因。首先，WINDOWS的升级是一个很重要的外因。现在大家都使用WINDOW 95，这就使得在旧的操作系统上开发的系统引不起用户的兴趣。另外，旧操作系统上开发的应用系统移植到新的操作系统上会产生很多意想不到的问题，如打印驱动程序不完备，这样用户也不能使用。产生问题的另一个原因是，该系统数据逻辑模型的设计还不够细致。有些数据项目之间存在着冗余，同时还缺少一些必要的数据项目。数据模型还应当进一步精练，很好地正规化。而这个问题一旦进入了编程工作就很难通过修改的方法来轻易解决，最好从数据模型重新设计开始做。目前，在系统开发期间所使用的开发工具已经升级。现在要进行修改，需要在新的操作系统上使用新的开发工具来工作。从程序设计的情况来看，由于设计者并没有写下对于程序功能的详细的文档描述，所以很难判断其性能如何。用户界面的设计不够友好。开发这样一个系统，通常在软件开发企业中需要有一个队伍，大约要有5个人一年的工作量，李总听说是两个学生干了半年就完成了，认为这可能会因为搞得太快而使得有些地方工作不到位，编程不够细致。他读了一些原程序，认为有些部分（据推测大概是学生刚开始工作时的作品）写得不太好，而整体来看，缺少文字的说明，所以很难看懂。由于没有办法对原系统简单地进行修改，所以如果想投入使用，就只有两种可能性：一个方案是对现有系统打补丁，这样最后不太可能得到一个完美的系统，一些现在的系统隐患还将残留在系统中，恐怕只能将一部分目前的手工工作转移到计算机上；另一个方案是重新进行系统分析和系统设计，完善数据逻辑模型，这样就基本上需要重新编程。

1998年9月下旬，A校决定再次开发该系统，并成立了以郑副校长为首的，包括所有相关部门负责人在内的信息化委员会，对学生管理信息系统的开发进行直接领导，重新开发该系统。

资料来源：周少华. 管理信息系统［M］. 长沙：湖南大学出版社，2007.

讨论题：

1. 原来是否有好的开发领导机构？新的开发领导小组应如何设置？
2. 评价原来的开发小组，应采用何种开发策略？
3. 如何处理原有信息系统？废止它还是修补它？
4. 对原有信息系统开发的失败，你认为是技术的失败还是其他原因？

思考题

1. 什么是管理信息系统的总体规划？为什么要进行总体规划？
2. 管理信息系统的总体规划内容有哪些？
3. 简述总体规划的工作步骤。
4. 在总体规划的组织中，高层领导有何作用？
5. 关键成功因素法的主要过程和特点是什么？
6. 如何应用关键成功因素法？
7. 企业系统规划法的主要过程是什么？
8. 定义企业过程主要有哪些内容？
8. 在系统规划中，如何利用“自下而上、自上而下”的策略？
10. 外包的特点和风险是什么？如何进行外包管理？

4 管理信息系统的系统分析

本章主要内容：

本章首先概述了管理信息系统分析阶段的主要任务、工作步骤及使用的主要分析工具，对系统分析在整个管理信息系统的设计过程中的地位、作用以及包含的工作步骤等有一个总体的讲述。其次，详细地讲述了对现行系统的分析方法，包括现行系统的详细调查、业务流程图的绘制、数据流程图的绘制和数据字典的编制。接下来，讲述了管理信息系统中的数据分析，包括数据库的概念设计和逻辑设计，并介绍了数据仓库的应用。在此基础上，讲述了如何对现行系统进行优化，从而建立新系统的逻辑模型。最后，论述了作为系统分析阶段的工作成果的系统分析报告的作用与内容。

本章学习目标：

了解系统分析在整个管理信息系统设计中的地位、基本任务、工作步骤和使用的分析工具；掌握业务流程图、数据流程图的绘制方法，掌握数据字典的编制方法；掌握数据库的概念设计方法，了解数据仓库的概念及应用；掌握新系统逻辑模型包括的内容，能够根据现行系统的分析结果建立新系统的逻辑方案；掌握系统分析报告的作用与内容。

4.1 系统分析概述

4.1.1 系统分析阶段的任务

系统分析是在总体规划的指导下，对系统进行深入详细的调查研究，通过问题识别、可行性分析、详细调查、系统化分析，最后确定新系统逻辑方案的过程。系统分析阶段的主要任务是定义或制定新系统应该“做什么”的问题，而不涉及“如何做”的问题。

系统分析是信息系统开发工作中重要的、必不可少的环节。特别是针对中、大规模的信息系统开发，系统分析工作的好坏直接关系到整个系统的成败。

信息系统分析的任务是，在充分认识原信息系统的基础上，通过问题识别、可行性分析、详细调查、系统化分析，最后完成新系统逻辑方案设计，或称逻辑模型设计。逻辑方案不同于物理方案，前者解决做什么的问题，是系统分析的任务；后者解决怎样做的问题，是系统设计的任务。

4.1.1.1 系统分析的基本任务

系统分析员与用户在一起，充分了解用户的要求，并把双方的理解用系统分析报告表达出来。系统分析报告经审核通过后，将成为系统设计的依据和将来验收系统的依据。简言之，在系统分析阶段要回答新系统“做什么”的问题。

拟建的信息系统既要源于原系统又要高于原系统。系统分析员要在总体规划的基础上，与用户密切配合，用系统的思想和方法，对企业的业务活动进行全面的调查分析，详细掌握有关的工作流程，收集票据、账单、报表等资料，分析现行系统的局限性和不足之处，找出制约现行系统的“瓶颈”，确定新系统的逻辑功能，根据企业的条件，找出几种可行的解决方案，分析比较这些方案的投资和可能的收益。

系统分析的困难主要来自三个方面：问题空间的理解、人与人之间的沟通和环境的不断变化。由于系统分析员缺乏足够的业务知识，在系统调查中往往感到无从下手，不知道该问用户一些什么问题，或者被各种数字、大量的资料、庞杂的业务流程搞得眼花缭乱。一个规模较大的系统，有反映各种业务情况的数据、报表、账页，业务人员手中各种正规的、不正规的手册，技术资料等，数量相当大。各种业务之间的联系繁杂。不熟悉业务情况的系统分析员往往感到好像处在不见天日的大森林中，各种信息流程像一堆乱麻，不知如何理出头绪，更谈不上如何分析制约现行系统的“瓶颈”。

另外，用户往往缺乏计算机方面的知识，不了解计算机能做什么和不能做什么。许多用户虽然精通自己的业务，但往往不善于把业务过程明确地表达出来，不知道该给系统分析员介绍些什么。对一些具体的业务，他认为理所当然就该这样或那样做。尤其是对于某些决策问题，根据他的经验，凭直觉就应该这样或那样做。在这种情况下，系统分析员很难从业务人员那里获得充分有用的信息。

系统分析员与用户的知识构成不同，经历不同，使得双方的交流十分困难，因而系统调查容易出现遗漏和误解，会使系统开发偏离正确方向，同时还使编写系统分析报告变得十分困难。系统分析报告是这一阶段工作的结晶，它实际上是用户与研制人员之间的技术合同。作为设计基础和验收依据，系统分析报告应当严谨准确，尽可能详尽；作为技术人员与用户之间的交流工具，它应当简单明确，尽量不用技术上的专业术语。这些要求是不容易达到的，但必须努力达到。

最使系统分析员困惑的是环境的变化。系统分析阶段要通过调查分析，抽象出新系统的概念模型，锁定系统边界、功能、处理过程和信息结构，为系统设计奠定基础。但是信息系统生存在不断变化的环境中，环境对它不断提出新的要求。只有适应这些要求，信息系统才能生存下去。在系统分析阶段，要完全确定系统模式是困难的，有时甚至是办不到的。

4.1.1.2 系统分析员的任务和应具备的素质

在系统开发中，系统分析员起着十分重要的作用。系统分析员要与各类人员打交道，是用户与技术人员的桥梁和“翻译”，并为管理者提供控制开发的手段。系统分析员还必须考虑系统的硬件设备、数据输入、系统安全等各个方面。总之，系统分析员必须考虑系统的各个成分。

系统分析员的知识水平和工作能力决定了系统的成败。一个称职的系统分析员不但应具备坚实的信息系统知识、了解计算机技术的发展，而且必须具备管理科学的知识。缺乏必要的管理科学知识，就没有与各级管理人员打交道的“共同语言”。很难想象，缺乏财务知识的人能设计出实用的财务系统。系统分析员应有较强的系统观点和较好的逻辑分析能力，能够从复杂的事物中抽象出系统模型。另外，他还应具备较好的口头和书面表达能力、较强的组织能力，善于与人共事。总之，系统分析员是应具有现代科学知识的，具有改革思想和改革能力的专家。

为了克服这些困难，做好系统分析工作，系统分析员需要与用户精诚合作。系统分析员应树立“用户第一”的思想，虚心向用户学习，“不耻下问”。虽然隔行如隔山，但“隔行不隔理”。这个“理”就是人们认识事物的共同规律，就是系统的思想与方法，这是我们分析复杂事物的有力武器。系统论的思想方法强调系统的整体性、综合性和层次性，强调系统元素之间的有机联系。这也是我们常说的要全面地看问题，认识事物要由表及里、去伪存真，要从事物之间的联系去认识事物，而不要孤立地看待事物。不论技术人员与用户的业务有多大差距，人们认识事物的方法都是相通的。如果说隔行如隔山，那么根据这个原理，就可以在这座山中打一个“隧道”使两边相通。为此，还要有一定的技术和工具。这些工具可以帮助系统分析员理顺思路，同时也便于同用户进行交流。

4.1.2 系统分析的步骤

4.1.2.1 现行系统的详细调查

现行系统的详细调查是对被开发对象通过各种途径做全面、充分和详细的调查研究，弄清现行系统的边界，组织机构，人员分工，业务流程，各种计划、单据和报表的格式、种类及处理过程等，为系统开发做好原始资料的准备工作。

4.1.2.2 组织结构与业务流程分析

新系统的开发实质上是一种对组织有目的的改造过程，通过对组织结构的分析，详细了解各级组织的职能和有关人员的工作职责、决策内容及对新系统的要求。业务流程的分析应当在原系统信息流动的过程中逐步进行，通过业务流程图详细描述各个环节的处理业务和信息的流程。

4.1.2.3 系统数据流程分析

数据流程分析就是在组织结构与业务流程分析的基础上，把数据在原系统内部的流动情况抽象的独立出来，舍弃具体组织机构、信息载体、处理工作、物资、材料等，仅从数据流动过程考察实际业务的数据处理模式，主要包括信息的流动、传递、处理和存储的分析。

4.1.2.4 建立新系统逻辑模型

逻辑模型是新系统开发中要采取的管理模型和信息处理方法。系统分析阶段的详细调查、组织结构与业务流程分析、数据流程分析都是为建立新系统的逻辑模型做准备。

4.1.2.5 提出系统分析报告

系统分析报告是系统分析阶段的成果，它反映了系统分析阶段调查分析的全部情况，也是下一阶段系统设计的工作依据。

系统分析步骤如图 4-1 所示。

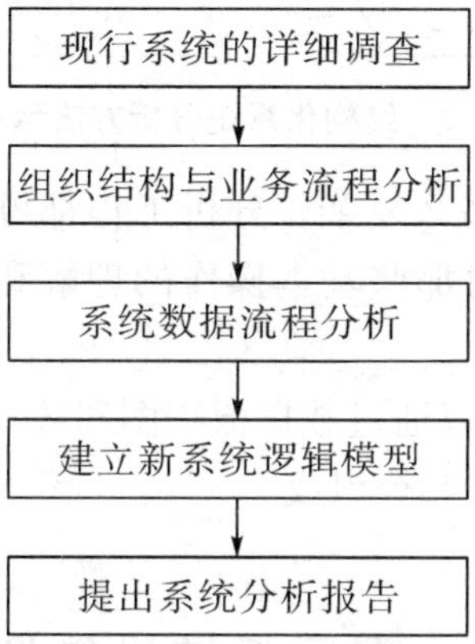

图 4-1 系统分析的步骤

4.1.3 结构化的系统分析方法

结构化的系统分析方法（structured analysis，SA）是由美国 Yourdon 公司提出的，主要用于分析大型的数据处理系统，是企事业管理信息系统开发的一种比较流行的方法。它是在系统详细调查的基础上，描述新系统逻辑模型的一种方法，常常和设计阶段的结构化设计（structured design，SD）和系统实施阶段的结构化程序设计（structured programming，SP）等方法衔接起来使用。

SA 方法使用自顶向下、逐层分解的方式来理解和表达将开发的管理信息系统的功能，即由大到小，由表及里，逐步细化，逐层分解，直到能对整个系统清晰地理解和表达。

图 4-2 是一个复杂系统的分解示意图，首先抽象出系统的基本模型 X，弄清它的输入和输出。为了进一步理解该模型，可以将其分解为 1、2、3、4 个子系统。如果其中的子系统 3 和子系统 4 仍然很复杂，可以再进一步分解为 3.1、3.2、3.3 等子系统；如此继续分解，直到子系统足够简单，能够清楚被理解和表达为止。

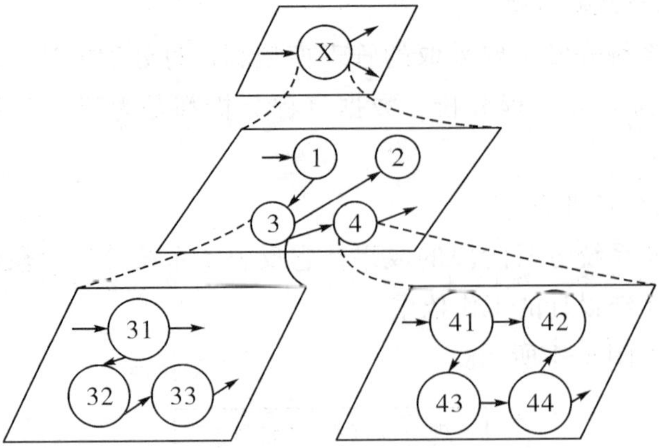

图 4-2 结构化系统分析方法示意图

按照这种方式，无论系统多么复杂，分析工作都可以有条不紊地进行。这样，对复杂系统的理解和描述转化为对那些基本操作的理解和描述。问题由繁化简，由难转易，有效地控制了系统的复杂性。

用 SA 方法进行系统分析可以通过数据流程图和数据字典来实现，所得的系统分析报告主要由数据流程图、数据字典等组成。

4.2 现行系统详细调查

现行系统详细调查也被称作需求分析，是系统开发工作中最重要的环节之一。实事求是地全面调查是分析与设计的基础，也就是说这一步工作的质量对于整个开发工作的成败来说都是决定性的。同时需求分析工作量很大，所涉及的业务和人、数据、信息都非常多。所以，如何科学地组织和适当地着手展开这项工作是非常重要的。

🕮课堂案例讨论

航空订票信息系统分析

本系统是专为乘坐飞机的旅客准备的，旅客只需把自己的信息（姓名、性别、工作单位、身份证号、旅行时间、旅行目的地）预先交给旅行社，旅行社就可以将信息输入本系统，系统就可以为旅客安排航班，打印出取票通知和账单。旅客只要在飞机起飞的前一天凭取票通知单和账单交款取单，系统校对无误后即可打印出机票给旅客。

（1）数据的准确性与及时性。作为一个航空公司，拥有一个功能完备的订票系统是很重要的。因为这毕竟关系到很多旅客的生命安全。一个订票信息系统必须及时地将各个航班的起飞和降落时间准确地反映在系统里，以便公司安排其他的航班。还有就是方便旅客能够及时了解各个航班的信息，便于选择适合自己的航班并及时预订机票。尤其是在旅游高峰的时候，更能体现拥有一个完备的订票信息系统的重要性。有了这个系统，公司就能及时地调整航班，最大限度地满足顾客的要求，以实现提高公司的信誉度的目的。当然要实现这个目标，数据的准确性是关键。在一个系统中，哪怕是0.1的误差也会导致系统出现错误。所以数据的准确性是重中之重。

（2）对突发事件的处理。飞机相对于其他的交通工具，更加容易受天气的影响。若因天气因素导致航班不能正常运行，系统应及时出示停止订票信息与解释说明。若已经完成订票之后发生航班不能运行的情况，航空公司应与售票系统密切联系，辅助售票系统做好事后工作。

（3）系统的开放性和系统的可扩充性。机票预订系统在开发过程中，系统开发人员应该充分考虑以后的可扩充性。例如，随着订票系统的方式的改变（网上订票），用户查询的需求也会不断地更新和完善。所有这些，都要求系统提供足够的手段进行功能的调整和扩充。而要实现这一点，应通过系统的开放性来完成，即系统应是一个开放系统，只要符合一定的规范，就可以简单地加入和减少系统的模块，配置系统的硬件。通过软件的修补、替换完成系统的升级和更新换代。

（4）系统的易用性和易维护性。机票预定系统是直接面对使用人员的，而使用人员往往对计算机并不是非常熟悉。这就要求系统能够提供良好的用户界面和易用的人机交互界面。要实现这一点，就要求系统应该尽量使用用户熟悉的术语和中文信息的界面：针对用户可能出现的使用问题，要提供足够的在线帮助，缩短用户对系统熟悉的过程。

机票预订系统中涉及的数据是航空公司的相当重要的信息，系统要提供方便的手段供系统维护人员进行数据的备份、日常的安全管理、系统意外崩溃时数据的恢复等工作。

（5）系统的先进性。目前计算机系统的技术发展相当快，作为机票预订系统工程，应该保证系统在21世纪仍旧是先进的，在系统的生命周期内尽量做到系统的先进，充分完成企业信息处理的要求而不至于落后。这一方面通过系统的开放性和可扩充性，不断完善系统的功能；另一方面，在系统设计和开发的过程中，应在考虑成本的基础上尽量采用当前主流又有良好发展前途的产品。

资料来源：冯仁德. 管理信息系统［M］. 重庆：重庆出版社，2010.

4.2.1 调查原则

在系统调查过程中应始终坚持正确的方法，以确保调查工作的客观性、正确性。系统调查的工作应该遵循如下几点：

（1）自上而下全面展开；

（2）弄清它存在的道理再分析有无改进的可能性；

（3）工程化的工作方式；

（4）全面铺开与重点调查结合；

（5）主动沟通和亲和友善的工作方式。

4.2.2 详细调查的范围

详细调查的范围应该是围绕组织内部信息流所涉及领域的各个方面。但应该注意的是，信息流是通过物流而产生的，物流和信息流又都是在组织中流动的。故我们所调查的范围就不能仅仅局限于信息和信息流，还应该包括企业的生产、经营、管理等各个方面。我们把它大致归纳为九类：

（1）组织机构和功能业务；

（2）组织目标和发展战略；

（3）工艺流程和产品构成；

（4）数据与数据流程；

（5）业务流程与工作形式；

（6）管理方式和具体业务的管理方法；

（7）决策方式和决策过程；

（8）可用资源和限制条件；

（9）现存问题和改进意见。

以上九个方面只是一种大致的划分，实际工作时应视具体情况增加或修改之。

4.2.3 详细调查的方法

在做出开发新系统的决策之后，公司就应当组织力量成立调查小组，采用多种方法对现有系统进行调查分析。详细调查应当遵循用户参与的原则。调查组应由使用单位的业务人员、领导和设计单位的系统分析员、系统设计员共同组成。详细调查的方法主要有以下几种：

4.2.3.1 人员访问调查法

人员访问调查就是由系统调查人员直接走访被调查者，当面询问问题的方法。这是一种最常见的系统调查方法。这种方法具有调查情况更真实、具体、深入的优点；但是也存在调查成本高、调查资料受调查人主观偏见影响大的缺点。

4.2.3.2 问卷调查法

问卷调查表通常由问题和答案两部分组成。问题由主持调查工作的系统分析人员列出，然后交由被调查单位的业务人员完成。利用问卷调查表进行调查可以减轻被调查部门的工作负担，方便系统调查人员，得到的调查结果系统、准确。利用问卷调查法最大的困难在于问卷调查表的设计。

4.2.3.3 召开调查会

这是一种集中调查的方法，适合于基层的管理者。通过开调查会，可以了解基层管理者的业务范围、工作方式、业务的内外关系等。为了开好调查会，应先学好调查提纲，发给每个被调查对象，让其有一定的准备时间。这样便于把问题讲清楚。

4.2.3.4 直接参加业务实践

开发人员亲自参加业务实践，不仅可以获得第一手资料，而且便于开发人员和业务人员的交流，使系统的开发工作接近用户；用户直接参加系统开发工作的实践，也便于用户更加深入地了解新系统。

此外，系统调查人员也可以采用查阅企业的有关资料、个别访问、由用户的管理人员向开发者介绍情况、专家调查等调查方法来了解现行系统的现状。系统调查人员应当根据系统调查的具体需要确定调查方法，有些情况可以将上面提到的几种方法混合起来使用，以了解清楚现状为最终目标。

4.3 组织结构与功能分析

组织结构与功能分析是整个系统分析工作中最简单的一环。组织结构与功能分析主要有三部分内容：组织结构分析、业务过程与组织结构之间的联系分析、业务功能一览表。其中，组织结构分析通常是通过组织结构图来实现的，是将调查中所了解的组织结构具体地描绘在图上，作为后续分析和设计的参考。业务过程与组织结构联系分析通常是通过业务与组织关系图来实现的，是利用系统调查中所掌握的资料着重反映管理业务过程与组织结构之间的关系，它是后续分析和设计新系统的基础。业务功能一览表是把组织内部各项管理业务功能都用一张表的方式罗列出来，它是今后进行功能/数据分析、确定新系统拟实现的管理功能和分析建立管理数据指标体系的基础。

4.3.1 组织结构图

组织结构图是一张反映组织内部之间隶属关系的树状结构图，见图 4-3。在绘制组织结构图时应注意，除后勤（如食堂、修缮、医务室、幼儿园、小学等）与企业生产、经营、管理环节无直接关系的部门外，其他部门一定要反映全面、准确，为了表明企业的运行过程，我们往往画出组织管理机构与物流的关系图，见图 4-4。

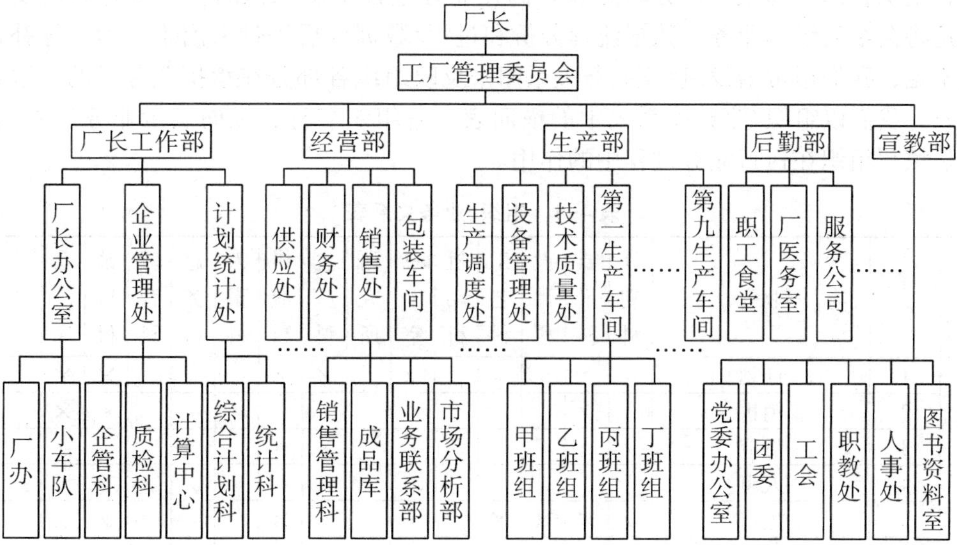

图 4-3　企业的组织结构图

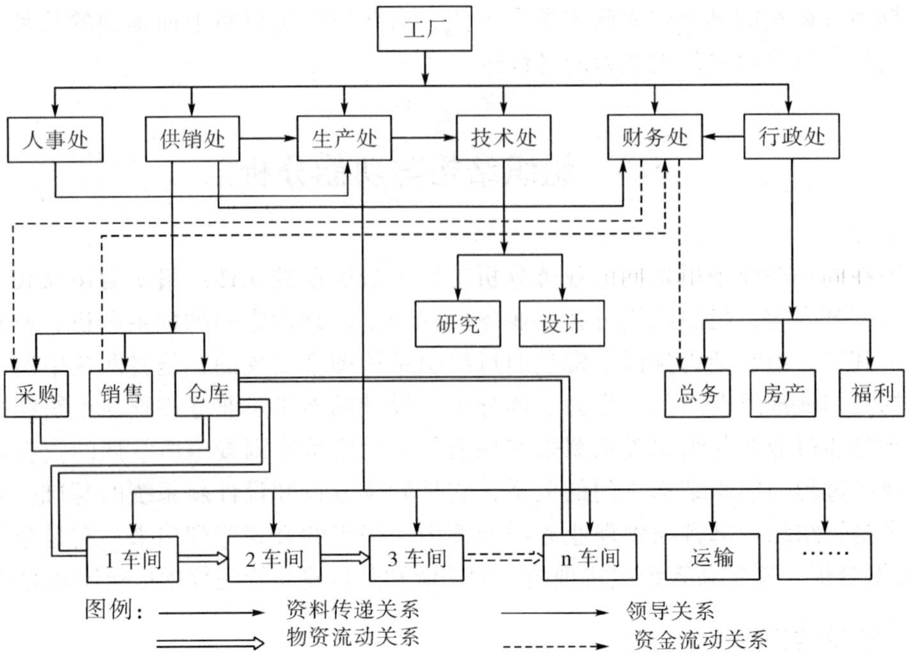

图 4-4　组织管理机构与物流的关系

4.3.2　组织/业务关系分析

组织结构图反映了组织内部和上下级关系。但是对于组织内部各部分之间的联系程度，组织各部分的主要业务职能和它们在业务过程中所承担的工作等却不能反映出来。这将会给后续的业务、数据流程分析和过程/数据分析等带来困难。为了弥补这方面的不足，我们通常增设组织/业务关系图来反映组织各部分在承担业务时的关系，见表 4-1。我们以组织/业务关系表中的横向表示各组织名称，纵向表示业务过程名称，中间栏填写组织在执行业务过程中的作用。

表 4-1　组织/业务关系表

功能	序号	业务	计划科	质量科	设计科	工艺科	机动科	总工室	研究所	生产科	供应科	人事科	总务科	教育科	销售科	仓库	……
功能与业务	1	计划	*					✓		×	×				×	×	
	2	销售		✓											*	×	
	3	供应	✓							×	*					✓	
	4	人事										*	✓	✓			
	5	生产	✓	×	×	×		*		*	×				✓	✓	
	6	设备更新				*	✓	✓	✓	×							
	7	……															

注：“ * ”，表示该项业务是对应组织的主要业务（主持工作的单位）；
“×”，表示该单位是参加协调该项业务的辅助单位；
“✓”，表示该单位是该项业务的相关单位（或称有关单位）；
空格，表示该单位与对应业务无关。

4.3.3 业务功能一览表

在组织中，常常有这种情况，组织的各个部分并不能完整地反映该部分所包含的所有业务。因为在实际工作中，组织的划分或组织名称的确定往往是根据最初同类业务人员的集合而定的。随着生产的发展，生产规模的扩大和管理水平的提高，组织的某些部分业务范围越来越广，功能也越分越细，由原来单一的业务派生出许多业务。这些业务在同一组织中由不同的业务人员分管，其工作性质已经逐步有了变化。当这种变化发展到一定的程度时，就要引起组织本身的变化，裂变出一个新的、专业化的组织，由它来完成某一类特定的业务功能。如最早的质量检验工作就是由生产科、成品库和生产车间各自交叉分管的，后来由于产品激烈的市场竞争和管理的需要，这时质量检验科产生了。对于这类变化，我们事先是无法全部考虑到的，但对于其功能是可以发现的。所以，在分析组织情况时还应该画出其业务功能一览表。这样做可以使我们在了解组织结构的同时，对于依附于组织结构的各项业务功能也有一个概貌性的了解，也可以对于各项交叉管理、交叉部分各层次的深度以及各种不合理的现象有一个总体的了解，在后面的系统分析和设计时切记避免这些问题。

这里所要制作的业务功能一览表是一个完全以业务功能为主体的树型表。其目的在于描述组织内部各部分的业务和功能。

下面我们仅列举某厂业务功能一览表中的一部分，来说明其具体的画法（见图4-5）。

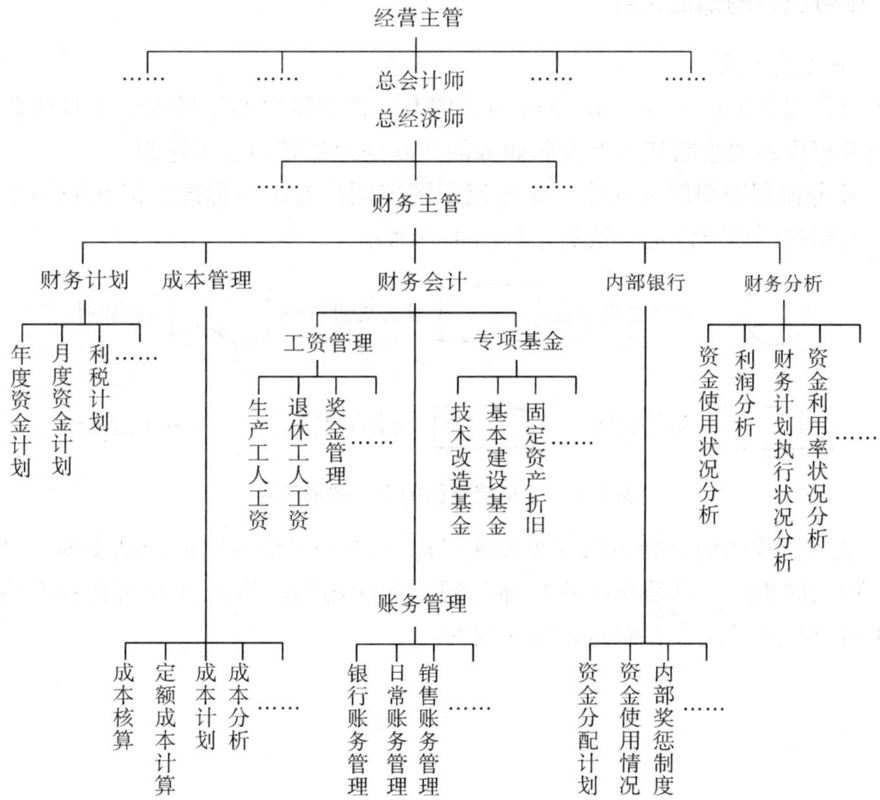

图 4-5 业务功能一览表

4.4 业务流程分析

在对系统的组织结构和功能进行分析时，需从一个实际业务流程的角度将系统调查中有关该业务流程的资料都串起来做进一步的分析。业务流程分析可以帮助我们了解该业务的具体处理过程，发现和处理系统调查工作中的错误和疏漏，修改和删除原系统的不合理部分，在新系统基础上优化业务处理流程。

4.4.1 业务流程调查的任务和方法

4.4.1.1 业务流程调查的任务

调查系统中各环节的业务活动，掌握业务的内容、作用及信息的输入、输出、数据存储和信息的处理方法及过程等。

4.4.1.2 业务流程调查的方法

调查业务流程应顺着原系统信息流动的过程逐步地进行，内容包括各环节的处理业务、信息来源、处理方法、计算方法、信息流经去向、提供信息的时间和形态（报告、单据、屏幕显示等）。

4.4.2 业务流程的描述工具

4.4.2.1 业务流程图

业务流程图（transaction flow diagram，TFD）是用规定的符号来表示具体业务处理过程。业务流程图的绘制基本上按照业务的实际处理步骤和过程绘制。

（1）业务流程图图例及画法。业务流程图图例没有统一标准，但在同一系统开发过程中所使用的图例应该是一致的，如图 4-6 所示。

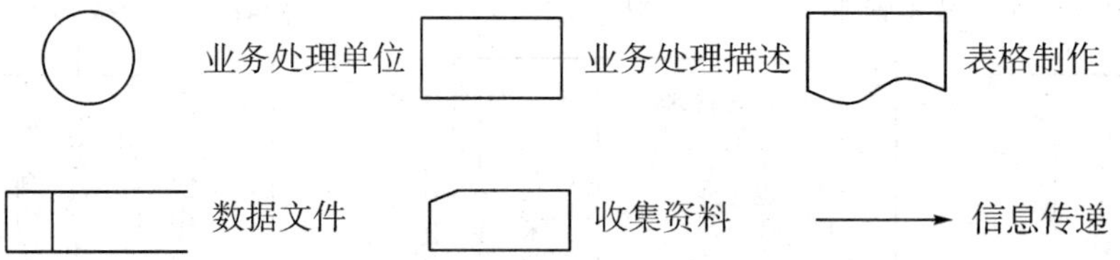

图 4-6 业务流程图的基本图形符号

（2）业务流程图的绘制步骤（见图 4-7）。有关业务流程图的绘制步骤，目前尚不太统一，但大同小异，只是在一些具体的规定和所用的图形符号方面有些不同，而在准确明了地反映业务流程方面是非常一致的。

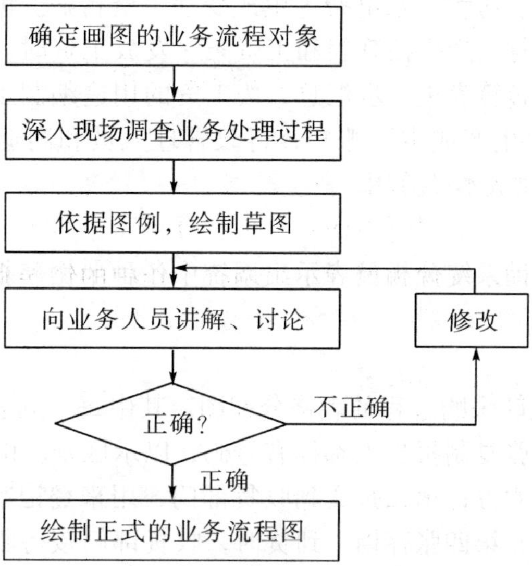

图 4-7　业务流程图的绘制步骤

📖实例

图 4-8 是一个简单的工资处理业务流程图。

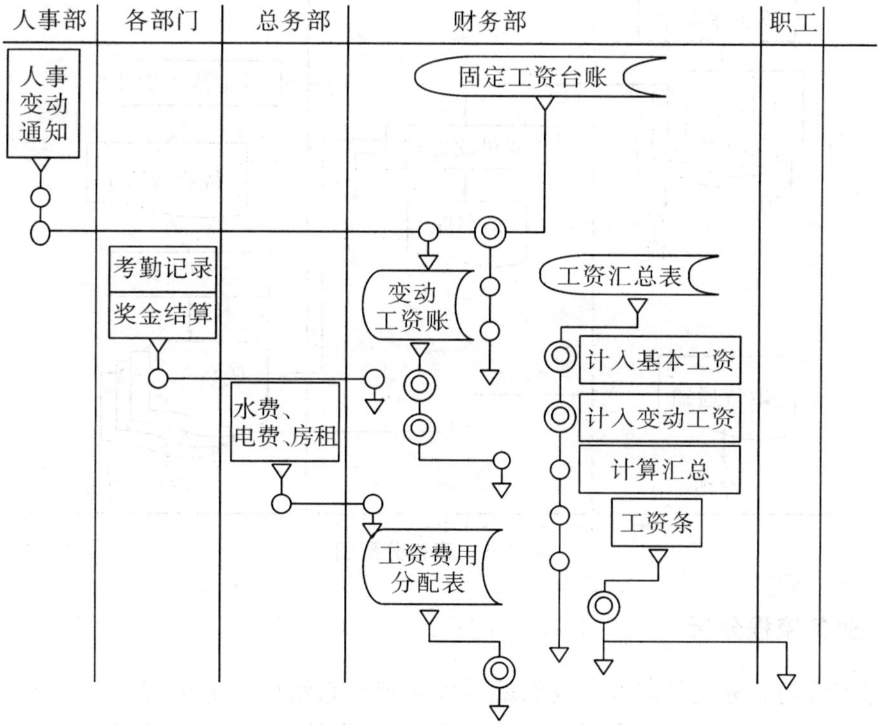

图 4-8　某业务流程图举例

图 4-8 中，财务会计首先根据人事部门的人事变动通知（离职、调入、提级、降级等），更新固定工资台账；再根据各单位报来的职工考勤、扣款或奖金，以及总务部

门报来的职工交通补贴、房租、水电费等生成变动工资台账。由工资固定数据和变动数据，可以进行工资计算，产生核算表和工资条。发放工资时，将工资条发给职工个人，以便核对。对工资核算表进一步汇总，按工资的用途编制工资费用分配表。如生产工人的工资应记入“生产成本”账户，行政管理人员和离退休人员的工资应记入“管理费用”账户等，供成本核算用。

4.4.2.2 表格分配图

表格分配图可以帮助系统分析员表示出系统中各种单据和报告在各个部门之间传递和处理的情况。

📖实例

图4-9是一张能反映采购过程的表格分配图，其中每一列表示一个部门，箭头表示复制单据的流向，每张复制报告上都标有号码，以示区别。由图4-9可见，采购单一式四份：第一张交给卖方；第二张交到收货部门，用来登记收货清单；第三张交给财会部门，登记应付账；第四张存档。到货时，收货部门接待收货清单校对货物后填写收货单四张：第一张交财务部门，通知付款；第二张通知采购部门取货；第三张存档；第四张交给卖方。

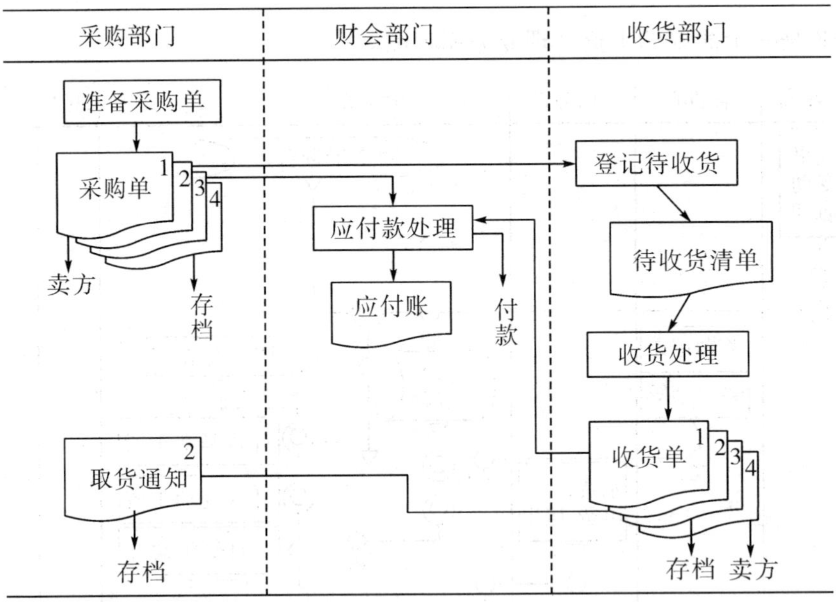

图4-9 表格分配图

4.4.3 业务流程分析

通过细致的业务流程调查，我们就可以对现行系统的业务流程有了深入、详尽的理解。然而，通过对业务流程的分析，我们可以看到系统业务流程存在很多的问题：可能是管理思想和方法落后、业务流程不尽合理，也可能是因为计算机信息系统的建设为优化原业务流程提供的新的可能性。这时，就需要在对现有业务流程进行分析的基础上进行业务流程重组，产生新的更为合理的业务流程。

业务流程分析过程包括以下内容：

（1）现行流程的分析。分析原有的业务流程的各处理过程是否具有存在的价值。其中，哪些过程可以删除或合并，原有的业务流程中哪些过程不尽合理，可以进行改进或优化。

（2）业务流程的优化。现行业务流程中哪些过程存在冗余信息处理，可以按计算机信息处理的要求进行优化，流程的优化可以带来什么好处。

（3）确定新的业务流程。画出新系统的业务流程图。

（4）新系统的人机界面。新的业务流程中人与机器的分工，即哪些工作可以由人机分工，哪些必须有人的参与。

管理信息系统受到组织机构的影响，同时管理信息系统对组织结构和功能也会产生重大影响。这种影响产生的结果是，组织结构发生重大变革，组织的功能出现重新组合。

4.5 数据与数据流程分析

数据是信息的载体，是今后系统要处理的主要对象。因此，必须对系统调查中所收集的数据以及统计和处理数据的过程进行分析和整理。如果有没弄清楚的问题，应立刻返回去弄清楚。如果发现有数据不全、采集过程不合理、处理过程不畅、数据分析不深入等问题，应在分析过程中研究解决。数据与数据流程分析是今后建立数据库系统和设计功能模块处理过程的基础。

4.5.1 调查数据的汇总分析

经过大量详细的业务流程调查，我们得到了组织的有关业务的业务流程图，进而我们还要进行组织数据流程的抽取。所谓数据流程的抽取，就是在现行系统的业务流程图的基础上，抽取出现行系统的信息（数据）流动情况，绘制出现行系统的数据流程图。在此过程中，我们只关心组织的业务处理过程中信息的存储、流动和加工情况，并将其用数据流程图的方式表达出来。

如何在业务流程图的基础上绘制出组织的数据流程图？我们可以将这个过程看成一个从业务流程图到数据流程图的转换过程。具体转换过程可以参考如下的启发性规则：

（1）将业务流程图中的业务处理单位转换成数据流程图中的外部项；

（2）将业务流程图中的业务处理描述转换成数据流程图中的数据加工；

（3）将业务流程图中的表格制作转换成数据流程图中的数据流；

（4）业务流程图中的数据文件直接转换成数据流程图中的数据存储。

由于目前业务流程图还没有一个统一的标准，因此上述规则只能是一些启发性的规则，仅供数据流程抽取时作为参考。在具体的数据流程抽取过程中，我们要根据具体情况进行一些变通，如添加一些必要的外部项等。

在系统调查中我们曾收集了大量的数据载体（如报表、统计表文件格式等）和数据调查表，这些原始资料基本上是由每个调查人员按组织结构或业务过程收集的，它们往往只是局部地反映了某项管理业务对数据的需求和现有的数据管理状况。对于这些数据资料，我们必须加以汇总、整理和分析，使之协调一致，为以后在分布式数据库内各子系统充分的调用和共享数据资料奠定基础。调查数据汇总分析的主要任务首先是将系统调查所得到的数据分为如下三类：

（1）输入数据类（主要指报来的报表），即今后下级子系统或网络要传递的内容。

（2）本系统内要存储的数据类（主要指各种台账、账单和记录文件），它们是今后本系统数据库要存储的主要内容。

（3）本系统产生的数据类（主要指系统运行所产生的各类报表），它们是今后本系统输出和网络传递的主要内容。

然后再对每一类数据进行如下三项分析：汇总并检查数据有无遗漏；数据分析，即检查数据的匹配情况；建立统一的数据字典。

（1）数据汇总。

数据汇总是一项较为繁杂的工作。为使数据汇总能顺利进行，通常将它分为如下几步：

①将系统调查中所收集到的数据资料，按业务过程进行分类编码，按处理过程的顺序排放在一起。

②按业务过程自顶向下地对数据项进行整理。例如，对于成本管理业务，应从最终成本报表开始，检查报表中每一栏数据的来源，然后检查该数据来源的来源，一直查到最终原始统计数据（如生产统计、成本消耗统计、产品统计、销售统计、库存统计等）或原始财务数据（如单据、凭证等）。

③将所有原始数据和最终输出数据分类整理出来。原始数据是以后确定关系数据库基本表的主要内容，而最终输出数据则是反映管理业务所需求的主要数据指标。这两类数据对于后续工作来说是非常重要的，所以将它们单独列出来。

④确定数据的字长和精度。根据系统调查中用户对数据的满意程度以及今后预计该业务可能的发展规模统一确定数据的字长和精度。对数字型数据来说，它包括数据的正、负号，小数点前后的位数，取值范围等；对字符型数据来说，只需确定它的最大字长和是否需要中文。

（2）数据分析。

数据的汇总只是从某项业务的角度对数据进行了分类整理，还不能确定收集数据的具体形式以及整体数据的完备程度、一致程度和无冗余程度。因此，还需对这些数据做进一步的分析，分析的方法可以借用 BSP 方法中所提倡的 U/C 矩阵来进行。U/C 矩阵本质是一种聚类方法，它可以用于过程/数据、功能/组织、功能/数据等各种分析中。这里我们只是借用它来进行数据分析。

①U/C 矩阵。U/C 矩阵是通过一个普通的二维表来分析汇总数据。通常将表的纵坐标栏目定义为数据类变量（Xi），横坐标栏目定义为业务过程类变量（Yi），将数据

与业务过程之间的关系（即 Xi 与 Yi 之间的关系）用使用（U，use）和建立（C，create）来表示，那么将上一步数据汇总的内容填于图 4-10 内就构成了所谓的 U/C 矩阵。

功能	客户	订货	产品	工艺流程	材料表	成本	零件规格	材料库存	成本库存	职工	销售区域	财务计划	计划	设备负荷	物资供应	任务单	型号Y
经营计划		U				U						U	C				1
财务规划						U				U		C	C				2
资产规模												U					3
产品预测	C		U								U						4
产品设计开发	U		C	U	C		C						U				5
产品工艺			U			C		C	U								6
库存控制							C	C							U	U	7
调　度			U	U				U						U		C	8
生产能力计划				U										C	U		9
材料需求			U		U			U								C	10
操作顺序				C										U	U	U	11
销售管理	C	U	U						U		U						12
市场分析	U	U	U								C						13
订货服务	U	C	U						U		U						14
发　运		U	U						U		U						15
财务会计	U	U	U						U	U		U					16
成本会计		U	U			U						U					17
用人计划										C							18
业绩考评										U							19
行　号X	1	2	3	4	5	6	7	8	9	10	11	12	13	14	15	16	

图 4-10　U/C 矩阵

②数据正确性分析。

在建立了 U/C 矩阵之后就要对数据进行分析，其基本原则就是“数据守恒原理”，即数据必定有一个产生的源，而且必定有一个或多个用途（在后面第五节中我们还要将其细分为完备性、一致性和无冗余性三条检验规则）。具体落实到对图 4-10 的分析中则可以概括为如下几点：

◆原则上每一个列只能有一个 C。如果没有 C，则可能是数据收集时有错；如果有多个 C 则有两种可能性：其一，是数据汇总有错，误将其他几处引用数据的地方认为是数据源；其二，数据栏是一大类数据的总称，如果是这样应将其细化。

◆每一列至少有一个 U。如果没有 U，则一定是调查数据或建立 U/C 矩阵时有误。

◆不能出现空行或空列。如果出现有空行或空列，则可能是下列两种情况：其一，数据项或业务过程的划分是多余的；其二，在调查或建立 U/C 矩阵过程中漏掉了它们之间的数据联系。

③数据项特征分析。

◆数据的类型以及精度和字长：这是建库和分析处理必须要求确定的。

◆合理取值范围：这是输入、校对和审核所必需的。

◆数据量即单位时间内（如天、月、年）的业务量、使用频率、存储和保留的时间周期等等，这是在网上分布数据资源和确定设备存储容量的基础。

◆所涉及的业务，即图 4-10 中每一行有 U 或 C 的列号（业务过程）。

4.5.2 数据流程分析

有关数据分析的最后一步就是对数据流程的分析。即把数据在组织（或原系统）内部的流动情况抽象地独立出来，舍去了具体组织机构、信息载体、处理工作、物资、材料等，单从数据流动过程来考查实际业务的数据处理模式。数据流程分析主要包括对信息的流动、传递、处理、存储等的分析，数据流程分析的目的就是要发现和解决数据流通中的问题。这些问题有数据流程不畅、前后数据不匹配、数据处理过程不合理等。问题产生的原因：有的是由于原系统管理混乱、数据处理流程本身有问题，有的是我们调查了解数据流程有误或作图有误。总之，这些问题都应该尽量地暴露并加以解决。一个通畅的数据流程是今后新系统用以实现这个业务处理过程的基础。

现有的数据流程分析多是通过分层的数据流程图（data flow diagram，DFD）来实现的。其具体的做法是：按业务流程图理出的业务流程顺序，将相应调查过程中所掌握的数据处理过程绘制成一套完整的数据流程图，一边整理绘图，一边核对相应的数据和报表、模型等。如果有问题，则一定会在这个绘图和整理过程中暴露无遗。

4.5.2.1 基本图例符号

常见的数据流程图有两种：一种是以方框、连线及其变形为基本图例符号来表示数据流动过程，另一种是以圆圈及连接弧线作为其基本符号来表示数据流动过程。这两种方法实际表示一个数据流程的时候，大同小异，但是针对不同的数据处理流程各有特点。故在此我们介绍其中一种方法，以便读者在实际工作中根据实际情况选用。

4.5.2.2 方框图图形符号

方框图图形符号及基本用法如下：

①外部实体：外部实体用一个小方框并外加一个立体轮廓线表示（见图 4-11），在小方框中用文字注明外部实体的编码属性和名称。如果该外部实体还出现在其他数据流程中，则可以在小方框的右下角画一条斜线，标出相对应的数据流程图编号。

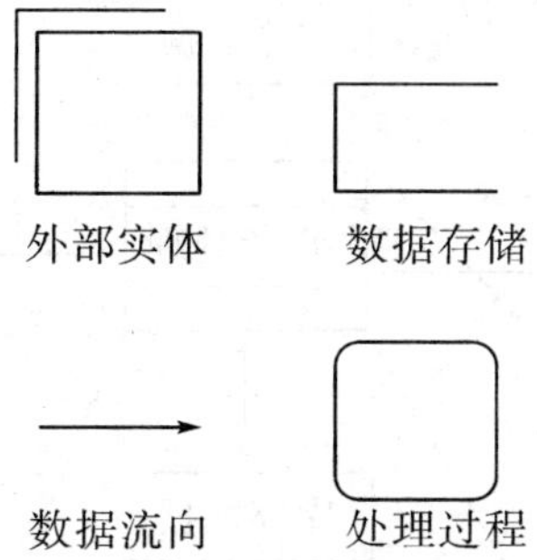

图 4-11 方框图图形符号

②数据流动用直线、箭头加文字说明组成，如销售报告送销售管理人员、库存数据送盘点处理等，详见图 4-12。

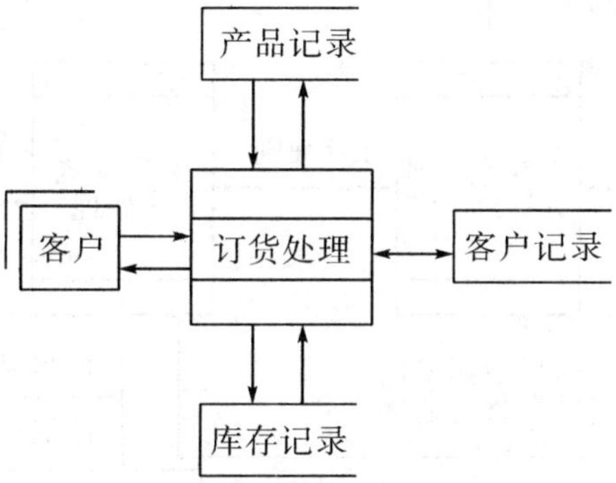

图 4-12 方框图数据流程图举例

③数据处理用圆角小方框来表示。方框内必须表示清楚三个方面的信息：一是综合反映数据流程、业务过程及本处理过程的编号；二是处理过程文字描述；三是该处理过程的进一步详细说明。因为处理过程一般比前几种图例所代表的内容要复杂得多，故必须在它的下方再加上一个信息——注释，用它来指出进一步详细说明具体处理过程的图号。

④数据存储即是对数据记录文件的读写处理，一般用一个右边不封口的长方形来表示。同上述图例符号一样，它也必须标明数据文件的标识编码和文件名称两部分信息（见图 4-13、图 4-14）。

由于实际数据处理过程常常比较繁杂，故应该按照系统的观点，自上而下地分层展开绘制。即先将比较繁杂的处理过程（不管有多大）当成一个整体处理块来看待；然后绘出周围实体与这个整体块的数据联系过程；最后再进一步将这个块展开。如果内部还涉及若干个比较复杂的数据处理部分的话，又将这些部分分别视为几个小“黑匣子”，同样先不管其内部，而只分析它们之间的数据联系，这样反复下去，以此类推，直至最终搞清了所有的问题为止。也有人将这个过程比喻为使“黑匣子”逐渐变“灰”，直到“半透明”和“完全透明”的分析过程。

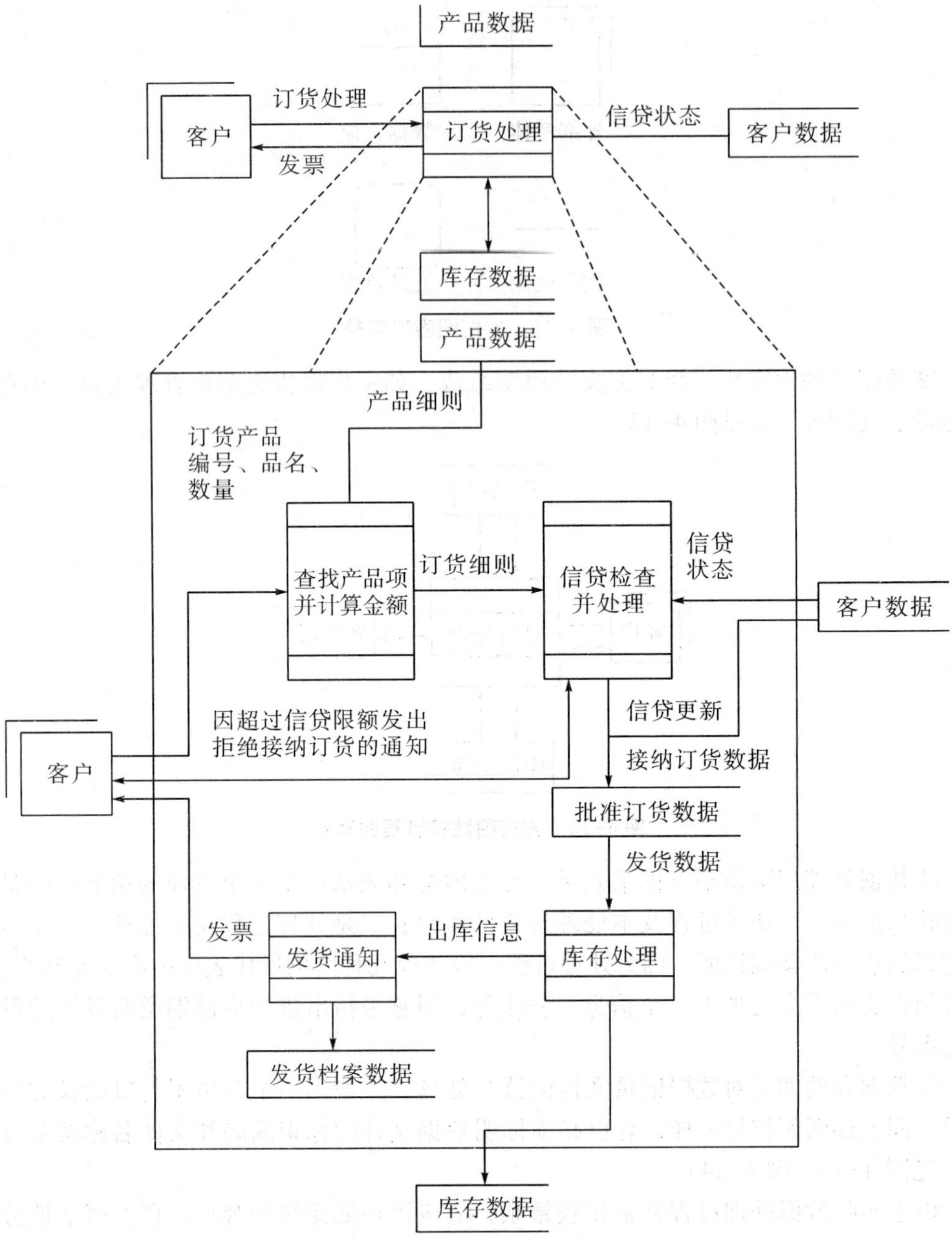

图 4-13　图 4-12 的展开图

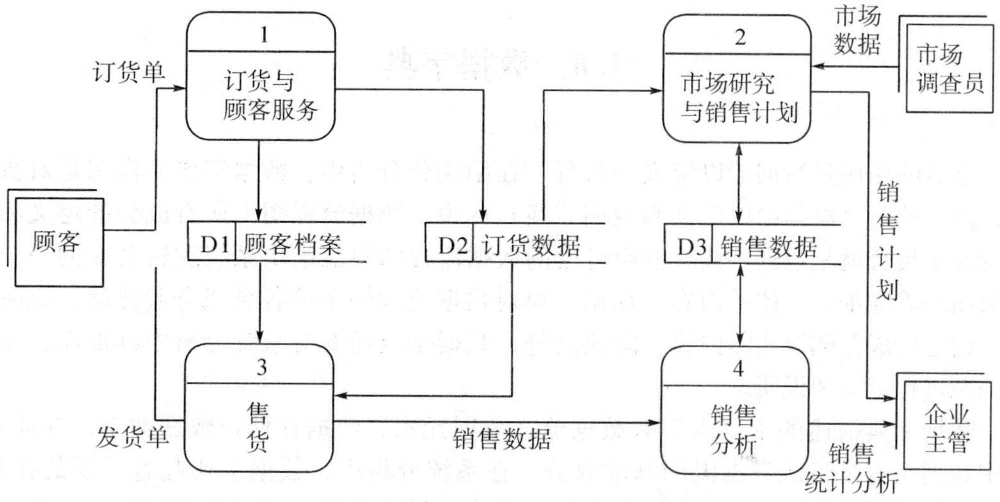

图 4-14 市场营销系统数据流程图

4.5.2.3 绘制数据流程图的主要原则

由于数据流程图在系统建设中的重要作用，因此绘制数据流程图必须坚持正确的原则和运用科学的方法。绘制数据流程图应遵循的主要原则有：

（1）明确系统边界。一张数据流程图表示某个子系统或某个系统的逻辑模型。系统分析人员要根据调查材料，首先识别出那些不受所描述的系统控制但又影响系统运行的外部环境，这就是系统的数据输入的来源和输出的去处。把这些因素都作为外部项确定下来。确定了系统和外部环境的界面，就可以集中力量分析、确定系统本身的功能。

（2）自顶向下逐层扩展。管理信息系统庞大而复杂，具体的数据加工可能成百上千，关系错综复杂，不可能用一两张数据流程图明确、具体地描述整个系统的逻辑功能，自顶向下的原则为我们绘制数据流程图提供了一个清晰的思路和标准化的步骤。

4.5.2.4 数据流程图的特征与作用

数据流程图具有抽象性和概括性的特征。

（1）抽象性。在数据流程图中具体的组织机构、工作场所、人员、物质流等都已去掉，只剩下数据的存储、流动、加工、使用的情况。这种抽象性能使我们总结出信息处理的内部规律性。

（2）概括性。它把系统对各种业务的处理过程联系起来考虑，形成一个总体。而业务流程图只能孤立地分析各个业务，不能反映出各业务之间的数据关系。

数据流程图作为系统分析的主要工具，其作用主要体现在以下几个方面：

（1）系统分析员借助这种工具自顶向下分析系统信息流程；

（2）在图上画出计算机处理的部分；

（3）根据逻辑存储，进一步做数据分析，可向数据库设计过渡；

（4）根据数据流向，决定存取方式；

（5）对应一个处理过程，可用相应的程序语言来表达处理方法，向程序设计过渡。

4.6 数据字典

字典的作用是给词汇以定义和解释。在结构化分析中，数据字典的作用是对数据流程图上的每个成分给以定义和说明。换句话说，数据流程图上所有成分的定义和解释的文字集合就是数据字典。上面讨论的数据流程图只能给出系统逻辑功能的一个总框架而缺乏详细、具体的内容。数据字典对数据流程图中的各种成分起注解、说明作用，给这些成分赋以实际内容。除此之外，数据字典还要对系统分析中其他需要说明的问题进行定义和说明。

数据字典描述的主要内容有数据流、数据元素、数据存储、数据加工、外部项，其中数据元素是组成数据流的基本成分。在系统分析中，数据字典起着重要的作用，它包含关于系统的详细信息。一般来说，系统分析人员把不便于在数据流程图上注明而系统分析应该获得、对整个系统开发以至于将来系统运行与维护时必需的信息尽可能放入数据字典。除了上述有关成分的定义与解释之外，比如关于数据流与加工发生频率、出现的时间、高峰期与低谷期、加工的优先次序、加工周期及安全保密等方面的信息，在数据字典中都在有关成分的基本定义与说明后面，根据系统开发、维护和运行的需要加以说明。总的来说，数据字典对数据流程图中有关成分的描述应尽可能说明下列问题：

（1）什么（是什么或做什么）；

（2）何处（在何处或者来自何处，去向何处）；

（3）何时（何时出现、时间长短）。

由此可见，数据字典是系统逻辑模型的详细、具体说明，是系统分析阶段的重要文件，也是内容丰富、篇幅很大的文件，编写数据字典是一项十分重要而繁重的任务。编写数据字典的基本要求是：

（1）对数据流程图上的各种成分的定义必须明确、易理解、唯一。

（2）命名、编号与数据流程图一致，必要时（如计算机辅助编写数据字典时）可以增加编码，方便查询检索、维护和统计报表。

（3）符合一致性和完整性的要求，对数据流程图上的成分定义与说明无遗漏项。数据字典中无内容重复或内容相互矛盾的条目。在数据流程图中同类成分的数据字典条目中，无同名异义或异名同义者。

（4）格式规范、风格统一、文字精练，数字与符号正确。

数据字典的格式是根据各类条目的内容以及编写、维护、使用方便来设计的。通常使用的是一种图表式格式，这种格式有利于数据字典各条目的内容描述清晰、明确、规范。

4.6.1 数据项的定义

数据项又称数据元素，是最小的数据组成单位，也就是不可以再分的数据单位，如学号、姓名等。分析数据特性应从静态和动态两个方面去进行。在数据字典中，定义数据的静态特性，具体包括以下几项：

（1）数据项的名称、编号、别名和简述；

（2）数据项的长度；

（3）数据项的取值范围和取值含义；

（4）与它有关的数据结构等。

表 4-2 是数据项定义的一个例子。

表 4-2 数据项定义

<table>
<tr><td colspan="5">数 据 元 素
系统名：学籍管理　　　　编号：
条目名：学号　　　　　　别名：</td></tr>
<tr><td colspan="2">属于数据流：
F1-F7</td><td colspan="3">存储处：D1　学生名册
D2　学生成绩</td></tr>
<tr><td colspan="5">数据元素结构：
代码类型　　取值范围　　意义
字符　　00010001-992999　　××　××　×××
（由数字组成的字符串）
编号
系别代号
学生入学年号</td></tr>
<tr><td colspan="5">简要说明：
学号是学生的识别符，每个学生都有唯一的学号。</td></tr>
<tr><td rowspan="2">修改记录：</td><td>编写</td><td>张××</td><td>日期</td><td>2002 年 6 月 6 日</td></tr>
<tr><td>审核</td><td>王××</td><td>日期</td><td>2002 年 6 月 16 日</td></tr>
</table>

4.6.2 数据结构的定义

数据结构描述某些数据项之间的关系。一个数据结构可以由若干个数据项组成，也可以由若干个数据结构组成，还可以由若干个数据项和数据结构组成。如表 4-3 所示，订货单就是由三个数据结构组成，表中用 DS 表示数据结构，用 I 表示数据项。

表 4-3 用户订货单的数据结构

DS03：用户订单		
DS03-01：订货单标识	DS03-02：用户情况	DS03-03：配件情况
I1：订货单编号	I3：用户代码	I10：配件代码
I2：订货日期	I4：用户名称	I11：配件名称
	I5：用户地址	I12：配件规格
	I6：联系人	I13：订货数量
	I7：电话	
	I8：开户银行	
	I9：账号	

数据字典中对数据结构的定义包括以下几项内容：

（1）数据结构的名称和编号；

（2）简述，简单说明数据结构的信息；

（3）数据结构的组成。

4.6.3 数据流的定义

数据流是数据的流动情况的说明，是处理逻辑的输入和输出，由一个或一组固定的数据项组成。定义数据流时，不仅要说明数据流的名称、组成等，还应指明它的来源、去向和数据流量等，如表 4-4 所示。

表 4-4 数据流的定义

数据流定义		
数据流名称：	期末成绩单	数据流编号：FD3-05
简　　述：	学期末任课教师填写的成绩单	
数据流来源：	教师（外部实体）	数据流量：200 份/学期
数据流去向：	P2.1（成绩分析处理逻辑） P2.2（成绩统计处理逻辑）	
数据流组成：	考试科目 学生成绩 * 学号 姓名 成绩 任课教师	

4.6.4 数据存储的定义

数据存储的条目，主要描述数据存储的结构以及相关的数据流、处理逻辑等。例如，数据存储 D2“学习成绩一览表”的条目，如表 4-5 所示。

表 4-5 数据存储的定义

数据存储定义		
名称：	学习成绩一览表	编号：D2
简述：	学期结束，按班级汇总的学生成绩	
数据存储组成：	班级 学生成绩 * 学号 姓名 成绩	有关数据： P2.1.1→D2 D2→P2.1.2 D2→P2.1.3 D2→P2.1.4

4.6.5 处理逻辑的定义

对于数据流程图中的处理逻辑，我们需要在数据字典中详细描述其编号、名称、功能说明、有关的输入和输出等。表 4-6 是对处理逻辑 P2.1.4“填写成绩单”的定义。

表 4-6 处理逻辑的定义

处理逻辑的定义	
名称：填写成绩单	编号：P2.1.4
说明：通知学生成绩，如有不及格科目则说明重修日期	
输入：D2→P2.1.4	
输出：P2.1.4→学生（成绩通知单）	
处理：查 D2（成绩一览表），打印每个学生的成绩通知单，如有不及格科目，不够留级的，则在“成绩通知单”填写重修事项；若直接留级，则注明留级。	

4.6.6 外部实体的定义

外部实体是数据的来源和去向，因此在数据字典中关于外部实体的定义，主要说明外部实体产生的数据流和传给外部实体的数据流以及该外部实体的数量等。表 4-7 是描述“学生”这个外部实体的定义。

表 4-7 外部实体的定义

外部实体的定义	
名称：学生	编号：S001
说明：	
输出数据流：	个数：约 4 000 个
输入数据流： P2.1.4→学生（成绩通知单）	

数据字典实际上是“关于系统数据的数据库”。在整个系统开发过程中以及系统运行后的维护阶段，数据字典都是必不可少的工具。数据字典是所有人员工作的依据、统一的标准。在数据字典的建立、修正和补充过程中，始终要注意保证数据的一致性和完整性。

数据字典可以用人工建立卡片的办法来管理，也可以存储在计算机中用一个数据字典软件来管理。

4.7 功能/数据分析、数据仓库

在对实际系统的业务流程、管理功能、数据流程以及数据分析都做了详细的了解和形式化的描述以后，就可以在此基础上进行系统化的分析，以便整体地考虑新系统的功能子系统和数据资源的合理分布。进行这种分析的有力工具之一就是功能/数据分析。

功能/数据分析法是 IBM 公司于 20 世纪 70 年代初的 BSP 中提出的一种系统化的聚类分析法。功能/数据分析法是通过 U/C 矩阵的建立和分析来实现的。这种方法不但适用于功能/数据分析，也可以适用于其他各方面的管理分析。例如，用此方法我们就曾经尝试过解决岗位职能和人员定编等管理问题，同样取得了良好的结果。另外，对于这种方法我们并不陌生，在前面就曾借用它来分析收集数据的合理性和完备性等问题。

软件系统本质上是信息处理系统，因此，在软件系统的整个开发过程中都必须考虑两个方面的问题：数据及对数据的处理。在需求分析阶段既要分析用户的数据要求（需要哪些数据、数据之间有什么联系、数据本身有什么性质、数据的结构等），又要分析用户的处理要求（对数据进行哪些处理、每个处理的逻辑功能等）。

为了把用户的数据要求清晰地表达出来，系统分析员通常建立一个概念性的数据模型（也称为信息模型）。概念性数据模型是一种面向问题的数据模型，是按照用户的观点来对数据和信息建模。它描述了从用户角度看到的数据，反映了用户的现实环境，且与在软件系统中的实现方法无关。

数据库的生命周期分为两个阶段：一是数据库分析与设计阶段；二是数据库实现阶段。其中，数据库分析与设计阶段又可分为以下四个子阶段：需求分析、概念设计、逻辑设计和物理设计。在信息系统分析阶段主要完成数据库的需求分析、概念设计和逻辑设计阶段。也就是说，根据用户对数据的需求进行数据库的概念设计和逻辑设计。

4.7.1 数据库的概念设计与逻辑设计

信息是人们提供关于现实世界客观存在事物的反映，数据则是用来表示信息的一种符号。要将反映客观事物状态的数据经过一定的组织成为计算机机内的数据，需经历四个不同的状态：现实世界、信息世界、计算机世界、数据世界，如图 4-15 所示。

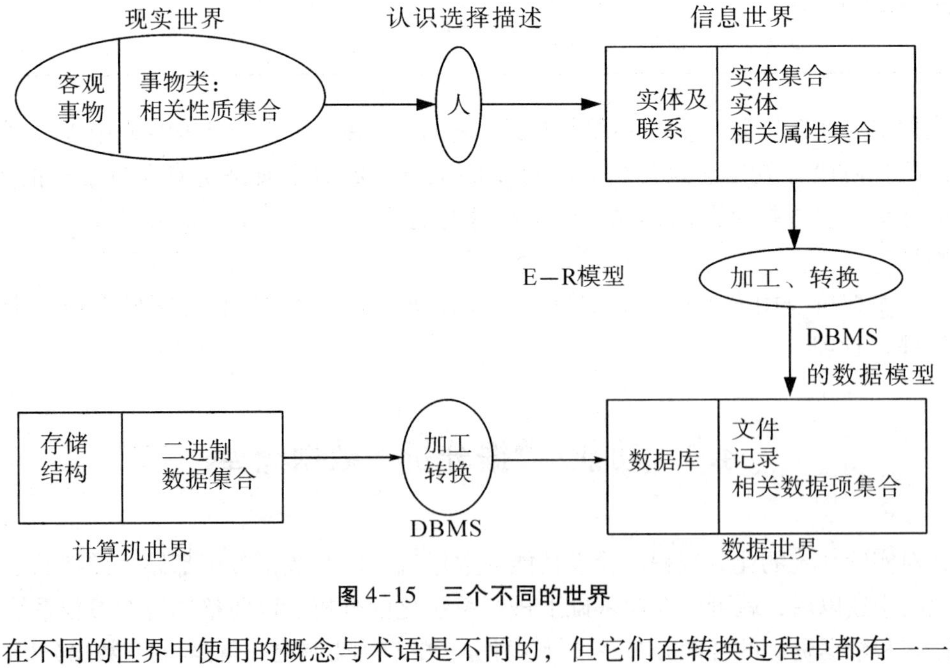

图 4-15　三个不同的世界

在不同的世界中使用的概念与术语是不同的，但它们在转换过程中都有一一对应关系，如表 4-8 所示。

表 4-8 三个不同世界术语对照表

客观世界	信息世界	数据世界
组织（事物及其联系）	实体及其联系	数据库（概念模型）
事物类	实体集	文件
事物（对象、个体）	实体	记录
特征（性质）	属性	数据项

例如，现实世界中的一个“事物”，对应于信息世界中是一个“实体”。实体可以是一个学生、一个零件或一张订货合同。事物总有一些性质反映事物的特征。实体总是有一些属性反映实体的特征。如学生的学号、姓名等。在数据世界中实体的属性用数据项描述，实体属性的集合用记录描述。具有相同属性的事物的集合，如一群学生、一群教师和授课计划就形成了事物类，它们是信息世界中的实体集（简称实体），在数据世界中则形成一个个数据文件，如学生文件、教师文件、课程计划文件。但是客观事物是复杂的，因此反映在信息世界就有实体及它们的联系（学习关系），反映在计算机世界就形成了逻辑数据库（许多数据文件的集合）。计算机世界中的数据在数据库管理系统 DBMS 的支持下映射成计算机世界的以二进制表示的物理数据，最后形成了数据世界。当具体研究某个实体时，就要对实体型、属性型赋以一定的值，在数据世界就是面向用户的一条记录值、一项数据值。

4.7.1.1 数据库的概念设计

最常用的表示概念性数据模型的方法，是实体—联系方法（entity-relationship approach，E-R）。这种方法用 E-R 图（图 4-16）描述现实世界中的实体、属性和关系，而不涉及这些实体在系统中的实现方法。用这种方法表示的概念性数据模型又称为 E-R 模型。

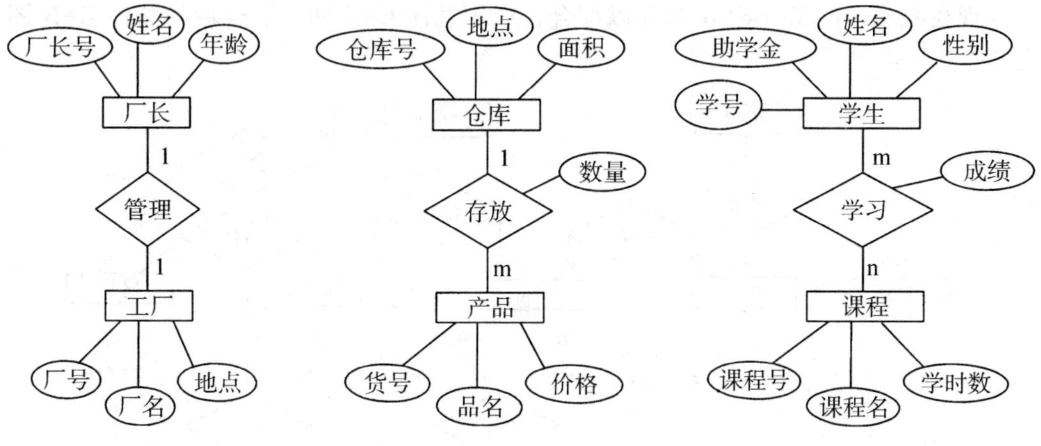

（a）厂长与工厂一对一关系　（b）仓库与产品一对多关系　（c）学生与课程多对多关系

图 4-16 E-R 图

（1）E-R 图。E-R 图中包括实体、属性和联系三种基本图素。约定实体用方框表示，属性用椭圆框表示、联系用菱形框表示，框内填入相应的实体名、属性名及联系名以做标识。如图 4-16 表示了两个实体间的三种不同联系方式（1∶1，1∶m，m∶n）。从图 4-16 中可以看到实体有属性、联系也有可能有属性，如图 4-16（c）中的联系“学习”也有属性“成绩”，它反映了某个学生学习某课程的成绩。

（2）设计 E-R 图。E-R 图直观易懂，能比较准确地反映出现实世界的信息联系，并从概念上表示了一个数据库的信息组织情况，数据库系统设计人员可以根据 E-R 图结合具体 DBMS 所提供的数据模型类型，再演变为 DBMS 所能支持的数据模型。

例如，假定某企业的信息系统，要求适应以下不同用户的应用要求：人事科处理职工档案、供应科处理采购业务、生产科处理产品组装业务、总务科处理仓储业务。根据要求，我们假定各个用户的局部 E-R 图如图 4-17 所示。

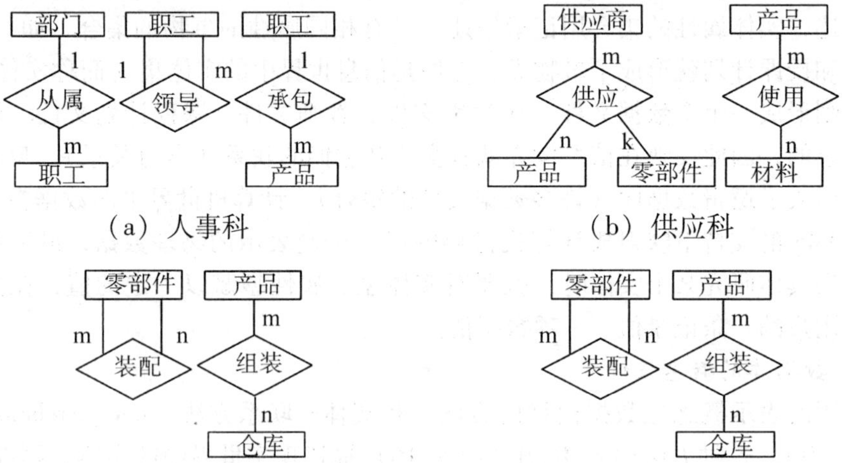

（a）人事科　（b）供应科

（c）生产科　（d）总务科

图 4-17　企业各部门局部 E-R 图

现在需要对各部门 E-R 图加以综合，产生总体 E-R 图，综合后的总体 E-R 图如图 4-18 所示。

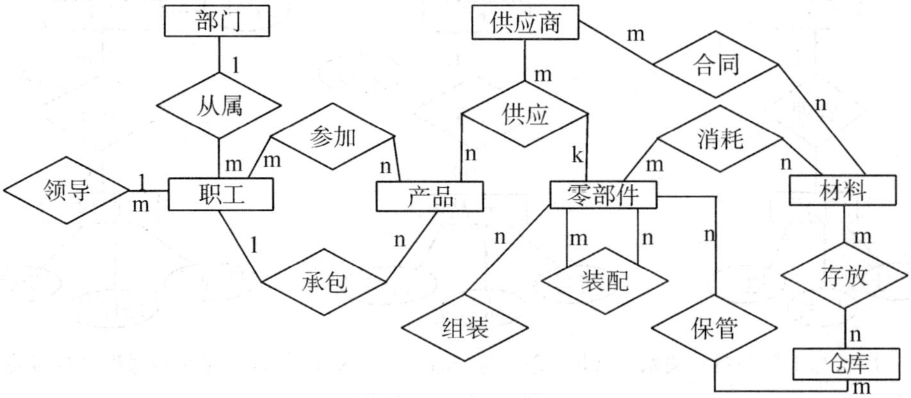

图 4-18　综合后的 E-R 图

注意：

（1）在综合时，同一实体只出现一次。

（2）保存基本关系，除去导出关系。总体 E-R 图中并未反映“产品”与“材料”之间的联系，即供应科图中出现的“产品”与“材料”之间的联系在总体 E-R 图中被除去了。因为这种联系是多余的，它可以从“零件”所“消耗”的“材料”，一种更为基本的联系中推导出来。

（3）总体 E-R 图中“供应商”与“材料”之间被增加了新的联系“合同”，该联系并未出现在局部 E-R 图中，这里增加它是允许的，表示该信息系统能支持“材料”合同处理。

4.7.1.2 数据库的逻辑设计

（1）从 E-R 图导出关系数据模型

E-R 图是建立数据模型的基础，从 E-R 图出发导出计算机系统上安装的 DBMS 所能接受的数据模型，这一步工作在数据库设计中称为逻辑设计。我们的重点是掌握由 E-R 图转换为关系型数据模型，即把 E-R 图转换为一个个关系框架，使之相互联系构成一个整体结构化了的数据模型。具体转换方法如下：

E-R 图中的每个实体都相应地转换为一个关系，该关系应包括对应实体的全部属性，并应根据该关系表达的语义确定出关键字，因为关系中的关键字属性是实现不同关系联系的主要手段。

对于 E-R 图中的联系，要根据联系方式的不同，采取不同的手段以使它联系的实体所对应的关系彼此实现某种联系。

具体方法是：

①如果两实体间是 1：m 联系，就将“1”方的关键字纳入“m”方实体对应关系中作为外部关键字，同时把联系的属性也一并纳入“m”方的关系中。如图 4-16（b）所示，E-R 图对应的关系数据模型为：

仓库（仓库号、地点、面积）

产品（货号、品名、价格、仓库号、数量）

②如果两实体间是 m：n 联系，则需对联系单独建立一个关系，用来联系双方实体，该关系的属性中至少要包括被它所联系的双方实体的关键字，如果联系属性有属性，也要归入这个关系中。图 4-16（c）表示“学生”与“课程”两实体间是 m：n 联系，根据上述转变原则，对应的关系数据模型如下：

学生（学号、姓名、性别、助学金）

课程（课程号、课程名、学时数）

学习（学号、课程号、成绩）

③如果两实体间是 1：1 联系，如图 4-16（a）表示“工厂”与“厂长”两实体间联系，联系本身并无属性，转换时只要在“工厂”的关系中增加“厂长”的关键字作为属性项，就能实现彼此间 1：1 联系。如：

厂长（厂长号、厂号、姓名、年龄）

工厂（厂号、厂名、地点）

或：

厂长（厂长号、姓名、年龄）

工厂（厂号、厂长号、厂名、地点）

（2）关系模式的规范化

通常，软件系统中有许多数据是需要长期保存的。为减少数据冗余，简化修改数据的过程，应该对数据进行规范化。数据库是信息系统的核心组成部分。数据库设计在信息系统的开发中占有重要的地位，数据库设计的质量将影响信息系统的运行效率及用户对信息系统使用的满意度。如何根据用户的需求，在指定的数据库规律系统上，设计数据库的逻辑模型，最后建成数据库。这是一个从现实世界向计算机世界转换的过程。

通常用“范式”（normal forms）定义消除数据冗余的程度。第一，第一范式（1NF）数据冗余程度最大，第五范式（5NF）数据冗余的程度最小。但是，范式级别越高，存储同样数据就需要分解成更多张表，因此，“存储自身”的过程也就越复杂。第二，随着范式级别的提高，数据的存储结构与基于问题域的结构间的匹配程度也随之下降，因此，在需求变化时数据的稳定性较差。第三，范式级别提高则需要访问的表增多，因此性能（速度）将下降。从实用角度来看，在大多数场合选用第三范式都比较恰当。

通常按照属性间的依赖情况区分规范化的程度。属性间依赖情况满足不同程度要求的为不同范式，满足最低要求的是第一范式，在第一范式中再进一步满足一些要求的为第二范式，其余依次类推。下面给出第一范式、第二范式、第三范式的定义：

① 第一范式：每个属性值都必须是原子值，即仅仅是一个简单值而不含内部结构。

② 第二范式：满足第一范式的条件，而且每个非关键字属性都由整个关键字决定（而不是由关键字的一部分来决定）。

③ 第三范式：符合第二范式的条件，每个非关键字属性都仅由关键字决定，而且一个非关键字属性不能仅仅是对另一个非关键字属性的进一步描述（一个非关键字属性值不依赖于另一个非关键字属性值）。

高度规范化的数据库固然有数据冗余小、结构清晰、操作不易出错等各种优点，但相关表之间大量的连接在执行查询等操作时都需要耗费大量资源，所以，并非规范化程度越高效果就越好。在设计数据库时，需要具体情况具体分析，权衡利弊，再做决策。

完成了数据库的概念设计和逻辑设计后，还要进行数据库的物理设计，即为每个关系模式选择合适的存储结构和存取方法，使得数据库上的事务能够高效地运行，从而完成整个数据库的全部设计过程。

4.7.2 数据仓库的应用

随着计算机技术的飞速发展，数据仓库（data warehouse）技术应运而生。主要是以下两个方面的需求促成了数据仓库技术的诞生。

计算机从产生至今已有半个多世纪了，其软件、硬件技术更替十分迅速。国外许多企业在其发展过程中逐步形成了多种应用（子）系统；另外，一些公司由地点上分布的多个子公司或部门组成，子公司或部门独立地使用着各自的业务处理系统，而这些系统往往是异质的，如就数据库来说可能有文件系统、层次数据库、网状数据库以及关系数据库等。当企业或公司需要企业范围内的全局应用时，直接在繁杂的多个子系统上实施是很困难或不可能的。而数据仓库中存储的是经过集成的信息，具有公司范围内的全局模式。通过集成，来自各种数据源的相关数据被转换成统一的格式，以便进行全局范围内的应用开发。

另外，在信息技术不断发展的今天，人们对信息的使用也越来越复杂。企业中除了对业务数据进行增、删、改等事务处理操作和简单的统计汇总以外，高层管理者还要使用数据（历史的、现在的）进行各种复杂分析以支持决策。从大量的历史数据中获取信息，要求系统保存大量的历史数据，而且还要进行复杂的分析处理（每次处理涉及大量数据）。这些功能对用于频繁操作性处理的数据库系统而言，将成为沉重的负担。

数据仓库的建立使企业的信息环境划分为两大部分：操作环境和信息提供环境（或分析环境）。操作性数据库负责数据的日常操作性应用，当数据在操作环境中不再使用时，若它对分析有用，就将其归到数据仓库中。数据仓库存储旧的、历史数据，留作分析性应用。在分析环境中，数据很少变动，因而数据仓库没有日常的增、删、改等操作，只有存取和装入等操作，专门用于各种复杂分析，为高层决策者服务。

由此可见，数据仓库可以集成企业范围内的数据，数据仓库的建立便于进行复杂分析，以对高层决策提供强有力的支持。

4.7.2.1 数据仓库的概念与特点

20 世纪 80 年代中期，英蒙在其《建立数据仓库》一书中定义了数据仓库的概念：数据仓库是支持管理决策过程的、面向主题的、集成的、随时间而变的、持久的数据集合。随后许多人又给出了数据仓库的其他定义，其中较为精确的是：数据仓库是在企业管理和决策中面向主题的、集成的、与时间相关的、不可修改的数据集合。与其他数据库应用不同的是，数据仓库是一种观点，而不是可以直接购买的产品。它包括电子邮件文档、语音邮件文档、CD-ROM、多媒体信息以及还未考虑到其他数据，而且这些数据并非是最新的、专有的，而是来源于其他数据库。

数据仓库的建立并不是要取代数据库，它建立在一个较全面和完善的信息应用基础之上，用于支持高层决策的分析。它存储的数据在量和质上都与操作性数据库不同，其有如下的特点：

（1）面向主题。与传统数据库面向应用进行数据组织的特点相对应，数据仓库中的数据是面向主题进行组织的。主题是一个抽象的概念，是较高层次上企业信息系统中的数据综合、归类并进行分析利用的抽象。在逻辑意义上，它是对应企业中某一分析领域所涉及的分析对象。面向主题的数据组织方式，就是在较高层次上对分析对象的数据的一个完整、一致的描述，它能完整、统一地刻画各个分析对象所涉及的企业中的各项数据以及数据之间的联系。

（2）集成。数据仓库中的数据是从原有的分散的数据库数据抽取来的。操作型数据与管理决策中的分析型数据之间差别很大。第一，数据仓库的每一个主题所对应的源数据分散在各个原有的各数据库中，有许多重复和不一致的地方，且来源于不同的联机系统的数据都和不同的应用逻辑捆绑在一起；第二，数据仓库中的综合数据不能从原有的数据库系统直接得到。因此，在数据进入数据仓库之前，必然要经过统一和综合，这一步是数据仓库建设中最关键最复杂的一步。这步所要完成的工作有：

①统一数据源中所有矛盾之处，如字段的同名异义、异名同义、计量单位不统一、字长不一致等。

②进行数据综合和计算。数据仓库中的数据综合工作可以在从原有数据库抽取数据时生成，但许多是在数据仓库内部生成的，即进入数据仓库以后综合生成的。

(3) 不可更新。数据仓库中的数据主要供企业决策分析之用，所涉及的数据操作主要是数据查询，一般情况下并不进行修改操作。其中的数据反映的是一段相当长的时间内历史数据的内容，是不同时点的数据库快照的集合，以及基于这些快照进行统计、综合和重组的导出数据，而不是联机处理的数据。由于数据仓库的查询数据量往往很大，所以就对数据查询提出了更高的要求，比如采用各种复杂的索引技术；同时由于数据仓库面向的是商业企业的高层管理者，他们会对数据查询的界面友好性和数据表示提出更高的要求。

(4) 随时间不断变化。数据仓库中的数据不可更新是针对应用来说的，也就是说，数据仓库的用户进行分析处理时是不进行数据更新操作的。但并不是说，在从数据集成输入数据仓库开始到最终被删除的整个数据生存周期中，数据仓库中的所有数据都是永远不变的。

数据仓库的数据是随着时间的变化而不断变化的。这主要表现在如下三个方面：

①数据仓库随着时间变化不断增加新的数据内容。数据仓库系统必须不断捕捉联机事务处理（OLTP）数据库中变化的数据，追加到数据仓库中去，也就是要不断地生成 OLTP 数据库快照，经统一集成后增加到数据仓库中。

②数据仓库随时间变化不断删去旧的内容。数据仓库单击数据也有存储期限，一旦超过了这个期限，过期数据就要被删除，只是数据仓库内的数据时限要远远长于操作型环境中数据的时限。在操作型环境中一般只保存有 60~90 天的数据，而在数据仓库中则需要保存较长时期的数据（如 5~10 年），以适应管理决策中进行趋势分析的要求。

③数据仓库中包含有大量的综合数据，这些综合数据中很多跟时间有关，如数据经常按照时间段进行综合，或隔一定的时间片进行抽样等。这些数据要随着时间的变化不断地进行重新综合。

因此，数据仓库的数据特征都包含时间项，以表明数据的历史时期。

4.7.2.2 数据仓库的体系结构

斯坦福大学“WHPS”课题组提出的一个基本的数据仓库模型如图 4-19 所示。

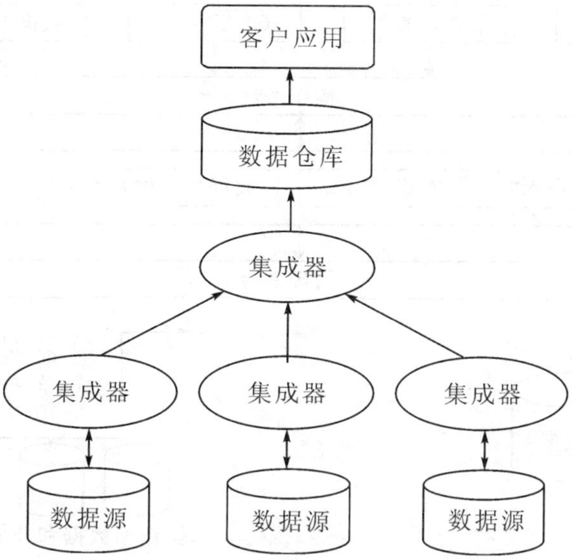

图 4-19 数据仓库的基本体系结构

(1) 数据源：为数据仓库提供最底层数据的运作数据库系统以及外部数据。

(2) 监视器：负责感知数据源发生的变化，并按照数据仓库的要求提取数据。

(3) 集成器：将从运作数据库中提取的数据经过转换、计算、综合等操作，并集成到数据仓库中。

(4) 数据仓库：存储已经按企业级视图转换的数据，供分析处理用。根据不同的分析要求，数据按不同的综合程度存储。此外，数据仓库中还应存储元数据，记录数据的结构和数据仓库的所有变化。以支持数据仓库的开发和使用。

(5) 客户应用：供用户对数据仓库中的数据进行访问查询，并以直观的方式表示分析结果的工具。

IBM、Oracle、Sybase、Informix、SAS Tnstitute、Prism Software 等厂商都提出了自己的数据仓库解决方案和结构。图 4-19 为构成数据仓库的最基本的框架，任何一个数据仓库结构都可以从这一基本框架发展而来。图 4-20 是数据仓库的一种较为复杂的结构图。

(1) 数据仓库管理系统：实现数据仓库的安全和特权管理、跟踪数据的更新、数据质量检查、元数据的管理和更新、审计和报告数据仓库的使用和状态、存储管理等。

(2) 数据集市：为了特定的应用目的或应用范围，而从数据仓库中独立出来的一部分数据，也可称为部门数据或主题数据。在数据仓库的事实施过程中往往可以从一个部门的数据集市着手，以后再将几个数据集市组成一个完整的数据仓库。

(3) 数据抽象工具：把数据从各种各样的存储方式中拿出来，进行必要的转化、整理，再存放到数据仓库内。对各种不同数据存储方式的访问能力是数据抽取工具的关键，应能生成 COBOL 程序、MVS 作业控制语言（JCL）、UNIX 脚本和 SQL 语句等，以访问不同的数据。数据抽取、数据转换和数据载入要包括以下内容：删除对决策应用没有意义的数据段；统一数据名称和定义；计算统计和衍生数据；给数据赋缺省值。

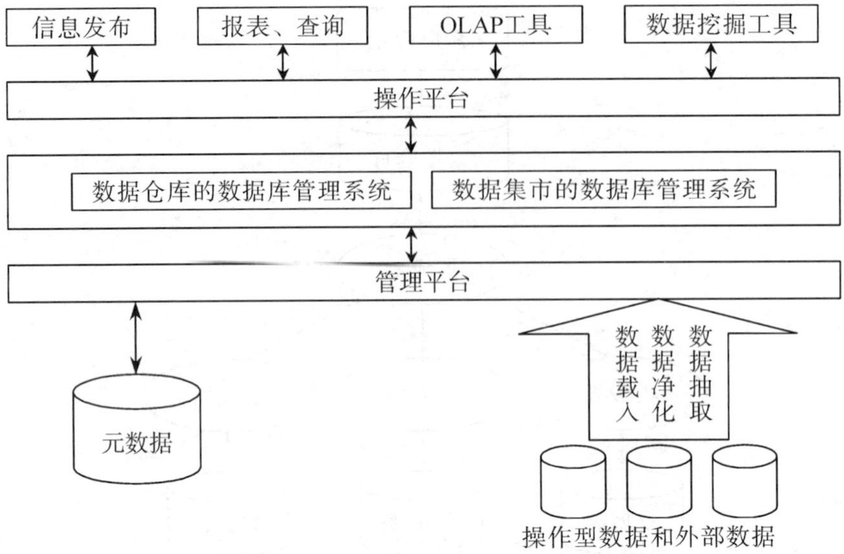

图 4-20　数据仓库的体系结构

（4）元数据：元数据是描述数据仓库内数据的结构和建立方法的数据。按用途的不同可以将其分为技术元数据和商业元数据。技术元数据是数据仓库的设计和管理人员用于开发和日常管理的数据，包括：数据源信息；数据转换的描述；数据仓库内对象和数据结构的定义；数据清理和数据更新使用的规则；用户访问权限、数据备份历史记录、数据导入历史记录、信息发布历史记录等。商业元数据从业务的角度描述了数据仓库中的数据，包括业务主题的描述、报表等。

元数据为访问数据仓库提供了一个信息目录（information directory）。这个目录全面描述了数据仓库中有什么数据、这些数据是怎么得到的和如何访问这些数据的。信息目录是数据仓库运行和维护的中心，数据仓库服务器利用它来存储和更新数据，用户通过它来了解和访问数据。

（5）信息发布：把数据仓库中的数据或其他相关的数据发送到不同的地点或用户，基于 Web 的信息发布系统是对付多用户访问的最有效方法。

（6）访问工具：为用户访问数据仓库提供手段，包括数据查询和报表工具、联机分析处理（OLAP）工具、数据挖掘工具等。

在整个体系结构中，数据仓库的数据库是整个数据仓库环境的核心，它存放数据并提供对数据检索的支持。相对于操纵型数据库来说，其突出的特点是对海量数据的支持和快速的检索技术。

4.7.2.3　数据仓库的发展前景

数据仓库概念已经逐渐被接受，并在多个领域得到应用。比如：在证券业中，它可以处理客户分析、账户分析、证券交易数据分析、非资金交易分析等多个业界关心的主题，这是证券业扩大经营、防范风险的预警行动；在税务领域中，通过对大量数据资料的分析来掌握各行各业、各种产品和各类市场的从业人员以及企业的纳税能力，并与实际纳税金额进行对比，从而查出可能的偷漏税者。此外，数据仓库技术还在保险业、银行业、营销业等客户关系管理中都有广泛的应用。

随着各种计算机技术，如数据模型、数据库技术和应用开发技术的不断进步，数据仓库技术也在不断发展。中国的数据仓库市场前景广阔，更是充满无限商机。

但是，数据仓库绝不是对数据库的替代。数据仓库和操作性数据库在企业的信息环境中承担着不同的任务（高层决策分析和日常操作性处理），并发挥着不同的作用。用于高层决策的数据仓库需要丰富的数据基础，存储的数据量庞大，同时要使数据仓库真正发挥作用，还要有高层分析工具，因而数据仓库的成本一般比较高。对国内各公司和企业来说，建不建数据仓库，取决于有没有相应的基础和需求，还要考虑成本和效益问题。总之，要具体情况具体分析。

4.7.2.4 数据挖掘简介

在数据仓库的应用中，要对大量的数据进行分析，从中提取数据中隐含的某些事物的发展规律和事物之间的联系，这需要用到一些统计、建模、分析的技术与工具。数据挖掘就是新兴的一种从大量数据中提取有用信息以支持管理决策的技术。

数据挖掘又称为数据库中的知识发现（knowledge discovery in database，KDD），是从大量数据中提取出可信、新颖、有效并能被人理解的模式的高级处理过程。数据挖掘的重要性就来源于数据仓库中巨大的数据量。数据仓库组合许多不同来源的信息，创建一个具有比任何单个数据源有更多列或属性的数据实例。尽管这会增加数据挖掘工具的精确度，但是也会使得人们很难对大量的信息进行排序并寻找其中的趋势，而且，因为数据仓库中信息太多，从而无法完全利用每一条信息。所有这些因素，都促使人们对数据仓库使用数据挖掘工具。数据挖掘的结果可以增加收入、降低费用，甚至两者兼而有之。数据挖掘所涉及的学科领域和方法很多，比如：

（1）数据总结：其目的是对数据进行浓缩，给出它的紧凑描述。

（2）数据分类：其目的是学会一个分类函数或分类模型（也称为分类器），该模型能把数据库中的数据项映射到给定类别中的某一个。

（3）数据聚类：把一组个体按照相似性归成若干类别，使属于同一类别的个体间的距离尽可能小，而不同类别的个体间的距离尽可能大。

数据挖掘技术从一开始就是面向应用的。它不仅是面向特定数据库的简单检索查询调用，而且要对这些数据进行统计、分析、综合和推理，以指导实际问题的求解，发现事物间的相互关联，甚至利用已有的数据对未来的活动进行预测。为了实现数据挖掘，现在已经开发出许多软件工具，并且形成了若干产品。

数据挖掘的用途很多。在客户关系管理中，可以使用数据挖掘来发现使客户盈利的因素或促进客户转向竞争对手的因素；在医学领域中，可以使用数据挖掘来确定哪些过程更为有效，哪些病人最适合做外科手术；在市场营销领域中，可以使用数据挖掘来确定哪些客户对哪些特定商品或增加销售收入的方法更感兴趣；在制造领域中，可以使用数据挖掘来确定哪些过程参数最能影响产品的质量。

4.8 新系统逻辑方案的建立

经过前面的业务流程调查、数据流程的抽取以及数据分析，系统分析员已经对现行系统有了比较深刻的认识，再进一步调查最终用户对系统的功能需求、系统性能需求、运行需求以及预测将来可能的需求，便可以建立新系统的逻辑模型。

新系统逻辑方案指的是经分析和优化后，新系统拟采用的管理模型和信息处理方法。因它不同于计算机配置方案和软件结构模型方案等实体结构方案，故称其为逻辑方案。

详细地了解情况，进行系统分析都是为最终确立新系统的逻辑方案做准备。所以说，新系统逻辑方案的建立是系统分析阶段的最终成果。它对于下一步的设计和实现都是基础性的指导文件。

新系统的逻辑方案主要包括以下内容：对系统业务流程分析整理的结果；对数据及数据流程分析整理的结果；子系统划分的结果；各个具体的业务处理过程，以及根据实际情况应建立的管理模型和管理方法。同时，新系统的逻辑方案也是系统开发者和用户共同确认的新系统处理模式以及打算共同努力的方向。

4.8.1 新系统信息处理方案

在本章前面各节中已经对原有系统进行了大量的分析和优化，这个分析和优化的结果就是新系统拟采用的信息处理方案。它包括如下几部分：

（1）确定合理的业务处理流程。

其具体内容包括：

①删去或合并了哪些多余的或重复处理的过程？

②对哪些业务处理过程进行了优化和改动？改动的原因是什么？改动（包括增补）后将带来哪些好处？

③给出最后确定的业务流程图。

④指出在业务流程图中哪些部分（主要指计算机软件系统）可以完成，哪些部分需要用户完成（或是需要用户配合新系统来完成）？

（2）确定合理的数据和数据流程。

其具体内容包括：

①请用户确认最终的数据指标体系和数据字典。确认的内容主要是指标体系是否全面合理，数据精度是否满足要求并可以统计得到这个精度等。

②删去或合并了哪些多余的或重复的数据处理过程？

③对哪些数据处理过程进行了优化和改动？改动的原因是什么？改动（包括增补）后将带来哪些好处？

④给出最后确定的数据流程图。

⑤指出在数据流程图中哪些部分（主要指计算机软件系统）可以完成，哪些部分

需要用户完成（或是需要用户配合新系统来完成）？

（3）确定新系统的逻辑结构和数据分布。

①新系统逻辑划分方案（子系统的划分）。

②新系统数据资源的分布方案，如哪些在本系统设备内部，哪些在网络服务器或主机上。

4.8.2 新系统可能涉及的管理模型

确定新系统的管理模型就是要确定今后系统在每一个具体的管理环节上的处理方法。这个问题一般应根据系统分析的结果和管理科学方面的知识来定。在此无法给出一个预先规定的新系统模型或产生该模型的条条框框。但为了方便读者，我们示意性地给出若干新系统管理模型，以供借鉴和参考。

4.8.2.1 综合计划模型

综合计划是企业一切生产经营、管理活动的纲领性文件。一个切实可靠的综合计划方案，基本上就奠定了企业生产、经营活动的基础。综合计划模型一般由综合发展计划模型和资源限制模型两大部分组成。到目前为止常用的综合计划模型有以下几种：

①综合发展模型。该模型主要是用来反映企业的近期发展目标，包括利税发展指标、生产发展规模等。一般常用的综合发展模型有：

◆企业的中长期计划模型。

◆厂长（或经理）任期目标的分解模型。

◆新产品开发和生产结构调整模型。

◆中长期计划滚动模型。

②资源限制模型。该模型主要是用来反映企业现有各类资源和实际情况对综合发展模型的限制情况。常用的资源限制模型有：

◆数学规划模型。

◆资源分配限制模型。

4.8.2.2 生产计划管理模型

生产计划的制订主要包括两方面的内容：一是生产计划大纲的编制；二是详细的生产作业计划。它们分别包括如下几方面的内容：

①生产计划大纲的编制主要是安排与综合计划有关的生产量指标。一般来说这部分涉及以下内容：

◆安排预测和合同订货的生产任务模型。

◆物料需求计划模型。

◆设备负荷和生产加工能力模型。

◆量—本—利分析模型。

◆投入产出模型。

◆数学规划模型。

②生产作业计划要具体给出产品生产数量加工路线、时间安排、材料供应以及设备生产能力负荷平衡等方面。具体方法有：

◆投入产出矩阵模型。

◆网络计划（PERT）模型/关键路径法（CPM）模型。

◆排序模型。

◆物料需求模型。

◆设备能力负荷平衡模型。

◆滚动式生产作业计划模型。

◆甘特图（Gantt chart）模型。

◆经验方法。

生产计划模型在选定了上述方法以后，根据单位的实际情况还会有很多具体的变化，这需要视系统分析的情况而定。

4.8.2.3　库存管理模型

库存管理有很多不同的模型，如最佳经济批量模型等。但我们一般常用的是下面介绍的这种程序化的管理模型。

（1）库存物资的分类法。

据统计分析，一般库存物资都遵循 ABC 分类规律，即 A 类物资品种数占库存物资总数的不到 10%，但金额数约占总数的 75%；B 类物资这两项比例数分别为 20% 和 20%左右；C 类物资则为 70%和 5%，据此建立模型。所以，库存管理首先得确定库存物资的分类以及具体的分类方法。

（2）库存管理模型。

例：把库存量的时间变动曲线画出，根据重订货点和经济订货批量等控制模型。

4.8.2.4　财会管理模型

财会管理模型相对比较固定，确定一个财会管理模型主要有如下几个方面：

（1）会计记账科目的设定（一般第一、第二级科目都由国家和各行业/部规定，第三、第四级由单位自定）。

（2）会计记账方法的确定（主要是借贷法和增减法）。

（3）财会管理方法（如计划、决策、调整以及具体的管理措施等）。

（4）内部核算制度或内部银行的建立以及具体的核算方法等。

（5）安全、保密措施以及与其相对应的运行制度和管理方法。

（6）文档、数据、原始凭证的保存方法与保存周期。

（7）审计和随机抽查的形式、范围与对账方法等。

4.8.2.5　成本管理模型

对于成本管理我们应考虑使用如下几个方面的管理方法（或称模型）：

（1）成本核算模型。产品的成本一般由生产成本和销售成本两部分组成，故成本核算也必须考虑两方面的计算问题。

①间接费用分配方法的选取目前常用的方法有完全成本计算方法和变动成本计算方法。

②直接生产过程消耗部分的计算方法有品种法、分步法、逐步结转法、平行结转法、定额差异法等。

（2）成本预测模型。目前常用的有数量经济模型、投入产出模型、回归分析模型、指数平滑模型等。

（3）成本分析模型。成本分析模型有很多种，一般常用的方法有以下几个：

①实际成本与定额成本比较模型。

②本期成本与历史同期可比产品成本比较模型。

③产品成本与计划指标比较模型。

④产品成本差额管理模型。

⑤量—本—利分析模型。

4.8.2.6 经营管理决策模型

经营管理决策是一个广义的概念，它涉及企业高层管理人员围绕经营管理目标所进行的所有努力，包括信息的收集、信息的处理（模型算法等）、决策者的经验、背景和分析判断能力、环境条件的约束限制等多个方面。经营管理决策模型可以说是整个信息系统的核心和最高层次的处理环节，也是企业领导层（决策者）最为关心的内容。

确定一个有效的经营管理决策模型不是一件容易的事情，一般需要同用户（即决策者）在系统分析阶段进行反复的协商来共同确定。其研究的范围包括：

（1）组织决策体系的研究。

（2）确定适当的决策过程。

（3）确定收集、处理、提炼对决策有用信息的渠道、步骤和方法。

（4）确定适当的决策模型，对确定性的决策问题可得到具体的优化模型，对不确定性（半结构化）的决策问题得到的就不是某个具体的数学模型了，而是今后动态地构成这些决策模型的方式，如前面介绍过的模型库系统、知识系统、推理方式等。

（5）确定和选择优化解的方式，对确定性问题得到的是唯一的解，但对不确定性问题得到的是若干不同的解，故必须确定选择和优化解的方式。

（6）系统支持决策的方式。

（7）模拟决策执行过程。

（8）决策评价指标体系的研究以及反馈控制决策系统运行的方式。

4.8.2.7 统计分析模型

统计分析模型常常是用以反映销售状况、市场占有情况、质量指标、财务状况等方面的综合、总量变化状况。这类模型在信息系统中常用各种分析图形的方式给出，而常用的统计分析方法有以下几个：

（1）产品市场占有率分析。

（2）市场消费变化趋势分析。

（3）产品销售统计分析。

（4）产品销售额与利润变化趋势分析。

（5）质量状况及指标分布状况分析。

（6）生产统计分析。

（7）财务统计分析。

（8）企业综合经济效益指标统计分析。

4.8.2.8 预测模型

预测模型同统计分析模型一样可以广泛地用于生产产量、销售量、市场变化趋势等方面。常用的预测模型有以下几个：

（1）多元回归预测模型（如一元、二元、……）。

（2）时间序列预测模型。

（3）普通类比外推模型等。

4.9 系统分析报告

4.9.1 系统分析报告的作用

系统分析阶段的成果就是系统分析报告，它反映了这一阶段调查分析的全部情况，是下一步设计与实现系统的纲领性文件。系统分析报告形成后必须组织各方面的人员（包括组织的领导、管理人员、专业技术人员、系统分析人员等）一起对已经形成的逻辑方案进行论证，尽可能地发现其中的问题和疏漏等。对于问题、疏漏要及时纠正，对于有争论的问题要重新核实当初的原始调查资料或进一步地深入调查研究，对于重大的问题甚至可能需要调整或修改系统目标，重新进行系统分析。总之，系统分析报告是一个非常重要的文件，必须进行非常认真地讨论和分析。

系统分析报告的作用主要表现在以下两个方面：

（1）系统分析报告是系统分析阶段的工作成果，它反映了这一阶段调查分析的全部情况；

（2）经审议后的系统分析报告成为有约束力的指导性文件，成为用户与技术人员之间的技术合同，是系统设计阶段工作的前提和出发点，是进行系统设计的依据。

4.9.2 系统分析报告的内容

一份好的系统分析报告应该不但能够充分展示前段调查的结果，而且能够反映系统分析结果——新系统的逻辑方案，这是非常重要的（特别是后者）。系统分析报告要包括以下内容：

（1）引言。

说明项目名称、目标、功能、背景、引用资料（如核准的计划任务书或合同）、本文所用的专门术语等。

（2）项目概述。

① 项目的主要工作内容：简要说明本项目在系统分析阶段所进行的各项工作的主要内容。这些是建立新系统逻辑模型的必要条件，而逻辑模型是书写系统说明书的基础。

② 现行系统的调查情况：新系统是在现行系统基础上建立起来的。设计新系统之前，必须调查清楚现行系统，掌握现行系统的真实情况，了解用户的要求和问题所在。

列出现行系统的目标、主要功能、组织结构、用户要求等，并简要指出主要问题所在。以数据流程图为主要工具，说明现行系统的概况。

数据字典、判定表等篇幅较大，可以作为附件。但是由它们得到的主要结论，如主要的业务量、总的数据存储量等，应列在正文中。

③ 新系统的逻辑模型：通过对现行系统的分析，找出现行系统的主要问题所在，进行必要的改动，即得到新系统的逻辑模型。

新系统的逻辑方案是系统分析报告的主体。这部分主要反映分析的结果和我们对今后建造新系统的设想。它包括本章各节分析的结果和主要内容：

◆新系统拟定的业务流程及业务处理工作方式。

◆新系统拟定的数据指标体系和分析优化后的数据流程，以及计算机系统将完成的工作部分。

◆新系统在各个业务处理环节拟采用的管理方法、算法或模型。

◆与新的系统相配套的管理制度和运行体制的建立。

◆系统开发资源与时间进度估计。

（3）实施计划。

① 工作任务的分解：对开发中应完成的各项工作，按子系统（或系统功能）划分，指定专人分工负责。

② 进度：给出各项工作的预定开始日期和结束日期，规定任务完成的先后顺序及完成的界面，可用 PERT 图或甘特图表示进度。

③ 预算：逐项列出本项目所需要的劳务以及经费的预算，包括各项工作所需人力及办公费、差旅费、资料费等。

4.9.3 系统分析报告的审议

系统分析报告是系统分析阶段的技术文档，也是这一阶段的工作报告，是提交审议的一份工作文件。系统分析报告一旦审议通过，则成为有约束力的指导性文件，成为用户与技术人员之间的技术合同，成为下阶段系统设计的依据。因此，系统分析报告的编写很重要。它应简明扼要，抓住本质，反映系统的全貌和系统分析员的设想。它的优劣是系统分析人员水平和经验的体现，也是系统分析员对任务和情况了解深度的体现。

对系统分析报告的审议是整个系统研制过程中的一个重要的里程碑。审议应由研制人员、企业领导、管理人员、局外系统分析专家共同进行。审议通过后，系统分析报告就成为系统研制人员与企业对该项目共同意志的体现，系统分析作为一个工作阶段，宣告结束。若有关人员在审议中对所提方案不满意，或者发现研制人员对系统的了解有比较重大的遗漏或误解，就需要返回，重新进行详细调查和分析。也有可能发现条件不具备、不成熟，导致项目中止或暂缓。一般来说，经过认真的可行性分析之后，不应该出现后一种情况，除非情况有重大变化。

上面提到的局外专家，是指研制过类似系统而又与本企业无直接关系的人。他们一方面协助审查研制人员对系统的了解是否全面、准确；另一方面审查提出的方案，特别是对实施后会给企业的运行带来的影响做出估计。这种估计需要借助他们的经验。

小结

系统规划阶段对系统建设提出了总体设想，在此阶段对现行系统进行过调查，但不是很细致，甚至可以说是“走马观花”，致使从宏观上对新型系统现状进行调查，真正要弄清楚现行系统“是什么”“做什么”和“怎么做”的，还需要从上而下，从粗到细，由表及里地对现行系统进行详细调查，并在此基础上进行分析，提出新的管理信息系统逻辑模型，为系统设计阶段提供依据。

新系统的开发往往来自对原系统的不满，在系统开发之前，应根据组织的战略目标和用户要求，对原系统存在的问题进行识别，对原有系统展开详细调查。详细调查主要针对现行系统的组织结构、管理功能和数据流程进行，以便完整掌握现行系统的现状，找出存在的问题和薄弱环节，产生业务流程图和数据流程图。在详细调查的基础上，找出不合理的业务流程和数据流程，最终提出新系统的逻辑方案，反映系统分析的结果和对新系统的设想。

案例

企业组织结构调整后的管理重组

石油行业在进行组织结构调整后，随之而来的企业内部的管理重组工作不容忽视。

实行管理重组的必要性

所谓管理重组（MRP），是指当外部环境、企业资源及其结构发生变化时，重新选择确定一种科学合理的、有助于提高企业竞争力和发展能力的管理模式或管理体系的过程。

企业经营环境的变化，要求企业必须做出战略性调整，进行适应性管理重组。经过外部的企业组织结构调整后，企业所处的外部环境发生了很大的变化，形成了新的市场竞争格局，由企业的供应、研发、生产、销售等构成的企业价值链进行了新的整合，同时企业自身在经历蜕变后也成为新的实体。企业吸纳了新的资源，包括资本、物资、人力、文化、品牌、渠道和市场等，这些可控资源较之企业组织结构调整前也都发生了巨大变化。正确地认识和规划利用好这些资源，是企业形成新的竞争力，获取未来竞争优势的基础。因此，企业必须重视管理重组的作用，通过管理重组，协调企业各方的价值取向，形成共同的企业价值观和企业目标；协调各方的利益冲突，形成新的企业文化，发挥资源整合的协同作用。

管理重组的重点及内容

在当前石油行业企业组织结构调整的大框架内，企业管理重组要重点抓好以下几个方面的工作：

（1）企业战略重组。企业战略主要由企业目标、企业使命、企业价值观、企业文化等组成。企业战略的重要意义已被越来越多的企业所认识和利用。但是战略也不是永远不变的，好的战略应当具有应对环境变化的“柔性”。在环境变化程度足够大时，就需及时做出战略的调整或重新规划，而不能再拘泥于原有的企业战略。在经过企业组织结构调整后，企业的规模扩大了，生产能力增强了，但能否将生产力同步增大，能否保持和进一步提高企业效益是决定企业能否生存的关键。对企业的内外部环境进行深刻的考察和认识，进行切合实际的SWOT分析（strength，优势；weakness，劣势；opportunity，机会；threat，威胁），并在此基础上制定和完善企业战略，以完成新企业的战略重组。

（2）组织重组。全面的组织重组包括两层含义：一是组织架构的重组，二是人员重组。所谓组织架构的重组，是指关于组织的理论与组织形成的创新与再造，是一种组织的改造和创新，如企业组织机构改造、建立学习型组织等。而组织是人的组织、人的集合，组织和人之间的高度依存性，决定了组织架构的调整必然伴随着人的调整，也即人员重组。

在信息时代和网络时代，企业需要在信息流的基础上重新构建组织。石油企业经过新一轮行业组织结构调整和实施了战略重组后，企业的组织重组应当提上重要议事日程。企业通过兼并、托管和重组等实行了资本重组后，原来独立运作的经济实体合而为一，成为一个全新的经济联合体。原有各独立实体必须按照新企业发展战略的要求，打破体制、归属、地域、利益、文化、制度等方面各不相同的组织要素，而后实行重组，形成符合要求的生产中心、研发中心、营销中心、利润中心或者兼顾各种企业职能的事业部，以利于充分发挥组织的功能，提高资源配置效率。

（3）业务流程重组。企业组织结构的调整，必将伴随企业业务流程的变化。企业要维持组织高效运转，必须有科学合理的工作流程。在市场经济条件下，这些工作流程，应当是建立在增加顾客价值的基础上的。在企业业务流程重组中必须精简或废除一切对增加顾客价值无益的流程。特别是进入了信息社会之后，信息技术的发展为企业进行业务流程重组提供了物质基础和技术平台。跨地域的各种职能和流程完全可以在企业内部局域网和因特网的基础上实现沟通。而现代集成制造系统（CIMS）、企业资源计划系统（ERP）等各种先进的管理信息系统（MIS）都将在企业流程重组中发挥举足轻重的作用。整合后的大石油企业，必须深入研究业务流程重组或再造工作，充分利用信息技术发展的最新成果，搞好业务流程重组（BPR），以高效和富有柔性的业务流程构建企业新的竞争能力和竞争优势。

（4）企业资源重组。企业资源重组包括产业资源重组、人力资源重组、技术资源重组、市场资源重组等。企业组织结构调整后，面临的是新的更加广泛的资源。企业要做好资源的大文章，解决好企业的“输入”问题，才能保证有好的“输出”产品。当然，被兼并或托管的企业，其原先视之为“资源”的资源，在新的标准下，可能将只视为一种不堪使用的“资源”或“成本”，如规模很小、知名度很低且没有拓展潜力的烟草“品牌”，不能胜任新的岗位的员工，相对落后陈旧的生产线，小范围内行之有效的营销手段或渠道等，所有这些都将是企业资源重组的对象。企业应当善于进行资源的转化和整合工作，将各种资源进行科学的分析并加以利用。

企业的管理重组又是一项深刻复杂的管理变革的系统工程。它牵涉企业的方方面面，需要企业领导班子深谋远虑。为了实施这样的管理重组，必须寻求坚强的智力支持、技术支持、财力支持和政策支持。

资料来源：http://www.tobaccochina.com/news/data/20034/421094843.html.

思考题

1. 什么是管理信息系统开发中的系统分析？其主要目标和活动内容有哪些？系统分析的主要工作是什么？

2. 简述业务流程图绘制的步骤与方法。

3. 简述数据流程图绘制的主要原则、步骤与方法。

4. 简述数据字典在系统分析中的作用和编写数据字典的基本要求。

5. 请指出业务流程图和数据流程图有哪些异同？

6. 系统分析报告应该包括哪些内容？

7. 请调查一个储蓄所的存（取）款业务过程，然后用业务流程图描述该过程，并画出相应的数据流程图。

8. 对所在学校的图书借阅业务进行系统分析：

（1）画出业务流程图；

（2）画出数据流程图；

（3）编写相应的数据字典。

5 管理信息系统的系统设计

本章主要内容：

本章主要介绍管理信息系统的系统设计，包括代码的功能、代码设计的原理及代码的种类；输入和输出设计、用户界面设计、系统物理配置方案设计；数据库存储设计以及系统设计说明书。

本章学习目标：

了解系统设计在整个信息系统开发过程中的地位、基本任务和系统设计的目标、原则；了解由数据流程图导出结构图的方法；掌握数据库设计的方法和步骤；掌握代码设计的原则、种类和代码校验的方法；掌握信息系统硬件、软件和网络结构的设计原则；掌握系统输入和输出设计的原则，能够根据用户要求进入输入和输出介质的选择；掌握系统设计的内容，能够根据系统分析得到的逻辑模型进行物理模型设计，掌握系统设计报告的作用和内容。

系统设计是信息系统开发过程中的另一个重要阶段。在这一阶段，我们要根据前一阶段系统分析的结果，在已经获得批准的系统分析报告的基础上进行新系统设计。系统设计包括两个方面，一是总体结构的设计，二是具体物理模型的设计。系统设计的主要目的就是为下一阶段的系统实现（如编程、调试、试运行等）描绘蓝图。在系统设计阶段，我们的主要任务就是在各种技术和实施方法中权衡利弊，精心设计，合理地使用各种资源，最终勾画出新系统的详细设计方案。系统设计的结果是一系列的系统设计文件（蓝图），这些文件是实现一个信息系统（包括安装硬件设备和编制软件程序）的重要基础。

到目前为止，系统设计所使用的主要方法还是自上向下结构化的设计方法，但是在局部环节上（或是针对某些规模较小的系统）使用原型方法、面向目前的方法。这是目前的发展趋势。

5.1 系统设计的主要工作

5.1.1 系统设计的概念

系统设计又称为物理设计，是开发管理信息系统的第二阶段。系统设计通常可分为两个阶段进行，首先是总体设计，其任务是设计系统的框架和概貌，并向用户单位和领导部门做详细报告并得到认可；在此基础上进行第二阶段——详细设计，这两部分工作是互相联系的，需要交叉进行，本章将这两个部分内容结合起来进行介绍。

系统设计是开发人员的工作，他们将系统设计阶段得到的目标系统的逻辑模型转换为目标系统的物理模型，该阶段得到的工作成果——系统设计说明书是下一个阶段系统实施的工作依据。

5.1.2 系统设计的目标

系统设计的目标应该是在保证实现系统逻辑模型的基础上，尽可能地提高系统的各项指标，如系统的工作效率、可靠性、工作质量、可变性和经济性等。

5.1.2.1 系统的功能

系统功能是系统设计中最根本的要求。在系统设计中应以系统分析报告作为系统设计的依据，完整地实现系统分析阶段提出的系统逻辑模型。系统功能主要考察系统是否解决了用户希望解决的问题，是否具有较强的数据校验功能，能否进行必需的运算，能否提供符合用户需求的信息输出，等等。保证拟建的系统满足用户需要的功能，正是系统设计阶段的中心任务。

5.1.2.2 系统的工作效率

系统的工作效率指系统对数据的处理能力（单位时间内处理事务的能力）、处理速度（处理单个事务所需要的平均时间）、响应时间（从发出要求到得到应信号的时间）等与时间有关的指标。影响系统效率的因素很多，包括系统的硬件及其组织结构、人机接口设计的合理性、计算机处理过程的设计质量等。

5.1.2.3 系统的可靠性

系统的可靠性是指系统在运行过程中抵御各种干扰、保证系统正常工作的能力，包括错误检查、错误纠正的能力，系统灾难恢复的能力，软、硬件的可靠性，系统安全保护能力等。系统平均无故障时间、系统平均修复时间是衡量系统可靠性的重要指标。

5.1.2.4 系统的工作质量

系统的工作质量指系统提供信息的准确程度、使用的方便性、输出表格的实用性和清晰性等。为了保证系统良好的工作质量，要求系统设计人员在各个环节都要精心设计，如输入/输出设计、代码设计、人机接口设计等。设计时既要考虑应用的要求，还要考虑使用者的能力和心理反应。

5.1.2.5 系统的可变更性

系统的可变更性指修改和维护系统的难易程度。系统在实施的过程中，需要测试、修改，即使是在系统交付使用后，有时也会因为发现系统存在的某些错误或不足之处需要对系统进行修改或维护。另外，随着系统环境的变化，用户会对系统提出新的要求。因此，系统的修改的难易程度直接关系到系统的生命周期。

5.1.2.6 系统的经济性

系统的经济性是指系统的收益和支出之间的对比关系。值得注意的是，在衡量系统的经济费用的同时，还要定性考虑系统实施后取得的社会效益和经济效益等。

5.1.3 系统设计的内容

系统设计阶段的任务是提出实施方案。该方案是系统设计阶段工作成果的体现，以书面的正式文件——系统设计说明书提出，批准后将成为系统实施阶段的工作依据。

系统设计的基本任务可以分为两个：总体设计和详细设计。下面分别介绍它们的具体内容。

5.1.3.1 总体设计（architectural design）

总体设计又称为概要设计（preliminary design），包括功能结构图设计、信息系统流程图设计、系统平台设计等。其基本任务是：

（1）将系统划分为模块，并决定每个模块的功能；

（2）决定模块之间的调用关系及模块之间的信息传递关系；

（3）信息系统平台设计，包括计算机处理方式、网络结构设计、软件及硬件平台设计等。

5.1.3.2 详细设计

详细设计是在总体设计的基础上进行的，主要有处理过程设计，以确定每个模块内部的详细执行过程，包括局部数据组织、控制流、每一步的具体加工要求等，一般来说，处理过程模块详细设计的难度已不太大，关键是用一种合适的方式来描述每个模块的执行过程；除了处理过程设计，还有代码设计、界面设计、数据库设计、输入输出设计等。表 5-1 列出了系统设计各部分的主要内容。

表 5-1 系统设计的主要内容

系统功能结构	子系统、功能模块划分；功能模块之间关系的确定
系统平台设计	网络结构设计 计算机软件、硬件选择 数据库管理系统选择
代码设计	代码结构的设计 使用范围、期限和维护修改权限 代码编写
系统输出设计	决定输出设备和输出介质 确定输出内容、格式和精度 确定输出时间
系统输入设计	数据源的确定，输入检查纠错 数据输入格式、内容和精度 选择数据输入设备和输入方式
用户界面设计	用户界面风格的设计 编写联机帮助 错误信息提示与处理
数据库设计	逻辑数据模型设计 数据一致性 物理数据模型

表5-1(续)

安全性设计	设备备份与数据备份 用户权限设定 事故处理与灾难恢复
文档编写	系统设计报告 用户操作手册编写

5.2 系统的功能结构图设计

5.2.1 系统设计的原则

系统设计总的原则是保证系统设计目标的实现，并在此基础上让技术资源的运用达到最佳。系统设计中，应遵循以下原则：

5.2.1.1 系统性原则

系统是一个有机整体。因此，在系统设计中，要从整个系统的角度进行考虑，使系统有统一的信息代码、统一的数据组织方法、统一的设计规范和标准，以此来提高系统的设计质量。

5.2.1.2 经济性原则

经济性原则是指在满足系统要求的前提下，尽可能地减少系统的费用支出。一方面，在系统硬件投资上不能盲目追求技术上的先进，而应以满足系统需要为前提；另一方面，系统设计中应避免不必要的复杂化，各模块应尽可能简洁。

5.2.1.3 可靠性原则

可靠性既是评价系统设计质量的一个重要指标，又是系统设计的一个基本出发点。只有设计出的系统是安全可靠的，才能在实际中发挥它应有的作用。一个成功的管理信息系统必须具有较高的可靠性，如安全保密性、检错及纠错能力、抗病毒能力、系统恢复能力等。

5.2.1.4 管理可接受的原则

一个系统能否发挥作用、是否具有较强的生命力，在很大程度上取决于管理上是否可以接受。因此，在系统设计时，要考虑到用户的业务类型、用户的管理基础工作、用户的人员素质、人机界面的友好程度、掌握系统操作的难易程度等诸多因素的影响。因此在系统设计时，必须充分考虑到这些因素，才能设计出用户可接受的系统。

5.2.2 系统功能结构图设计的方法

5.2.2.1 功能结构图设计的步骤

系统功能结构图的设计，可以分成两个步骤进行：

(1) 从新系统数据流程图出发导出初始结构图，即先把整个系统看作一个模块，然后对其逐层分解。分解时，要遵守划分模块的基本原则和完成数据流程图所规定的各项任务及其处理顺序。每分解出一层模块，都要标明信息传递情况并考虑每一模块的实现方法，同时还要考虑系统结构的层数。

（2）对系统结构图进行改进，即从提高模块的独立性目标出发，检查每一个模块是否还可以降低关联度，提高聚合度，如果可以，就要对其改进，直到理想为止。

5.2.2.2　功能结构图设计的方法

对于任何一个系统，我们都可以根据新系统的数据流程图，画出新系统的功能结构图。功能结构图设计的方法有三种：

（1）变换分析

变换分析是从变换型结构数据流程图中导出模块的结构图的一种方法，变换型结构的数据流程图是一种线状结构，它可以明显地分为输入、主处理和输出三部分，其主要功能是完成对输入数据的变换。变换分析的过程一般可以分为三步：

第一步：把数据流程图划分为主处理和逻辑输入、逻辑输出三部分。在数据流程图中，往往几股数据流的汇合处就是主处理部分，而在它两边所对应的分别就是逻辑输入和逻辑输出。

第二步：以主处理为中心，设计结构图的最上层模块和最下层模块。数据流程图的主处理，决定了结构图的最上层模块的功能和位置。有了最上层模块之后，就可以分别按输入、变换和输出设计下一层的模块。

第三步：进一步设计结构图的中、下层模块。这一步是从上向下对模块组成分解和细化的过程。对输入和输出部分，要一直分解到数据流程图的输入端和输出端为止。根据数据流程图中相应的主处理组成部分的实际情况，再进行分解模块的设计。

（2）事物分析

事物分析是根据事务型结构的数据流程图导出结构图的一种方法。在事务型结构的数据流程中，系统是通过某一个主处理模块将它的输入分隔成一串平行的数据流，然后选择性地执行后面的某个处理。应用事务分析方法设计结构图的过程，也是从上向下逐步细化的过程，即首先分析事务型结构的数据流程图，找出事务处理中心，并据此设计主模块和第一层模块。第一层模块一般包括输入检查和选择处理两部分。然后为每一种类型的事务处理设计一个事务处理模块，再为每个事务处理模块设计下面的操作模块，再继续分解，直到每项事务处理都有一个具体的操作模块为止，这样就形成了一个完整的系统功能结构图。

（3）混合结构分析

规模较大的数据处理系统，其数据流程图往往是变换型和事务型的混合结构。在这种情况下，通常以变换分析为主、事务分析为辅进行设计，先找出系统的输入、主加工的输出，用变换分析法设计系统模块结构图的上层，然后，根据数据流程图各部分的特点，适当进行变换分析或事务分析，就可以导出初始模块结构图。

通常用功能结构图的形式来描述系统的层次结构和功能的从属关系，功能结构图的一般形式，如图 5-1 所示。图中每一长方框代表一种功能。目标可看成是系统，第二层功能可看作是子系统，第三层表示被分解的各项更具体的功能。

将系统划分为若干子系统和功能模块，所依据的是系统分析阶段所形成的数据流程图。操作时，我们可以参照数据处理模型，即数据流程图描述了数据的输入、存储、传输、处理及输出等过程；可把系统分为数据输入、数据处理、信息输出、与系统管理四大部分。这就把系统看成一个大的、具有多环节的数据变换器。系统管理子系统承担系统的自身管理与维护职能，如用户的户名与口令的分配和管理、系统的运行准备、数据的备份、数据库的跨年度管理以及打印机参数的设定等。

对于综合性的企事业管理信息系统，在进行子系统划分时，我们可以将管理职能作为主要因素。图 5-2 是按职能划分的企业管理信息系统功能结构图。在此基础上，我们可以进一步划分功能模块，形成某一个子系统的功能结构图。

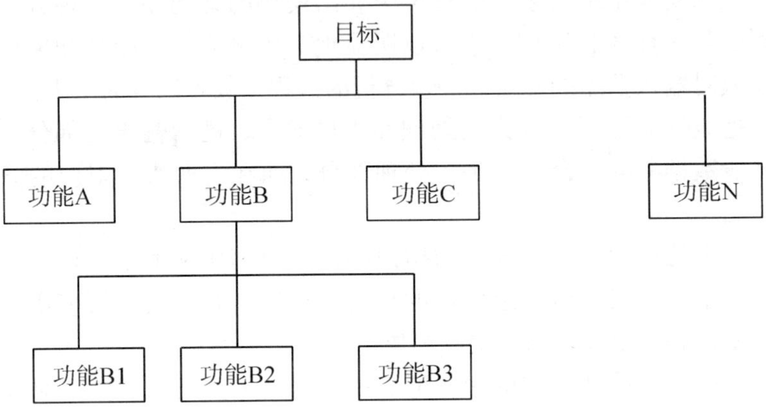

图 5-1　功能结构图的一般形式

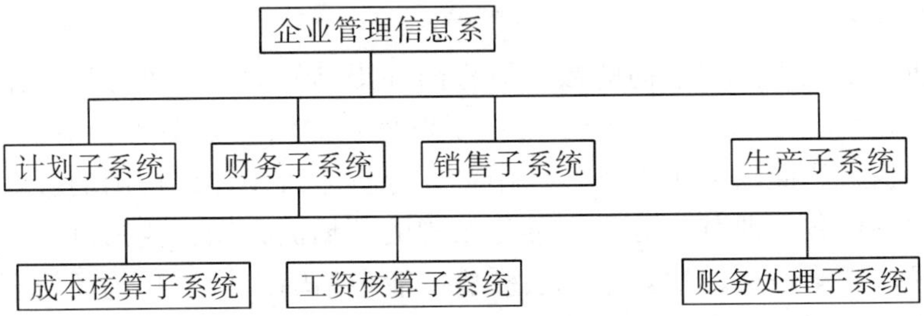

图 5-2　企业管理信息系统功能结构图

5.2.3　系统结构设计的基本概念

系统结构设计是从计算机实现的角度出发，对前一阶段划分的子系统进行校核，使其界面更加清楚和明确，并在此基础上，将子系统进一步逐层分解，直至划分到模块。自 20 世纪 70 年代以来，出现了许多种先进的系统结构设计方法，比较有代表性的是杰克逊方法、帕纳斯方法、结构化设计方法等。在众多的系统结构设计方法中，结构化设计方法是应用比较广泛并且比较受重视的一种方法。下面重点讨论这种方法在系统结构设计中的应用。

5.2.3.1　结构化设计的起因

在进行系统结构设计时，我们必须把系统的可变更性放在首要位置。因为整个系统的工作效率、工作质量和可靠性等都在很大程度上依赖于系统的可变更性。在系统设计和运行的过程中，我们要根据条件的变化和发现的新问题对系统进行修改和维护，以提高系统的工作效率、工作质量和可靠性。

那么，一个系统具有什么样的特点才具有良好的可变更性呢？由于任何一个系统，不论多么复杂，都可以通过一定的方式将其逐层分解为相对简单的子系统。因此，对于一个系统的修改，无非是对其子系统的修改，或是对各子系统之间相互关系的修改。由于在系统的各个组成部分之间存在着互相调用、互相控制和信息变换等关系，所以对系统的某一部分的任何修改，都可能影响到系统的其他部分。因此，要想提高系统的可变更性，必须从系统的内部结构入手。

如果能将一个系统分解为由一些相互独立、功能简单、易于理解的模块，那么这样的系统就比较容易修改和维护。由模块组合构成的系统一般称之为模块化结构系统。在模块化结构系统中，由于各个模块之间基本上是相互独立的，所以每个模块都可以独立地被理解、编程、调试和修改，从而使复杂的系统设计工作变得相对简单。模块的相对独立性也能有效地防止某个模块出现错误并在系统中扩散的问题，从而可以提高系统的可靠性。另外，在模块化结构系统中，想要增加或删除一些功能时，只要增加或删除相应的模块就可以了，对系统的其他功能和结构不会产生太大的影响，使系统的修改和维护工作比较容易进行。而采用结构化设计法就是要将系统设计成模块化结构系统。

5.2.3.2 结构化设计的原理

结构化设计方法的基本思想是使系统模块化，即把一个系统自上而下逐步分解为若干个彼此独立而又有一定联系的组成部分，这些组成部分称为模块。对于任何一个系统都可以按功能逐步由上向下、由抽象到具体分解为一个多层次的、具有相对独立功能的模块所组成的系统。在这一基本思想的指导下，系统设计人员以逻辑模型为基础，并借助于一套标准的设计准则和图表等工具，逐层地将系统分解成多个大小适当、功能单一、具有一定独立性的模块，把一个复杂的系统转换成易于实现、易于维护的模块化结构系统。

结构化设计的工作过程可以分为两步，第一步是根据数据流程图导出系统初始结构图，第二步是对结构图的反复改进过程。因此，系统结构图是结构化设计的主要工具，它不仅可以表示一个系统的层次结构关系，还反映了模块的调用关系和模块之间数据流的传递关系等特性。

5.2.3.3 结构化设计的工具

系统结构化设计的主要工具是结构图。结构图的构成主要有以下几个基本部分。

（1）模块。模块用矩形方框表示。矩形方框中要写有模块的名称，模块的名称应恰当地反映这个模块的功能。

（2）调用。用从一个模块指向另一个模块的箭头线，表示前一个模块中含有对后一个模块的调用关系。

（3）数据。调用箭头线旁边带圆圈的小箭头线，表示从一个模块传送给另一个模块的数据。

（4）控制信息。调用箭头线旁边带圆点的小箭头，表示从一个模块传递给另一个模块的控制信息。

图 5-3（a）的结构图说明了模块 A 调用模块 B 的情况。当模块 A 调用模块 B 时，同时传递数据 x 和 y，处理完后将数据 z 返回模块 A。如果模块 B 对数据 y 修改后，再送回给模块 A，则数据 y 应该出现在调用箭头线的两边，如图 5-3（b）所示。图 5-3（c）表示模块 A 调用模块 B，且模块 A 把数据 x 和 y 及控制信息 C 传送给模块 B，模块 B 把数据 z 返回到模块 A。

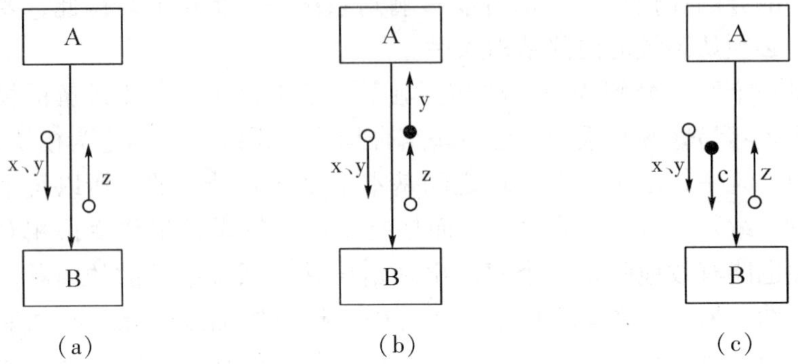

图 5-3　结构图的简单示例

在结构图中，除了以上几个基本符号之外，还有表示模块有条件调用和循环调用的符号。图 5-4（a）表示模块 A 有条件地选择调用模块 B 或 C 或 D，图中的菱形符号表示选择调用关系。图 5-4（b）表示模块 A 循环地调用模块 B 和 C，图中的弧形箭头表示循环调用关系。

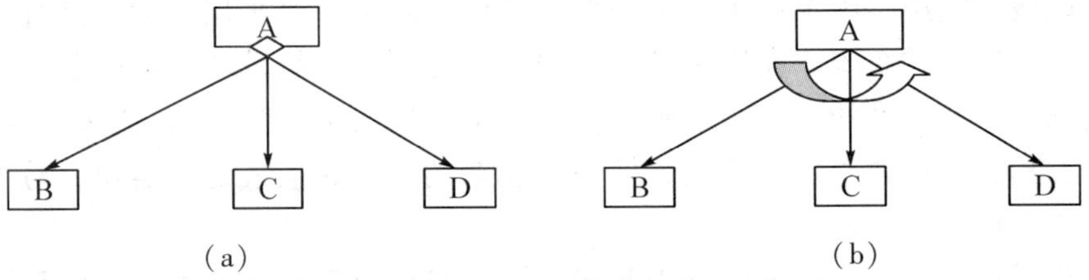

图 5-4　选择调用和循环调用示意图

应该指出的是，我们把结构图设定为树状组织结构，以保证系统的可靠性。一个模块只能有一个上级，但可以有几个下级。在结构图中，一个模块只能与它的上一级模块或下一级模块进行直接联系，而不能越级或与它同级的模块发生直接联系。若要进行联系，则必须通过它的上级或下级模块进行传递。另外，这里谈到的结构图与程序框图是两个不同的概念。结构图从空间角度描述了系统的层次特征，而程序框图则主要描述了模块的过程特征。

5.2.3.4　模块划分的标准

结构化设计要解决的主要问题是把系统分解成一个个模块，并以结构图的形式表达出其内在的联系。因此，模块划分得是否合理，直接影响到系统设计的质量，影响系统开发的时间、开发成本以及系统实施和维护的方便程度等。为了能够合理地划分系统的各个模块，使其具有较强的独立性，我们在划分模块时要遵循的总原则是：尽量把密切相关的子问题划归到同一模块；把不相关的子问题划归到系统的不同模块。而评价和衡量系统的结构化程度及模块的独立性可以通过模块与模块之间的关联度和模块内部各个组成部分之间的聚合度两条标准来详细讨论。

（1）模块之间的关联度

模块之间的关联度，是用来表示一个模块与其他模块之间联系的紧密程度。关联度越低则说明模块之间的联系越少，模块的独立性就越强，就越容易独立地进行编程、调试和修改，一个模块中产生的错误对其他模块的影响也就越小。对于模块之间的关联度，可以从以下三个方面来衡量和评价。

① 模块之间的联系方式

如果一个模块直接调用另一个模块内部的数据或指令，那么说明被调用模块内含有多方面不相关的内容，导致模块间联系增多，修改一个模块将直接影响其他的模块，降低了模块的独立性。因此在系统设计中，应尽量避免使用这种联系方式。另一种联系方式是通过被调用的模块的名称来调用整个模块，使其完成一定的功能，这样可以降低模块间的联系，增加其独立性。因此在系统设计中，应尽量采用这种联系方式。

② 模块之间使用控制信息的数量

由于控制信息直接影响程序的运行过程，所以过多地使用控制信息，必然会增加模块之间的联系，影响模块的独立性。因此，在模块之间尽可能不用或少用控制信息。图 5-5（a）是应用控制信息的一个例子。模块 A 将计算“平均工资/工资总额”的控制信息传送给模块 B，模块 B 根据这个控制信息求出平均工资或者工资总额，然后再将数据传送给模块 A。由于控制信息的存在，增加了模块之间的关联度，从而影响了模块的独立性。图 5-5（b）是消除控制信息的例子。把模块 B 分成 B1 和 B2 两个功能单一的模块，模块 A 根据要求，有条件调用 B1 或 B2。而模块 B1 和 B2 可以分别按照模块 A 的要求发送数据，两者之间互不影响。

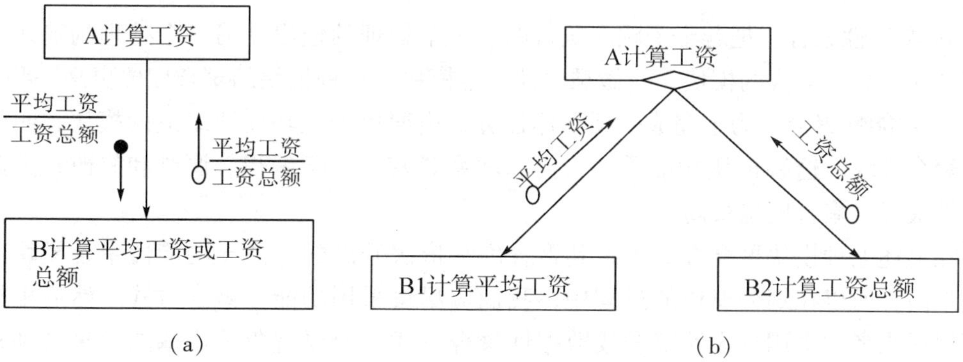

图 5-5 消除控制信息的图例

③ 模块之间传送数据的数量

模块之间通过调用关系传送数据，是一种比较理想的联系方式。但是，如果模块之间传送的数据过多，同样会给调试和修改模块带来困难，降低系统的可变更性。一个模块同其他模块之间传递的数据越少，模块间的相互独立性就越强，也就越便于系统的设计和维护。

要降低模块之间的关联度，除了从以上几方面考虑之外，还可以从模块界面的清晰性来考虑。模块之间的界面越简单、清晰、易于理解，则关联度越低，模块的独立性也就越强。

（2）模块内部的聚合度

模块内部的聚合度用来描述和评价模块内部各个组成部分之间联系的紧密程度。一个模块内部的各个组成部分之间联系的越密切，其聚合度越高，模块的独立性也就越强。模块的聚合度是由模块的聚合方式决定的。根据模块内部的构成情况，其聚合方式可以分成以下七种形式。

① 偶然性聚合。将几个毫无联系的功能组合在一起，形成一个模块，叫偶然性聚合模块。这种模块内部的各个组成部分之间几乎没有什么联系，只是为节省存储空间或提高运算速度而结合在一起，因此聚合度最低。

② 逻辑性聚合。将几个逻辑上相似，但彼此并无联系的功能组合在一起所形成的模块，叫逻辑性聚合模块。这种聚合形式，其聚合度也非常低，模块中的各种功能要通过控制变量选择执行。

③ 时间性聚合。将几个需要在同一时段进行处理的各项功能组合在一起所形成的模块，叫时间性聚合模块。如系统的初始化模块、结束处理模块等均属于时间性聚合方式。

④ 过程性聚合。将为了完成某项业务处理过程，而执行条件受同一控制流支配的若干个功能组合在一起所形成的模块，叫过程性聚合模块。这类模块的聚合度较前几个要高一些。

⑤ 数据性聚合。将对同一数据加工处理的若干个功能组合在一起所形成的模块，叫数据性聚合模块。这种模块能合理地定义功能，结构也比较清楚，因此其聚合度也较高。

⑥ 顺序性聚合。把若干个顺序执行的、一个处理的输出是另一个处理的输入的功能组合在一起所构成的模块，叫做顺序性聚合模块。这种模块的聚合度要更高一些。

⑦ 功能性聚合。为了完成一项具体任务，由简单处理功能所组成的模块，叫做功能性聚合模块。这种模块功能单一，内部联系紧密，易于编程、调试和修改，因此其独立性最强，聚合度也最高。

在上述七种模块聚合方式中，其聚合度是依次升高的。由于功能性聚合模块的聚合度最高，所以在划分模块的过程中，我们应尽量采用功能性聚合方式。然后根据需要可以适当考虑采用顺序性聚合或数据性聚合方式，但要避免采用偶然性聚合和逻辑性聚合方式，以提高系统的设计质量和增加系统的可变更性。

在划分系统模块的设计时，除了要考虑降低模块之间的关联度和提高模块的聚合度这两条基本原则之外，还要考虑到模块的层次数和模块结构的宽度。如果一个系统的层数过多或宽度过大，则系统的控制和协调关系也就相应复杂，系统的模块也要相应增大，结果将使设计和维护的困难增大。

5.3 计算机处理流程设计

在确定了子系统的划分和系统的设备配置之后，我们还必须根据系统分析方案大体勾画出关于部计算机内部每个子系统处理流程的草图，作为后续设计详细模块调用关系、模块处理功能以及数据和业务在新系统的计算机内部处理过程的基础。计算机处理流程图用来描述开发者关于计算机处理流程设计思想，该图主要说明信息在新系统内部的流动、转换、存储和处理情况。它既不是对具体处理或管理分析模型细节的描述，也不是对模块调用关系或具体功能的描述。它只是设计者对系统详细设计过程中，信息在计算机内部处理过程的大致想法，它不是固定不变的，常常随着后续的设计过程而不断改变。

5.3.1 计算机处理流程图例

系统处理流程图是以新系统的数据流程图为基础绘制的。我们首先为数据流程图中的处理功能画出数据关系图。图 5-6 是数据关系的一般形式，它反映了数据之间的关系，即输入什么数据、产生什么中间数据和输出什么信息之间的关系。

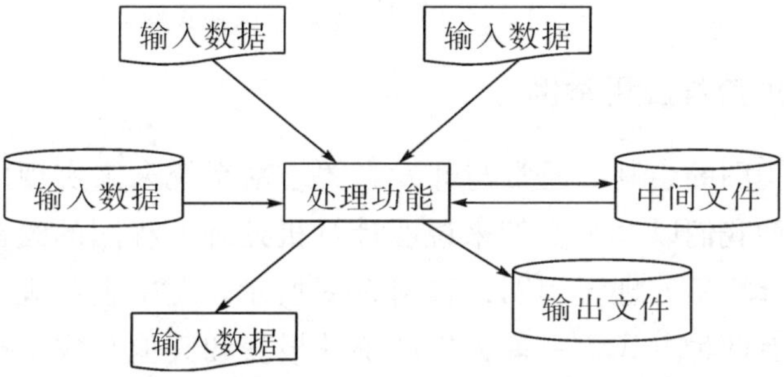

图 5-6 数据关系的一般形式

接着，把各个处理功能的数据关系图综合起来，形成整个系统的数据关系图，即系统处理流程图。

绘制系统处理流程图应当使用统一符号。目前我国国家标准 GB1526—79 信息处理流程图符号和国际标准化组织标准 ISO1028、2636 以及美国国家标准协会 ANSI 的图形符号大致相同，常用的符号如图 5-7 所示。图中的卡片文件符号原是 20 世纪五六十年代计算机输入数据的一种方式，它已经被淘汰了，目前我们常用这个符号来表示原始数据统计，并且是待输入计算机系统的报表。其他符号与一般计算机类书中介绍的基本一致。

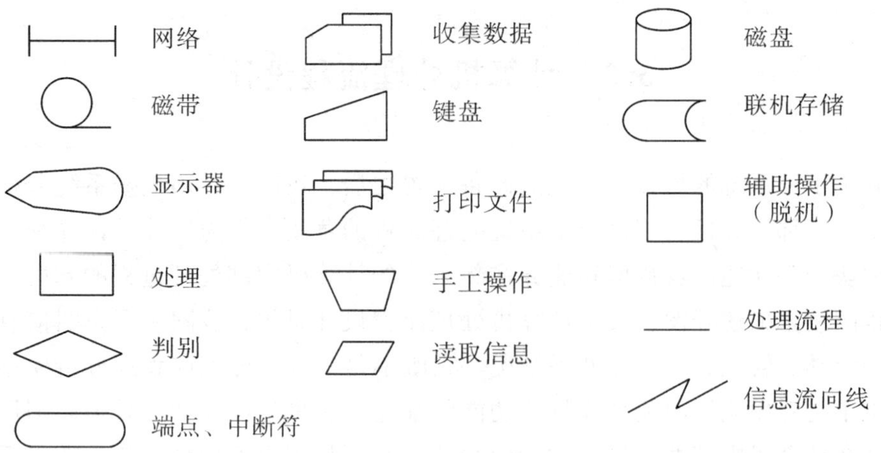

图 5-7 计算机处理流程图例

在图 5-7 中，我们还常以文字或特定符号填入图例中来描述具体的处理内容。从数据流程图到系统处理流程图并非单纯的符号改换，系统处理流程图表示的是计算机的处理流程，而并不像数据流程图那样还反映了人工操作那一部分。因此绘制系统处理流程图的前提是已经确定了系统的边界、人机接口和数据处理方式，同时我们还要考虑哪些处理功能可以合并，或进一步分解，把有关的处理看成是系统流程图中的一个处理功能。

5.3.2 计算机处理流程应用举例

计算机处理流程图的绘制，通常与开发者关于新系统未来实现的方式和本单位的实际情况有关。下面我们以一个实例来说明计算机处理流程图的绘制方法。这是一个成本管理子系统的计算机处理流程图，如图 5-8 所示。图中表示规划设计中数据输入子系统的数据输入有两种方式，一种为生产统计报表和其他与成本相关的报表通过键盘输入，另一种为直接从生产统计传过来的软磁盘中读取数据。输入后的数据不直接参与成本核算和成本分析，而是暂存在相应的 6 个输入中间文件中。在成本核算子系统中，旬报、月报处理是指设置一个处理开关，后面不论按什么时间方式计算成本，其后续处理过程都是一致的，即先读入本期成本发生数据、计算成本，然后写回到 8 个相应的成本主文件中。而按完全成本方法和按变动成本方法计算成本，也是设置一个算法（确定产品成本中固定成本部分的分配算法），然后读成本数据和相应的报表格式，并将最终报表打印出来。定额成本计算部分也类似，即首先读入产生数据，计算定额成本，然后将结果打印成定额成本报表，并同时存入定额成本文件（以供今后成本分析、控制使用）。

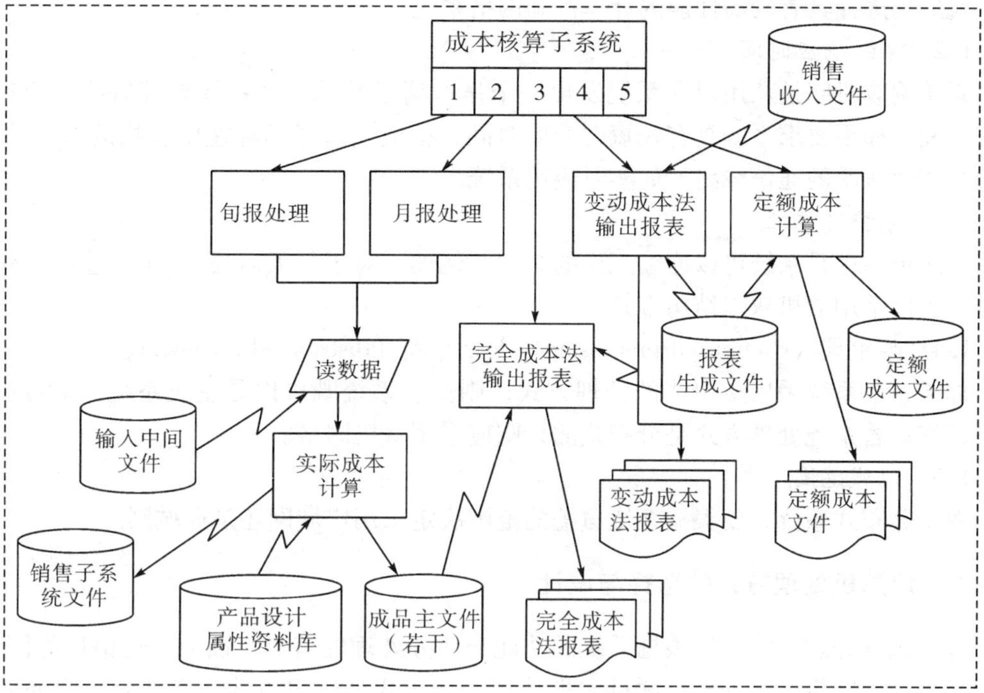

图 5-8 计算机处理流程图绘制

从图 5-8 可知，用计算机处理流程图来表述设计者关于新系统处理过程的大致设想是非常直观和有效的。

5.4 系统物理配置方案设计

总体设计的主要内容之一是设计计算机物理系统配置方案，按照新系统的目标及功能要求，综合考虑环境和资源等实际情况，在总体规划阶段进行的计算机系统软硬件平台选型的基础上，从系统的目标出发，根据信息系统要求的不同处理方式，视批处理、联机输入批处理及分布式处理或混合方式的处理方式，进行具体的计算机软硬件系统及其网络系统的选择和配置，并提交一份详细的计算机物理系统配置方案报告。

由于满足同一企业用户功能要求不同的计算机物理系统配置，其结构可能存在较大差异，而且计算机物理系统投资较大，少则几十万元、几百万元，多则千万元。因此，选择一个合适的计算机物理系统配置方案至关重要。

5.4.1 设计依据

系统平台的设计，一般遵循以下原则：

5.4.1.1 系统吞吐量

系统吞吐量，即每秒钟执行的作业数。系统吞吐量越大，则系统的处理能力就越强。系统吞吐量与系统硬软件的选择有着直接的关系，如果要求系统具有较大的吞吐量，就应当选择具有较高性能的计算机和网络系统。

5.4.1.2　系统响应时间

系统响应时间是从用户向系统发出一个作业请求开始，经系统处理后给出应答结果的时间。如果要求系统具有较短的响应时间，就应当选择运算速度较快的 CPU 及具有较高传递速率的通信线路，如实时应用系统。

5.4.1.3　系统可靠性

系统可靠性是系统可以连续工作的时间。例如，对于每天需要 24 小时连续工作的系统，可以采用双机双工结构方式。

5.4.1.4　集中式（centralized processing）或分布式（distributed processing）

如果一个系统采用集中式的处理方式，则信息系统既可以是主机系统，也可以是网络系统；若系统处理方式是分布式的，则应采用微机网络。

5.4.1.5　地域范围

对于分布式系统，要根据系统覆盖的范围决定采用广域网还是局域网。

5.4.2　计算机处理方式的选择与设计

计算机的处理方式可以根据系统的功能、业务处理的特点、性能、价格比等因素，选择批处理、联机实时处理、联机成批处理、分布式处理等方式。在实际信息系统的开发设计时，我们也可以混合使用各种方式。

5.4.3　系统软、硬件选择

我们可以从信息系统采取的计算机处理方式出发，针对批处理、联机实时处理、联机成批处理，或者分布式处理，考虑硬件系统的主机和外设的配置。与此同时，系统的应用软件的获得途径也要慎重考虑。

5.4.3.1　计算机硬件的选择

计算机硬件的选择取决于数据的处理方式和运行的软件。管理对计算机的基本要求是速度快、容量大、通道能力强、操作灵活方便，但是计算机的性能越高，其价格也就越昂贵，因此，在计算机硬件的选择上应考虑全面。一般来说，如果系统的数据处理是集中式的，系统应用的主要目的是利用计算机的强大的计算能力，则可以采用主机—终端系统，以大型机或中小型机作为主机，可以让系统具有较好的性能。若对企业进行管理，其应用本身就是分布式的，使用大型主机主要是为了利用随着计算机产业的发展，出现的许多商品化应用软件，这些软件技术成熟、设计规范、管理思想先进，直接应用商品化软件既可以节省投资，又能够规范管理过程，加快了系统应用的进度。其多用户能力，则不如微机网络更为灵活、经济。硬件的选择原则是：

（1）选择技术上成熟可靠的标准系列机型；

（2）处理速度快，数据存储容量大；

（3）具有良好的兼容性、可扩充性与可维修性；

（4）有良好的性能、价格比；

（5）厂家或供应商的技术服务与售后服务；

（6）操作方便。

同时应该注意的是，为了保证系统在一定时间内的先进性，在硬件选择时可以“适度超前”。

5.4.3.2 应用软件的选择

选择应用软件应考虑：

（1）软件是否能够满足用户的需求。

（2）软件的灵活性。由于存在管理需求上的不确定性，系统应用环境会经常发生变化。因此，应用软件要有足够的灵活性，以适应对软件的输入、输出和系统平台升级的要求。

（3）软件的技术支持。对于商品化软件，稳定的技术支持是必需的。这一方面是为了保证软件能够满足需求的变化，另一方面是便于今后系统的升级。

（4）考察相关企业对应用软件的选择情况，也可以帮助和指导系统应用软件的选择。

5.4.4 计算机网络系统的设计

在信息系统开发过程中，我们应该根据实际系统的需要选择中、小型主机方案或微机网络方案。对于微机网络方案而言，由于存在众多商家的技术和产品，我们也面临网络的选型问题。

5.4.4.1 网络拓扑结构

网络拓扑结构一般有总线型、星型、环型、混合型等。在网络拓扑结构选择上应根据应用系统的地域分布、信息流量进行综合考虑。

5.4.4.2 网络逻辑结构设计

通常将系统从逻辑上分为各个子系统，然后按照需要分配设备（如主服务器、主交换机、子系统交换机、集线器、路由器等），并考虑各个设备之间的连接结构。

5.4.4.3 网络操作系统

网络操作系统有 Netware、Windows NT、UNIX 等。UNIX 出现得最早，是唯一能够适用于所有应用平台的网络操作系统。Netware 网络操作系统适用于文件服务器/工作站模式。Windows NT 随着 Windows 操作系统的发展和客户机—服务器（Client/Server，简称 C/S）模式向浏览器—服务器（Brower/Server，简称 B/S）模式延伸，是很有发展前景的网络操作系统。

5.4.5 数据库管理系统的选择

数据库管理系统选择的原则是：

（1）支持先进的处理模式，具有分布式处理数据、多线索查询、优化查询数据、联机事务处理的能力；

（2）具有高性能的数据处理能力；

（3）具有良好图形界面的开发工具包；

（4）具有较高的性能、价格比；

（5）具有良好的技术支持和培训等。

目前，软件市场上有许多数据库管理系统，例如 Oracle、Sybase、SQL Server、Informix、FoxPro 等。Oracle、Sybase 是大型数据库管理系统，运行于客户—服务器模式，是开发大型 MIS 的首选，FoxPro 在小型 MIS 中最为流行。Microsoft 推出的 Visual FoxPro 在大型管理信息系统开发中也获得了大量应用，而 Informix、SQL Server 则适用于中型 MIS 的开发。

5.4.6 设计计算机物理系统配置方案时应该注意的问题

5.4.6.1 满足新系统的应用需求

在新系统的设计中，提出了新系统的目标、处理功能、存储容量、信息交互方式等。这就要求所选择的计算机系统能够满足新系统的需求。同时兼顾购置的设备能被充分地利用，并且留有扩充的余地。在进行计算机物理系统配置时要注意避免如下倾向：

（1）以价格为依据，认为价格越高性能越好；

（2）以计算机系统性能指标为依据，认为计算机性能指标越高越好；

（3）以计算机类型大小为依据，认为越大越好，外设和系统软件越多越好等。

计算机物理系统配置应该以应用的实际需求为依据，以新系统的处理功能为准则，减少不必要的投资。

5.4.6.2 实用性能强

所选择的计算机物理系统的实用性可从以下几个方面体现：

（1）易于开发，方便使用。根据应用需求，要求计算机系统有丰富的应用软件，工具齐全，有利于用户的开发和使用，具有较强的汉字处理能力等。

（2）选择的机型具有较强的生命力。尽量优先考虑选用主流机型，以便于计算机系统的维护。另外，所选择的计算机系统应尽量与本行业或本系统的机型一致和兼容，这有利于本行业、本系统的信息交换及应用软件的交流和资源的共享。

（3）有较强的通信能力。为了达到系统的资源共享和信息交换的目的，所选择的计算机系统要充分考虑新系统内部的联网和通信的选用，还要考虑以系统为公用数据网的交互能力。

（4）性能价格比。选择计算机系统时应提出几种选型方案，并进行认真分析比较，选取性能价格比较高的计算机系统。一般情况下，先进的新产品性能价格比较高。

5.4.6.3 可扩充性

通常新系统采用“统一规划，分步实施”的方案。开始建立的系统规模不可能很大，随着应用需求的扩大，需逐步增添设备，扩充功能，这就要求所选择的计算机系统具有灵活的扩充能力和升格能力，使得先期购置的设备和开发的应用软件不被浪费。

5.4.7 计算机物理系统配置方案报告的具体内容

5.4.7.1 计算机物理系统配置概述

计算机物理系统配置概述主要介绍物理系统总体结构情况，以及选择计算机物理系统的背景、要求、原则、制约因素等。

5.4.7.2 计算机物理系统选择的依据

选择计算机物理系统的依据，主要包括功能要求、容量要求、性能要求、硬件设备配置要求、通讯与网络要求、应用环境要求等。

5.4.7.3 计算机物理系统配置

计算机物理系统配置包括四方面内容：

（1）介绍硬件结构情况以及硬件的组成及其连接方式，还要说明硬件所能达到的功能，并画出硬件结构配置图（见主机终端网结构与微机网的结构）。

（2）介绍硬件系统配置的选择情况，列出硬件设备清单，标明设备名称、型号、规格、性能指标、价格、数量、生产厂家等。

（3）介绍通讯与网络系统配置的选择情况，列出通讯与网络设备清单，标明设备名称、型号、规格、性能指标、价格、数量、生产厂家等。

（4）介绍软件系统配置的选择情况，列出所需软件清单，标明软件名称、来源、特点、适用范围、技术指标和价格等。

5.4.7.4 指出费用情况

介绍计算机硬件、软件、机房及其他附属设施、人员培训及计算机维护等所需费用，并给出预算结果。

5.4.7.5 具体配置方案的评价

从使用性能和价格等方面进行分析，提供多个物理系统配置方案。对各个配置方案进行评价，在结论中，提出设计者倾向性的方案。

5.5 代码设计

案例导入：

我国浙江省某服装企业在信息化过程中遇到了问题：在 ERP 软件设计中，为了对服装的生产、销售进行全方位的跟踪掌握，需要对每一块面料、辅料、产品进行单件编码。但由于服装生产数量大、半成品多、单位价值低，造成软件设计时数据库过大，运行速度慢，投资效益低。如果采用按批次编码的方法，第一有可能编码不完全，造成信息缺口；第二必须在生产流通过程中加批次码，具有一定困难。

课堂讨论：

（1）代码设计问题是在什么条件下凸现出来的？为什么会出现代码设计的问题？

（2）代码设计在该服装企业的 ERP 设计过程中起到了什么作用？代码设计出现了什么样的难题？

代码是代表事物名称、属性、状态等的符号，它以简短的符号形式代替具体的文字说明。在 MIS 中，为了便于计算机处理，节省存储空间和处理时间，提高处理的效率和精度，需要将处理对象代码化。代码的设计和编制问题在系统分析阶段就开始考虑，经过一段时间的分析之后，在系统设计阶段才能最后确定。

5.5.1 编码的目的

5.5.1.1 唯一化

在现实世界中有很多东西如果我们不加标识是无法区分的，这时机器处理就十分困难。所以能否将原来不能确定的东西，唯一地加以标识是编制代码的首要任务。最简单、最常见的例子就是职工编号。在人事档案管理中我们不难发现，人的姓名不管在一个多么小的单位里都很难避免重名。为了避免二义性应唯一地标识每一个人，公司编制了职工代码。

5.5.1.2 规范化

唯一化虽是代码设计的首要任务。但如果我们仅仅为了唯一化来编制代码，那么代码编出来后可能是杂乱无章的，使人无法辨认，而且使用起来也不方便。所以我们在唯一化的前提下还要强调编码的规范化。例如，财政部关于会计科目编码的规定，以“1”开头的表示资产类科目；以“2”开头的表示负债类科目；“3”开头的表示权益类科目；“4”开头的表示成本类科目等。

5.5.1.3 系统化

系统所用代码应尽量标准化。在实际工作中，一般企业所用大部分编码都有国家或行业标准。在产成品和商品中各行业都有其标准分类方法，所有企业必须执行。另外一些需要企业自行编码的内容，例如生产任务码、生产工艺码、零部件码等，都应该参照其他标准化分类和编码的形式来进行。

5.5.2 代码设计的原则

代码设计是一项重要的工作，合理的编码结构是使管理信息系统具有生命力的重要因素。设计代码的基本原则是：

（1）具备唯一确定性。每一个代码都仅代表唯一的实体或属性。

（2）标准化与通用性。凡国家和主管部门对某些信息分类和代码是有统一规定和要求的，应采用标准形式的代码，以使其通用化。

（3）可扩充且易修改。要考虑今后的发展，为增加新代码留有余地，使某个代码在条件或代表的实体改变时，容易进行变更。

（4）短小精悍即选择最小值代码。代码的长度会影响所占据的内存空间、处理速度以及输入时的出错概率，因此要尽量短小。

（5）具有规律性、便于编码和识别。代码应具有逻辑性强、直观性好的特点，便于用户识别和记忆。

5.5.3 代码的种类

一般来说，代码可以按照文字种类或功能进行分类。按文字种类可以分成数字代码、字母代码和数字—字母混合码。按功能则可以分成以下四类：

5.5.3.1 顺序码

顺序码又称为系列码，是一种用连续数字代表编码对象的代码。例如：用1001代表张三，1002 代表李四。顺序码的优点是简单，缺点是没有逻辑基础且不便于对代码的操作。新增加的代码只能列在最后，删除则会造成空码。顺序码通常作为其他分类编码之后，进行细分类的一种补充手段。

作为顺序码的一个特例是分区顺序码。它将顺序码分为若干个区，给每个区以特定的含义，并且可以在每个区预留些空码，以备扩展之需。例如职工代码：

0001 为张三，0002 为李四，0001~0009 的代码还表示为厂部人员；

……

1001 为王五，1002 为赵六，1001~1999 的代码还可以表示为第一车间职工。

5.5.3.2 *层次码*

层次码也称区间码。这种代码把数据项分成若干组，每一区间代表一个组，码中数字的值和位置都代表一定意义。典型的例子是邮政编码，如图 5-9 所示。

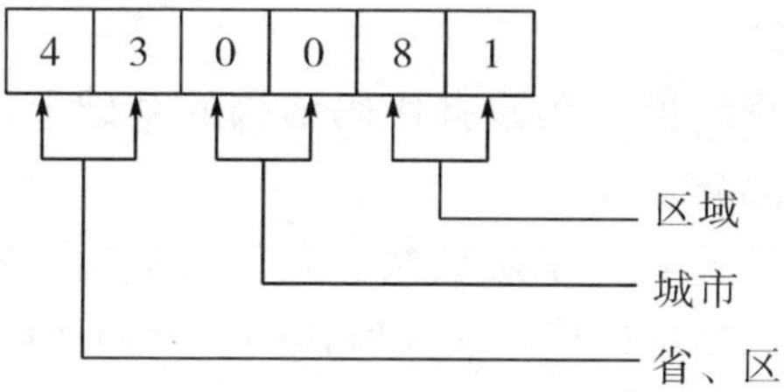

图 5-9　层次码示例

层次码的优点是容易进行数据处理的操作，例如排序、分类、检索等，缺点是有时会造成代码过长。这种代码的长度与分类概念有关，在编码设计时，首先要对各种代码分类进行平衡，避免造成有很长的码或有很多富余的码。

5.5.3.3 *十进位码*

十进位码相当于图书分类中沿用已久的十进位分类码。如 610.736，小数点左边的数字组合代表主要分类，小数点右边的是子分类。子分类划分虽然很方便，但所占位数长短不齐，不适用于计算机处理。显然，只有把代码的位数固定下来，才可利用计算机进行处理。

5.5.3.4 *助忆码*

助忆码将编码对象的名称、规格等用汉语拼音或英文缩写等形式编写成代码，使用户可以通过联想帮助记忆。

例如：

TVB14　　14 寸黑白电视机

TVC20　　20 寸彩色电视机

DFI1×8×20　规格 1"×8"×20" 的国产热轧平板钢。

助记码适用于数据项数目较少的情况，否则容易引起联想出错。

5.5.4 代码的校验

代码的正确性直接影响计算机处理的质量，因此需要对输入计算机中的代码进行校验。

校验代码的一种常用做法是事先在计算机中建立一个“代码字典”，然后将输入的代码与字典中的内容进行比较，若不一致则说明输入的代码有错。

校验代码的另外一种做法，是设校验位，即设计代码结构时，在原有代码基础上加上一个校验位，使其成为代码的一个组成部分，校验值通过事先规定的数学方法计算出来。当代码输入后，计算机会以同样的数学方法按输入的代码计算出校验值，并将它与输入的校验值进行比较，以证实是否有错。

5.5.4.1　常见的录入错误

识别错误：例如 1 识别成 7，数字 0 识别成字母 O，字母 Z 识别为数字 2 等；

易位错误：例如 12345 写成 13245；

双易位错误：例如 12345 写成 13254；

随机错误：包括以上两种或三种综合性错误或其他错误。

5.5.4.2　代码校验位的确定

为了保证正确输入，我们可以在原有代码结构的基础上加上一个校验位，使它事实上变成代码的一个组成部分。

计算校验位的方法主要有：算术级数法、几何级数法、质数法等。它们的基本原理都是属于随机数法。其计算过程是：输入原代码；将原代码的各位数分别乘以权重；计算各乘积之和；用一个模数去除乘积之和；所得余数作为校验位；将校验位置于原代码之后，组成新代码。

设有一组代码为：$C_1C_2C_3C_4\cdots C_i$（称为原码）。

第一步：为设计好的每一位代码确定一个权数（权数可为算术级数、几何级数或质数）。

第二步：求每一位代码与其对应的权数的乘积之和 S。

$S=C_1P_1+C_2P_2+C_3P_3+\cdots+C_iP_i$（i=1，2，……，n）

第三步：确定模 M。

第四步：取余 R=SMOD(M)。

第五步：校验位 $C_{i+1}=R$。

最终代码为：$C_1C_2C_3C_4\cdots C_iC_{i+1}$。

下面举例说明校验码的设计过程。

设原代码为：12345

对应的权数：32，16，8，4，2

求乘积之和：$S=1\times32+2\times16+3\times8+4\times4+5\times2=114$

取模（设模为 11）：R= Smod（11）= 4

得校验码：$C_6=11-4=7$

最后得到带校验位的代码 123457，其中 7 是校验码。

5.5.5　代码设计书

确定了代码的类型及校验方法后，需要编写代码设计书，如图 5-10 所示。

代码对象名	厂内部门				
代码类型	层次码	位数	4	校验位	1
代码数量	200	使用期限	—	使用范围	本厂内
代码结构 厂部分 厂办/车间 科室 班组					
代码示例：1024 企业管理部管理办公室下的计算机组					
备注：					
设计人		审核人		年 月 日	

图 5-10 代码设计书

5.6 数据存储设计

任何一个 MIS 都要处理大量的数据，如何以最优的方式组织这些数据，形成以规范化形式存储的数据库，是 MIS 开发中的一个重要问题。

如何将客观世界事物以及事物之间的联系描述出来，并最终转化为以数据库形式组织的规范化数据？为此，我们首先了解一下数据库、数据库系统、关系规范化、实体—关系（entity-relation）模型等基本概念。

5.6.1 数据库基本概念

为了实现整个组织数据的结构化，就要求数据组织结构中不仅能够描述数据本身，而且还能描述数据之间的关系。数据库就是一种不仅可以描述数据本身，而且可以描述数据之间管理的数据组织形式。

5.6.1.1 *数据库、数据库管理系统和数据库系统*

数据库（data base，DB）：以一定的组织方式存储在一起的相关数据的集合，它能以最佳的方式、最少的数据冗余为多种应用服务，程序与数据具有较高的独立性。它不仅描述了数据本身，也描述了数据之间的关系。

数据库管理系统（database management system，DBMS）是管理数据库资源的通用工具软件。当前较有影响的数据库管理系统有 ORACLE、SYBASE、INFORMIX、FoxPro、Access。

数据库系统（database system，DBS）是指在计算机系统中引入数据库后的系统构成，一般由数据库、数据库管理系统（及其开发工具）、应用系统、数据管理员和用户构成。它是为适应数据处理的需要而发展起来的一种较为理想的数据处理的核心机构。数据库的建立、使用和维护等工作只靠一个 DBMS 远远不够，还要由数据管理员

(database administrator，DBA）来完成。

5.6.1.2　数据模型

数据模型是数据库中数据组织的结构和形式，它表示着数据和数据之间的联系。数据模型可分为层次模型（hierarchical model）、网状模型（network model）和关系模型（relational model）三种。

（1）层次模型

层次模型也称树型，其结构就像一棵倒挂的树，它用树形结构表示客观事物之间联系。层次模型用于反映事物间的一对多（1∶n）的联系。

图5-11用层次模型描述一个仓库管理单位的库存、仓库、职工和订购单的相互关系。

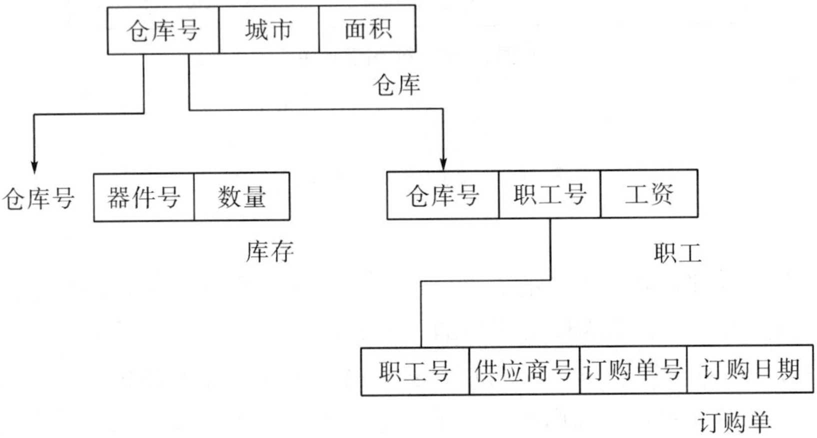

图5-11　仓库管理的层次模型表示

（2）网状模型

网状模型是用网络结构表示客观事物之间联系的数据模型。网状模型相对比较复杂，如图5-12所示。

例如，一个老师上多门课、一门课可由多个老师上，则老师和课程的关系就是网状模型。网状模型用来反映事物间的多对多（n∶n）的联系。

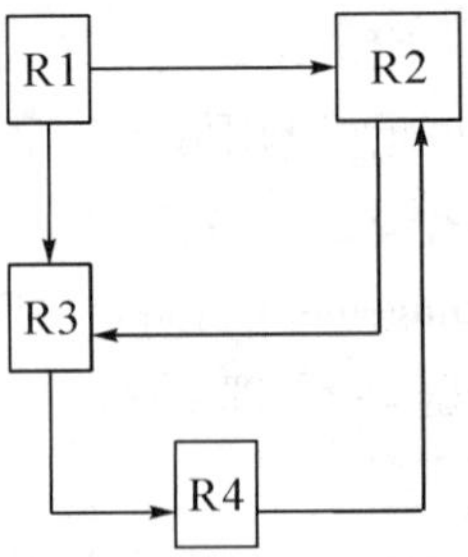

图5-12　网状模型

（3）关系模型

用二维表（也称关系）的形式来表示事物间的联系的模型称为关系模型。关系模型比较常见，其中二维表的行称为记录，列称为字段。关系模型有以下三个特性：

①一个二维表中所有的记录格式和长度都相同；

②同一字段的类型相同；

③行和列的排列顺序随意。

例如：在北京（WH1）、上海（WH2）、武汉（WH3）各有一个仓库，库存有显示卡（P1）、声卡（P2）、解压卡（P3）和散热风扇（P4），图 5-13 的二维表就表示了各个仓库器件的情况。

仓库号	器件号	数量
WH1	P2	675
WH1	P3	250
WH1	P4	340
WH2	P1	280
WH2	P2	200
WH2	P4	270
WH3	P2	500
WH3	P1	330

图 5-13　仓库/器材/库存的关系模型表示

从用户的观点看，在关系模型下，数据的逻辑结构是一张二维表。每一个关系为一个二维表，相当于一个文件。事物之间的联系均通过关系来描述。例如，表 5-2 用 m 行 n 列的二维表表示了具有 n 元组的"付款"关系。每一行即一个 n 元组，相当于一个记录，用来描述一个实体（付款行为）。

表 5-2　关系模型的一种关系——"付款"关系

结算编码	合同号	数量/个	金额/元
J0012	HT1008	1 000	30 000
J0024	HT1005	600	12 000
J0048	HT1079	2 000	68 000

使用基于关系模型的关系数据库时，我们需要理解几个主要概念：

（1）关系。一个关系对应一个由行和列组成的二维表。

（2）元组。表中的一行称为一个元组。

（3）属性。表中的一列称为一个属性，给每个列取一个名字即为属性名。

（4）域（domain）。属性（字段）的取值范围。

（5）主关键字（primary key）。表中的某个属性组，它的值唯一地标识一个元组，如表 5-2 中，"结算编码"和"合同号"共同组成主关键字。

（6）关系模式。对关系的描述，用关系名（属性 1，属性 2，…，属性 n）来表示。

5.6.2 关系的规范化

规范化理论（normalization theory）是 IBM 公司的埃德加·弗兰克·科德（E.F. Codd）于 1971 年提出的。他和后来的学者为数据结构定义了五种规范化模式（normal form，简称范式）。

5.6.2.1 第一范式（1NF）

如果在一个关系中，没有重复的组，而且各个属性都是不可再分割的基本数据项，则称该关系属于第一范式。

例如，表 5-3 所列的教师工资的数据结构是不规范的，其中的“工资”可以分为 2 个数据项，“基本工资”和“津贴”。经过规范后的数据结构如表 5-4 所示。

表 5-3 不符合第一范式的关系

教师代码	姓名	工资/元	
		基本工资	津贴
1001	张维	896.00	1 252.00
1002	董放	864.00	1 152.00
1003	周靳国	542.00	464.00

表 5-4 符合第一范式的关系

教师代码	姓名	基本工资/元	津贴/元
1001	张维	896.00	1 252.00
1002	董放	864.00	1 152.00
1003	周靳国	542.00	464.00

5.6.2.2 第二范式（2NF）

在介绍第二范式之前，需要先介绍“函数依赖”（functional dependence）的概念。如果在一个数据结构 R 中，数据元素 B 的取值依赖于数据元素 A 的取值，称 B 函数依赖于 A。换句话说，A 决定 B，用“A→B”表示。

所谓第二范式，指的是这种关系不仅满足第一范式，而且所有的非主属性完全依赖于其主关键字。

在图 5-14 所示的数据结构中，主关键字是由“学号”和“课程”组成的复合关键字。“成绩”完全依赖于整个复合主关键字，然而数据元素“姓名”“性别”“生日”“所在城市”“长途区号”并非完全依赖于整个主关键字，而只是依赖于主关键字中的一个分量——“学号”，同样的“学期”和“学分”部分依赖于整个关键字（依赖于主关键字的分量“课程”）。因此，图 5-14 所示的数据结构不符合第二范式，只有消除了部分函数依赖才能符合第二范式。

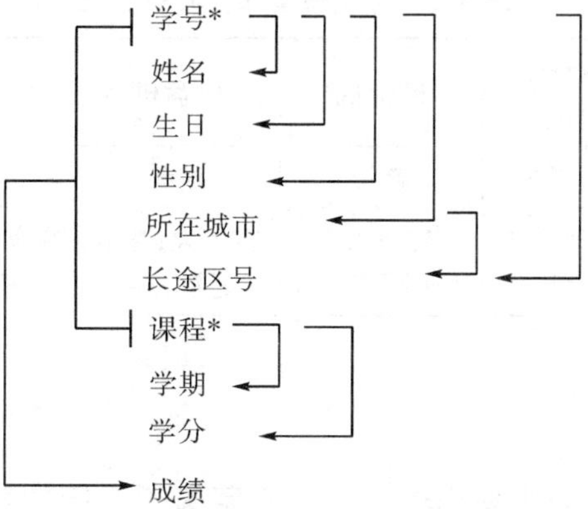

图 5-14 不符合第二范式的关系

5.7 输出设计

输出设计的目的是使系统能输出满足用户需要的有用信息。对于大多数用户来说，输出是系统开发的目的和评价系统开发成功与否的标准。因此，输出设计的出发点是保证系统输出的信息能够方便地为用户所使用，能够为用户的管理活动提供有效的信息服务。

5.7.1 输出设计的内容

5.7.1.1 确定输出内容

确定输出设计的内容要考虑两个方面：

（1）输出信息使用方面的内容，包括信息的使用者、使用目的、报告量、使用周期、有效期、保管方法和复写份数等。

（2）输出信息的内容，包括输出项目、位数、精度、数据形式（文字、数字）、数据来源与生成算法等。

5.7.1.2 确定输出格式，如表格、图形或文件

输出信息的格式设计，是为了给用户提供一种清晰、美观、易于阅读和理解的信息。因此，输出信息的格式必须考虑到用户的要求和习惯，要尽量与现行系统的表格形式相一致。如果必须做出更改，则要由系统设计人员、系统分析人员和使用人员共同协商后，经过各方面人员的同意才能进行。表格的输出设计工作可由专门的表格生成软件完成，图形的输出设计也有专门的软件。

5.7.1.3 选择输出设备和确定输出介质

信息的用途决定了输出设备和输出介质。需要送给其他有关人员或者需要长期存档的材料，必须使用打印机打印输出；若是作为以后处理用的数据，可以输出到磁带或者磁盘上；如果只是需要临时查询的信息，则可以通过屏幕显示。输出设备主要是指打印机和显示器。表 5-5 为输出设备和介质一览表。

表 5-5　输出设备和介质一览表

输出设备	行式打印机	卡片或纸带输出机	磁带机	磁盘机	终端	绘图仪	缩微胶卷输出机
介质	打印纸	卡片或纸带	磁带	磁盘	屏幕	图纸	缩微胶卷
用途和特点	便于保存，费用低	可代其他系统输入之用	容量大，适于顺序存取	容量大，存取更新方便	响应灵活的人机对话	精度高，功能全	体积小，易保存

5.7.2　输出报告

输出报告是系统设计的主要内容之一，它定义了系统的输出。输出报告中既标出了各常量、变量的详细信息，又给出了各种统计量及其计算公式、控制方法。

设计输出报告时应考虑以下几点：

（1）方便使用者。能为使用者提供及时、准确、全面的信息，输出的图形或表格，便于用户阅读和理解。

（2）要考虑系统的硬件性能。

（3）尽量利用原系统的输出格式，如需修改，应与有关部门协商，征得用户同意。

（4）输出的格式和大小要根据硬件能力认真设计，并试制输出样品，经用户同意后才能正式使用。

（5）输出表格要考虑系统的发展。输出表格中是否为新增项目留有相应的位置。设计输出报告之前应收集好各项的有关内容，填写到输出设计书上，如表 5-6 所示，这是设计的准备工作。

表 5-6　输出设计书

<table>
<tr><td colspan="6">输出设计书</td></tr>
<tr><td>资料代码</td><td>GZ—01</td><td colspan="2">输出名称</td><td colspan="2">工资主文件一览表</td></tr>
<tr><td>处理周期</td><td>每月一次</td><td>形式</td><td>行式打印表</td><td>种类</td><td>0—001</td></tr>
<tr><td>份　数</td><td>1</td><td>报送</td><td colspan="3">财务科</td></tr>
<tr><td>项 目 号</td><td>项目名称</td><td colspan="2">位数及编辑</td><td colspan="2">备注</td></tr>
<tr><td>1</td><td>部门代码</td><td colspan="2">X（4）</td><td colspan="2"></td></tr>
<tr><td>2</td><td>工号</td><td colspan="2">X（5）</td><td colspan="2"></td></tr>
<tr><td>3</td><td>姓名</td><td colspan="2">X（12）</td><td colspan="2"></td></tr>
<tr><td>4</td><td>级别</td><td colspan="2">X（3）</td><td colspan="2"></td></tr>
<tr><td>5</td><td>基本工资</td><td colspan="2">9 998.99</td><td colspan="2"></td></tr>
<tr><td>6</td><td>房费</td><td colspan="2">998.99</td><td colspan="2"></td></tr>
</table>

为了提高系统的规范化程度和编程效率，在输出设计上应尽量保持输出内容和格式的统一性，也就是说，同一内容的输出应具有一致的形式。显示器输出用于查询或

预览，打印机输出提供报表服务，文本文件格式用于为办公自动化系统提供剪辑素材，而数据库文件可满足数据交换的需要。

在打印输出时，报告纸有专用纸和通用白纸两种。专用纸上事先已印有表头和文字说明等格式，使用时可直接套打，通用白纸则需打印表头、格式及说明信息。

5.8 输入设计

输入设计是整个系统设计的关键环节之一，对系统的质量起着决定性的影响。输入数据的正确性直接决定处理结果的正确性，如果输入数据有误，即使计算和处理十分正确，也无法获得可靠的输出信息。

5.8.1 输入设计的原则

输入设计包括数据规范和数据准备的过程，在输入设计中，提高速度和减少错误是两个最根本的原则。以下是指导输入设计的几个原则：

（1）设计好原始单据的格式。原始单据的格式设计，必须按照便于填写、便于归档保存和便于操作的基本原则进行。输入的单据，可以是专门为输入数据设计的记录单，但这样要经过一次抄转和编码；也可以直接从原始单据上输入数据，这样可以减少填写输入记录单的工作量和抄写错误。不管采用哪一种形式，作为输入的数据其内容要和屏幕上显示的内容一致，格式也要尽量一致，以便提高输入速度和减少输入差错。

（2）控制输入量。进行输入设计时，应尽量控制输入数据总量。在输入时，只需输入基本的信息，而其他可通过计算、统计、检索得到的信息则由系统自动产生。

（3）减少输入延迟。输入数据的速度往往成为提高信息系统运行效率的瓶颈，为减少延迟，可采用周转文件、批量输入等方式。

（4）输入过程应尽量简化。输入设计在为用户提供纠错和输入检验的同时，要保证输入过程简单易用，不能因为查错、纠错而使输入复杂化，增加用户负担。

（5）减少输入错误。输入设计中应采用多种输入校验方法和有效性验证技术，减少输入错误。

5.8.2 输入检验

输入设计的目标是要尽可能减少数据输入中的错误。因此，对于输入数据的过程中可能出现的错误，我们要采取相应的检验措施，以保证输入数据的正确性。

5.8.2.1 输入错误的种类

在输入数据的过程中，由于各种原因可能会出现这样或那样的错误。因此在输入设计时，我们必须要充分考虑到可能会出现的各种错误，并采取有效的防范和补救措施。在输入数据时，常见的错误可以分成以下几类：

（1）数据本身的错误，主要是指原始单据的填写错误或者在输入数据时产生的错误。

（2）数据不足或多余，指在数据收集过程中产生的差错，如数据（单据、卡片等）的散失、遗漏或重复等引起的数据差错。

（3）数据的延误。这是指在数据收集过程中，由于提供数据的时间延误所产生的错误。虽然它在数据量和内容上都可能是正确的，但是由于数据在时间上延误，可能会使输出的信息变得毫无价值。

5.8.2.2　数据出错的校验方法

数据的校验方法有人工直接检查、计算机用程序校验以及人与计算机两者分别处理后再相互查对校验等多种方法。常用的方法是以下几种，可单独地使用，也可组合使用。

（1）重复输入检验。将同一数据由两个人先后输入一次，由计算机比较两次输入的结果，以判断输入的数据是否正确。如果两次输入的不一致，计算机显示或打印机打印出错信息。

（2）视觉检验。输入的同时，由打印机打印或屏幕显示出输入的数据，并由人工逐一核对，以检查输入的数据是否正确。

（3）控制总数检验。先由人工计算出输入数据的某数据项总值，然后在输入过程中再由计算机统计出该数据项的总值，比较两次计算结果以验证输入是否正确。

（4）记录数点计检验。通过计算输入数据的记录个数来检验输入的数据是否有遗漏和重复。

（5）格式校验。格式校验就是校验数据记录中各数据项的位数和位置是否符合预先规定的格式。例如，姓名栏规定为18位，而姓名的最大位数是17位，则该栏的最后一位一定是空白。该位若不是空白，就认为该数据项错误。

（6）逻辑校验。逻辑校验就是根据业务上各种数据的逻辑性，检查有无矛盾。例如，月份最大不会超过12，否则出错。

（7）界限校验。界限校验就是检查某项输入数据的内容是否位于规定范围之内。例如，商品的单价，若规定在100元至500元范围内，则检查是否有比100元小及比500元大的数目即可，凡在此范围之外的数据均属出错。

（8）顺序校验。顺序校验就是检查记录的顺序。例如，要求输入数据无缺号时，通过顺序校验，可以发现被遗漏的记录。又如，要求记录的序号不得重复时，即可查出有无重复的记录。

（9）平衡校验。平衡校验的目的在于检查相反项目间是否平衡。例如，会计工作中检查借方会计科目合计与贷方会计科目合计是否一致。又如银行业务中检查普通存款、定期存款等各种数据的合计，是否与日报表各种存款的分类合计相等。

（10）对照校验。对照校验就是将输入的数据与基本文件的数据相核对，检查两者是否一致。例如，为了检查销售数据中的用户代码是否正确，可以将输入的用户代码与用户代码总表相核对。如果两者的代码不一致，就说明出错了。

5.8.2.3 出错的改正方法

出错的改正方法应根据出错的类型和原因而异。

(1) 原始数据错。发现原始数据有错时，应由产生错误的单位进行改正，不应由操作员想当然地予以修改。

(2) 机器自动检错。当由机器自动检错时，出错的恢复方法有：

① 将错误改正后再进行处理；

② 将错误数据剔出，只处理正确的数据。这种方法适用于作趋势调查分析的情况，这时不需要太精确的输出数据，例如，预测求百分比等；

③ 只处理正确的数据，出错数据待修正后再进行处理。

5.8.2.4 出错表的设计

为了保证输入数据正确，数据输入过程中通过程序对输入数据进行校验，如果发现数据有错时，程序应当自动地打印出错信息内容（出错表）。

5.8.3 输入媒介和装置

数据必须通过一定的媒介或装置才能被输入到系统中去，常用的输入媒介和装置主要有以下几种。

(1) 键盘。键盘是计算机系统中最主要的输入设备，通过键盘可以将数据直接输入计算机中或者记录在磁性介质上，因此使用起来非常方便，是应用最为广泛的输入设备。

(2) 读卡机。这是一种将光电卡、磁卡和 IC 卡所载信息转变为计算机可识别的电信号的机器。

(3) 磁带机和磁盘机。通过磁带机或者磁盘机可以非常方便地将记录在磁性介质上的数据输入计算机中进行各种各样的处理，并且可以将计算机处理过的数据直接记录在磁性介质上，因此它们是重要的输入输出设备，目前正向着大容量、小体积的方向发展，并且新的技术和材料也不断出现。例如，激光磁盘机也开始广泛投入使用。

(4) 其他输入设备。在计算机系统中还有其他许多种输入设备，如磁性字体阅读机、光学读字机、语音输入设备、光笔、图形数字化仪、黑白和彩色扫描仪等，可以根据系统的需要选择相应输入装置。

5.8.4 输入、输出的界面设计

从屏幕上通过人机对话输入是目前广泛使用的输入方式。因为是人机对话，既有用户输入，又有计算机的输出。其通常有以下几种：

5.8.4.1 菜单式

菜单式通过屏幕显示出可供选择的功能和功能代码，由操作者根据需要进行选择。将菜单设计成层次结构，则可以通过层层调用引导用户使用系统的每一个具体功能。随着软件技术的发展，菜单设计也向着既美观又方便的方向发展。目前，在系统设计中常用的菜单设计方法主要有以下几种：

（1）一般菜单。在屏幕上显示出各个选择项，每个选择项指定一个代号，然后根据操作者通过键盘输入的代号，计算机决定何种后续操作。

（2）光带菜单。光带菜单在屏幕上以一条光带来提示菜单中的当前候选项。通过光标控制键把光带移到所需的功能项目上，然后按下回车键即执行相应的操作。

（3）下拉菜单。这是一种两级菜单，第一级是选择栏，第二级是选择项。各个选择栏横排在屏幕的第一行上，用户可利用光标的左右移动键选定当前选择栏，在当前选择栏下立即显示出该栏中的各项功能，用户可利用光标的上下移动键进行选择。

5.8.4.2 填表式

填表式屏幕设计通常需要通过终端向系统中输入数据。系统将要输入的项目显示在屏幕上，然后由用户逐项填入有关的数据。另外，填表式屏幕设计也可以用于系统的输出。如果要查询系统中的某些数据时，可以将数据的名称按一定的方式排列在屏幕上，然后由计算机将数据的内容自动填写在相应的位置上。由于这种方法设计的画面简单易读，并且不容易出错，所以它是通过屏幕进行输入输出的主要形式。

5.8.4.3 选择性问答式

选择性问答式屏幕设计是指当系统运行到某阶段时，通过屏幕向用户提问，系统根据用户回答的结果决定下一步执行什么操作。这种方法通常用在提示操作人员确认输入数据的正确性，或者询问用户是否继续某项处理等方面。例如，当用户输入完一条记录后，可以通过屏幕向用户询问“输入是否正确（Y/N）?”，计算机根据用户的回答来决定是继续输入数据还是对刚输入的数据进行修改。

5.9 处理流程图设计

信息系统的处理流程图是系统流程图的展开和具体化，所以其内容更为详细。在系统流程图中，我们只给出了每一处理功能的名称，而在处理流程图中，则需要使用各种符号具体地规定处理过程的每一步骤。

前面曾提到，系统中每一个功能模块都可以作为一个独立子系统分别进行设计。由于每个处理功能都有自己的输入和输出，对处理功能的设计过程也应从输出开始，然后进行输入、数据文件的设计，并画出较详细的处理流程图。

图 5-15 是工资计算的处理功能的处理流程图。由图 5-12 可知，该子系统由单个运行程序组合而成，这些程序包括主文件更新模块、形成扣款文件模块、计算机打印模块。

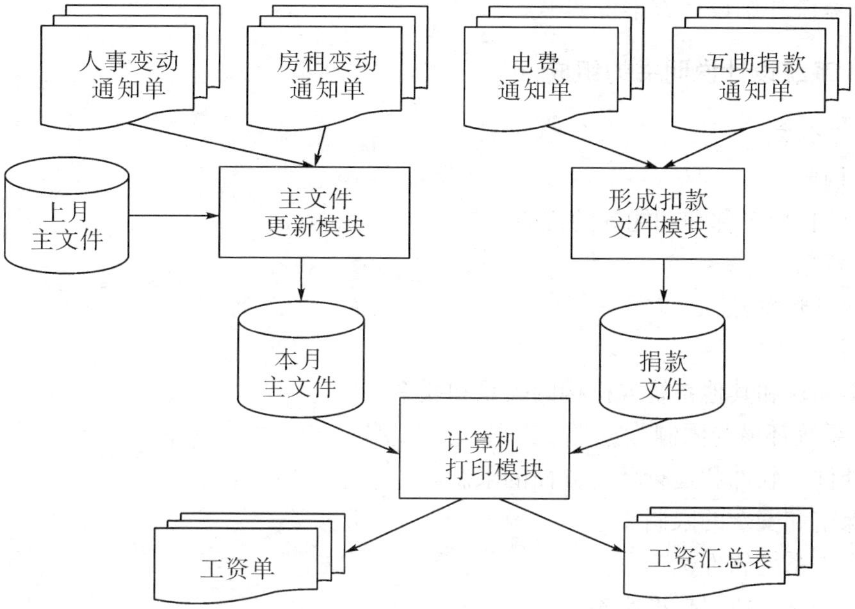

图 5-15 工资计算的处理功能的处理流程

5.10 编写程序设计说明书和系统设计报告

系统设计阶段的成果是系统设计报告，其主要是各种设计方案和设计图表，它是下一步系统实现的基础。

5.10.1 系统设计说明书的意义

系统设计的目标是建立目标系统的物理模型。如何表述物理模型则成为系统设计最后阶段的重要任务。系统设计阶段的最后一项工作是将系统设计的各项成果编辑成一套完善的文档资料，即系统设计说明书。设计说明书是整个系统设计的完整描述，是系统设计的阶段性成果的具体体现，也是系统实施的最重要依据。

5.10.2 系统设计的成果

系统设计阶段的成果归纳起来一般有：

（1）系统总体结构图（总体结构图、子系统结构图、计算机流程图等）。

（2）系统设备配置图（计算机系统图、设备在各生产岗位的分布图，主机、网络、终端联系图等）。

（3）系统分布编码方案（分类方案、编码系统）。

（4）数据库结构图（DB 的结构，主要指表与表之间的结构，表内部结构包括字段、域、数据字典等）。

（5）HIPO 图（层次化模块控制图、IPO 图等）。

（6）系统详细设计方案说明书。

5.10.3 系统设计说明书的组成

5.10.3.1 引言

（1）摘要

系统的目标名称和功能等的说明。

（2）背景

- 项目开发者。
- 用户。
- 本项目和其他系统或机构的关系和联系。

（3）系统环境与限制

- 硬件、软件和运行环境方面的限制。
- 保密和安全的限制。
- 有关系统软件文本。
- 有关网络协议标准文本。

（4）参考资料和专门术语说明

5.10.3.2 系统设计方案

（1）模块设计

- 系统的模块结构图
- 各个模块的 IPO 图（各模块的名称、功能、调用关系、局部数据项和详细的算法说明等）。

（2）代码设计

- 各类代码的类型、名称、功能、使用范围和使用要求等的设计说明书。

（3）输入设计

- 输入项目。
- 输入人员（指出所要求的输入操作人员的水平与技术专长，说明与输入数据有关的接口软件及其来源）。
- 主要功能要求（从满足正确、迅速、简单、经济、方便使用者等方面达到要求的说明）。
- 输入校验（关于各类输入数据的校验方法的说明）。

（4）输出设计

- 输出项目。
- 输出接受者。
- 输出要求（所用设备介质、输出格式、数值范围和精度要求等）。

（5）文件（数据库）设计说明

- 概述（目标、主要功能）。
- 需求规定（精度、有效性、时间要求及其他专门要求）。
- 运行环境要求（设备支撑软件、安全保密等要求）。

- 逻辑结构设计（有关文件及其记录、数据项的标识、定义、长度和它们之间的关系）。
- 物理结构设计（有关文件的存储要求、访问方法、存储单位、设计考虑和保密处理等）。

（6）模型库和方法库设计（本系统所选用的数学模型和方法以及简要说明）

（7）安全保密设计

（8）物理系统配置方案报告

- 硬件配置设计。
- 通信与网络配置设计。
- 软件配置设计。
- 机房配置设计。

（9）系统实施方案及说明

- 实施方案。
- 实施计划（工作任务的分解、进度安排和经费预算）。
- 实施方案的审批（说明经过审批的实施方案概况和审批人员的姓名）。

小结

本章的主要任务是根据新系统逻辑模型所提出的各项功能要求，结合实际情况详细设计系统物理模型。系统设计工作应该自上而下地进行，先设计总体结构，然后再逐层深入，直至进行每一个模块的设计。总体设计主要是指在系统分析的基础上，对整个系统的划分和模块作合理的安排等方面，其最后结果是功能模块结构图的设计。功能结构图从功能的角度描绘了系统的结构；系统物理配置方案设计和网络设计为系统选择硬件、软件和网络环境提供依据；代码设计是为了实现全局数据的统一，代码结构要合理，有助于纠错；数据存储设计是根据所选择的具体数据库系统，进行数据库设计。输入、输出设计是为用户提供方便的人机交互手段。系统设计阶段的主要成果是系统设计报告。

案例

工程项目监督系统的结构化设计

1. 案例背景

改革开放以来，特别是近几年，我国的工程建设和建筑业发展都非常快。在发展过程中，工程项目管理也存在不少的问题。当前建设领域中问题最突出的是管理不够规范，质量、安全形势依然严峻。工程项目监管是建筑单位与工程监管局之间的桥梁和纽带。如何有效地通过信息系统平台，将日常各种流程事物融合进来，提高工作效率，需要进行合理的规划。工程项目监督系统功能结构图如图 5-16 所示。

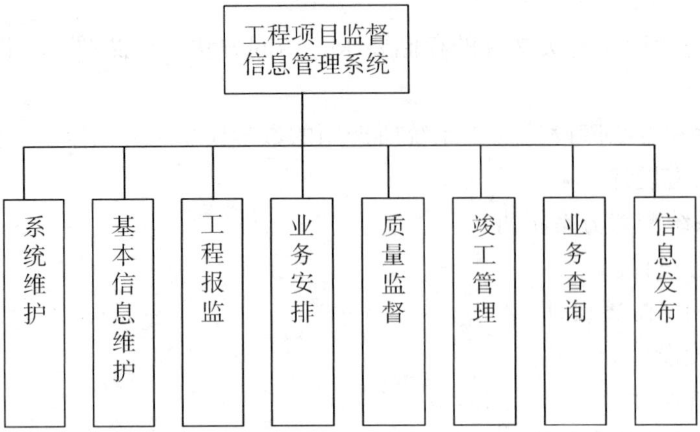

图 5-16　工程项目监督系统功能结构图

对某市建筑质量监督站的业务及其职能调研后，发现目前存在以下几方面的问题：办公效率低下；信息繁杂，检索不便；信息输入过多，给工作带来不便；任务分配不明确，缺少协作和反馈，缺乏依据，无法与下属监督分站进行信息交流，造成领导层的决策困难；工程监理面窄，且素质有差距。因此需要重新开发一套系统，来满足质量监督站的日常监督管理工作，提高工程监理的工作质量和监理内容，促进总站与分站之间的信息共享和沟通协作，提高工作效率。

通过系统分析可知，系统需具备八大功能：系统维护、基本信息维护、工程报益、业务安排、质量监督、竣工管理、业务查询、信息发布。信息分析阶段结束后进入系统设计阶段。下面分别介绍系统设计部分的主要内容，包括功能结构设计、数据库设计、代码设计和输入输出设计等。

2. 解决方案

(1) 功能结构设计

系统的功能结构设计是基于系统的业务流程分析和数据流程分析展开的。根据系统分析，可以将系统的功能划分为系统维护、基本信息维护、工程报监、业务安排、质量监督、竣工管理、业务查询、信息发布八大模块，如图 5-17 至图 5-24 所示。

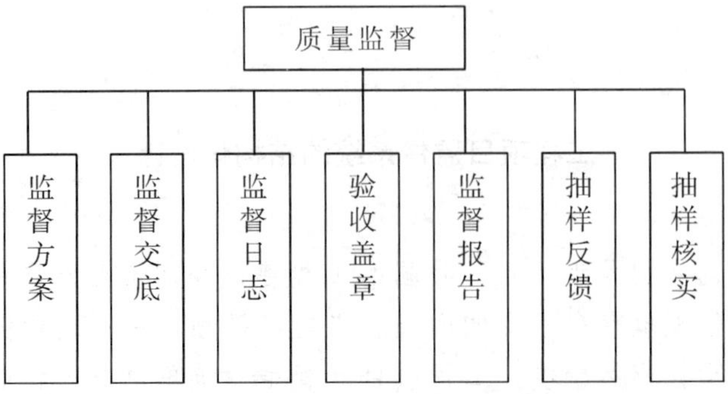

图 5-17　质量监督功能结构图

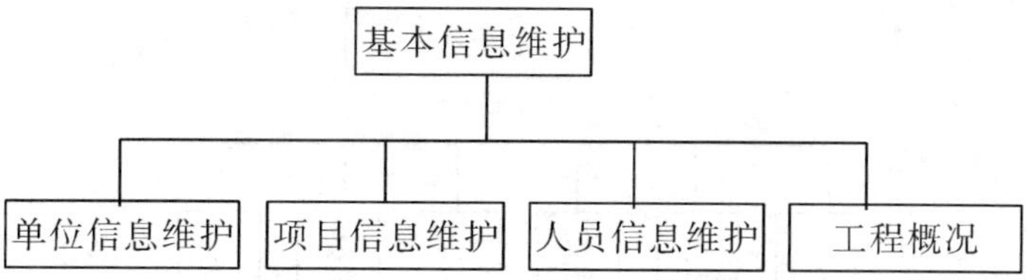

图 5-18 基本信息维护功能结构图

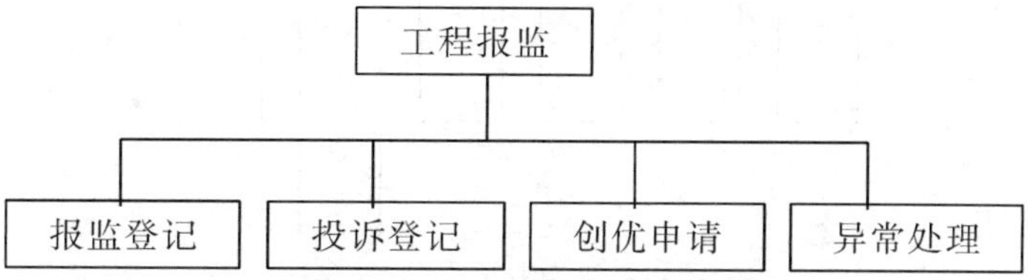

图 5-19 工程报监功能结构图

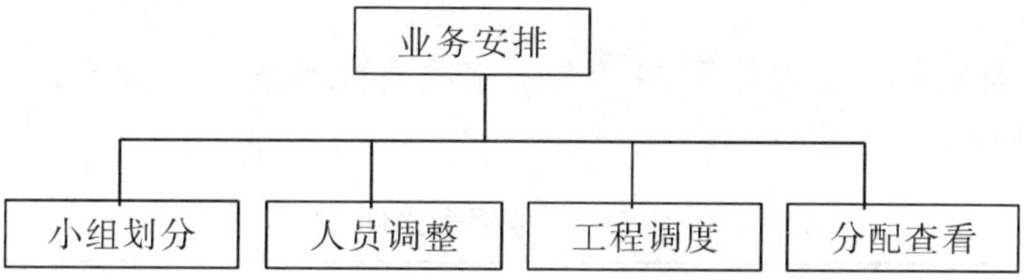

图 5-20 业务安排功能结构图

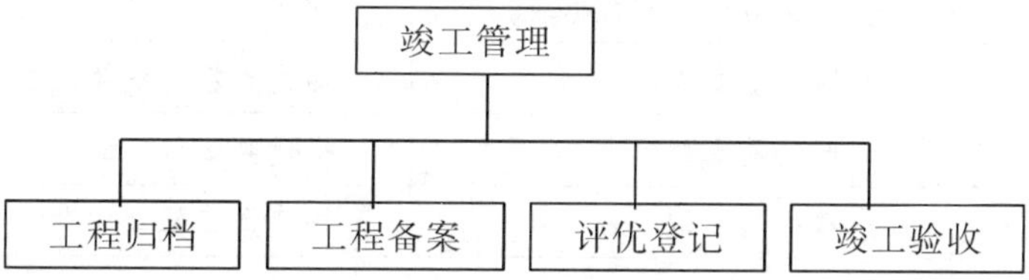

图 5-21 竣工管理功能结构图

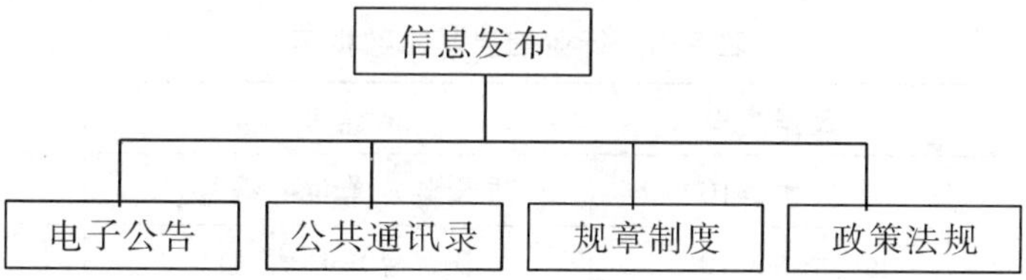

图 5-22 信息发布功能结构图

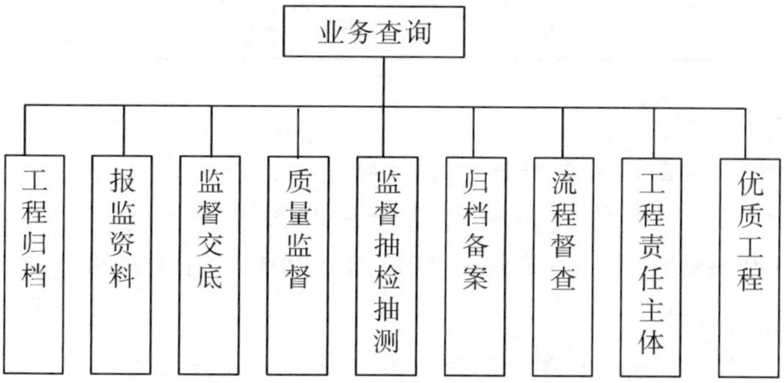

图 5-23 业务查询功能结构图

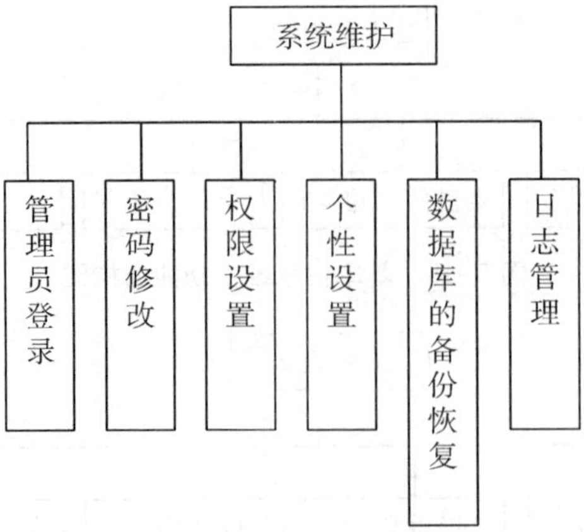

图 5-24 系统维护功能结构图

(2) 数据库设计

根据系统分析的结果，设计了 34 个数据表文件，如表 5-7 所示。行业信息基本数据表如表 5-8 所示。

表 5-7 数据表文件

编号	数据表名称	简述
001	行业信息基本数据表	描述质量监督单位的基本信息
002	地区基本数据表	描述监督科室部门所属地区信息
003	部门基本数据表	描述监督科室部门的基本信息
004	本站员工信息表	描述员工基本信息
……	……	……

表 5-8 行业信息基本数据表

字段名称	数据类型	说明	主键
DWBH	文本，10	质量监督单位的编号	
DWMC	文本，10	质量监督单位的名称	
DH	文本，20	质量监督单位的电话	
ZT	文本，20	质量监督的状态	

(3) 代码设计

系统为申请表、巡查记录表等进行了代码设计，一方面可统一管理，另一方面是为了方便表格的录入。表格代码采用助记码和顺序码结合的方式，如申请表用 SQB0001-SQB9999 来表示，巡查记录表用 XCJLB0001-XCJLB9999 来表示。

(4) 输入/输出设计

在系统的输入/输出设计上遵循既满足用户需求，又方便用户使用的原则。

输入界面设计，不仅考虑了数据输入窗口的屏幕格式，而且考虑了如何使输入数据的错误率尽可能最低。在程序中应尽可能地加入对输入数据的校验和判断功能，如输入数据与相关数据域相关数据关系的判断、参考日期功能等。在设计输入界面时，应尽量减少输入量，减少工作人员的录入操作，同时提高工作的准确性和礼节性，并提高系统的运行效率。

进行输出设计时，尽量使界面清晰，读取方便。输出界面主要采用报表实现方式，适时出现判断界面。此外，如果输出的界面比较人性化，就会增强工作人员的兴趣，同时也在一定程度上减少了错误的发生率。

3. 总结

本案例主要使用了结构化设计方法对工程项目监督管理系统进行设计，尤其是对系统功能结构设计、数据库设计、代码设计等进行了详细介绍。结构化设计方法使得系统模块化，便于系统维护。

资料来源：作者根据多方面资料整理。

思考题

1. 系统设计的主要任务和内容是什么？

2. 代码的种类有哪些？试述我国身份证号中代码的意义，它属于哪种码？这种码有哪些优点？

2. 代码系统的设计原则是什么？设计代码系统有哪些步骤？

3. 数据库设计的目标是什么？数据库设计包括哪些过程？

4. 输入输出设计中如何考虑提高人的效率，方便使用者？

5. 输入设计包含哪些内容？它与界面设计有何关系？

6. 系统设计报告的内容主要包括哪几部分？

7. 某企业设计了职工代码，其设计原则如图 5-25 所示。根据代码设计原则，分析该代码系统设计的正确性，并给予解释。

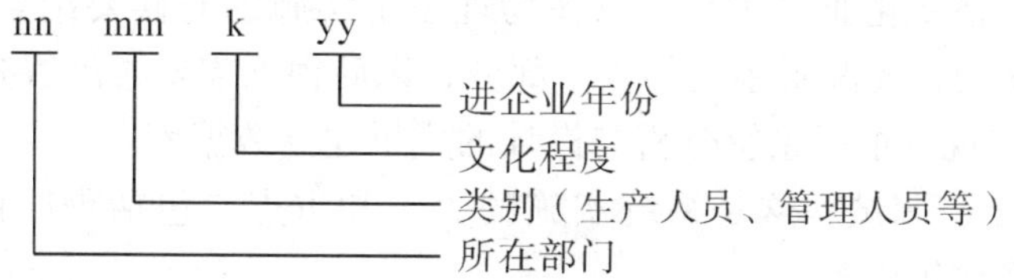

图 5-25 职工代码

8. 用几何级数设计代码校验方案如下：源代码 4 位，从左到右取权数。16、8、4、2，对乘积和以 11 为模取余数作为校验码。试问原代码为 6137 的校验码应该是多少？

10. 你所在学校学生的学号、借书证号的代码系统是如何组成的？

6 管理信息系统的实施

本章主要内容：

本章主要介绍了系统实施的内容，其中包括程序设计的概念及方法；系统测试的内容及方法；系统的切换方式；系统维护及管理的内容，以及系统评价的内容及体系。

本章学习目标：

了解实施管理信息系统需要的环境准备与配置，以及实施特点；掌握程序设计的方法和软件开发工具；掌握管理信息系统转换的方式和系统维护的管理；了解系统运行环境和信息资源的管理；了解管理信息系统评价报告。

6.1 系统实施概述

6.1.1 系统实施的任务

系统实施的任务就是以系统设计方案为依据，按照系统实施方案进行具体的实现，最终组建出一个能够实际运行的系统交付给用户使用。系统实施的一般步骤是：

（1）物理系统的实施。根据系统设计阶段所确定的技术路线、系统的物理结构与设备配置方案完成采购设备、布线、机房装修、设备安装、操作系统安装、网络连通调试（如网络系统的运行情况、性能指标测试、多用户连接通信测试等）等。由于计算机网络设备的价格变化非常快，所以在物理系统实施的时候要结合系统软件开发的需要确定。一般来说，先配置系统的骨干部分，以后根据需要再配置其他的部分。

（2）数据库实现。根据系统分析与设计的成果建立数据库。

（3）程序设计与调试。这是系统实施的关键和重点，包括程序设计、程序调试、模块调试和系统调试等内容。

（4）系统实施的准备工作。这部分的内容主要是编写系统使用手册、人员的组织与培训、依据代码的编制规则进行编码、录入系统初始数据、准备测试数据等工作。

（5）系统的初运行与系统切换。这部分工作主要是对系统的运行情况进行测试与评价，进行系统的切换。

6.1.2 系统实施的计划

系统实施首先要按照系统实施各任务的先后顺序、相互之间的联系制订实施计划。

系统实施阶段的工作与前几个阶段的工作相比较，所涉及的人力和物力都要多得多。在这个阶段，整个系统的具体实施工作逐步开展，大量的各类专业技术人员将陆续加入到各个项目的研制中来。由于各项工作相互联系，所以任何一项工作的延误都会影响到整个系统实施的进度。因此，企业必须制订出周密的实施计划，确定监测的标准，同时在进度、经费等方面要加强管理和控制，以便各项工作能够有条不紊地协调进行，否则可能会造成成本大大超出预算，花费太多不必要的时间、技术的不足导致系统实施的绩效降低到预计水平之下，无法获得预期的利益等后果。系统实施计划的制订主要应考虑以下内容：

（1）系统实施的工作量无法估计。工作量需要根据系统实施阶段各项工作的内容而定。工作量的估计目前尚无充分的理论依据，一般是由系统实施的组织者根据经验并参照同类系统的工作量加以估算。

（2）系统实施的进度安排。在弄清楚各项工作关系的基础上，安排好各项工作的先后顺序，并根据对工作量的估算和用户对完工时间的要求，确定各项工作的开工和完工时间，并由此作出系统实施各项工作的时间进度计划。

（3）系统实施的系统人员的配备和培训计划。系统实施阶段需要的人员较多，包括计算机硬件、软件人员，系统操作人员，系统管理人员和日常维护人员等。因此，必须根据系统实施进度和工作量确定各种专业人员在各阶段的数量和比例，并按照不同的层次需要制订相应的培训计划。

6.1.3 系统实施的特点

系统实施是管理信息系统开发工作的后期阶段，是一项涉及各级管理人员、系统开发技术人员、系统测试人员、系统操作和维护人员的组织协调，以及系统应用场地、设备和资金的调配管理，是持续时间长且十分复杂的系统工程。

与系统分析、系统设计阶段相比，系统实施工作量大，投入的人力、物力多，组织管理工作繁重是其主要的特点。

6.2 系统环境的准备与实施

6.2.1 系统硬件环境的准备

在系统规划和分析阶段已提出系统的设备购置计划，其在系统设计阶段将进一步得到确定。在系统实施阶段应按照设备型号、数量清单等需要进行与系统有关的设备购置。选择设备型号应准备多种方案，综合考虑性价比。

计算机系统包括硬件和软件两大部分。硬件是系统建立的基础，其技术指标决定了系统的运行速度、可靠性、可维护性等。软件主要包括操作系统、数据库管理系统、数据库管理系统和在这些系统基础上开发出来的信息系统软件包。

为了确保建立起来的信息系统能够完成既定目标，企业在选购系统所需硬件时应考虑以下几项技术指标：

（1）具有合理的性价比；

（2）具有良好的可扩充性；

（3）良好的技术支持；

（4）能够满足管理信息系统的设计和运行的基本要求。

6.2.2 软件环境的配置

在建立硬件环境的基础上，企业还需建立适合系统运行的软件环境，包括购置系统软件和应用软件包；按照设计要求配置的系统软件包括操作系统、数据库管理系统、程序设计语言处理系统等。在企业管理系统中，有些模块可能有商品化软件可供选择，也可以提前购置，其他则需自行编写。企业在购买或配置这些软件前应先了解其功能、适用范围、接口及运行环境等，以便作好选购工作。

计算机硬件和软件环境的配置，应当与计算机技术发展的趋势相一致，硬件选型要兼顾升级和维护的要求；软件选择特别是数据库管理系统，应选择 C/S 或 B/S 模式下的主流软件产品，为提高系统的可扩展性奠定基础。

6.2.3 网络环境

计算机网络是现代管理信息系统建设的基础，是创建和测试数据库、编写和测试程序的平台。在许多情况下，所开发的信息系统是基于已有的网络架构。但是，如果新开发的信息系统要求创建新网络或修改已有的旧网络，那么就必须建立和测试新网络。网络系统实施的主要内容包括通信设备的安装、电缆线的铺设、网络性能的调试等。常用的通信线路有双绞线、同轴电缆、光纤电缆以及微波和卫星通信等。网络环境的建立应根据所开发的系统对计算机网络环境的要求，选择合适的网络操作系统产品，并按照目标系统将采用的 CIS 或 B/S 工作模式，进行有关的网络通信设备与通信线路的架构与连接、网络操作系统软件的安装和调试，使整个网络系统的运行性能与安全性测试及网络用户权限管理体系得到实施。

本项任务的工作由系统分析人员、系统设计人员、系统构建人员共同来完成。其中网络设计人员和网络管理人员在这项工作中起最主要的作用。网络设计人员应该是局域网和广域网的专家，而网络管理人员是构建和测试信息系统网络的专业人员，并且负责网络的安全性。系统分析人员的作用是确保构建的网络满足用户的需求。

6.3 程序设计

程序设计是系统实施阶段的主要工作。程序设计是根据系统设计报告中模块处理过程描述以及数据库结构，选择合适的程序设计语言和软件开发工具，编制出正确、清晰、容易理解、容易维护、工作效率高的程序源代码。

6.3.1 程序设计

6.3.1.1 程序应满足的要求

程序设计的任务是为新系统编写程序，即把详细设计的结果转换成某种计算机编程语言写成的程序。该阶段相当于机械工程中图纸设计完成的“制造”阶段，程序设计的好坏直接关系到能否有效地利用电子计算机来达到预期目的。

高质量的程序，必须符合以下基本要求：

（1）程序的功能必须按照规定的要求，正确地满足预期的需要；

（2）程序的内容清晰、明了，便于阅读和理解；

（3）程序的结构严谨、简捷、算法和语句选用合理，执行速度快，节省时间；

（4）程序和数据的存储、调用安排得当，节省存储空间；

（5）程序的适应性强。程序交付使用后，若应用问题或外界环境有变化时，调整和修改程序比较简便易行。

以上各要求并不是绝对的，允许根据系统本身以及用户环境的不同情况而有所侧重。此外，程序设计结束后，还应写出操作说明书，说明执行该程序时的具体操作步骤。

一般说来，有了设计阶段提供的详细设计方案，又有了高级编程语言，程序设计工作已经较为简单，因此本节不再讨论程序设计的具体细节。

6.3.1.2 程序设计的标准

程序设计的目的是编写出能满足系统设计功能要求，并能正确运行的系统。程序设计工作完成后，是否达到最初的目的和要求，需要进行衡量和检查。衡量和检查的标准恰恰是程序设计的标准。

程序设计标准应包括以下几方面：

（1）可靠性

可靠性是指系统运行的可靠性，主要包括两方面内容，一方面是程序或系统的安全可靠性，如数据存取的安全可靠性、通信的安全可靠性、操作权限的安全可靠性，这些工作一般都要靠系统分析和设计时来严格定义；另一方面是程序运行的可靠性，这一点只能靠调试严格把关来保证。

（2）规范性

规范性即系统各功能模块的划分以及每个功能模块中各子功能模块的划分、各子功能模块程序的书写格式和命名、所有变量的命名等都应该按照整个系统的统一规范进行。

（3）可读性

可读性即程序清晰，没有太多繁杂的技巧，能够使他人容易读懂。可读性对于大规模工程化的软件开发非常重要。

（4）可维护性

可维护性即程序各部分相互独立，没有子程序以外的其他数据关联。也就是说不会发生那种在维护时牵一发而动全身的连锁反应。一个规范性、可读性、结构划分都很好的程序模块，它的可维护性也是比较好的。

（5）健壮性

健壮性是系统能够识别并禁止错误的操作和数据输入，不会因错误操作、错误数据输入及硬件故障而造成系统崩溃。

（6）高效率

效率主要是指系统运行速度、存储空间等指标。程序设计应该做到程序占用的存储空间尽量少，程序运行完成规定功能的速度尽量快。

6.3.2 软件开发工具

随着计算机在信息系统中的广泛应用，各种各样的软件及程序的自动设计、生成工具日新月异，为各种信息系统的开发提供了强有力的技术支持和方便的实用手段。利用这些软件生成工具，可以大量减少人工编程环节的工作，避免各种编程错误的出现，极大地提高系统的开发效率。

选择适当的程序开发工具，应考虑用户的要求、语言的人机交互能力、丰富的软件支持工具、软件的可移植性以及开发人员以往的经验与熟练程度。

目前常用的软件开发工具大致分为编程语言、数据库、可视化编程、系统开发工具以及客户/服务器五类，本节将简单介绍这些软件开发工具。

6.3.2.1 编程语言类

编程语言开发工具主要是指由传统编程工具发展而来的一类程序设计语言。如C语言、C++语言、BASIC语言、COBOL语言、PL/1语言、PASCAL语言、LISP语言等。

这些语言一般不具有很强的针对性，它只是提供了一般程序设计命令的基本集合，因而适应范围很广，原则上任何模块都可以用它们来编写。

缺点：其适应范围广是以用户编程的复杂程度为代价的，程序设计的工作量很大。

6.3.2.2 数据库类

数据库是管理信息系统最重要的组成部分，它是系统中数据存放、数据传递、数据交换的中心和枢纽。数据库管理系统是管理和操作数据库的主要工具。目前市场上提供的数据库管理系统大致有两类，一类是微机数据库管理系统，如DBASE、FOXBASE、FoxPro等；另一类是大型数据库管理系统，如ORACLE、SYBASE、INGRE、INFOMAX等。

目前较为典型的系统有ORACLE系统、SYBASE系统、INGRES系统、INFORMAX

系统、DB2 系统等。

这类系统的最大特点是功能齐全，容量巨大，适合于大型综合类数据库系统的开发。在使用时配有专门的接口语言，可以允许各类常用的程序语言（称之为主语言）任意地访问数据库内的数据。

6.3.2.3 可视化编程类

Visual Basic 开辟了可视化程序设计的先河，以它为代表的一批可视化、面向对象的开发工具应运而生，如 FoxPro、Visual Basic、Visual C++、Power Builder 等。这类开发工具的特点是利用图形工具和可重用部件来交互地编制程序。

6.3.2.4 系统开发工具类

系统开发工具是在程序生成工具的基础上进一步发展起来的，它不但具有 4GLs 的各种功能，而且更加综合化、图形化，使用起来更加方便。

目前主要有两类：专用开发工具类和综合开发工具类。

专用开发工具类：对某应用领域和待开发功能针对性都较强的一类系统开发工具。

综合开发工具类：一般应用系统和数据处理功能的一类系统开发工具。其特点是可以最大限度地适用于一般应用系统的开发和生成。

如专门用于开发查询模块的 SQL，专门用于开发数据处理模块的 SDK（structured development kits），专门用于人工智能和符号处理的 Prolog for Windows，专门用于开发产生式规则知识处理系统的 OPS（operation process system）等。

在实际开发系统时，只要我们再自己动手将特殊数据处理过程编制成程序模块，则可实现整个系统。

常见的系统开发工具有：FoxPro，dBASE-V，Visual BASIC，Visual C++，CASE，Team Enterprise Developer 等。

这种工具虽然不能帮用户生成一个完整的应用系统，但是可以帮助用户生成应用系统中大部分常用的处理功能。

6.3.2.5 客户/服务器类

客户/服务器类工具解决问题的思路很简单，它就是在原有开发工具的基础上，将原有工具改变为一个个既可被其他工具调用，又可调用其他工具的“公共模块”。这样今后系统的开发工作就可以不限于一种语言、一类工具，而是综合各类工具的长处来使用，更快、更好地实现一个应用系统。

目前市场上的客户/服务器类工具主要有 FoxPro、Visual Basic、Visual C++、Excel、Powerpoint、Word 以及 Borland International Inc. 公司的 Delphi Client/Server、Powersoft Corp. 公司的 Power Builder Enterprise、Sysmantec Corp. 的 Team Enterprise Developer 等。这类工具最显著的特点就是它们之间相互调用的随意性。另外，像 Delphi Client/Server、Power Builder Enterprise 和 Team Enterprise Developer 等工具，都是面向对象的工具，功能很强，能够支持 SQL 等对各种大型数据库管理系统的数据操作，所开发的系统能够实现客户/服务器类型的程序调用关系，一般应用于管理软件、数据处理和网络系统的开发。

例如，在 FoxPro 中通过 DDE（dynamic data exchange，动态数据交换）或 OLE（object linking and embedding，对象的链接和嵌入）或直接调用 Excel，这时 FoxPro 应用程序模块是客户，Excel 应用程序是服务器。

6.3.3 程序设计方法

目前，采用的程序设计方法主要有结构化程序设计方法、原型式的程序开发方法、面向对象的程序设计方法以及可视化的程序设计技术。

6.3.3.1 结构化程序设计方法

结构化程序设计（structured programing，SP）方法，由戴克斯（E. Dijkstra）等人于 1972 年提出，用于详细设计和程序设计阶段，指导人们用良好的思想方法，开发出正确又易于理解的程序。

鲍赫门（Bohm）和加柯皮（Jacopini）在 1966 年就证明了结构定理：任何程序结构都可以用顺序、选择和循环这三种基本结构，如图 6-1（a）、图 6-1（b）、图 6-1（c）所示。

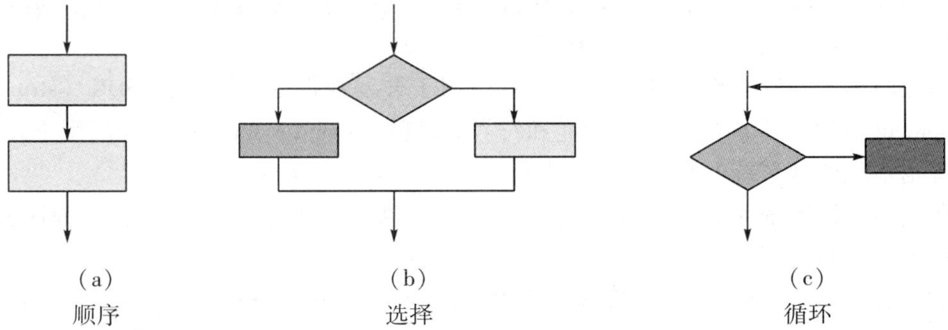

图 6-1 程序的三种基本结构

结构化程序设计就建立在上述结构定理上，同时，戴克斯主张取消 GOTO 语句，而仅仅用三种基本结构反复嵌套构造程序。

结构化程序设计至今还没有一个统一的定义，一般认为：结构化程序设计是一种设计程序的技术，它采用自上向下逐步求精的设计方法和单入口单出口的控制技术。

按照这个思想，对于一个执行过程模糊不清的模块，如图 6-2（a）所示，可以采用以下几种方式对该过程进行分解：

（1）用顺序方式对过程作分解，确定模糊过程中各个部分的执行顺序，如图 6-2（b）所示。

（2）用选择方式对过程作分解，确定模糊过程中某个部分的条件，如图 6-2（c）所示。

（3）用循环方式对过程作分解，确定模糊过程中主体部分进行重复的起始、终止条件，如图 6-2（d）所示。

对仍然模糊的部分可反复使用上述分解方法，最后即可使整个模块都清晰起来，从而把全部细节确定下来。

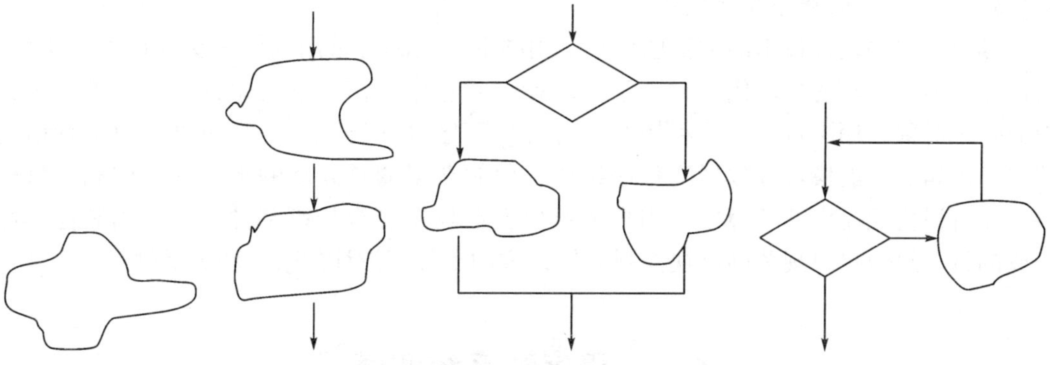

图 6-2 逐步求精的分解方法

由此可见，用结构化方法设计的结构是清晰的，有利于编写出结构良好的程序。因此，开发人员必须用结构化程序设计的思想来指导程序设计的工作。

结构化程序设计的基本思想是按由上向下逐步求精的方式，由三种标准控制结构反复嵌套来构造一个程序。按照这种思想，可以对一个执行过程模糊不清的模块，以顺序、选择、循环的形式加以分解，最后使整个模块都清晰起来，从而确定全部细节。

用结构化程序设计方法逐层把系统划分为大小适当、功能明确、具有一定独立性、并容易实现的模块，从而把一个复杂的系统设计转变为多个简单模块的设计。用结构化程序设计方法产生的程序也由许多模块组成，每个模块只有一个入口和一个出口，程序中一般没有 GOTO 语句，所以把这种程序称为结构化程序。结构化程序易于阅读，而且可提高系统的可修改性和可维护性。

由于大多高级语言都支持结构化程序设计方法，其语法上都含有表示三种基本结构的语句，所以用结构化程序设计方法设计的模块结构到程序的实现是直接转换的，只需用相应的语句结构代替标准的控制结构即可，因此减轻了程序设计的工作量。

6.3.3.2 原型式的程序开发方法

在系统各个功能模块的程序实现阶段，原型式的程序开发方法是非常有效的方法。使用此方法的具体步骤是：首先将系统设计中得到的 HIPO 图中所有功能相似、要被多个功能模块程序调用的、带有普遍性的子功能模块，如报表子功能模块、菜单子功能模块、查询子功能模块、统计分析和图形子功能模块等选出来，并将它们集中起来；然后寻找是否有能利用的现有应用程序或可以利用的软件开发工具，如果找到了所需的程序和软件，就可以直接采用或稍加修改后使用；如果没有，再考虑开发相应的能够适合于各功能模块的通用模块，并利用这些工具生成这些程序的模块原型。

6.3.3.3 面向对象的程序设计方法

面向对象的程序设计方法一般应该与面向对象设计方法（OOD）的内容相对应，它是一个简单直接的映射过程，即将 OOD 中所定义的范式直接用面向对象程序设计语言，如 C++、Visual C、Smalltalk 等来取代即可。例如，用 C++中的对象类型取代 OOD 范式中的类-&-对象，用 C++中的函数和计算功能来取代 OOD 范式中的处理功能等。在系统实现阶段，面向对象的程序设计优点是其他方法所无法比拟的。

6.3.3.4 可视化的程序设计技术

可视化程序设计技术的主要思想是，用图形工具和可重用部件来交互地编制程序。它把现有的或新建的模块代码封装于标准接口封包中，作为可视化程序设计编辑工具中的一个对象，用图符来表示和控制。可视化程序设计技术中的封包可能由某种语言的一个语句、功能模块或数据库程序组成，由此获得的是高度的平台独立性和可移植性。在可视化程序设计环境中，用户还可以自己构造可视控制部件，或引用其他环境构成的符合封包接口规范的可视控制部件，增加了程序设计的效率和灵活性。

6.4 程序和系统测试

调试和测试的目的都是找出程序中的错误，但调试一般由系统开发人员来进行，它是一种主动性的工作；而测试往往由专门的测试人员来进行，测试的目的是证明程序有错。因此，调试和测试的概念有所不同。本节将对程序调试和系统测试等问题进行讨论。

6.4.1 程序调试

程序调试的含义就是从程序中存在错误的某些迹象开始，确定错误位置，分析错误原因，并改正错误。调试是程序设计人员希望将其所编写的程序中的错误找出来并改正而进行的一种主动工作。

6.4.1.1 调试方法

下面介绍的方法可以帮助确定错误的位置。

（1）试探法

试探法的思路是先分析错误的表现形式，猜想程序故障的大致位置，然后使用一些简单、常用的纠错技术，获取可疑区域的有关信息，判断猜想是否正确。

（2）跟踪法

跟踪法分正向跟踪和反向跟踪。正向跟踪的思路是沿着程序的控制流，从头开始跟踪，逐步检查中间结果，找到最先出错的地方。反向跟踪的思路是从发现错误症状的地方开始回溯，即人工沿着程序的控制流往回追踪程序代码，一直到找出错误的位置或确定故障的范围为止。

（3）对分查找法

若已知每个变量在程序内若干个关键点的正确值，则可以用赋值语句输入这些变量的正确值，然后检查程序的输出。如果输出结果正确，则故障在程序的前半部分，否则故障在程序的后半部分。对于程序中有故障的部分重复使用这个方法，直到把故障范围缩小到容易诊断的程序为止。

（4）归纳法

归纳法是从错误征兆出发，通过分析这些征兆之间的关系而找出错误。归纳法步骤如图 6-3 所示。

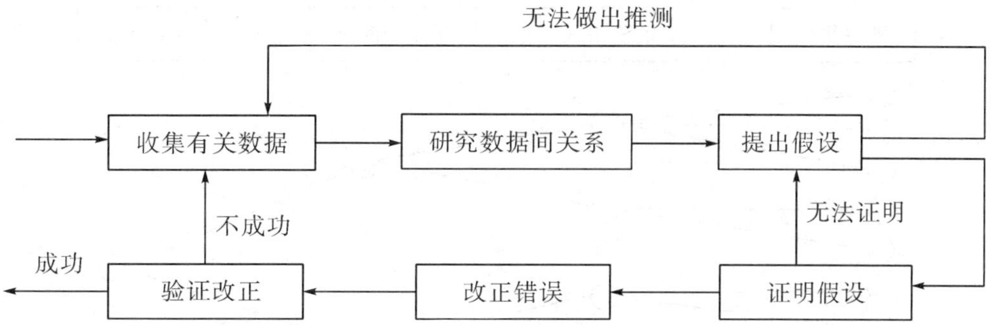

图 6-3　归纳法步骤

（5）演绎法

演绎法是从一般原理或前提出发，经过删除或精化过程推导出结论的一种调试方法。这种方法的思路是首先列出所有可能成立的原因或假设，然后一个一个地排除列出来的原因，最后证明剩下的原因确实是错误的根源。其具体的步骤如图 6-4 所示。

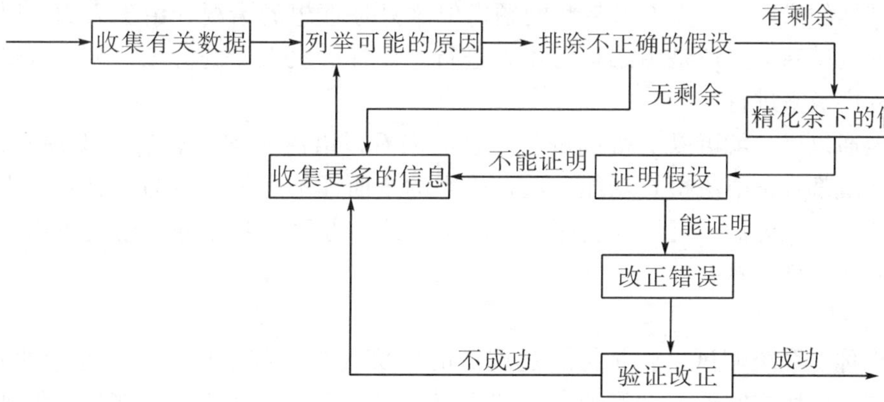

图 6-4　演绎法步骤

6.4.1.2　调试步骤

管理信息系统通常由若干子系统组成，每个子系统又由若干模块（程序）组成，所以，可把调试工作分为模块（程序）调试、分调（子系统调试）和总调（系统调试）三个层次，调试过程依次是模块调试、分调、总调，如图 6-5 所示。

（1）模块调试

程序调试包括正确性调试和使用简便性调试等。模块（程序）调试的目的是保证每个模块本身能正常运行，在该步调试中发现的问题大都是程序设计或详细设计中的错误。对于模块调试，一般分成人工走通和上机调试两步进行。

人工走通就是打印出源程序，然后参照设计说明书（包括程序框图）的要求呈现在纸上“走”一遍。程序的错误可分成语法错误和逻辑错误两种情况，一般只要认真检查就可以发现绝大部分的语法错误和部分逻辑错误。而用计算机进行交互调试时，每发现一个错误后要先改正错误才能继续调试，速度明显降低。所以，决不要一开始就将源程序键入计算机立即执行，而应先在纸上走通。

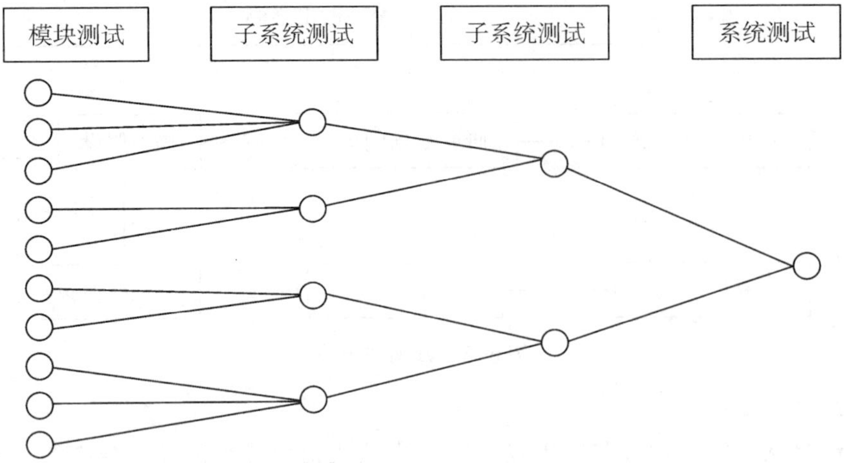

图 6-5　系统调试步骤

程序的检查最好由审查小组或其他开发者执行。因为程序编制者在审查时往往会犯编程时同样的错误，而查不出某些问题。但这只是理想的情况，由于人力、财力所限，目前的调试基本上还是由编程者本人进行。按各层次人员的分工，模块调试应由操作员或程序员来进行。

人工走通以后，就可以上机调试了。总的来看，语法错误比较容易发现和修改，因为高级语言都具备语法检查功能，但是检查的全面性不尽相同。为了有效地发现并改正逻辑错误，一方面，可认真设计调试用例，另一方面，要充分利用高级语言提供的调试机制或软件工具。

（2）分调

分调也称子系统调试，就是把经过调试的模块放在一起形成一个子系统来调试。主要是调试各模块之间的协调和通信，即重点调试子系统内各模块的接口。例如，数据穿过接口时可能丢失；一个模块对另一个模块可能存在因疏忽而造成的有害影响；把若干子功能结合起来可能不产生预期的主功能等。

如何将若干个模块连接成一个可运行的子系统，通常有两种方法。一种方法是先分别调试每个模块，再把所有模块按设计要求连成一起进行调试，这种方法称为“非渐增式”调试。另一种方法是把下一个要调试的模块同已经调试好的那些模块结合起来进行调试，调试完成后再把下一个应该调试的模块结合进来调试，这种方式称为“渐增式”，这种方式实际上同时完成了模块调试和子系统调试。

（3）总调

经过分调，已经把一个模块装成若干子系统并经充分调试。接着的任务是总调，也称为系统调试，它是经过调试的子系统装配成一个完整的系统来调试，用以发现系统设计和程序设计中的错误，验证系统的功能是否达到设计说明书的要求。

刚开始总调时，不必按完全真实情况下的数据量进行，可采用一些精心设计的数据量较少的调试用例，这样不仅可以使处理工作量大为减少，而且更容易发现错误和确定错误所在范围。

什么样的系统是有效的呢？一般说来，当系统的功能和性能如同用户所合理期待的那样，则系统是有效的。因为系统分析阶段产生的系统说明书，描述了用户的这种合理期望，所以它是系统有效性的标准。

总调完成后下一步就可将原始系统手工作业方式得出的结果作为新系统的输入数据进行“真实”运行，这时除了将结果与手工作业进行校核以外，还应考察系统的有效性、可靠性和效率。为此，最好请用户一起参加系统调试工作。系统调试的关键是“真实”和全面。进行系统调试应该注重以下几点：

① 调试用例应该是由实际意义的数据组成的，可以请用户参与调试用例的设计。

② 某些已经调试过的纯粹技术的特点可以不需再次执行。

③ 对用户特别感兴趣的功能或性能，可以增加一些调试。

④ 应该设计并执行一些与用户使用步骤有关的调试。

在总调之前必须有充分准备，尽量使用户能够积极主动地参与，特别是为了使用户能有效地使用该系统，通常在总调之前由开发部门对用户进行培训。

在总调阶段发现的问题往往和系统分析阶段的差错有关，涉及面较广且解决起来也较困难，这时需要和用户充分协商解决。

6.4.2 系统测试

测试是为了发现程序和系统中的错误而执行程序的过程。它的目标是在精心控制的环境下，通过系统的方法来检查程序，以便发现程序中的错误。测试工作是保证系统质量的关键，也是对系统最终的评审。

6.4.2.1 测试特点

与系统开发的其他阶段相比，测试具有若干特殊的性质，主要表现在以下四个方面：

（1）挑剔性：测试是对质量的监督和保证，所以“挑剔”和“吹毛求疵”应成为测试人员奉行的信条。

（2）复杂性：一个好的测试用例是指这个测试用例发现了一个尚未发现的错误的概率很高。

（3）不彻底性：在实际测试中，穷举测试工作量非常大，实际上是行不通的，这就注定了测试的不彻底性。

（4）经济性：测试得越多，成本也就越高，因此选择测试用例时，应注意遵守经济性原则。

6.4.2.2 测试基本原则

由于测试工作具有复杂性、不彻底性，其综合性强，技术含量高，还要求测试者具有丰富的经验，因此，测试工作需要一定的原则。

（1）测试队伍的建立

要让程序人员找出自己程序中的错误，往往比较困难，因此，为了保证测试的质量，企业应分别建立开发和测试队伍。

（2）测试用例的设计

设计测试用例时，要考虑测试用例的可操作性、有效性、效率和成本等因素。程序运行测试用例所产生的各种结果或测试数据应该能够便于分类整理，形成详细的文字记录和实验报告，并存入系统程序文档中。

（3）测试数据的选择

测试用例中测试数据的选择要覆盖各种可能的情况，不仅要选择合理的、期望的输入数据作为测试用例，而且应该选择一些不合理的和非期望的输入数据作为测试用例。

（4）测试功能的确定

测试程序或系统时，既要检查其是否完成了它应该做的工作，又要检查它是否还做了它不应做的事情。

（5）测试文档的管理

测试文档的管理主要包括测试用例和测试结果的保存和管理，这是一个非常重要的问题，应引起开发人员和用户的重视。

6.4.2.3 测试文档

测试文档主要包括测试计划及测试报告。

（1）测试计划的主体是“测试内容说明”，它包括测试项目的名称、各项测试的目的、步骤和进度，以及测试用例的设计等。

（2）测试报告的主体是“测试结果”，它包括测试项目的名称、实测结果与期望结果的比较、发现的问题，以及测试达到的效果等。

6.4.2.4 测试方法

总体来说测试包括静态测试和动态测试两种。

（1）静态测试

静态测试是通过被测程序的静态审查，发现代码中潜在的错误。它一般用人工方式脱机完成，故也称为人工测试。人们往往不重视静态测试，认为只有动态测试才能找出程序中的错误。事实上这种想法是不对的，经验证明，静态测试可以找出动态测试无法查出的错误。

（2）动态测试

动态测试是通过在计算机上直接运行被测程序来发现程序中的错误。动态测试包括黑盒测试和白盒测试两种。

① 黑盒测试也称功能测试，这种方法是将程序看作一个黑盒子，测试人员完全不考虑程序内部的逻辑结构和内部特性，只依据程序的需求规格说明书，检查程序的功能是否符合它的功能说明。因此黑盒测试又称功能测试或数据驱动测试。

② 白盒测试是对软件的过程性细节做细致的检查。这种方法是将程序看作一个打开的盒子，它允许测试人员利用程序内部的逻辑结构及有关信息，设计和选择测试用例，对程序所有逻辑路径以及过程进行测试。通过在不同点检查程序状态，确定实际状态与预期状态是否一致、是否相符。因此，白盒测试也称为结构测试或逻辑驱动测试。

6.5 系统切换

在系统调试和检测工作结束后，接下来的工作就是新系统的试运行和新老系统的转换，是系统实施的最后一步。这是一项很容易被人忽视，但对最终使用的安全、可靠、准确性来说又十分重要的工作。

系统转换指由原来的系统运行模式过渡为新开发的管理信息系统的过程。新系统通过系统测试后，必须通过系统转换，才能正式交付使用。因此，系统转换的任务就是完成新老系统的平稳过渡，这个过程需要开发人员、系统操作员、用户单位领导和业务部门的协作，才能顺利交接。本节将重点介绍系统转换的工作内容和转换方式。

6.5.1 系统转换的内容

根据管理信息系统的实际开发和应用情况，确定了系统转换的方式后，除做好组织准备、物质准备和人员培训等准备工作外，还应进行数据准备和系统初始化等工作。

6.5.1.1 数据准备

数据准备是从老系统中整理出新系统运行所需的基础数据和资料，即把老系统的数据整理成符合新系统要求的数据，其中包括历史数据的整理、数据口径的调整、数据资料的格式化、分类和编码，以及统计口径的变化、个别数据及项目的增删改等。特别是对于那些采用手工方式进行信息处理的老系统，这个数据准备的工作量是相当大的，应提前组织进行，否则将影响系统转换的进程。

6.5.1.2 系统初始化

系统初始化是新系统投入运行之前必须完成的另一个工作。所谓系统初始化，指对系统的运行环境和资源进行设置、系统运行和控制参数设定、数据加载，以及系统与业务工作等内容的同步调整，其中数据加载是工作量最大且时间最紧迫的重要环节。所以，在运行之前必须将大量的原始数据一次性输入系统中，另外，正常的业务活动也会不断产生新的数据信息，它们也必须在新系统正式运行前存入系统。因此，系统初始化过程中的数据加载是新系统启动的先决条件，应突击完成并确保输入数据的正确性。

在系统转换过程中，可能又会发现一些系统的错误和功能缺陷。对于这些问题，应对照系统目标决定是否进行系统修改。一般对于程序的错误和漏洞必须改正，但若是超出目标和设计方案的其他问题，应视影响的范围、程度和工作量的大小而定，不可一概而论。在新系统中应允许存在某些不足，可通过在运行过程中的维护和系统更新的方式逐步解决。

6.5.2 系统转换的方式

系统转换是一个渐变的过程，转换方式主要有三种，如图6-6所示。

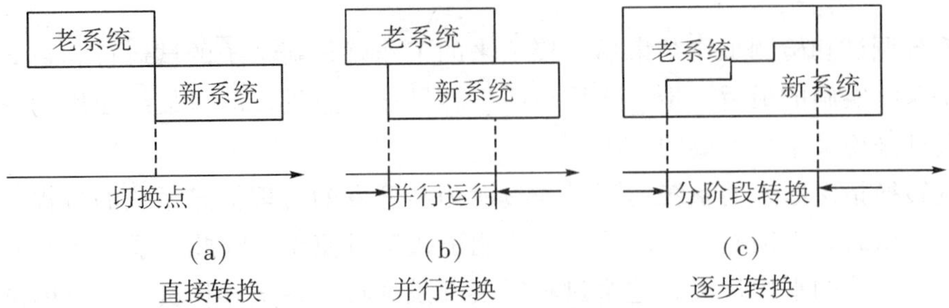

图6-6 系统转换的三种方式

6.5.2.1 直接转换

直接转换指在确认新系统准确无误后，在某一确定时刻，停止原系统的运行，并用新系统取代它投入正常运行，如图6-6（a）所示。这种方式转换过程简单快捷，费用低，但风险很大。一旦新系统发生严重错误而不能正常运行，将导致业务工作的混乱，造成巨大的损失。因此，必须采取一定的预防性措施，充分做好各种准备，制订严密的转换计划。这种转换方式一般用于一些处理过程不复杂、数据不太重要的场合。

6.5.2.2 并行转换

并行转换指完成系统测试后，原系统并不停止运行，新系统同时投入运行，通过新老系统共同运行一段时间后，对照两者的输出，利用原系统对新系统进行检验，再停止原系统的工作，让新系统单独运行，如图6-6（b）所示。

这种方式安全保险，但费用高。转换过程中需要投入两倍的工作量，不过用户可以通过新老系统共同运行的过程，熟悉新系统，确保业务工作平稳有序。这种转换方法适用于银行、财务和一些企业的核心系统的转换过程。

6.5.2.3 逐步转换

逐步转换指在新系统投入正式运行前，将新系统分阶段、分批逐步代替原系统的各部分，最后完全取代原系统，如图6-6（c）所示。这种方式实际上是前两种方式的结合，既可以保证转换过程的平稳和安全，减少风险，又可以避免较高的费用，但这种逐步转换对系统的设计和实现都有一定的要求，否则无法实现这种分段切换的设想。大多数的管理信息系统的转换都采用这种方式。

总之，系统切换的工作量较大，情况十分复杂。国外统计资料表明，软件系统的故障大部分发生在系统切换阶段，如图6-7所示。这就要求开发人员要切实做好准备工作，拟订周密的计划，使系统切换不至于影响正常的工作。

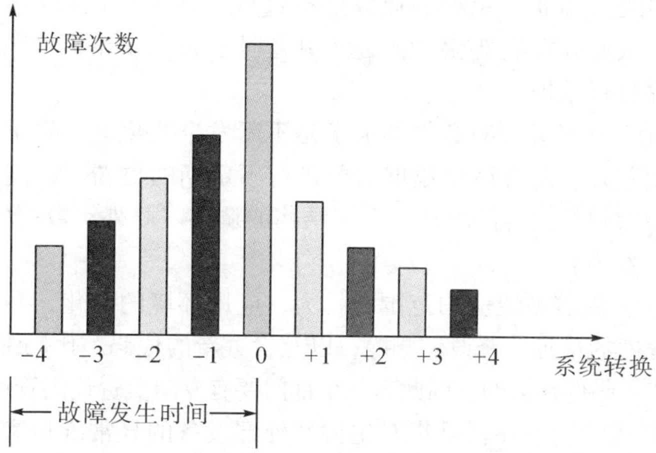

图 6-7 故障发生时间

此外，企业在拟订系统切换计划时，应着重考虑以下问题：

（1）系统说明文件必须完整；

（2）防止系统切换时数据的丢失；

（3）要充分估计输入初始数据所需的时间，对管理信息系统而言，首次运行前需花费大量人力和时间输入初始数据，对此应有充分准备，以免措手不及。例如，对于一个 5 000 纪录的库存数据库，如果每条纪录含 200 个字符的描述信息，就意味着有 1 000 000 字符必须通过键盘进入磁盘，即使操作员以每小时 8 000 个字符速度输入，对于一个规模较大的系统，输入初始数据所需时间也是较长的。

6.6 系统维护

管理信息系统在完成系统实施、投入正常运行之后，就进入了系统运行与维护阶段。一般信息系统的使用寿命短则 3~5 年，长则可达 10 年以上，在信息系统的整个使用寿命中，都将伴随着系统维护工作的进行。系统维护的目的是要保证管理信息系统正常而可靠的运行，并能使系统不断得到改善和提高，以充分发挥作用。因此，系统维护的任务就是要有计划、有组织地对系统进行必要的改动，以保证系统中的各个要素随着环境的变化始终处于最新的、正确的工作状态。

在这一章里将介绍系统维护的内容、类型和管理，系统评价的内容和评价体系。管理信息系统不同于其他产品，它不是“一劳永逸”的最终产品，它有“样品即产品”的特点，它需要在使用中不断地完善。

6.6.1 系统维护的内容

系统维护是面向系统中各个构成因素的，按照维护对象不同，系统维护的内容可分为以下几类：

（1）系统应用程序维护。系统的业务处理过程是通过应用程序的运行而实现的，一旦程序发生问题或业务发生变化，就必然引起程序的修改和调整，因此系统维护的主要活动是对程序进行维护。

（2）数据维护。业务处理对数据的需求是不断发生变化的，除了系统中主体业务数据的定期正常更新外，还有许多数据需要进行不定期的更新，或随环境或业务的变化而进行调整，以及数据内容的增加、数据结构的调整。此外，数据的备份与恢复等，都是数据维护的工作内容。

（3）代码维护。随着系统应用范围的扩大，应用环境的变化，系统中的各种代码都需要进行一定程度的增加、修改、删除，以及设置新的代码。代码维护工作中，最困难的工作是如何使代码得到贯彻。因此，各个部门要有专门负责代码管理工作的人员。

（4）硬件设备维护。主要就是指对主机及外部设备的日常维护和管理，如机器部件的清洗、润滑，设备故障的检修，易损部件的更换等，这些工作都应由专人负责，定期进行，以保证系统正常有效的工作。

（5）机构和人员的变动。信息系统是人机系统，人工处理也占有重要地位，人的作用占主导地位。为了使信息系统的流程更加合理，有时涉及机构和人员的变动。这种变化往往也会影响对设备和程序的维护工作。

6.6.2 系统维护的类型

系统维护的重点是系统应用软件的维护工作，按照软件维护的不同性质划分为下述四种类型：

（1）纠错性维护。由于系统测试不可能揭露系统存在的所有错误，因此在系统投入运行后频繁的实际应用过程中，就有可能暴露出系统内隐藏的错误。诊断和修正系统中遗留的错误，就是纠错性维护。纠错性维护是在系统运行中发生异常或故障时进行的，这种错误往往是遇到了从未用过的或是在与其他部分接口处产生的输入数据组合，因此只是在某些特定的情况下发生。有些系统运行多年以后才暴露出在系统开发中遗留的问题，这是不足为奇的。

（2）适应性维护。适应性维护是为了使系统适应环境的变化而进行的维护工作。一方面计算机科学技术迅速发展，硬件的更新周期越来越短，新的操作系统和原来操作系统的新版本不断推出，外部设备和其他系统部件经常有所增加和修改，这就必然要求信息系统能够适应新的软硬件环境，以提高系统的性能和运行效率；另一方面，信息系统的使用寿命在延长，超过了最初开发这个系统时应用环境的寿命，即应用对象也在不断发生变化，机构的调整、管理体制的改变、数据与信息需求的变更等都将导致系统不能适应新的应用环境。如代码改变、数据结构变化、数据格式以及输入/输出方式的变化、数据存储介质的变化等，都将直接影响系统的正常工作。因此有必要对系统进行调整，使之适应应用对象的变化，满足用户的需求。

（3）完善性维护。在系统的使用过程中，用户往往要求扩充原有系统的功能，增加一些在软件需求规范书中没有规定的功能与性能特征，以及对处理效率和编写程序的改进。例如，有时可将几个小程序合并成一个单一的运行良好的程序，从而提高处理效率；增加数据输出的图形方式；增加联机在线帮助功能；调整用户界面等。尽管这些要求在原来系统开发的需求规格说明书中并没有，但用户要求在原有系统基础上进一步改善和提高；并且随着用户对系统的熟悉程度的提高，这种要求可能不断提出。为了满足这些要求而进行的系统维护工作就是完善性维护。

（4）预防性维护。系统维护工作不应总是被动地等待用户提出要求后才进行，应进行主动的预防性维护，即选择那些还有较长使用寿命，目前尚能正常运行，但可能会发生变化或调整的系统进行维护，目的是通过预防性维护为未来的修改与调整奠定更好的基础。例如，将目前能应用的报表功能改成通用报表生成功能，以应付今后报表内容和格式的变化，根据对各种维护工作分布情况的统计结果，一般纠错性维护工占 21%，适应性维护工作占 25%，完善性维护工作达 50%，而预防性维护工作以及其他类型的维护工作仅占 4%，可见系统维护工作中，一半的工作是完善性维护，如图 6-8 所示。

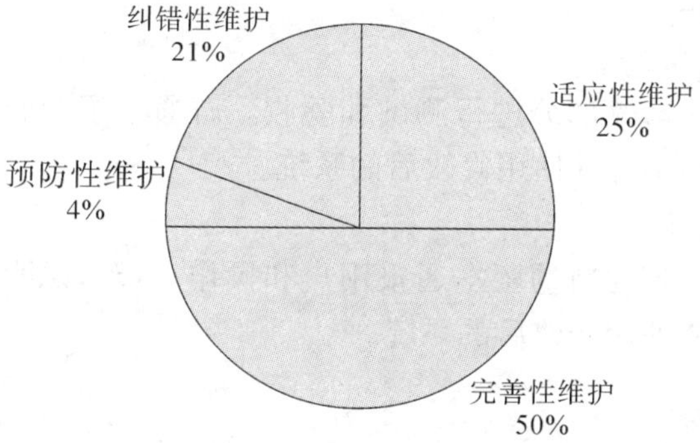

图 6-8　各类维护工作的比例

6.6.3 系统维护的管理

在系统维护的工作中，特别是进行程序维护、数据维护和代码维护时，由于系统各功能模块之间的耦合关系，可能会出现“牵一发而动全身”的问题。因此，维护工作一定要特别慎重。

系统维护工作的程序如图 6-9 所示。

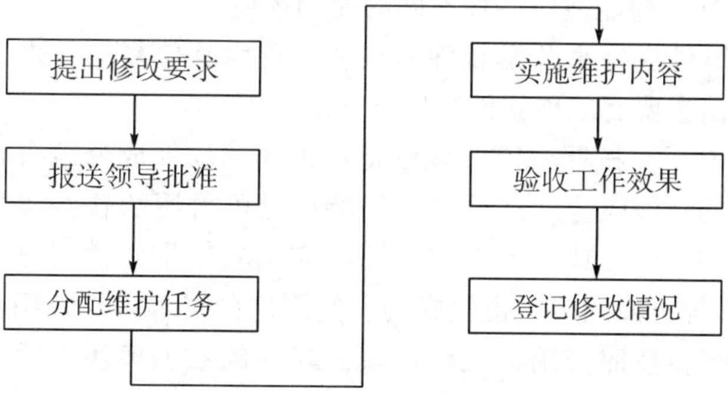

图 6-9　系统维护步骤

6.6.3.1 提出修改要求

由系统操作人员或某业务部门的负责人根据系统运行中发现的问题，向系统主管领导提出具体项目工作的修改申请。

6.6.3.2 报送领导批准

系统主管人员在进行一定的调查后，根据系统目前的运行情况和工作人员的工作情况，考虑这种修改是否必要、是否可行，并作出是否进行这项修改工作、何时进行修改的明确批复。

6.6.3.3 分配维护任务

维护工作得到领导批准后，系统主管人员就可以向程序人员或系统硬件人员下达维护任务，并制订出维护工作的计划，明确要求完成期限和复审标准等。

6.6.3.4 实施维护内容

程序人员和系统硬件人员接到维护任务后，按照维护的工作计划和要求，在规定的期限内实施维护工作。

6.6.3.5 验收工作成果

由系统主管人员对修改部分进行测试和验收。若通过了验收，由验收小组写出验收报告，使他们尽快地书写并使用修改后的系统。

6.6.3.6 登记修改情况

登记所做的系统，作为新的版本通报用户和操作人员，说明新的功能和修改的地方，使他们尽快熟悉并使用修改后的系统。

6.6.4 软件复用技术

复用也称为再用或重用，是指同一事物不做修改或稍加改动就多次重复使用。广义的软件复用可分为三个层次：知识的复用；方法和标准的复用；软件成分的复用。其中，前两个层次属于知识工程研究的范畴，这里讨论软件成分的复用问题。

可复用的软件成分必然具有下列属性：

（1）良好模块化，即具有单一、完整的功能，且已经经过反复测试被确认是正确的。

（2）结构清晰，即具有很好的可读性、可理解性，且规模适当。

（3）高度适应性，即能适应各种不同的使用环境。

利用可复用的软件成分来开发软件的技术，称为软件复用技术，它也指开发可复用软件的技术。目前主要有三种软件复用技术。

（1）软件构件技术。按照一定的规则把可再用的软件成分组合在一起，构成软件系统或新的可再用的软件成分。这种技术的特点是可再用的软件成分在整个组合过程中保持不变。这一技术用在数学或工程方面的应用软件中效益明显，在系统软件的输入/输出或存储管理等方面的应用也较成功。使用这种技术需要公用数据库和可再用软件库的支持，前者提供按照公用标准数据模式建立的数据模块，后者提供用于组合的可再用的软件成分。

（2）软件生成技术。根据形式化的软件功能描述，在已有的可复用的软件成分基础上，生成功能相似的软件成分或软件系统。使用这种技术需要可再用软件库和知识库的支持，其中知识库用来存储软件生成机理和规则。

（3）面向对象的程序设计技术。传统的面向数据/过程的软件设计方法，把数据和过程作为相互独立的实体，数据用于表达实际问题中的信息，程序用于处理这些数据。程序员在编程时必须时刻考虑所要处理的数据格式，对于不同的数据格式要作同样的处理，或者对于相同的数据格式要做不同的处理，都必须编写不同的程序。显然，使用传统的软件设计方法，可复用的软件成分比较少。

传统的软件设计方法忽略了数据和程序之间的内在联系。事实上，用计算机解决的问题都是现实世界中的问题，这些问题无非由一些相互存在一定联系的事物所组成。这些事物称为对象，每个具体的对象都可以用下列两个特征来描述：描述对象所需要使用的数据结构以及可以对这些数据进行的有限操作。简单地说，就是数据结构和对数据的操作。

6.7 系统运行的管理

6.7.1 系统运行环境的管理

系统的正常运行需要一个良好的运行环境，这需要机房管理人员来维护。机房管理人员要负责控制机房的卫生、环境温度与湿度以及电源的稳定性、防火的设备与措施的检查、系统的杀毒工作等。除此以外，还要由运行管理人员负责记录每天系统运行的情况、数据输入与输出情况以及负责系统的安全性与完备性，以保证系统正常运行。运行管理工作应由运行部门的值班员来完成。

系统的运行管理工作是一个琐碎而细致的原始资料积累过程，不能忽视。

6.7.2 系统信息资源的管理

系统信息资源一般包括软件配置和维护文档。

6.7.2.1 软件配置的管理

软件配置是一个系统软件在生存周期内的各种形式、各种版本的文档与程序的总称。对软件配置进行科学的管理，是保证软件质量的重要手段。配置管理贯穿于整个生存周期，在运行和维护时期，其任务更为繁重。为了方便对多种产品和多种版本进行跟踪和控制，常常借助于自动的配置管理工具。

第一类常用的工具是软件配置管理数据库。它存储关于软件结构的信息、产品的当前版本号及其状态，以及关于每次改版和维护的简单历史。数据库能够回答管理人员的种种问题。例如，每个产品有哪些版本，每版有什么差别，各种版本都有哪些文档，已分发给哪些用户，以及有关产品维护历史、纠正错误的数量等询问。

另一类工具称为版本信息控制库。它可以是上述数据库的一个组成部分，也可以单独存在。它与数据库的差别是：数据库是对所有软件产品进行宏观管理的工具，而信息控制库则着眼于单个产品，以文件的形式记录每一产品每种版本的源代码、目的代码、数据文件及其支持文档。每一个文件均记有版本号、启用日期和程序员姓名等标识信息。管理人员根据需要，可以对任何文件进行建立、检索、编辑、编译（或汇编）等操作。

6.7.2.2　维护文档的管理

除了开发时期的软件文档外，有几种文档是专供运行和维护时期使用的，上节提到的维护申请单、软件修改报告、维护记录，就是其中的代表文档。还有一个常用的文档——维护申请摘要报告和维护趋势图。

维护申请摘要报告是一种定期报告，可以每周或每月统计一次，其内容包括上次报告以来已经处理的、正在处理的和新接到的维护申请项数及其处理情况，以及新申请中特别紧迫的问题。维护趋势图则是在维护申请摘要报告的基础上绘制而成，是一种不定期的报告。图 6-10 是维护趋势图的一个例子。图 6-10 中显示了在统计的时期内每月收到的新维护申请以及正在处理的申请项数。

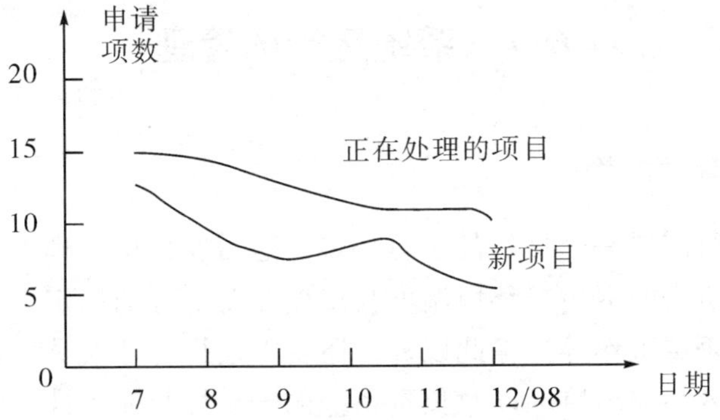

图 6-10　软件维护趋势图

6.8　系统评价

一个花费了大量资金、人力和物力建立起来的新系统，其性能和效益如何？是否达到了预期的目的？这是用户和开发人员都很关心的问题。因此，必须通过系统评价来回答以上问题。

6.8.1　系统评价的概念

信息系统的评价就是对系统在运行一段时间后的技术性能及经济效益等方面的评价。评价的目的是检查系统是否达到预期的目标，技术性能是否达到设计的要求，系统的各种资源是否得到充分的利用，经济效益是否理想，并指出系统的长处与不足，为以后的改进和扩展提出意见。

系统评价的主要内容包括：

(1) 检查系统的目标、功能及各项指标是否达到设计要求；

（2）检查系统的质量；

（3）检查系统使用效果；

（4）根据评审和分析的结果，找出系统的薄弱环节，提出改进意见。

6.8.2 系统评价体系

管理信息系统是一个复杂的社会技术系统，它所追求的不仅仅是单一的经济性指标。除了从费用、经济效益和财务方面的考虑外，还涉及技术先进性、可靠性、适用性和用户界面友好性等技术性能方面的要求，以及改善员工劳动强度和单位经营环境，增强市场竞争力等社会效益目标。目标的多重性产生了对管理信息系统进行多指标综合评价的必要性。多指标综合评价体系的方法就是先提出信息系统的若干评价指标，然后对各指标评出表示系统优劣程度的值，最后用加权法等方法将各指标组合成一个综合指标。

6.8.2.1 系统运行技术指标

信息系统在投入运行后，要不断地对其运行状况进行分析评价，并以此作为系统维护、更新以及进一步开发的依据。系统运行的评价指标一般有：

（1）预定的系统开发目标完成情况

① 对照系统目标和组织目标检查系统建成后的实际完成情况。

② 是否满足了科学管理的要求？各级管理人员的满意程度如何？有无进一步的改进意见和建议？

③ 为完成预定任务，项目投资者所付出的成本（人、财、物）是否限制在规定范围以内？

④ 管理信息系统的项目实施过程是否规范？各阶段文档是否齐全？

⑤ 功能与成本比是否在预定的范围内？

⑥ 系统的可维护性、可扩展性、可移植性如何？

⑦ 系统内部各种资源的利用情况。

（2）系统运行实用性评价

① 系统运行是否稳定可靠？

② 系统的安全保密性能如何？

③ 用户对系统操作、管理、运行状况的满意程度如何？

④ 系统对误操作保护和故障恢复的性能如何？

⑤ 系统功能的使用性和有效性如何？

⑥ 系统运行结果对组织内各部门的生产、经营、管理、决策和提高工作效率等的支持程度如何？

⑦ 对系统的分析、预测和控制的建议有效性如何？实际被采纳了多少？这些被采纳建议的实际效果如何？

⑧ 系统运行结果的科学性和实用性分析。

（3）设备运行效率评价

① 设备的运行效率如何？

② 数据传送、输入、输出加工处理等各个工作环节的速度是否匹配?

③ 各类设备资源的负荷是否平衡? 利用效率如何?

6.8.2.2　经济评价

使用新系统后产生的经济效益是评价新系统的一个决定性因素。但是经济效益的评价是一个非常复杂的问题，因为要搜集各种定量的指标值需要较长的时间。同时，有的经济效益是不能单纯通过数字来反映的。目前是将系统经济效益分成直接经济效益和间接经济效益两种进行统计。

经济上的评价主要是系统效果和效益，包括直接和间接两个方面。

(1) 直接经济效益

系统的直接经济效益是指可以定量计算的效益，通常可通过以下指标来反映：

① 一次性投资，包括系统硬件、软件和系统开发费用。其中硬件费用包括主机设备费用、终端设备、通信设备和机房建设（电源、空调和其他）费用。软件费用包括系统软件、应用软件、试验软件等费用。系统开发费用包括调查研究、系统规划、系统分析和设计、系统实施等阶段的全部费用。

② 运行费用，包括计算机及其外部设备的运行费用（磁盘、打印纸等）、人工费用（人员工资）、管理费和设备、备件的折旧费用，运行费用是使新系统得到正常运行的基本费用。

③ 年生产费用节约额，使用新系统以后，年生产费用的节约额可用下式求得：

$$u = \sum (C_i - C_a) + E[\sum (K_i - K_a)] + u_n$$

式中：C_i 表示应用计算机后节约的费用；

C_a 表示应用计算机后增加的费用；

E 表示投资效益系数；

K_i 表示采用计算机后节约的投资；

Ka 表示建立计算机管理信息系统所用的投资；

u_n 表示本部门以外其他部门所获得的年度节约额。

例如，运输部门使用计算机管理后节约机动车辆，减少了在途货物，除可节约本部门投资外，还让有关部门节约了流动资金。年生产费用节约额是一个综合的货币指标。事实上，只有在能够节约年生产费用时，使用计算机管理信息系统才是合理的，否则说明使用计算机的条件还未成熟。

需要指出的是，上述年生产费用节约额的计算公式只是一个理想化的公式，尤其是投资效益系数 E 的选取，目前还没有统一的看法，国外曾有人建议取 $E=0.25$。如何选择符合我国国情的效益系数，还有待于进一步的探索。

④ 机时成本

计算机的机时成本可用下式计算：

$$C_P = (s+m+d+p)(1+h\%)/(t \cdot k)$$

式中：s——工作人员的工资；

m——材料费；

d——设备折旧费；

p——电力费用；

h——间接费率；

t——机器正常工作时间；

k——机器利用系数。

从上式可见，降低机时成本的一个重要途径，就是设法降低各项费用和增大机器利用系数。

（2）间接效益评价

间接效益主要表现在企业管理水平和管理效率的提高程度上。这是综合性的效益，可以通过许多方面体现，但很难用某一个指标来反映间接效益，主要体现在以下几个方面：

① 提高管理效率

用计算机代替人工处理信息，减轻管理人员的劳动强度，使他们有更多时间从事调查研究和决策工作。由于各类数据集中处理，使综合平衡容易实现，同时也加强了各部门之间的联系，提高了管理效率。

② 提高管理水平

由于信息处理的效率提高，从而使事后管理变为实时管理，使管理工作逐步走向定量化。

③ 提高企业对市场的适应能力

由于用计算机提供辅助决策方案，因此当市场情况变化时，企业可及时进行相应决策以适应市场。

例如，物资管理系统的建立，可以明显提高库存记录的准确性和及时性，减少库存量，从此减少物资的积压浪费，同时也能保证生产用料的供应，避免因原料短缺而生产停顿，最终提高了生产力。生产管理系统的建立可以更合理地安排人力、物力，及时掌握生产进度和产品质量，从而提高生产率和生产管理水平。销售管理系统的建立，可提供较强的查询功能，提高服务质量并即及时提供各项经营决策。财务管理系统的建立，可大大提高业务处理能力，减少差错，提高资金周转率等。以上这些都是间接效益的表现形式。

总之，计算机管理系统的建立，将对企业或部门的管理工作产生重大影响，对这些直接或间接的效益必须要充分认识，给以肯定。

6.8.2.3 综合评价

综合评价是对系统总体性能的评价，它包括：

（1）功能的完整性。功能是否齐全，是指能否覆盖主要的业务管理范围。还有各部分接口应尽可能完备，数据采集和存储格式要统一，便于共享，各部分协调一致形成一个整体。

（2）商品化程度。第一要考虑性能价格比，第二是文档资料的完整性，是否有成套的用户手册、系统管理员手册及维护手册等，是否有后援，能不能为用户培训人才。

（3）程序规模。总语句行数，占用存储空间大小。

（4）开发周期。从系统总体规划到新系统转换所花费的时间。

（5）存在的问题。系统还存在哪些问题以及改进的建议。

6.8.3 信息系统评价报告

系统评价完成后，根据评价结果写出系统评价报告。评价报告包括系统运行的一般情况、系统的使用效果、系统的性能、系统的经济效益、系统存在的问题及改进意见等。

在信息系统评价工作的最后阶段，应该根据实际的评价结果编撰系统评价报告，然后组织项目验收。下面分别就系统评价报告和系统验收进行说明。

6.8.3.1 评价包括

信息系统评价报告一般包括以下几个方面：

（1）系统运行的一般情况。这是从系统目标及用户接口方面考查系统，包括：

① 系统功能是否达到设计要求；

② 用户付出的资源（人力、物力、时间）是否控制在预定界限内，资源的利用率；

③ 用户对系统工作情况的满意程度（响应时间、操作方便性、灵活性等）。

（2）系统的使用效果。这是从系统提供的信息服务的有效性方面考查系统，包括：

① 用户对所提供的信息满意程度（哪些信息有用，哪些信息无用，信息引用率有多高）；

② 提供信息的及时性；

③ 提供信息的准确性、完整性。

（3）系统的性能。系统的性能包括：

① 计算机资源的利用情况，包括主机运行时间的有效部分的比例、数据传输与处理速度的匹配、外存是否空闲、各类外设的利用率；

② 系统可靠性，包括平均无故障时间、抵御误操作的能力、故障恢复时间；

③ 系统可扩充性，包括系统提供的二次开发功能强弱、代码空闲余量、为各类设备预留的接口个数与种类。

（4）系统的经济效益。系统的经济效益包括：

① 系统费用，包括系统的开发费用和各种运行维护费用；

② 系统收益，包括有形效益和无形效益，如库存资金的减少，成本的降低，劳动生存率的提高，劳动费用的减少，管理费用的减少，对正确决策影响的估计，等等；

③ 投资效益分析。

（5）系统存在的问题及改进意见。在信息系统评价报告中，系统的技术性能评价和经济效益评价是整个系统评价的主要内容。另外，由于不可能存在一个完美无缺的管理信息系统，因此，非常有必要在信息系统评价报告中指出当前系统存在的问题。如有可能，评价报告还应该就其存在的问题提出相应的改进意见。

6.8.3.2 系统验收

对于管理信息系统这样大的项目，在系统完成并试运行了一段时间（一般为半年）

之后，进行正式的验收是必要的。对系统的评价是专业人员分别对各项指标进行技术评定，而系统验收则是投资项目单位或使用系统的社会组织，同时聘请有关专家和主管部门人员参加，按照系统总体规划和合同书、计划任务书进行的全面检查和综合评定。其内容不仅包含上述系统评价的各项指标内容，还包括组织相应管理措施和应用实际，检查是否达到建立管理信息系统的目标。在系统验收过程中，可以主要考察以下几项内容：

（1）管理机构。有主要领导分管信息工作；有信息管理机构负责管理信息系统规划、开发、运行、维护以及数据管理等综合管理工作；配备必要的专业技术人员；各业务部门均设有专职或兼职信息工作人员。

（2）信息分类编码体系。具有完备的信息分类编码体系表；各部门均具有相应的编码规划，使用的标准明确无误（比如使用国家标准、行业标准或企业标准等）；各类信息分类编码的编制、修改、维护和审批的权限分配明确。

（3）信息管理的工作规范和制度。制定信息、软件、文档管理制度和各类工作岗位规范；基层数据采集、维护，有相关部门协调各部门进行数据的更新、维护落实到每个日常工作，并定期提出评价；对外部信息网络的数据交换由信息部门统一负责并组织实施。

（4）总体规划和系统分析文档。经过评审的总体规划报告应包括需求调查分析、目标系统规划、开发策略和计划、可行性分析及效益分析；系统分析报告应包括现代系统的分析、系统目标及总体结构、逻辑模型、子系统划分、数据库模式、基本处理功能、数据字典等；物理配置及网络规划应包括规模、配置、选型、通信条件及拓扑结构等；信息分类编码表应包括部门代码明细表等。

（5）系统功能。建成以组织关键指标体系为对象的共享数据库和部门的专用库；按规划建成能覆盖组织主要管理职能和生产过程的子系统；建成数据传输网络，能覆盖组织主要管理部门和各个执行单位；具有为组织领导决策服务的动态信息查询、综合分析及预测功能；具有与组织其他系统资源共享的功能，以统一的接口与多种外部信息网络连接。

（6）技术指标。系统的平均无故障时间；联机作业响应时间、作业处理速度等。

小结

系统实施是设计结果最终在计算机系统上实现的阶段，这一阶段的任务包括系统硬件的获取、程序设计、系统测试、系统切换、系统维护及系统评价等。

程序设计中，采用合理的方法，提高程序的可靠性、可维护性、可理解性和开发效率。同时也应注意采用适当的软件开发工具。

系统测试是信息系统开发中的一个重要环节，系统设计完成后即进行测试，然后将信息系统付诸使用。

系统切换是系统实施的最后阶段，在系统应用中应根据具体情况灵活运用。系统运行中也要做好日常维护管理工作。

案例

河北××卷烟厂 MIS 成功案例

河北××卷烟厂是一家具有悠久历史的国有企业。历经沧桑，百年风雨后，烟厂变得生机勃发。如今，××卷烟厂已经成为所属地的骨干企业、利税大户，年生产能力达40余万箱，生产制造工艺达到国际标准。先后荣获中国百佳工业企业形象、中国烟草制造行业企业形象十佳、全国行业质量示范企业、全国质量·服务诚信示范企业、河北省百强工业企业等荣誉。

伴随烟草行业激烈的竞争，烟厂领导颇感竞争的压力。为了加快企业发展，进一步提高企业综合竞争力，××卷烟厂领导决定提高企业的信息化水平，完成信息化改造。为了保证工程质量，烟厂选择了国内著名的软件开发公司作为战略伙伴，之所以选择国内的著名软件开发商，一是因为它们更了解国内企业的行情，二是它们已经成功进行了国内多家同行业企业的信息化改造，积累了较为丰富的经验。

2002年，双方签署了合作协议，河北××卷烟厂的信息化工程正式启动，双方都希望这次合作能成功。

为了保证企业信息化改造的成功，软件开发方派出了资深的专家和咨询顾问，严格按照“效益驱动、总体规划、重点突破、分步实施”的方针，深入调查烟厂目前的管理现状、信息化需求和信息化建设水平，利用在卷烟行业的丰富经验，仔细分析生产管理模式、产品特点、生产类型特点、经营管理和市场环境等，进行企业经营管理过程的瓶颈分析，提出改进的策略建议。在总结企业信息化需求的基础上，结合企业经营目标，双方共同完成了信息化改造的总体规划工作。××卷烟厂的信息化建设将覆盖设计数字化、装备数字化和管理数字化。通过建立企业信息资源管理平台，充分地共享和利用信息资源，提高管理和决策水平。主要包括以下内容：

（1）建立产品开发系统（CAPD），缩短产品开发周期；

（2）建立制造自动化系统（MAS），提高自动化水平；

（3）建立管理信息系统（MIS），实现企业资源计划管理；

（4）建设办公自动化（OA）系统，实现企业管理流程管理：

（5）建立在联机分析处理（OLAP）基础上的决策支持系统。

结合××卷烟厂信息化建设现状，双方明确了分步实施的阶段、内容和目标等，同时提出相关的实施保障措施和资金安排，形成全面的、可行的实施方案。该方案的成功制订保证了信息化建设围绕企业的经营目标，避免重复建设和信息孤岛的形成，提高信息化建设的投资回报。××卷烟厂的信息化建设分为三个阶段。

一期工程（2001年12月1日—2002年1月31日），在扩充、完善企业综合布线基础上，建立企业内部网（Intranet），并同因特网相连接。建立企业办公自动化（OA）系统，实现工作流程管理、文档管理与网络办公。建立企业内Web应用，实现企业信息网上发布。

二期工程（2002 年 2 月 1 日—2002 年 9 月 30 日），建立企业资源计划（ERP）的基本模块，实现市场信息收集、分析、预测、反馈；购销链管理（采购计划、物料供应、库存管理、销售调拨）；MRP 为逻辑的计划管理（销售计划、主生产计划、物料需求计划、能力计划）和生产制造车间管理、工序调度、设备管理、动力能源管理、计量管理；实现企业内部生产、设备、耗用数据的统计，自动化基础数据采集有条件的、可率先同各车间连接的管理信息系统信息；实现设备管理（设备的运行状态、设备的保养计划、设备台账等）。

三期工程（2002 年 10 月 5 日—2003 年 4 月 30 日），进一步扩充企业内部网络规模、完善企业内部网络管理，在企业资源计划基础上，实现质量管理（质量计划、质量检测、质量控制）：在账务处理实现电算化的基础上实现财务信息与生产经营信息的集成，进而实现成本核算和财务分析；实现人力资源管理和综合查询功能；扩展企业 Web 应用，实现办事处、专卖店与公司的联网操作，并与管理信息集成，实现高层管理人员的综合信息查询及远程办公；全面实现基础数据、管理信息、办公自动化的信息集成和功能集成。

××卷烟厂的信息化建设严格按照总体规划的部署稳妥地推进，项目进展顺利，并取得了显著的经济效益。

资料来源：张建华. 管理信息系统［M］. 2 版. 北京：中国电力出版社，2014.

思考题

1. 系统实施的主要内容是什么?

2. 系统切换的三种方式各有什么优缺点?

3. 系统评价的主要内容是什么?

4. 教学管理系统数据库设计：

（1）学校有若干学生，属性包括：学号、姓名、性别；

（2）学校有若干教师，属性包括：编号、教师姓名、职称；

（3）学校开设若干课程，属性包括：课程号、课程名、课时、学分；

（4）在教学中，一门课程只安排一名教师任教，一名教师可教多门课程；

（5）教师任课包括：任课时间和使用教材；

（6）一门课程有多名学生选修，每名学生可选多门课，学生选课包括所选课程和考核成绩。

5. 完成如下设计：

（1）设计计算机管理系统的 E-R 图。

（2）将该 E-R 图转换成为关系模式结构。

（3）指出转换结果中每个关系模式的候选码（关键字）。

7　管理信息系统的应用

本章主要内容：

本章主要介绍了管理信息系统的应用，集中体现在：企业资源计划系统、供应链管理系统、决策支持系统、客户关系管理系统，以及企业信息化在电子商务、电子政务领域的应用。

本章学习目标：

重点掌握基本概念，能理解和分析简要的实例，注重应用，以达到了解我国信息化现状的目的。

7.1　企业资源计划

20 世纪 90 年代初，美国著名的 IT 分析公司高德纳（Gartner Group Inc.）根据当时计算机信息处理技术的发展和企业对供应链管理的需要，对信息时代以后制造业管理信息系统的发展趋势和即将发生的变革作了预测，提出了企业资源计划（enterprise resources planning，ERP）这个概念。ERP 是指建立在信息基础之上，以系统化的管理思想，为企业决策层及员工提供决策运行手段的管理平台，反映时代对企业合理调配资源，最大化地创造社会财富的要求，成为企业在信息时代发展的基石。其实质是在 MPR II 的基础上进一步发展而成的面向供应链的管理思想。

7.1.1　企业资源计划的概念

企业资源计划是在先进的企业管理思想的基础上，应用信息技术实现对整个企业资源的一体化管理。企业资源计划是一种可以提供跨地区、跨部门，甚至跨公司整合实时信息的企业管理信息系统。它在企业资源最优化配置的前提下，整合企业内部主要或所有的经营活动，包括财务会计、管理会计、生产计划及管理、物料管理、销售与分销等主要功能模块，以达到效率化经营的目标。目前企业资源计划已经广泛地应用到企业管理中，但是至今也没有一个统一的定义。世人众说纷纭，各国政府、学者、企业界人士都站在自己的角度和对 ERP 的认识程度，给出了许多不同的表述。以下是比较具有代表性的定义。

ERP 系统，是指建立在信息技术基础上，以系统化的管理思想，为企业决策层及员工提供决策运行手段的管理平台。ERP 系统集信息技术与先进的管理思想于一身，成为现代企业的运行模式，反映时代对企业合理调配资源，最大化地创造社会财富的要求，成为企业在信息时代生存与发展的基石。

另外，还可以从管理思想、软件产品、管理系统三个层次给 ERP 定义。

7.1.1.1 从管理思想角度

ERP 是由美国著名的计算机技术咨询和评估集团高德纳提出的一整套企业管理系统体系标准，其实质是在制造资源计划（manufacturing resources planning，MRP-II）基础上进一步发展而成的面向供应链（supply chain）的管理思想。

7.1.1.2 从软件产品的角度

ERP 是综合应用了 B/C/S 体系、大型关系数据库结构、面向对象技术、图形用户界面、第四代语言（4GL）、网络通信等信息技术成果，面向企业信息化（或数字化）管理的软件产品。

7.1.1.3 从管理系统的角度

ERP 是整合企业管理理念、业务流程、基础数据、制造资源、计算机硬件和软件于一体的企业资源管理系统。

具体来讲，ERP 与企业资源的关系、ERP 的作用以及与信息技术的发展关系可以表述如下：

（1）企业资源与 ERP

厂房、生产线、加工设备、检测设备、运输工具等都是企业的硬件资源，人力、管理、信誉、融资能力、组织结构、员工的劳动热情等就是企业的软件资源。企业运行发展中，这些资源相互作用，形成企业进行生产活动、完成客户订单、创造社会财富、实现企业价值的基础，反映企业在竞争发展中的地位。

ERP 系统的管理对象便是上述各种资源及生产要素，通过 ERP 的使用，使企业能及时、高质量地完成客户的订单，最大限度地发挥这些资源的作用，并根据客户订单及生产状况做出调整资源的决策。

（2）调整运用企业资源

企业发展的重要标志便是合理调整和运用上述的资源，在没有 ERP 这样的现代化管理工具时，企业资源状况及调整方向不清楚，要做调整安排是相当困难的，调整过程会相当漫长，企业的组织结构只能是金字塔形的，部门间的协作交流相对较弱，资源的运行难于比较把握，并做出调整。信息技术的发展，特别是针对企业资源进行管理而设计的 ERP 系统正是针对这些问题设计的，成功推行的结果必使企业能更好地运用资源。

（3）信息技术对资源管理作用的阶段发展过程

计算机技术特别是数据库技术的发展为企业建立了管理信息系统，甚至对改变管理思想起着不可估量的作用，管理思想的发展与信息技术的发展是互成因果的。而实践证明信息技术已在企业的管理层面扮演越来越重要的角色。

信息技术最初只作一些简单的业务处理，主要是记录一些数据，方便查询和汇总，而现发展到建立在全球互联网基础上的跨国家、跨企业的运行体系，大致可分为如下阶段：

① 业务处理阶段（management information system）

企业的信息技术主要是用于记录大量原始数据、支持查询、汇总等方面的工作。

② MRP 阶段（material require planning）

企业的信息管理系统对产品构成进行管理，借助计算机的运算能力及系统对客户订单、在库物料、产品构成的管理能力，实现依据客户订单、按照产品结构清单展开并计算物料需求计划，实现减少库存、优化库存的管理目标。

③ MRP Ⅱ阶段（manufacture resource planning）

在 MRP 管理系统的基础上，系统增加了对企业生产中心、加工工时、生产能力等方面的管理，以实现计算机进行生产排程的功能，同时也将财务的功能囊括进来，在企业中形成以计算机为核心的闭环管理系统，这种管理系统已能动态监察到产供销的全部生产过程。

④ ERP 阶段（enterprise resource planning）

进入 ERP 阶段后，以计算机为核心的企业级的管理系统更为成熟，系统增加了包括财务预测、生产能力、调整资源调度等方面的功能。配合企业实现 JIT 全面管理、质量管理和生产资源调度管理及辅助决策的功能，成为企业进行生产管理及决策的平台工具。

⑤ 电子商务时代的 ERP

互联网技术的成熟为企业信息管理系统增强与客户或供应商实现信息共享和直接的数据交换的能力，从而强化了企业间的联系，形成共同发展的生存链，体现了企业为达到生存竞争的供应链管理思想。ERP 系统相应实现了这方面的功能，使决策者及业务部门实现跨企业的联合作战。

由此可见，ERP 的应用的确可以有效地促进现有企业管理的现代化、科学化，适应竞争日益激烈的市场要求，它的导入已经成为大势所趋。

7.1.2　企业资源计划系统的主要功能模块

企业资源计划系统的主要功能包括财务管理、物流管理、生产计划和控制管理，以及人力资源管理。

7.1.2.1　财务管理

一般财务管理功能包括会计核算和财务管理两部分。

（1）会计核算

会计核算主要记录、核算、反映和分析资金在企业经济活动中的变动过程及结果，它由总账、应收账款、应付账款、现金管理、固定资产核算、多币制、工资核算、成本等部分构成。

①总账模块。该模块处理记账凭证输入、登记、输出日记账、一般明细账及总分类账，编制主要会计报表。它是整个会计核算的核心，应收账款、应付账款、固定资产核算、现金管理、工资核算、多币制等模块都以其为中心来互相传递信息。

②应收账款模块。该模块是指企业应收的由于商品赊欠而产生的正常客户欠款账，包括发票管理、客户管理、付款管理、账龄分析等功能。它和客户订单、发票处理业务相联系，同时将各项事件自动生成记账凭证，过入总账。

③应付账款模块。会计里的应付款是企业应付购货款等账，包括发票管理、供应商管理、支票管理、账龄分析等。它能够和采购模块、库存模块完全集成以替代过去烦琐的手工操作，同时将各项事件自动生成记账凭证，过入总账。

④现金管理模块。该模块主要是对现金流入流出的控制以及对零用现金和银行存款的核算，包括对硬币、纸币、支票、汇票和银行存款的管理。在 ERP 中，提供票据维护、票据打印、付款维护、银行清单打印、付款查询和支票查询等与现金有关的功能。此外，它还和应收账款、应付账款、总账等模块集成，自动产生凭证，过入总账。

⑤固定资产核算模块。该模块完成对固定资产的增减变动以及折旧有关资金计提和分配的核算工作。它能够帮助管理者对目前固定资产的现状有所了解，并通过该模块提供的各种方法来管理资产，以及进行相应的会计处理。它的具体功能包括：登录固定资产卡片和明细账，计算折旧，编制报表，以及自动编制转账凭证，并过入总账。它和应付账款、成本、总账模块集成。

⑥多币制模块。这是为适应当今企业的国际化经营对外币结算业务的要求增多而产生的模块。多币制将企业整个财务系统的各项功能以各种币制来表示和结算，而且客户订单、库存管理及采购管理等也能使用多币制进行交易管理。多币制和应收账款、应付账款、总账、客户订单、采购等模块都有接口，可自动生成所需数据。

⑦工资核算模块。该模块自动进行企业员工的工资结算、分配、核算以及各项相关经费的计提。它能够登录工资、打印工资清单及各类汇总报表，计提各项与工资有关的费用，自动做出凭证，过入总账。这一模块是与总账、成本模块集成的。

⑧成本模块。该模块依据产品结构、工作中心、工序、采购等信息进行产品的各种成本计算，以便进行成本分析和规划，它还能用标准成本或平均成本按地点维护成本。

（2）财务管理

财务管理的功能主要是基于会计核算的数据，再加以分析，从而进行相应的预测、管理和控制活动。它侧重于财务计划、控制、分析和决策。

①财务计划。根据前期财务分析做出下期的财务计划、预算等。

②财务分析。提供查询功能和通过用户定义的差异数据的图形显示进行财务绩效评估、账户分析等。

③财务决策。它是财务管理的核心部分，中心内容是做出有关资金的决策，包括资金筹集、投放及管理。

7.1.2.2 物流管理

（1）销售管理

销售管理是从产品的销售计划开始，对其销售产品、销售地区、销售客户等各种信息的管理和统计，并可对销售数量、金额、利润、绩效、客户服务做出全面分析。在销售管理模块中，大致有以下几方面的功能：

①客户信息的管理和服务。建立客户信息档案，对其进行分类管理，从而进行针对性的客户服务，以达到最高效率地保留老客户、争取新客户的目的。

②销售订单的管理。销售订单是 ERP 的入口，所有的生产计划都是根据它下达并进行排产的。销售订单的管理贯穿了产品生产的整个流程，包括：a. 客户信用审核及查询；b. 产品库存查询；c. 产品报价；d. 订单输入、变更及跟踪；e. 交货期的确认及交货处理。

③销售的统计和分析。系统根据销售订单的完成情况，依据各种指标做出统计，如客户分类统计、销售代理分类统计，等等，然后就这些统计结果对企业的实际销售效果进行评价。

（2）库存控制

库存控制用来控制存储物料的数量，以保证有稳定的物流支持正常的生产，但又最小限度地占用资本。它是一种相关的、动态的以及真实的库存控制系统。它能够结合、满足相关部门的需求，随时间变化动态地调整库存，精确地反映库存现状。

库存控制具体包括以下几方面的功能：①为所有的物料建立库存，决定何时订货采购，同时作为采购部门采购、生产部门作生产计划的依据；②收到订购物料，经过质量检验入库，生产的产品也同样要经过检验入库；③收发料的日常业务处理工作。

（3）采购管理

用来确定合理的定货量、优秀的供应商和保持最佳的安全储备，并能够随时提供定购、验收的信息，跟踪和催促外购或委外加工的物料，保证货物及时到达。建立供应商的档案，用最新的成本信息来调整库存成本。具体包括：①供应商信息查询；②催货；③采购与委外加工统计；④价格分析。

7.1.2.3　生产计划和控制管理

（1）主生产计划

它是根据生产计划、预测和客户订单的输入安排未来各周期中提供的产品种类和数量，将生产计划转为产品计划，在平衡了物料和能力的需要后，精确到时间、数量的详细的进度计划，是企业在一段时期内总活动的安排，是一个稳定的计划，是根据生产计划、实际订单和对历史销售分析得来的预测产生的。

（2）物料需求计划

企业根据主生产计划决定生产多少最终产品后，再根据物料清单，把整个企业要生产的产品的数量转变为所需生产的零部件的数量，并对照现有的库存量，得到还需加工多少、采购多少的最终数量。这是整个部门真正依照的计划。

（3）能力需求计划

这是在得出初步的物料需求计划之后，将所有工作中心的总工作负荷，在与工作中心的能力平衡后产生的详细工作计划，用以确定生成的物料需求计划是否满足企业生产能力的需求计划。能力需求计划是一种短期的、当前实际应用的计划。

（4）车间控制

这是随时间变化的动态作业计划，是将作业分配到具体各个车间，再进行作业排序、作业管理、作业监控。

（5）制造标准

在编制计划中，需要许多生产的基本信息，这些基本信息就是制造标准，包括零件、产品结构、工序和工作中心，都用唯一的代码在计算机中识别。

7.1.2.4 人力资源管理

近年来，企业内部的人力资源越来越受到企业的关注，被视为企业的资源之本。于是，人力资源管理作为一个独立的模块，被加入ERP系统，与ERP中的财务、生产系统共同组成一个高效的、具有高度集成性的企业资源系统。

（1）人力资源规划的辅助决策

企业对于企业人员、组织结构编制的多种方案，进行模拟比较和运行分析，并辅之以图形的直观评估，辅助管理者做出最终决策。

制订职务模型，包括职位要求、升迁路径和培训计划，根据担任该职位员工的资格和条件，系统会提出针对该员工的一系列培训建议，一旦机构改组或职位变动，系统会提出一系列的职位变动或升迁建议。

人员成本分析，可以对过去、现在和将来的人员成本做出分析及预测，并通过ERP集成环境，为企业成本分析提供依据。

（2）招聘管理

对招聘过程进行管理，优化招聘过程，减少业务工作量；对招聘成本进行科学管理，从而降低招聘成本；为选择聘用人员的岗位提供辅助信息，并有效地帮助企业进行人才资源的挖掘。

（3）工资核算

根据公司跨地区、跨部门、跨工种的不同薪资结构及处理流程，制订与之相适应的薪资核算方法；与时间管理直接集成，能够及时更新，对员工的薪资核算动态化；通过与其他模块的集成，自动根据要求调整薪资结构及数据。

（4）工时管理

根据本国或当地的日历，安排企业的运作时间以及劳动力的作息时间表；运用远程考勤系统，可以将员工的实际出勤状况记录到主系统中，并把与员工薪资、奖金有关的时间数据导入薪资系统和成本核算中。

（5）差旅核算

系统能够自动控制从差旅申请、差旅批准到差旅费报销的整个流程，并且通过集成环境将核算数据导入财务成本核算模块中。

7.1.3 企业资源计划的结构

企业资源计划系统通常由以下三个关键部分构成：

7.1.3.1 客户/服务器系统

ERP系统使用客户/服务器技术，它的各应用模块通常以分布式或非常分散的方式部署。尽管服务器可能集中安装，但客户通常分布在企业组织的各职能部门。

7.1.3.2 企业范围的数据库

ERP 系统都是通过系统的核心数据库来实施的，这个数据库为系统的所有应用模块所共享，因此可以减少数据冗余并保证了数据的完整性。

7.1.3.3 应用模块

ERP 厂商为用户提供不同的 ERP 应用模块，这些模块作为集成软件包的一部分应用于各职能单位，如财务、人力资源、订单处理等。大多数 ERP 系统都是以一套核心模块为起点，并提供许多附加模块供用户选择。ERP 系统要求用户遵循应用系统所描述的流程和规则，同时，ERP 厂商也会为工业中的独特流程和工序提供专门的应用模块。

ERP 系统的三个主要成分之间的关系可以体现在两种常见的 ERP 实施结构中，即两层和三层的客户/服务器实施。20 世纪 80 年代以前广泛使用的是单层结构，单层结构的典型特点是 GUI（图形用户接口），处理逻辑和数据存储作为一个整体包含在系统中。20 世纪 90 年代中期盛行两层结构，这种结构把应用程序分成两层：客户层和服务器层。用户接口和处理逻辑驻留在客户端，而与其相关的所有数据则存放在服务器端。两层系统与单层系统相比，主要的好处是这种客户/服务器结构使客户端的程序变小，因此处理速度比单层结构更快。其缺点是当应用程序更复杂时，客户端程序依然显得庞大，这将减慢服务器的响应和处理。1996 年年初，三层结构的出现使计算机网络的应用发生了根本的变化。这一开放的、分布对象的方法把客户端庞大的程序又分成了两个部分：用户接口和逻辑处理，这种三层结构加快了对用户请求的响应和处理。

通常，ERP 系统有下面几个主要特点：①标准化的数据定义。ERP 的商业流程在所有 ERP 应用模块中共享相同的数据定义。②共同访问单一的数据集。ERP 的一个基本设计目标就是要使一个企业中的所有业务流程维护单一的数据集。在实施 ERP 之前，企业通常要维护和处理多个数据版本，这使得企业的决策通常是基于不精确或非标准的数据。③系统柔性。ERP 系统具有柔性，以此来满足企业变化的需要。客户/服务器结构使 ERP 能通过 ODBC（开放数据库连接）在各种后端数据库上运行。④开放的系统结构。这意味着 ERP 系统中的任何模块可以在需要的时候装载或取消，而不影响其他模块。ERP 系统支持多硬件平台和来自第三方的可加载应用模块。⑤跨越公司范围。ERP 系统支持一个企业对外部实体的在线服务。

7.1.4 成功实施 ERP 的关键问题

7.1.4.1 ERP 的正确选型

ERP 软件都是软件供应商依照 ERP 思想编制的，只要适合企业的需求并有效地实施，ERP 软件本身是不分地域、不分大小的。综合目前市场的 ERP 软件，从地域来分有国外的和国内的，从成熟程度来分有新开发的和由原 MRPII 演变延伸过来的，从规模来分有大型、中型、小型。选择 ERP 软件就像去商店选择衣服或化妆品，五花八门，应有尽有，让选型者眼花缭乱，无从下手。如果没有定位，是很难下手购买的。选择适合自己企业的 ERP 确实是一件很难的事情，因为 ERP 软件没有最好，只有更好。所以企业选型者必须保持清醒的头脑，根据自身的实际情况，制订好目标与计划（包括投资计划、上马计划），重点比较性能、价格、服务三方面。可以说选型不能按计划执行的企业，在实施时也是不可能按计划完成的，甚至可以说是不能成功实施ERP的企业，因为这其中隐藏着企业决策者的决心与魄力的问题。企业的正确选型要从以下几方面来考虑：

（1）选择恰当的时机

企业实现ERP必须选择合适的时机，不要因为听说ERP好而不择时机而用，成功实现ERP的最佳时期是在企业的兴盛期及呆滞期，在创业期和衰退期上ERP是很难成功的。在创业期，企业首先考虑的是生存，资金优先考虑使用在一些关键的投资，如增加设备、市场活动、物料采购等方面，人员的精力也主要放在营销、产品开发及日常生产上。在没有资金、没有人力的前提下匆匆引进ERP管理，是不可能马上产生效益的，结果会导致项目闲置。在这时期可以引进ERP的管理思想，重视企业信息化建设，但实现ERP尚不是时候。在衰退期，企业多数处于资金运作不佳、人心涣散的状况，一些管理者到这时才想通过实现ERP去改变现状，其实为时已晚。在这阶段，ERP的管理思想仍是有效的，但重点应放在人的管理方面，而不是靠一套软件去改变现状。在兴盛及呆滞时期，企业会居安思危或寻求出路，很自然地产生了革新念头，这是成功实现ERP的最佳时机。

（2）合理的定义需求

企业上ERP项目前必须清楚企业的现状，明确引入ERP项目的目的，这样选型和实施都会做到有的放矢。对于迫切需要理顺管理的企业：很多企业在创业阶段，往往会忽略内部的一些管理，包括执行制度的建立、运作规程的建立、企业文化的发展等，这种企业发展到一定规模后，会陷入一种理不清的混乱状态，对于这类企业上ERP目的就是借助ERP的力量理顺管理问题，借助软件功能的应用规范管理。对于迫切需要完善信息管理的企业，企业在发展过程中经常会发现内部统计数据滞后，跟不上市场的快速反应，重复统计工作烦琐，数据出处不唯一，甚至误导决策者，归其原因就是内部信息还没有共享。这种企业上ERP的目的是先实现数据统一，再通过ERP信息化和管理理念督促企业管理的完善和提高。对于发展受限，迫切往更高层次发展的企业：企业的决策者很清楚，企业要生存，发展才是硬道理，所以他们必须有不断突破的胸怀。这种情况实现ERP见效是最快的，因为决策者已很清楚首要解决的焦点问题，包括营销问题、内部生产配套问题、财务资金运作问题以及更深层的企业国际化问题等，所以需求定义时只要将这些问题细化即可，实施时也明确了实施次序和实施重点。

（3）制订好投资计划

可以说ERP是一种需要投入才能成功及产生效益的管理工具，这种投入主要包括资金和人员，没有大量的投入，ERP是不可能实施成功的。在资金方面，包括电脑软件及硬件的投资；在人员方面，必须有一个核心的机构在推行这一工作，并将其视为日常工作的一个重要部分。在资金投入方面，要根据企业的具体情况，充分考虑企业规模和企业的承受能力，特别是硬件投资方面，不要理想化地认为可以一次到位，一个企业只要使用电脑，会不断地对电脑硬件进行投入，包括易耗品的投入。在ERP软件方面，不要盲目追求最好，也不要因为舍不得花钱而引入不成熟或一些冷门的ERP

软件。对于成熟的 ERP 软件而言，功能上各有优点，对不同行业它的优势也是有差异的，企业应该充分考虑自身的运作特点，充分考虑性能价格比。投资比例视企业规模及行业性质而定，按照产值的百分比来计算，亿元以下企业投资比例一般为 8%~12%，产值 1 亿~5 亿元企业投资比例一般为 4%~8%，产值 5 亿~10 亿元企业投资比例一般为 2%~3%，产值 10 亿元以上的企业可视实际情况而定或考虑 2%以上的比例。

7.1.4.2　实施过程中的几个关键环节的控制

ERP 是一个系统的工程，涉及企业经营的各部门业务，不能一蹴而就。特别要注意关键环节的控制。大多数企业在实施 ERP 的过程中大概会有以下七个时期：

（1）好奇时期。当企业选定了 ERP 软件后，大家最关心的就是想尽快看到 ERP 的真面目，ERP 到底能做到什么。这个时期，有关人员的工作热情是很高的。

（2）模糊时期。在接受培训的过程中，通过一些练习，参与实施人员对 ERP 有了初步的了解，但总是模模糊糊的，不知有什么用。

（3）糊涂时期。当进行了 ERP 理论及软件功能培训后，将进入模拟测试阶段，由于软件的庞大，而且功能也很灵活，做同一件事情可以有多种途径，越模拟越糊涂，后面模拟的清楚了，前面的又忘记了。况且企业应该怎样做，一时也决定不了，有越来越不清楚的感觉。

（4）清醒时期。糊涂的感觉使实施人员感觉到有必要对软件重新熟识，对业务进一步了解，并在顾问的指导下拿业务去试 ERP 软件，以找出适合企业的做法。

（5）期望出结果时期。通过再认识后，实施人员基本掌握了软件功能，业务的流程也找到了相应的方法处理，各部门也想用起来，拿点成绩出来交代。一般情况下就进入了试运行或并行运行的阶段。

（6）泄气时期。在试运行或共同运行阶段发现部门并不是那么配合，经常是基础数据不准，期初数据不准，数据录入不及时，一些瓶颈问题得不到解决，奖罚无力，争执较多，领导不拍板，实施人员大有吃力不讨好的感觉。

（7）功能再挖掘时期。熬过了泄气时期，软件已在逐步应用，能用的功能都基本在使用，管理在不断规范，逐步尝到了甜头，但是从中也暴露了一些新问题及新需求，必须再对系统功能进行挖掘。

这些时期也许不能反映实施过程的全部，但泄气时期是很危险的，我们必须认真对待，决策者必须有明确的指示，否则项目是不会成功的。为了避免泄气时期带来的伤害，在 ERP 实施过程中，必须控制好每个关键环节，尽量将问题提前暴露。另外，在 ERP 软件的实施过程中企业内部管理习惯性行为与软件流程往往会有一些冲突，这时候我们应该善于从自身找原因，因为 ERP 软件总体设计是合理科学的，而企业的管理工作常常会存在漏洞，企业业务流程有不合理不科学的地方。所以企业各个部门要积极配合好 ERP 的实施小组，为 ERP 的顺利实施做好改革工作，保证企业实施的顺利进行。

7.1.4.3　实施 ERP 过程中容易犯的错误

到 2015 年为止，我国企业实施 ERP 已经差不多 20 年了。客观地说，到目前为止，ERP 实施成功率并不是很高。当中有各种原因，但其中一些是共性的错误。

（1）认为 ERP 是企业管理的灵丹妙药。ERP 是企业管理的重要工具，它在企业的管理中起到计划与控制的作用。国内外的 ERP 软件供应商提供的软件一般包括：采购管理、销售管理、库存管理、生产管理、人力资源管理、物料需求计划、车间排产、项目管理、财务管理等管理模块。如果企业急迫要求考勤管理、CAD、自动控制、办公自动化管理等其他管理项目，这时不要选择 ERP 软件。任何一种软件都有它的应用范围，任何一台再先进的机器设备，它也有一定的使用范围。人们很少见到要求烤面包的机器能同时生产饮料的，但在选择软件的时候犯类似错误的人却很多，他们要求软件无所不能，解决企业的所有问题。

（2）对实施 ERP 的投入不足。ERP 是一个管理项目，它需要大量的人力、物力和财力的投入。软件是一种新兴的产品，因此人们往往对它抱有幻想，认为只要投入较少的资金，加上几个微机人员便可以实现 ERP 了。这样的做法是完全错误的，有这样想法的企业在没有消除这种想法的情况下千万不要上 ERP 项目。ERP 的实施对于企业来说是一种革新，它既需要财力和物力，更需要人力的投入。这里的人力投入包括各个业务的管理人员、操作人员和对这些业务能起到协调和控制的人员。

（3）过分强调个性化。企业对软件的个性化要求有时是业务必需的，有时是个人感官要求的，不分青红皂白过分强调个性化是不合适的。企业之间是有差异的，企业对软件的个性化要求是必然的，但我们必须分清是业务要求还是个人感官要求，前者要进行客户区分，后者要尽量避免。

（4）徒有虚名的“一把手工程”。实施 ERP 被当成为“一把手工程”。“一把手工程”是指高层领导在理解 ERP 的基础上，领导、指导参加 ERP 的实施，解决 ERP 实施过程中的部门协调等问题。如果企业领导的支持仅仅停留在口头上和形式上，ERP 的实施是不会成功的。如果 20 世纪 80 年代初我国引进微机实施企业 MIS 失败的原因是重硬件轻软件，那么今天 ERP 实施不成功的原因就是重技术轻管理。

（5）急于求成。ERP 的实施要有一定的周期，任何急于求成的想法都是错误的。ERP 的实施不同于企业 MIS 系统，前者是一个企业计划与控制的有机整体，后者是一个相对独立的子系统。如果把 ERP 的实施看成是各个 MIS 系统的简单罗列，这样的 ERP 实施工程是不会成功的。

（6）不重视数据的准确性。ERP 软件是企业管理非常有效的工具，它运行的基础数据来自企业。真实可靠的基础数据，将运算出科学的结果；不准确的基础数据，将运算出不准确的结果。如果企业为了一时的“高效率”，提供了不准确的基础数据，往往会造成整个项目的失败。

（7）不重视 BPR（企业流程再造）。

（8）一切推倒重来。

（9）队伍建设不足。

7.2 供应链管理系统

随着网络经济时代的到来，经济全球化必然会引起企业的管理模式和管理理念等方面的深刻变革。如何使现代企业顺应新时代的经济发展，已成为国内外企业关注的焦点。供应链管理（supply chain management，SCM）作为一种新的企业管理模式，近年来已成为国内外研究和应用的热点。供应链管理是从企业最初重视的物流和企业内部资源管理的基础上发展起来的，是企业管理发展的必然产物。

7.2.1 供应链管理产生与发展

7.2.1.1 供应链管理的产生

20 世纪 90 年代以来，随着各种自动化和信息技术在制造企业中不断应用，制造生产率已被提高到了相当高的程度，制造加工过程本身的技术手段对提高整个产品竞争力的潜力开始变小。为了进一步挖掘降低产品成本和满足客户需要的潜力，人们开始将目光从管理企业内部生产过程转向产品全生命周期中的供应环节和整个供应链系统。不少学者研究得出，产品在全生命周期中供应环节的费用（如储存和运输费用）在总成本中所占的比例越来越大。加拿大哥伦比亚大学商学院的迈克尔 · W. 特里西韦教授研究认为，对企业来说，库存费用约为销售额的 3%，运输费用约为销售额的 3%，采购成本占销售收入的 40%~60%是较为合理的。而对一个国家来说，供应系统占国民生产总值的 10%以上，所涉及的劳动力也占总数的 10%以上。另外，随着全球经济一体化和信息技术的发展，企业之间的合作正日益加强，它们之间跨地区甚至跨国合作制造的趋势日益明显。国际上越来越多的制造企业不断地将大量常规业务“外包”（outsourcing）出去给发展中国家，而只保留最核心的业务（如市场、关键系统设计和系统集成、总装配以及销售）。我国一些运营良好的家电企业（如春兰空调公司）和高科技企业（如深圳华为公司）在其生产经营过程中也是把很多零部件生产任务外包给其他厂家（如春兰公司就有近 100 家零部件协作厂）。在这些合作生产的过程中，大量的物资和信息在很广的地域间转移、储存和交换，这些活动的费用构成了产品成本的重要组成部分，而且对满足顾客的需求起着十分巨大的作用。因此，有必要对企业整个原材料、零部件和最终产品的供应、储存和销售系统进行总体规划、重组、协调、控制和优化，加快物料的流动，减少库存，并使信息快速传递，时刻了解并有效地满足顾客需求，从而大大减少产品成本，提高企业效益。因此，供应链管理作为一种新的学术概念首先在西方被提出来，很多人对此开展研究，企业也开始这方面的实践。世界权威的《财富》（Fortune）杂志，就将供应链管理能力列为企业一种重要的战略竞争资源。在全球经济一体化的今天，从供应链管理的角度来考虑企业的整个生产经营活动，形成这方面的核心能力，对广大企业提高竞争力将是十分重要的。

7.2.1.2 供应链管理的发展现状

供应链管理是目前国外企业管理的一种全新模式，也将是国内企业管理的发展方向。最初它起源于企业资源计划（ERP），是基于企业内部范围的管理。与企业最初只重视物流和企业内部资源的管理模式相比，供应链管理是将企业内部经营所有的业务单元如订单、采购、库存、计划、生产、质量、运输、市场、销售、服务等以及相应的财务活动、人事管理均纳入一条供应链内进行统筹管理。

在网络经济时代，企业的管理仅仅停留在注重物流和企业内部资源的管理上，已无法适应当今经济全球化的发展趋势，迫切需要对供应链运行的整个过程进行管理，对供应链活动中的生产商、销售商、供应商等进行统一的协调和计划，以适应市场变化、柔性、速度、革新的需要，从而实现高效的、一体化的供应链管理。随着互联网、交互式 Web 应用以及电子商务的出现，传统供应链将转变为基于互联网的开放式的全球网络供应链。与此同时，世界经济的商业运作方式和现有供应链的结构将得到彻底改变，传统意义的经销商将消失，其功能将被全球网络电子商务所取代。

在这种全球网络供应链模式下，网络上的企业都具有两重身份，既是客户又同时是供应商，企业不仅可以网上交易，更重要的是成为供应链的一个元素。在这种新的商业环境下，所有的企业都将面临更为严峻的挑战，它们必须在提高客户服务水平的同时努力降低运营成本；必须在提高市场反应速度的同时给客户以更多的选择。同时，互联网和电子商务也将使供应商与客户的关系发生重大的改变，其关系将不再仅仅局限于产品的销售，更多的将是以服务的方式满足客户的需求来替代把产品卖给客户。越来越多的客户不仅以购买产品的方式来实现其需求，而是更看重未来应用的规划与实施、系统的运行维护等。本质上讲他们需要的是某种效用或能力，而不是产品本身，这将极大地改变供应商与客户的关系。企业必须更加细致、深入地了解每一个客户的特殊要求，才能巩固其与客户的关系，这是一种长期的有偿服务，而不是产品的一次或多次性的购买。

在全球网络供应链中，企业的形态和边界将产生根本性改变，整个供应链的协同运作将取代传统的电子订单，供应商与客户间信息交流层次的沟通与协调将是一种交互式、透明的协同工作。一些新型的、有益于供应链运作的代理服务商将替代传统的经销商，并出现新兴业务，如交易代理、信息检索服务等，将会有更多的商业机会等待着人们去发现。这种全球网络供应链将广泛和彻底地影响并改变所有企业的经营运作方式。

7.2.2 供应链管理模型及其特征

7.2.2.1 供应链的概念和特征

（1）供应链概念

所谓供应链是一种业务流程模型，是指由产品在到达消费者手中之前所涉及的原材料供应商、生产商、批发商、零售商以及最终消费者组成的供需网络，它包括物料来源、产品生产、运输管理、仓库管理甚至需求管理，通过这些功能的集合，把产品和服务提供给最终消费者。它是围绕核心企业，通过对物流、资金流、信息流的控制，从采购原材料开始，到中间产品以及最终产品，最后由分销网络把产品送到消费者手中，全过程涉及供应商、制造商、分销商、零售商、最终消费者的一个功能网链结构模式。

供应链这一名词直接译自英文“Supply Chain”，目前尚未形成统一的定义，许多学者从不同的角度出发给出了不同的定义。我国学者马士华、林勇给出一个供应链定义：供应链是围绕核心企业，通过对信息流、资金流、物流的控制，从采购原材料开始，制成中间产品和最终产品，最后由销售网络把产品送到消费者手中的将供应商、制造商、分销商、零售商，直到最终用户连成一个整体的功能网链结构。

供应链是一条需求链，因为它是企业之间为满足消费者的需求而进行的业务上的联合，通过计划、获得、存储、分销、服务等一系列活动，上游为下游供应物料，下游为上游产生物料需求。

同时，供应链又是一条增值链，因为从原材料加工、产品流通，直至产品送到消费者手中的整个过程，各相关企业可以提供附加的增值产品和增值服务，为供应链增加价值，物料在供应链上因加工、包装、运输等过程也增加了价值，给相关企业和消费者带来收益。所以，美国管理学家迈克尔·波特又称之为价值链。

供应链一般分为内部供应链和外部供应链。内部供应链是指企业内部产品在生产和流通过程中所涉及的采购部门、生产部门、仓储部门、销售部门等组成的供需网络。外部供应链则是指涵盖企业的与企业相关产品的生产和流通过程中所涉及的供应商、生产商、储运商、零售商以及最终消费者组成的供需网络。

供应链经历了从初期单纯的企业内部供应链，发展为包含企业内部供应链，围绕核心企业，包括上游供应商的供应商、下游客户的客户的集成供应链两个阶段。

集成供应链（intergrated supply chain），是指把供应商、制造商、分销商、零售商等在一条网链上的所有环节都联系起来并进行优化，其实质在于企业与相关企业形成融会贯通的网络整体，对市场进行快速反应。供应链的集成，实质就是将上、下游企业有机地连在一起，形成同步的网络体系，使企业与其上、下游之间建立有形或无形的联系，对市场需求做出快速反应（quick response）。供应链的集成，改变了过去仅仅在供应链中将费用从一个口袋转移到另一个口袋的做法，它优化了整个供应链的执行，给最终客户提供了最优的价值。另外，它还多方位地影响了市场，比如，形成了宽口径、短渠道的流通体系，大大提高了流通效率；促进了流通现代化和信息技术在各领域的广泛应用；使产品竞争压力由消费者通过流通体系向生产者快速传递，迫使生产者提高产品品质，降低成本，以满足市场需求。

（2）供应链特征

图 7-1 形象地表示了产品从生产到消费的全过程。按照供应链的定义，这个过程是一个非常复杂的网链模式，覆盖了从原材料供应商、零部件供应商、产品制造商、分销商、零售商直至最终客户的整个过程。

供应链是人类生产活动的一种客观存在。但是过去这种客观存在的供应链系统一直处于自发的、松散的运动状态，供应链上的各个企业都是各自为阵，缺乏共同的目标。不过，由于过去的市场竞争远不如今天这么严峻，因此，这种自发运行的供应链系统并未反映出不适应性。然而，进入 21 世纪后，经济全球化、市场竞争全球化等浪潮一浪高过一浪，自发形成的供应链系统的弊端开始显现出来，企业必须寻找更有效的方法，才能在这种形势下生存和发展下去。因此，人们发现必须对供应链这一复杂系统进行有效协调和管理，才能取得更好绩效，才能从整体上降低产品（服务）的成本，供应链管理思想就是在这种环境下产生和发展起来的。

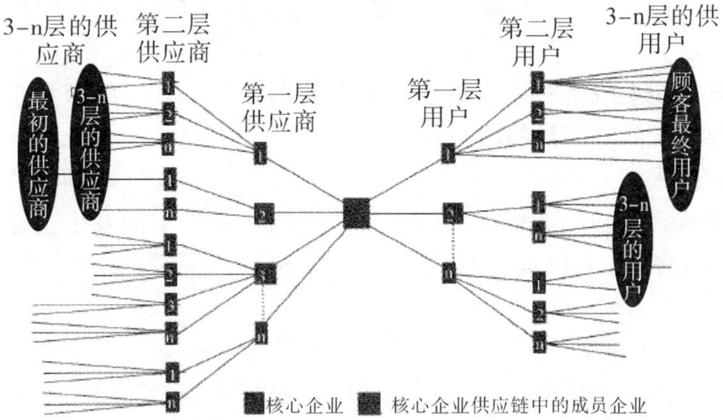

图 7-1　供应链系统分层结构

从图 7-1 可以看出，供应链由所有加盟的节点企业组成，其中有一个核心企业（可以是制造型企业，如汽车制造商，也可以是零售型企业，如美国的沃尔玛），其他节点企业在核心企业需求信息驱动下，通过供应链的职能分工和合作（生产、分销、零售等），以资金流、物流和服务流为媒介实现整个供应链的不断增值。

根据供应链和供应链管理的定义，供应链的结构可以简单地显示为图 7-2。

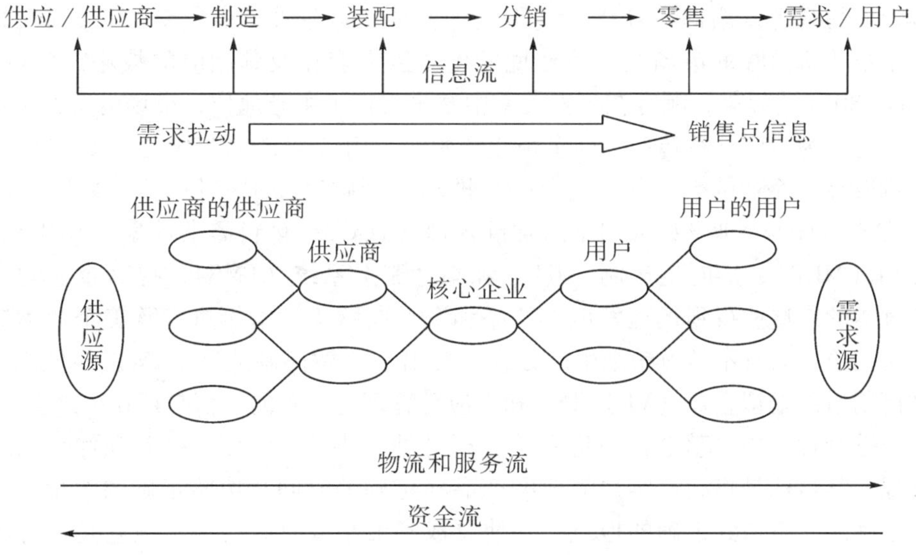

图 7-2　供应链网络结构模型

从供应链的结构模型可以看出，供应链是一个网链结构，由围绕核心企业的供应商、供应商的供应商和用户、用户的用户组成。一个企业是一个节点，节点企业和节点企业之间是一种需求与供应的关系。供应链主要具有以下特征。

①复杂性

因为供应链节点企业组成的跨度（层次）问题，供应链往往由多个、多类型甚至多国企业组成，所以供应链结构模式比一般单个企业的结构模式要复杂。

②动态性

供应链管理因企业战略和适应市场需求变化的需要，其中的节点企业需要动态更新，这就使得供应链具有明显的动态性。

③面向用户需求

供应链的形成、存在、重构，都是基于一定的市场需求而发生，并且在供应链的运作过程中，用户的需求拉动是供应链中信息流、产品/服务流、资金流运作的驱动源。

④交叉性

节点企业可以是这个供应链的成员，同时又是另一个供应链的成员，众多的供应链形成交叉结构，增加了协调管理的难度。

7.2.2.2 供应链管理的概念和基本原则

（1）供应链管理概念

“供应链管理”（supply chain management，SCM）一词在20世纪80年代中期的一些物流文献中开始使用，着眼于削减在库产品流程，以及供给者与需求者之间的供需调整，特别是对于像零售业、食品行业等需要较多在库产品的产业，通过上游企业和下游企业的整合，集中管理整个流通渠道的物质流，可以获得强大的竞争优势。此后，供应链管理的观念逐渐向计算机、复印机等各种产业延伸。供应链管理兴起的原因，主要在于企业所面临的市场及竞争环境发生了巨大变化及其相应的战略调整的要求。自20世纪80年代以来，顾客在买卖关系中基本占据了主导地位，市场由卖方市场转变为买方市场。为适应这种转变，许多企业开始实行由“以产品为中心”到“以顾客为中心”的转变，企业的生产方式变企业“推动”为顾客需求“拉动”，采取“敏捷制造”的方式。日本企业开始采用全面质量管理（TQC）、物料需求计划（MRP）、制造资源计划（MRP）、准时生产制（JIT）和柔性制造系统（FMS），提高企业的应变能力，使日本的制造业得到迅猛发展，产品和资本向欧美大举挺进。欧美企业为应对这种国际化竞争，向日本学习精细生产方式，提出了“敏捷制造”（AM）的概念，以及基于敏捷制造的虚拟企业（VE）概念和供应链管理这一新的经营与运作模式。

供应链管理是指对整个供应链系统进行计划、协调、操作、控制和优化的各种活动和过程。其目标是将满足客户需要的产品在正确的时间，按照正确的数量、正确的质量和正确的状态送到正确的地点，并使总成本最小或总收益最大。它是一种集成的管理思想和方法，执行供应链中从供应商到最终消费者的物流的计划与控制等职能。它也是一种管理策略，主张把不同企业集成起来以增加供应链的效率，注重企业之间的合作，把供应链上的各个企业作为一个不可分割的整体，使供应链上各个企业分担的采购、分销和销售职能成为一个协调发展的有机体。供应链管理的范围包括从最初的原材料直到最终产品到达最终消费者手中的全过程，管理对象是在此过程中所有与物资流动及信息流动有关的活动和相互之间的关系。

企业要成功地构筑并实施供应链管理，使供应链管理真正成为有竞争力的武器，就要抛弃传统的管理思想，把企业内部以及结点企业的采购、生产、财务、市场营销、分销看作一个整体的功能过程，来开发集成化的供应链管理；通过信息、制造和现代管理技术，将生产经营过程中有关的人、技术、经营管理三要素有机地集成并优化运行。通过对生产经营过程的物料流、管理过程的信息流和决策过程的决策流进行有效的控制和协调，将企业内部的供应链与企业外部的供应链有机地集成起来进行管理，达到全局动态最优目标，以适应新的竞争环境中市场对生产和管理过程提出的高质量、高柔性、低成本要求。

（2）供应链管理的基本原则

供应链管理包括订单处理、原材料或在制品存储、生产计划、作业排序、货物运输、产品库存、顾客服务等一系列活动。对于供应链中的这些活动，供应链管理应在不降低产品质量和顾客满意度而实现成本不断降低的前提下，尽快协调各环节的活动。为实现供应链管理的目标，要将顾客所需的正确的产品（right product）能够在正确的时间（right time），按照正确的数量（right quantity）、正确的质量（right quality）和正确的状态（right status）送到正确的地点（right place），即“6R”，并使总成本最小。因此为了达到有效的供应链管理，需遵循以下基本原则：

①供应链上的每一供应商要求以最低的成本和费用持续可靠地满足其客户的需求。

②供应链管理从一个全新的高度对物流和信息流进行有效管理，其侧重点在于公司之间或公司内部之间的链接。

③贸易伙伴之间的密切合作，信息共享，风险共担，建立双赢的合作策略。

④应用条码、应用标识符及条码和电子数据交换（EDI）等现代科技作为管理手段。

⑤在整个供应链领域建立信息系统。从处理日常事务和电子商务到多层次的决策，再到前瞻性的策略分析都需要管理信息系统的支持。

⑥建立整个供应链的绩效考核准则，而不仅仅是局部的个别企业的孤立标准，供应链的最终验收标准是客户满意度。

（3）敏捷供应链的基本概念

所谓敏捷供应链是指在竞争、合作、动态的环境中，由供应商、生产商、分销商等实体构成的快速响应环境变化的动态供应网络。它是在敏捷制造概念的产生和供应链管理的要求的基础上产生的概念。敏捷供应链中的“实体”是指参与供应链的企业或企业内部业务相对应的部门；“动态”反映了为适应市场变化而进行的供应关系的重构过程；“敏捷”用于强调供应链对市场变化及用户需求的快速响应能力。与一般供应链系统相比，敏捷化供应链的特点就在于其可以依据动态联盟企业的形成和解体（企业重组）进行快速的重构和调整供应链。

敏捷供应链管理是对敏捷供应链中的物质流、信息流和资金流进行适时、适量、适地的调度和管理的过程，其目标是在正确的时间、正确的地点、将正确的需求项目按照正确的数量交给正确的交易对象。

(4) 供应链管理的主要内容

供应链管理的主要内容包括计划、合作以及控制从供应商到用户的物料（零部件和成品等）和信息。其目标在于获得较高的客户满意度和较低的库存和单位成本两个目标之间的平衡，而实际工作中这两个目标往往会发生冲突。供应链管理除了关心物料实体在供应链中的流动以及企业内部与企业之间的运输问题和实物分销以外，还应包括以下主要内容：

①供应链客户需求预测和计划；

②战略联盟的建立和重组及用户伙伴关系管理；

③企业内部与企业之间物流管理；

④企业间资金流、信息流管理；

⑤供应链中的订单计划管理和执行；

⑥产品生产、供应、销售和运输管理和协调；

⑦基于供应链的用户服务；

⑧节点企业的定位和供应链活动的计划、跟踪和控制；

⑨联盟内部交互信息流管理。

因此，在建立供应链系统模型时，必须考虑供应链管理中的这些主要问题。

7.2.3 供应链管理系统的功能

按照 SCM 的发展，可将 SCM 系统的功能分为两种情况：一种是初期的 SCM 系统的功能；另一种是集成的 SCM 系统的功能。

7.2.3.1 *初期的 SCM 功能*

(1) 供需管理

供需管理是 SCM 的重要功能，包括供应商与客户的信息和进度管理，如图 7-3 所示。

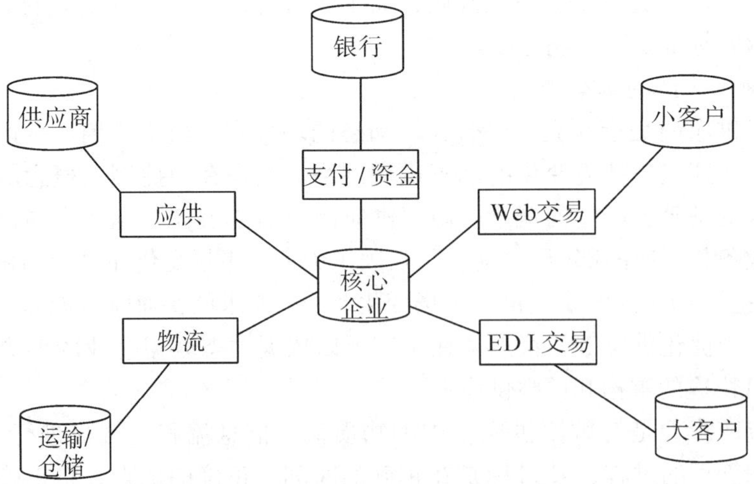

图 7-3 基于电子商务的供应链管理信息组织与集成模式

从图 7-4 中可以看出，供应链的需求是由客户、分销中心、仓库、工厂 B、工厂 A 流向供应商的，也可以直接由客户、公司流向供应商。供应链的供应是由供应商、工厂或仓库、分销中心流向客户的。

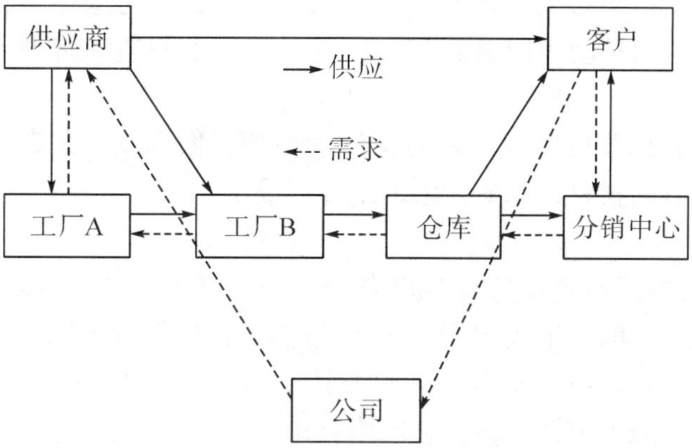

图 7-4 供应链的供需管理

供应商的信息和进度由采购功能来管理，客户信息和进度由销售功能来管理，企业内部的供应与需求由制造、库存、运输功能模块来管理。所有的供需信息可以通过不同的结点来进行收集，供需信息自动在数据库之间传递。

（2）物料管理

在具备了供需信息之后，可以根据这些信息来编制计划和执行计划。制造工厂可以通过物料清单、库存控制、加工单、质量管理等来管理自身的生产过程。

（3）财务管理

供应链的财务管理主要是管理供应商、制造商和客户之间的资金往来，即应收款与应付账款。同时，制造商也要对内部资金的往来进行管理，控制现金流量和降低成本。

7.2.3.2 集成的 SCM 功能

到了 SCM 的发展阶段，SCM 的内容更为深入和广泛。不仅供应链管理的短期计划得到重视，供应链管理的长期计划也引起了管理者的重视。从短期看，管理者们关心何时采购何种原材料，如何充分利用生产资源安排好生产，怎样合理安排运输路线，如何编制履行合同的计划，怎样履行对客户的承诺，等等。从长期来看，管理者们关心的是选用怎样的策略与供应商建立关系，在何处设立工厂为宜，怎样才能建立国际运输网络，如何开展网络营销，如何应对产品供不应求的局面，等等。这一切都是 SCM 需要解决的问题，而这些问题的解决不仅依赖于企业之间的信息系统，还需要有企业内部的信息系统和决策支持系统 DSS 的支持。供应链中的 DSS 又称高级计划排程（advanced planning and scheduling，APS）。

利用 APS 可以进行物流网络设计、存货的配置、配送中心选址、库存产品管理、运输的调度、资源的分配、运输路线的安排、需求计划的预测、供应计划的制订、产品产量的确定、仓库的数量及大小的决定等各项工作。

（1）采购管理

集成SCM的采购管理，即互联网采购，包含采购自助服务、采购内容管理、供货来源的分配、供应商的协作、收货及付款、采购智能等功能。集成SCM的采购与传统采购管理不同，它是由交易关系转变为合作伙伴关系，由为避免缺料的采购管理转变为满足订货而采购，由被动供应链转变为主动供应，由制造商管理库存转变为供应商管理库存。

在采购管理中，企业可以运用及时系统的原理，做到及时采购，实现零库存，以最低的价格获得所有的物料，以最大限度地降低成本。

（2）销售管理

集成SCM的销售订单管理具有客户自助服务、订单配置、需求获取、订单履行、开票以及销售智能等功能，集成SCM的销售与传统销售管理不同，它是由推式市场模式转变为拉式市场模式，由以制造商为中心转变为以客户为中心，由等待性销售转变为创造性销售，由一般渠道销售转变为网络营销。

在销售订单管理中，运用客户价值的管理，利用由传统的虚拟的信息源所获得的需求信息，对客户的要求迅速做出反应，以达到扩大销售、提高利润的目标。

（3）高级计划排程（APS）

高级计划排程是实现集成SCM的重要部分，包括综合预测、供应链计划、需求计划、制造计划和排程、供应链智能等功能。高级计划排程是传统管理中所缺少的功能，它的功能是可以发展多设备分布和生产计划，利用互联网优化企业在全球的供应链业务，通过分销需求计划（DPR）和供应链计划（SGP）帮助企业得到快捷无缝的计划系统。没有APS，SCM只能作为一种管理理念，而不能成为计划和协同的工具，更不可能成为可推广的软件。

SCM的敏捷制造是集成化SCM的一部分，它拥有多模式制造、混合制造、国际化、质量与成本管理以及运作智能等功能。敏捷制造使用最佳的制造方案来提高运营效率和加速业务周转。

（4）交易平台

除了以上功能之外，集成SCM还为用户提供交易平台，具有订单目录、现货购买、来源分配、拍卖、付款、后勤管理、协作计划与排程、关键绩效指标等功能。

在集成SCM中，有各种形式的交易平台，包括：一对一模式，即一个企业与另一个企业相链接，它们的信息系统也链接起来；一对多模式，即一个企业通过交易平台与多个企业链接，从信息系统的角度来看，可以是一个企业的一个或多个应用系统通过交易平台与多个企业链接；多对多模式，即多个企业与多个企业通过交易平台链接。无论是一对一模式或是一对多模式，还是多对多模式，在交易平台中，企业与客户、供应商交换的都是制造、财务、需求计划、服务等信息。

通过交易平台可以建立一种会员制，各企业以会员身份支付一定会费来参加交易活动。供应链上需要增加何种功能、什么时间增加，都由会员企业投票来决定。

7.2.4 供应链管理系统的实施

SCM 的实施与 ERP 的实施不一样，实施 SCM 的难度比较高。这是因为 ERP 的实施只涉及一个企业，而 SCM 的实施涉及企业外部，它包含上游及下游的许多企业。因此，这是一个需要有较高的集成度才能完成的作业。因此，建立一套切实可行且完美的实施方案就是一项必不可少的工作了。实施自动的电子供应链分为三个阶段：

第一阶段：企业内部资源整合加入供应链后需要及时地获得有助于迅速、高效决策的信息，生产流程必须最优化，从而实现最佳的效率、产量和响应时间。库存必须降至最低，同时还要达到支持客户服务目标的最佳水平。所以企业必须进行业务流程的重组，建立信息系统，不是一定要建立 ERP，但是一定要有能快速收集信息并作出反应的系统。

第二阶段：与上游供应商和下游销售商建立关系与供应商、销售商制订协作计划，订立进程表，利用供应链下订单，并制订一套定价、交货、付款的规则，同时制订监控方法，有了规则，就可以与自己的存货管理、付款系统连在一起。

第三阶段：采用因特网技术把所有供应商和客户的数据建立电子连接，任一客户或任一供应商都能与企业交换信息，就像一个企业一样，建立一个能够快速满足市场需求的网络系统。

7.2.4.1 SCM 的实施环节

（1）明确企业自身在供应链中的定位

供应链由原材料供应商、制造商、分销商、零售商、物流与配送商及消费者组成。一条富于竞争力的供应链要求组成供应链的各成员都具有较强的竞争力，不管每个成员为整个供应链做什么，都应该是专业化的，而专业化就是优势。在供应链中，总会有处于从属地位的企业。任何企业都不可能包揽供应链的所有环节，它必须根据自身的优势来确定自身的定位，制订相关的发展战略。比如，对自己的业务活动进行调整和取舍，着重培养自己的业务优势等。

（2）分析业务目标

供应链上的成员是为了共同的目标而走到一起的，这个共同的目标就是降低成本，提高利润，加强竞争力。为了达到这个目标，必须解决销售、产品等各方面的问题，如供需信息如何快速传递、新产品开发速度如何掌握、怎样联合控制成本、如何共同参与质量的控制、如何做到准时交货，等等，可以将各种目标按照重要程度进行排列。

（3）分析现有供应链

企业应从计划、约束条件、运作以及业绩等方面来分析现有供应链中各结点所存在的问题。这些问题可以分为企业内部的、供应链方面的，以及与其他供应链竞争方面的。在以上分析的基础上，可以确定 SAM 的战略目标、决定改革的方案，以及拟定 SCM 的设想。

（4）组建实施团队

实施团队由 SCM 的有关人员组成。他们是掌握一定产品知识的技术人员、管理部门和供应商之间联系的组织人员，以及具有决策权力的企业高层管理者。这个团队需要有一位充分了解各企业和供应链的领导者，他应该具有一定的组织能力和协调能力，能够处理好各方面的关系。

（5）选择合作伙伴

合作伙伴的选择也是SGM设计的首要工作。因为合作伙伴选择得是否恰当将会对SCM产生很大的影响。合作伙伴的选择是有原则的，那就是合作伙伴能增加产品的价值，提高销售水平，有效利用资源，加速运转过程，具有互补作用，增进技术合作。在选择供应商时，还可以对以上原则进一步具体化。如供应商是否能长期合作，供应的产品质量如何，供应商在行业中的经验如何，供应商的服务水平如何，供应商的信息系统是否建立，等等，可以通过调查研究选择理想的合作伙伴。

（6）广泛采用信息技术

目前，我国大量的生产企业处于由消费者引导生产的阶段，因此应该尽可能全面地收集消费信息。零售店铺的POS系统可以收集一部分信息，物流、配送环节的信息就比较难收集，这时可以通过应用条形码及其他一些自动数据采集系统进行采集，而且应该建立整个供应链管理的信息系统。

（7）建立物流、配送网络，组建供应链

企业的产品能否通过供应链快速地分销到目标市场上，取决于供应链上物流、配送网络的健全程度及市场开发状况等，物流、配送网络是供应链存在的基础。一个供应链在组建物流、配送网络时，应该最大限度地谋求专业化。当供应链的企业统一了认识、愿意建立合作关系之后，建立供应链的条件也就成熟了，接下来就可以组织供应链的各方签订协议。协议中要强调目标一致、信息共享和利益分享。

（8）对供应链进行绩效评价

国内许多实例证明：建立并控制一个包括广泛销售渠道在内的供应链不容易，而维护整个供应链的领导力量更不容易。因此，需要对供应链进行绩效评价，包括三个方面：①对整个供应链的运行效果做出评价。主要考虑到供应链之间的竞争，为供应链在市场中的生存、组建、运行、撤销的决策提供客观依据。目的是通过绩效评价获得对整个供应链运行状况的了解，找出供应链运营中存在的问题，及时给予纠正。②对供应链内各企业做出评价。主要考虑供应链对企业的激励，吸收优秀企业加盟，剔除不良企业。③对供应链内企业之间的合作关系做出评价。主要评价上游、下游企业之间的合作伙伴关系。

7.2.4.2 实施供应链管理的优点

供应链管理是近几年在企业实行电子商务和信息化管理中最流行和有效的管理模式之一。事实也证明，成功的供应链管理确实能使企业在激烈的市场竞争中，明显提升企业的核心竞争力。实施供应链管理具有以下优点：

（1）节约交易成本

供应链上各企业通过网络系统订货，将大大降低供应链内部各环节的交易成本，缩短交易时间。

（2）降低存货水平

通过扩展组织的边界，供应商能够随时掌握存货信息，组织生产，及时补充，因此企业没有必要维持较高的存货水平。

（3）降低采购成本，促进供应商管理

由于供应商能够方便地取得存货和采购信息，采购管理人员就可以从这种低价值的劳动中解脱出来，从事具有更高价值的工作。

（4）减少循环周期

通过供应链的自动化，预测的精确度将大幅度提高，这将导致生产企业不仅能生产出需要的产品，而且能减少生产的时间，提高顾客满意度。

（5）增加收入和利润

通过组织边界的延伸，企业能履行他们的合同，增加收入并维持和增加市场份额。

（6）改变企业的关系

从企业之间的竞争转变为供应链的竞争，它强调核心企业通过和其上下游企业之间建立的战略伙伴关系，使每个企业都发挥各自的优势，实现双赢。这一竞争方式将会改变企业的组织结构、管理机制和企业文化。

（7）实现供求的良好结合

供应链把供应商、生产商、销售商紧密结合在一起，并对他们进行协调、优化管理，使企业之间形成和谐的关系，使产品、信息的流通渠道最短，进而又使消费者的需求信息沿供应链逆向迅速地、准确地反馈给销售商、生产商和供应商，他们据此做出正确决策保证供求的良好结合。

7.3 决策支持系统

决策支持系统是在管理信息系统基础之上发展起来的一个新兴领域，它是以支持管理者做决策为目标的。如果说管理信息系统是为了更有效地提供管理决策所需的信息，那么决策支持系统则是根据这些信息作出面向高层管理的有效决策。决策支持系统作为信息系统的一个重要分支，将成为一个极有发展前途的学科。

7.3.1 决策支持系统的概念

决策支持系统（decision support system，DSS）是20世纪80年代末在发达国家兴起的一种信息管理技术。它是由计算机技术、人工智能技术和管理科学等多种学科交叉结合而形成的一种新技术。它旨在支持决策工作，帮助决策者提高决策能力和水平，最终提高决策的质量和效果，改善计划工作的有效性。

DSS是管理信息系统高级阶段的一种形式，可以单独作为有别于MIS的系统而存在，因而被认为是管理信息系统的一种发展；也可以看成是管理信息系统的自然延伸，并作为管理信息系统高层的一个子系统而存在。

DSS发展至今已有20多年了，由于人们的知识、实践和经验各异，决策支持系统的定义至今仍争论不休。就其共同的思想和基本观点来说，决策支持系统是以管理科学、运筹学、控制论和行为科学为基础，以计算机技术、仿真技术和信息技术为手段，解决半结构化或非结构化的决策问题，辅助支持中高层决策者的决策活动的、具有一定智能作用的人机计算机系统。它能为决策者提供决策所需要的数据、信息和背景材料，帮助决策者明确决策目标和识别问题，建立和修改决策模型，提供各种备选方案，并对各种方案进行评价和选优，反复通过人机对话进行分析、比较和判断，为正确决策提供有益帮助。

决策支持系统的决策过程可以简化为分析、设计、选择及实施四个阶段的动态循环过程，如图 7-5 所示。

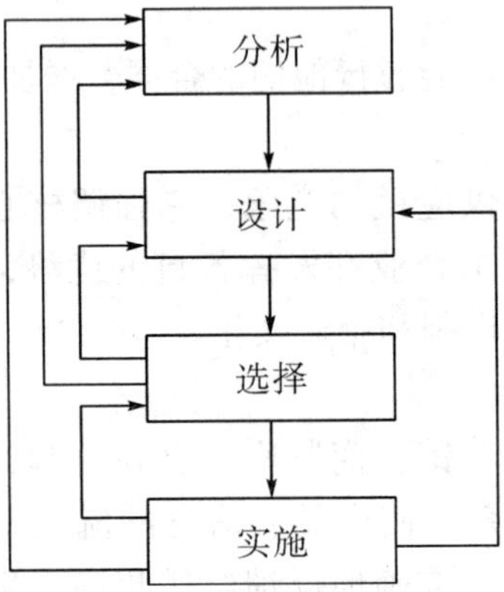

图 7-5 决策过程

对现阶段的主要任务简述如下：

（1）决策分析：对收集到的与决策有关的数据进行加工与处理，研究决策环境和条件，分析和确定影响决策的因素及相互关系。

（2）方案设计：主要是根据分析阶段的结果，分析和构建各种可供选择的决策方案。

（3）方案选择：分析比较各种备选方案的实施结果，选择其中的最优者，并对所选方案的进行评价与审核，确定最终所采用的方案。

（4）方案实施：对所选择的方案进行具体实施。

按照决策问题内容的性质来划分，可把决策划分为结构化（确定型）决策、半结构化（风险型）决策及非结构化（不确定型）决策，或者叫做程序化、半程序化和非程序化决策三种类型。

结构化决策是指可以利用一定的规章或公式来解决的决策，决策方案的代价与后果能定量计算，或方案的优劣有明确的分析比较规则。传统的 MIS（management information system，MIS）所能解决的问题就是这类结构化问题。

半结构化决策是指有一定的决策规则，但不是很明确，虽然可以通过建立适当的公式来产生决策方案，但由于决策的数据不精确或不全，不可能从那些决策方案中得到最优化的解，只能得到相对较优的解，这种类型的决策称为半结构化决策。

非结构化决策是指没有公式可算、无章可循的决策问题，这类决策称为非结构化决策，这类决策更多地依赖决策者对事物的洞察和判断，依赖于经验，更倾向于“艺术”。

这三类决策的特点如表 7-5 所示。从表中可以看出，结构化决策过程是应当而且能够实现自动化的，而半结构化或非结构化的问题，在决策过程中是不容易或不可能实现自动化的。在管理决策中，由于各种竞争激烈，外部环境信息量空前庞大可能会收集不全，为使决策立于不败之地，各种管理决策人员一方面需要根据自己的经验进行分析判断，另一方面也需要借助计算机这个现代化的工具，为决策提供各种参考辅助信息，才能及时作出正确而有效的决策。这就是 DSS 出现的社会需求和社会背景。

表 7-5 三类决策

	结构化	半结构化，非结构化
识别程序	问题是确定的，能定量化表示	问题是不完全确定的,或是不确定的,难以定量化表示
复杂程度	问题较为简单、直接	问题具有高度的随机性，并且有动态性及非重现性
模型难易	具有通用的定量分析模型	需要开发和研究适用的数学模型
决策数据	主要来源于系统内部或决策者内部	有一部分数据来自系统外部，故难于收集或收全
决策方式	能大部分或全部实现决策自动化	不能实现决策自动化，需用人机交互的启发式进行

结构化的问题无需用 DSS 解决，非结构化的问题，由于没有基本模式可依，DSS 无法发挥作用。现实生活中，大量存在的决策问题具有半结构化的性质，这正是 DSS 能够发挥作用的环境。对那些决策过程复杂，制定决策前难以准确识别决策过程的各个方面，以及决策过程形式表现为各个阶段的交错、循环与反复的一类问题，一般无固定的决策规则和模式可依。决策者的主观行为（如经验、判断、洞察力与决策风格等）对各阶段的活动效果有相当影响。这类决策兼有结构化和非结构化决策的特点，因此在建立决策支持系统的过程中，就要深入研究具有这两种特征的决策活动。

DSS 不同于 EDP（电子数据处理）和 MIS（管理信息系统）等其他计算机系统，DSS 是以提高决策的效果为目标，而 EDP（电子数据处理）和 MIS（管理信息系统）则是以计算机代替例行的手工操作，达到节省人力、加快速度和提高工作效率为目的。这符合人类活动所追求的最终目标。鉴于我国国情，节省人力不是问题的关键所在，关键是对问题的决策能否为企业、员工带来更多的实际利益。

DSS 只能在决策者的决策过程中起到辅助支持的作用，而不能完全代替决策者的全部工作和最终判断。决策者的主观能动作用，即经验、智慧和判断力将起到至关重要的作用。因此，在开发一个决策支持系统的过程中应努力创造一个好的决策环境和决策支持工具，以支持决策者的工作，并充分发挥决策者的智慧和创造性，使决策方案尽可能趋于完美。

7.3.2 决策支持系统的基本原理

辅助决策是建立决策支持系统的最终目的。所谓决策，是指在占有一定信息的基础上，决策者根据自己的经验，并借助于科学的方法和工具，对需要决定的问题的诸多因素进行分析、计算和评价，并从两个或两个以上的可行方案中，选择其中一个最优方案作为确定未来行动目标的过程。由此可见，决策并不是一个在瞬间作出决定的过程，而是包括收集情况、确定目标、拟订方案、分析评价及选择方案等，以解决某个问题的一个完整的活动过程。

科学决策既要使用科学分析的方法和现代化的工具，又要遵循科学的程序。在决策过程中通常将一个问题的决策分成若干阶段，在明确各阶段任务的基础上，按照一定规律和顺序有计划、有步骤地进行。一个完整的决策过程粗略地可分为确定目标、拟订方案及方案选择三个主要阶段。如果再详细划分，整个决策过程可以分为发现问题、确定目标、价值准则、拟订方案、分析评估、方案选择、试验证实及实施执行八个阶段。各个阶段的先后顺序及各个阶段所使用的决策技术，如图 7-6 所示。下面介绍各个阶段的任务。

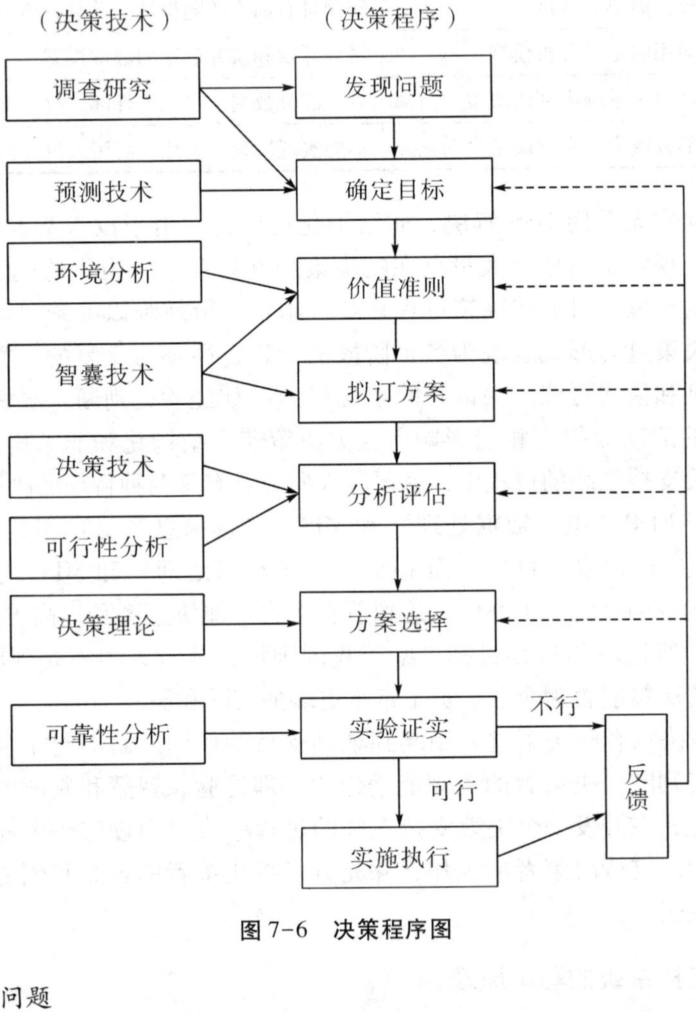

图 7-6　决策程序图

7.3.2.1　发现问题

各种决策活动都是从发现问题开始，决策者通常是根据想要解决的问题来确定决策目标的，因此发现问题或明确问题是决策活动的起点，在这个阶段必须把需要解决的问题的症结及其产生的原因分析清楚。例如，某企业产值逐年增加，而利润却是逐年下降，这就是一个问题。

7.3.2.2 确定目标

所谓目标，就是指在一定的环境和条件下，根据预测分析所希望能达到的结果。确定目标是科学决策的重要一步，要科学合理地确定系统的目标，可通过调查研究和预测技术来实现。根据决策目标数量的多少，可分为单目标决策或多目标决策。

7.3.2.3 价值准则

在明确决策目标后，企业还要制定该目标的价值准则即评价指标体系，以此作为评价各个决策方案优劣的基本依据。价值准则主要包括三方面的内容：

（1）根据一定规则把目标分解成若干个价值指标，这些指标的实际值是衡量实现决策目标的程度。每类价值指标又可以分解成若干项，通过层层分解，最终构成一个价值评价指标体系。

（2）根据各个价值指标在目标中的地位，借助一定的方法确定其加权系数，指标的系数值的大小反映了该指标在目标中的重要性。当有些价值指标相互发生矛盾时，应决定指标的取舍原则。

（3）明确决策目标实现的各种约束条件，包括资源、时间、资金、市场和权力等。

7.3.2.4 拟订方案

拟订方案即构建方案，就是根据决策目标构建多种可能的方案，以供决策者选择。在构建的多种方案中，每一种方案都应该有一些不同，且拟订方案时要广泛运用智囊技术。

7.3.2.5 分析评估

分析评估是对各种拟订的方案建立数学模型，并对求解结果进行比较。决策模型定量地表达了系统对象各个部分的相互关系和系统在一定条件下运动的变化规律，并能明确地表示决策问题的内容。按照模型的表现形式，决策模型可分为决策树、决策表、统计决策、模糊决策等。

7.3.2.6 选择方案

方案选择是决策者根据自己的经验和智慧，从众多备选的方案中权衡利弊，选择其中一个方案的活动过程。这一过程要求决策者在掌握多方面情况下灵活运用决策理论，同时也体现决策者的胆略和见识的过程。

7.3.2.7 试验验证

在确定方案之后，必须进行局部试验，以验证方案是否能达到预期的结果。对于一些不便进行试验证实的决策，要求在论证和选择方案时要更加认真仔细，尽可能把所有的情况都考虑进去。此外，还可利用计算机仿真模拟来对方案进行验证。

7.3.2.8 实施执行

经过试验证实或计算机仿真证明所选方案是可行的，就可以组织实施或行动。在方案的实施过程中，若发现原来方案有错或者不够完善，或者由于客观情况发生变化而影响实现原定目标，这时还要针对存在的问题采取补救措施，进行追踪决策，使修正后的决策方案更加完善和有效。

上述是科学决策整个过程的八个阶段，也称为科学决策程序，它是一个动态的决策过程。在实际工作过程，决策者还经常利用计算机决策支持系统来辅助决策。所谓计算机决策支持系统，就是用计算机软件系统来帮助决策者确定目标、拟订方案、分析评估及仿真验证，方案选择虽是由决策者所做的工作，但也可以采取人机对话的方式，由计算机提供各种不同方案的有关参数。计算机决策支持系统是一种用计算机辅助决策的系统，它不可能实现科学决策整个过程的决策自动化。

7.3.3 决策支持系统的特点与基本功能

DSS 是一个以计算机系统为基础，以决策者为主体的人机交互信息系统，决策支持系统包含数据、预测决策的方法和模型、决策者三个要素。因此 DSS 具备以下的特点：

（1）能够充分利用数据和决策的方法及模型，对决策者的决策活动提供支持；

（2）DSS 支持半结构化或非结构化问题的决策工作；

（3）DSS 解决问题的过程是一个人机交互的过程。

决策者通过系统对决策问题进行调查、分析和研究，系统及时地回答决策者所提出的问题，这样既充分发挥了决策者的经验、智慧和观察能力，又充分利用了系统本身所具有的大量的信息及基于对模型计算比较后的分析能力。这种工作方式和运行模式能使 DSS 中的数据、方法和模型及决策者三种资源都能充分利用。

解决半结构化或非结构化问题决策的常规方法是将问题分解成多个比较简单的结构化问题，但这种分解并没有固定模式，在很大程度上依靠决策者的经验和判断能力。

根据上述 DSS 的特点，DSS 应具有以下功能：

（1）应尽可能收集、管理并及时提供与决策问题有关的各种外部数据，如政策法规、市场行情、同行动态与科技进展等。

（2）能管理并随时提供与决策问题有关的组织内部信息，如订单要求、库存状况、生产能力、能量消耗、财务报表等。

（3）能及时提供常用的数学分析工具和有关模型。例如，回归分析法、线性规划法、库存控制模型、生产调度模型、投入产出模型等。DSS 的工作依赖于模型的建立及其运行。

（4）能灵活地利用模型和方法对数据进行加工、汇总和分析，迅速得到所需要的综合信息和预测信息，增强管理人员对半结构化或非结构化问题的决策支持，改善决策的有效性。

（5）具有方便的人机对话接口，以便 DSS 与决策管理人员对话，充分发挥决策人员的知识、经验和判断能力的作用。对环境的变化和决策人员的决策方法，应有一定的决策速度。

7.3.4 决策支持系统的系统结构

DSS 部件之间的相互关系构成了 DSS 的系统结构，系统的功能主要是由系统的结构确定的，不同的系统结构其功能也是不一样的。这就要求我们必须选择一种合适的系统结构，使其所组成的 DSS 能在成本低、可用性好、适应性强及使用方便、可靠等条件下实现设计时所确定的目标。DSS 的系统结构是指数据库子系统、方法库子系统、模型库子系统和会话系统四者之间如何组织和集成。目前常用的 DSS 体系结构有网络型结构、桥型结构、层次型结构及塔型结构。由于结构的不同，导致了功能的差异。因此，要根据具体的 DSS 及各逻辑部件的功能，来确定一种 DSS 系统结构，以满足设计目标。

7.3.4.1 网络型 DSS

网络型的系统结构能够实现不同的造模和会话部分共享数据，并能简化系统的扩展工作。这种结构并不要求系统的各部分都协调一致，而是允许各个构成部分互相混合。这些构成部分是由不同的小组，在不同的时间，用不同程序语言和为不同的运行环境而开发的。

网络型 DSS 是通过接口部分实现会话、造模和数据库三者的集成。接口可以看成一个部分与另一部分之间的通信口，而在每一个会话或模型部分都设有接口。网络型 DSS 结构的特点是模型库子系统和会话子系统中的各个模型能够共享数据库子系统中的数据。

部件接口用来管理和控制部件之间的数据和通信。采用部件接口方式不仅可以使独立研制的部件易于结合，而且可以使部件的结合更加灵活。在部件的通信中存在着格式变换及消息同步的要求。格式变换是指将来自一个部分的数据或控制的格式变换成另一部分所要求的数据或控制的格式。而同步则是指在各部分之间通信用的联络信号、发送和等待。部件接口可以利用消息传递、共享的存储器、共享的文件，或此三者的结合来实现数据的传送和通信的控制。如何选择通信技术则主要取决于被使用的接口部件。

7.3.4.2 桥型 DSS

桥型 DSS 结构在对话和局部的模型和数据库及共享的模型和数据库部分间提供统一的接口部件。其中，局部部件是非共享部分。图 7-7 是桥型 DSS 结构的示意图。采用桥型 DSS 结构可以减少网络型 DSS 结构所要求的部件接口数目，并保留集成新部件的能力。桥提供了一个标准接口或一组标准接口来结合局部的和共享的部分。

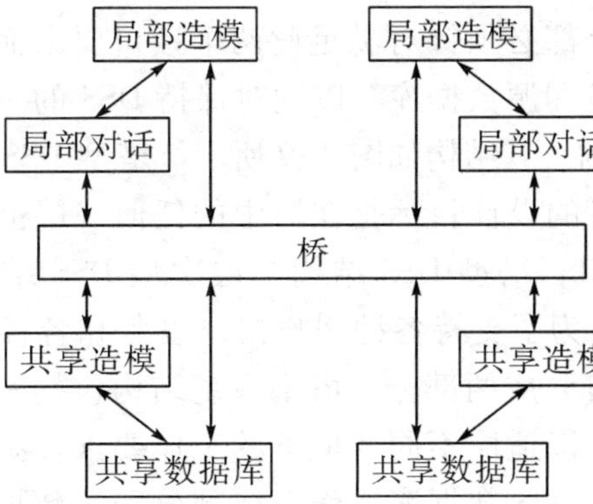

图 7-7 桥型 DSS 结构

桥型DSS结构具有完成格式变换和同步功能，这类似于网络系统结构中部件接口所完成的功能。桥型DSS结构要求局部的部分和全部共享的部分在同一个环境中实现。共享的和局部的环境可能不相同。对一组相互通信的局部的或共享的部件，它们或者有专用的、对偶的接口，或者利用公共的、共享的部件。利用共享的部件，特别是在数据库部件中，是最简单、最容易维护的技术，因而是最受欢迎的用于集成一组局部的（或共享的）部件的技术。

7.3.4.3 层次型DSS

网络型和桥型DSS结构用于将多个对话、造模和数据部分集成起来，而层次型DSS结构则试图采用单个的对话部分和具有多种造模部件的数据库部分来集成多个部分。图7-8表示共享的对话和数据系统结构中，多数是对部件接口做修改。

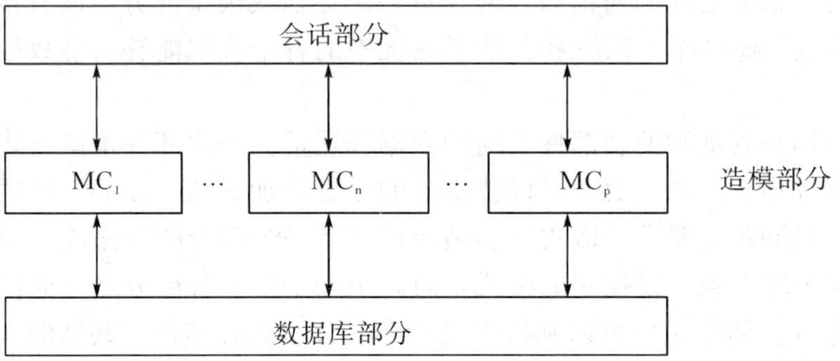

图7-8 层次型DSS结构

7.3.4.4 塔型DSS

在DSS中要使提供的部件模块化，并库部分是如何与造模部分叠层的。

网络的每一个造模部分都共享同一个数据库和对话部分。造模部分间的数据通信通过共享的数据库进行。造模部分间的控制信息通信通过共享的对话部分进行。与桥型DSS结构类似，层次型DSS结构也有标准的数据和控制接口，但在层次型DSS结构中标准的接口是由单一的对话和数据库部分提供，而不是采用分开的接口。在层次型DSS结构中每一个造模部分都必须针对满足此两个接口要求而进行研制或修改。在网络系灵活支持各种硬件设备和源数据库，以同时保持DSS的三个主要部件之间的简单接口，可采用塔型DSS结构，其结构如图7-9所示。塔型DSS结构与网络型DSS结构之间的主要区别，在于前者的设计目标是在塔中的任何一层上都可以在单一的环境下工作。对于造模部分的接口，塔型DSS结构与层次型DSS结构是一样的。而与层次DSS结构的主要区别，在于为了支持各种用户接口设备和各种源数据库，塔型DSS结构将对话和数据库部分各自分成两部分。塔型系统结构包括一组源数据库，它们可能是内部的或外部的数据库，以适应不同环境下的工作要求。源数据库接口通过析取部件连接到DSS系统数据库。DSS数据库用作造模部分和源数据库之间的接口，以便每一个造模部件仅对一个数据库部分接口。

会话部分由设备驱动器和输入输出构成器组成，驱动器和用户接口设备（如CRT终端、打印机、键盘等）实行通信，输入输出构成器产生输出格式和解释输入命令。

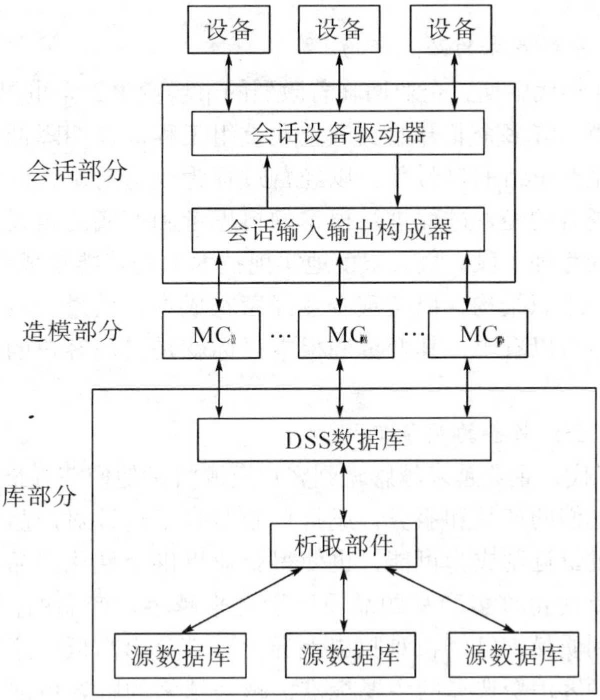

图 7-9 塔型 DSS 结构

7.4 客户关系管理系统

对企业来说，客户关系管理（customer relationship management，CRM）是一个既古老又充满新意的话题。作为一个古老的话题，实际上自人类有商务活动以来，客户关系就一直是商务活动中的一个核心问题，也是商务活动成功与否的关键因素之一。这也是充满新意的话题，对企业来说，客户关系是现代企业商务活动的巨大信息资源，企业所有商务活动所需要的信息几乎都来自 CRM，同时，面对经济全球化的趋势，CRM 已经成为企业信息技术和管理技术的核心。

7.4.1 客户关系管理产生的背景

自 20 世纪 90 年代初以来，随着市场的发展和竞争的加剧，产品不断更新换代，新产品层出不穷，产品差异化越来越小，单纯依靠产品已经很难保持持久的竞争优势。饱受竞争的企业也开始意识到，企业成功的关键在于重视顾客的需求，提供满足顾客需求的产品和服务，确保顾客能从与企业的各种接触中获得较高的满意度，以相对稳定的客户关系来抵御动态竞争环境的冲击，寻求差别化竞争优势。当然，企业也不再只是把顾客看做是单纯的利润创造机器，它们希望与每个顾客都保持一种更亲密的、个性化的关系。客户关系管理的出现正是迎合了时代发展的要求，逐渐引起了学术界和企业界的高度重视。

7.4.1.1 CRM 是市场竞争的必然产物

在20世纪80年代中期，企业面临着激烈的市场竞争，全世界范围内的企业都在经历一场深刻的变革，许多企业开始实施企业重组工程，以期降低成本并提高效率和竞争能力。而当时企业重组的口号是：以经营过程为改造对象，以关心客户的需求和满意度为目标，对现有的经营过程进行根本的再思考和彻底的再设计，利用先进的信息技术以及现代化的管理手段，最大限度地实现技术上的功能集成和管理上的职能集成，建立全新的过程型组织结构，以实现企业经营在成本、质量、服务速度等方面的巨大改善。从这个口号可以看出，其变革的根本目标就是提高客户的满意度，从此拉开了CRM 的序幕。

7.4.1.2 CRM 是企业必备的竞争工具

20世纪90年代，企业越来越感觉到客户资源将是他们获胜最重要的资源之一。消费者要求有适合他们的产品和服务，成批订制迎合了这种对产品和服务的需求，同时通过电子商务使批量订制成为可能，也使得企业提供个性化产品和服务成为可能。市场激烈竞争的结果使得许多商品的品质区别越来越小，产品的同质化倾向越来越强，某些产品从外观到质量，已经很难找出差异，更难分出高低。这种商品的同质化结果使得品质不再是顾客消费选择的主要标准，越来越多的顾客更加看中的是商家能为其提供何种服务以及服务的质量和及时程度。随着社会物质财富逐渐丰富、恩格尔系数不断下降、人们的生活水平逐步提高，广大消费者的消费观念已从“物美价廉和经久耐用”为代表的理性消费时代过渡到了以“追求在商品购买与消费过程中心灵上的满足感”为代表的感情消费时代，其购买动机和价值取向更加趋向于他们“满意与否”的程度。企业对其利润的渴求一时很难再从内部挖掘、削减成本中获得，他们自然就将目光转向了顾客，企图通过创造市场留住老客户并争取新客户，增加市场份额来维护其利润。为此，企业开始转向争取客户，进入了以客户为中心的管理，顾客的满意就是企业效益的源泉。而是否拥有客户取决于企业与客户的关系状况，它决定着顾客对企业的信任程度，而顾客对企业的信任程度则由消费者在消费企业所提供的产品和服务过程中所体验到的满意程度来决定，客户满意程度越高，企业竞争力越强，市场占有率就越大，企业盈利自然就越丰厚。同时，客户需求还会随着科技进步和经济发展而变化和提高，又将推动企业不断满足客户新的需求，这也是企业创新的动力和方向，这也更需要企业始终如一地以客户满意度为经营目标。

7.4.2 客户关系管理的概念及基本技术

7.4.2.1 客户关系管理的概念

客户关系管理是一种旨在改善企业与客户之间关系的新型机制，是发展客户和保持客户忠诚度的一种策略。通常客户关系管理包括客户资源管理、市场营销管理、销售业务管理、客户关怀与服务管理等方面。客户关系管理的核心在于：了解客户的需求；知道哪些客户是最有利可图的，哪些客户是重要客户；什么是最有效的沟通方式；如何细分客户。

7.4.2.2 客户关系管理的基本技术

（1）所谓以客户为中心的企业管理技术，是一种以客户为企业行为指南的管理技术。在这种管理技术中，企业管理的需要以客户需要为基础，而不是以企业自身的某些要求为基础。

（2）智能化的客户数据库技术要实施以客户为中心的管理技术，必须有现代化的技术。在以客户为中心的企业管理技术中，智能化的数据库技术是所有其他技术的基础。

（3）信息和知识的分析技术是以客户为中心作为管理思想，这必须建立在现代信息技术基础之上，没有现代信息技术，就无法有效地实现以客户为中心的管理技术。要想实现这种管理技术，企业必须对智能化的客户数据库进行有效的开发和利用，这种开发的基本与核心技术就是信息和知识的分析处理技术。

7.4.3 客户关系管理系统的主要功能

客户关系管理系统具有销售管理、营销管理、客户服务与支持，以及商务智能等功能。

7.4.3.1 销售管理

销售管理的主要功能包括商业机会和传递渠道管理、日程安排管理、客户账户管理、销售预测与目标管理、销售队伍及领域管理、商品信息及报价管理，以及费用和佣金管理等。

（1）商业机会和传递渠道管理。对潜在的机会进行测评分析和比较，将结果以开放的形式允许销售人员进行浏览，允许销售人员随时获得关于所有潜在客户的参与人、产品预期利润、价格，以及联络、交易历史和机会价值等信息。机会管理过滤掉潜在客户中较小的机会价值，并对机会生命周期中的各个细节进行监控，从而提高了销售人员的工作有效性和经济性。

（2）日程安排管理。根据销售活动的具体信息，协助销售人员制订相应的计划，并通过业务流的形式对计划进行审批、执行跟踪、信息反馈和控制，而销售人员会得到具体的行动安排，以及完成销售活动的多项信息提示。系统还会给目标客户发布新产品信息和企业信息以及问候，密切企业与客户之间的关系，形成良性的、有价值的客户关系。

（3）客户账户管理。为每个客户及其他利益相关者建立账户档案，记录其详细信息供销售人员浏览，使销售人员及时掌握市场动态和客户资料，便于有针对性地开展销售活动。

（4）销售预测与目标管理。根据对以往销售数据信息及当前市场的统计分析，预测当年的销售情况，制订相应的销售额度。

（5）销售队伍及领域管理。对销售队伍的分派及区域的划分，对领域（省/市、邮编、地区、行业、相关客户、联系人等）进行划分、维护和重新设置。

（6）商品信息及报价管理。其包括商品特性及价格维护、查询及组合报价，以统一企业的市场行为。销售人员通过该功能，可以了解产品，对多项产品进行组合报价，极大地减少了人工计算量。

（7）费用和佣金管理。根据销售计划中的预算计划，对销售活动费用进行总体控制和明细控制，实现远程财务结算。同时，该模块还创建和管理销售队伍的奖励和佣金计划，提高奖励和佣金的透明度。

典型功能模块是销售过程自动化（sales force automation，SFA），主要用来提高专业销售人员大部分活动的自动化程度。它包含一系列功能，使销售过程自动化，并向销售人员提供工具，提高其工作效率。它的功能一般包括日历和日程安排、联系和账户管理、佣金管理、商业机会和传递渠道管理、销售预测、建议的产生和管理、定价、领域划分，以及费用报告等。

7.4.3.2　营销管理

营销管理的主要功能包括项目管理、客户线索分配、自动客户追踪管理和市场分析报告。

（1）项目管理。用户可以对项目进行跟踪管理，从而能够很清楚地知道哪些活动是有效的，并及时调整那些无效的工作。还可通过图表分析了解哪些是最具价值的用户，从而进一步精确地制订市场计划。

（2）客户线索分配。用户制订规则，然后可以按照这个规则自动地将客户线索分配给市场人员，并可跟踪管理这条线索。如果发现市场人员并没有跟踪这条线索，则可以及时做出相应的调整。

（3）自动客户追踪管理。用户可以根据吸引用户注意的市场推广活动来制订市场活动流程。如果客户购买了产品，则系统会自动将他添加到有价值的客户名单中，并在下次市场推广活动中将其列为重点对象。

（4）市场分析报告。根据综合的数据产生报告，分析获得这个客户的途径、所需成本及本次市场活动所产生的客户线索的数量，以便用户分析投入的回报率，为今后的市场决策提供支持。

典型功能模块是营销自动化（marketing automation，MA），系统可以直接与客户进行通信，直接了解客户的需求。MA 系统必须确保产生的客户数据和相关的支持资料能够以各种有效的形式散发到各种销售渠道。反过来，销售渠道也必须及时返回同客户交互操作的数据，以便系统及时对本次营销战役进行评估和改进。对于已经建立固定联系的客户，MA 系统应该紧密地集成到销售和服务项目中去，从而实现下列目标：一是同具有特殊要求的客户进行交互操作（个性化营销）；二是在一个 B to B 模式的环境中，确保不同产品间关系的清晰，在一个 B to C 环境中，要尽可能发现 B to C 和 B to B 之间的可能关系。

7.4.3.3　客户服务与支持

客户服务与支持的主要功能包括客户信息管理、安装产品的跟踪、服务合同管理、求助电话管理、退货和检修管理、投诉管理和知识库，以及客户关怀等。

（1）客户信息管理。它记录、集成和整合企业各部门、每个人所接触的所有客户相关资料，为业务流程运行和决策提供基础信息和原始数据。其包括：对客户类型的划分、客户基本信息；客户联系人信息；企业销售人员的跟踪记录；客户状态；客户购买行为特征；客户服务记录；客户维修记录；客户订单记录；客户对企业及竞争对手的产品服务评价；客户建议及意见；等等。

（2）安装产品的跟踪。服务与支持是根据产品发货，自动更新销售或保修产品记录以及购买者信息来进行管理的。它是按照保修项目规定的服务内容和条件进行服务的。

（3）服务合同管理。在客户服务与支持中，预设了各种服务合同的样本，规定了服务条件、服务方式（热线电话、现场维修等）、服务人员、产品费用及有效范围等各项内容，并协助缩短收账周期，还可以与销售管理的开发票作业线联系，开出发票。

（4）求助电话管理。求助电话是一种较为常见的服务方式。对于客户的求助电话，都应按照制订的优先权规则得到及时处理，并且及时进行服务人员的分派，以确保客户能尽快得到回音。求助电话管理可以记下求助所需的配件和人工，按配件价格和服务费用开出订单，可以为补充服务配件的储存量下订单，也可以根据预设的标准检修程序，记录配件和人员信息，开出发票。

（5）退货和检修管理。如果产品有问题需要退货，应利用物料审核功能进行退货审核。当收到退货时，可以发出替代物品，或者在检修之后入库。

（6）投诉管理和知识库。当客户提出投诉问题时，投诉接待员将投诉的有关内容记录在计算机中，同时这部分投诉内容将作为客户管理中客户信息的一部分。如果是常见的问题，可以通过知识库迅速找到常见问题的标准解决方案，这样就缩短了解决问题的时间，使客户满意度上升。如果投诉问题的解决过程比较长，投诉管理系统可以给相关人员分配任务，并跟踪投诉的处理过程。

（7）客户关怀。依据分析工具对客户的满意度、销售额、忠诚度、利润贡献进行分析，然后根据分析结果制订客户关怀计划。由于客户关怀和 CRM 的其他功能集成，所以制订的客户关怀计划可以自动执行，相应的任务步骤可以在其中进行描述和设置，并且自动分配给各个责任人。

7.4.3.4 商务智能

当销售功能、营销功能和客户服务与支持三方面的功能实现之后，将会产生大量客户和潜在客户的各方面信息。这些信息是宝贵的资源，利用这些信息可以进行各种分析，以便产生涉及客户关系方面的商务智能方案，供决策者及时做出正确的决策。因此，客户关系管理系统除了以上三方面功能之外，还有商务智能（business intelligence，BI）功能。

商务智能包括销售智能、营销智能、客户智能等内容。CRM 的商务智能是一种通过数据挖掘产生报表，并对报表进行分析和决策支持的工具。商务智能的概念由 IBM 公司提出。IBM 推出了帮助企业规划、执行、修正并跟踪企业市场营销活动的全新商业智能软件（decision edge for campaign management，DECM）。DECM 软件是端到端客户关系管理解决方案中的重要部分。它不但能够对来自事务处理系统、呼叫中心、网站的顾客信息进行处理，使公司的所有部门共享这些信息，而且可以通过顾客选择的渠道发送信息。这样，市场经理就可以更加全面地了解顾客的关系状况，并有效评价市场营销活动的结果。商务智能包括专家系统、神经网络、遗传算法和智能代理。

7.4.4 客户关系管理系统架构

CRM 系统的核心是客户数据的管理。我们可以把客户数据库看作是一个数据中心，利用它，企业可以记录在整个市场与销售的过程中和客户发生的各种活动，跟踪各类活动的状态，建立各类数据的统计模型用于后期的分析和决策支持。为达到上述目的，一套 CRM 系统大都具备市场管理、销售管理、销售支持与服务和竞争对象记录与分析的功能。根据对客户关系的概念、思想和分类，我们可以得到客户关系管理系统的功能架构，如图 7-10 所示。

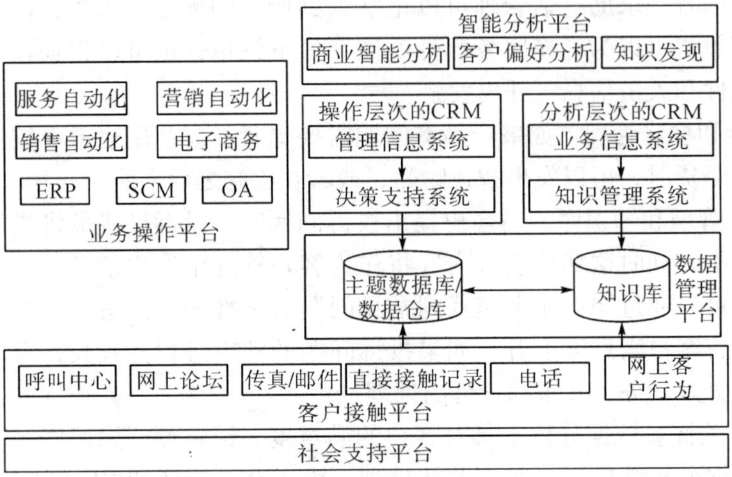

图 7-10 客户关系管理系统功能构架

该功能架构主要包括五个方面的内容，它们分别是社会支持平台、客户接触平台、业务操作平台、智能分析平台和数据管理平台。

（1）社会支持平台。该平台主要包括系统的软硬件基础和社会氛围。软硬件基础包括软件平台建设和网络建设等硬件建设。社会氛围包括对 CRM 的认识、良好的文化氛围、法律法规等。这个平台的建设一方面需要企业自身来完成，另一方面需要全社会的力量来搭建。

（2）客户接触平台。该平台主要完成与客户沟通与接触的功能，体现"接触管理"的基本思想，包括呼叫中心、网上论坛、传真、邮件、直接接触记录、电话、网上行为分析等。通过该平台可以全面有效地记录与客户的接触行为，为后续的业务开展奠定基础。

（3）业务操作平台。该平台主要包括对销售、服务和内部的管理。企业资源计划（enterprise resource planning system，ERP）系统负责生产制造管理，供应链管理（supply chain management，SCM）系统进行供应链管理，办公自动化（office automation，OA）系统负责实现内部办公、公文流转等管理，电子商务实现对网上销售、营销的管理。业务平台在信息化条件下实现服务自动化、销售自动化、营销自动化等。该平台的行为数据被直接存放到中央数据仓库中。

（4）智能分析平台。该平台主要实现对接触中心和业务操作系统得到的数据进行分析、挖掘等工作，形成有效的知识储备并存储于知识库，为企业战略决策提供决策。

（5）数据管理平台。该平台是一个专门有效的数据库管理系统，主要进行数据库管理，一般采用成熟稳健的商用数据库管理系统，同时能够支持在线联机分析和处理，如 IBM 的 D82 等。

7.4.5 客户关系管理信息系统的实施

成功选择 CRM 系统的关键之一，是企业必须先有明确的 CRM 总体目标，有了总体目标之后，再推导出实现目标的“关键因素”与“考核指标”。然后再依据企业本身的状况分阶段来完成。分阶段实施，企业比较容易控制投入的资金与时间成本，而且也较容易评估阶段性目标完成情况。而销售自动化系统是 CRM 系统的核心，也是实施的起点。

客户关系管理项目是从经营理念、组织架构、客户战略、企业流程、规划、绩效等各个方面对企业进行变革，它直接影响到了一个企业的经营运作。如何控制 CRM 项目的风险，提高 CRM 项目的成功率是目前国内 IT 界所面临的共同课题。本节结合相关学者和企业的研究与实施经验，全面总结客户关系管理成果实施的关键因素和实施步骤。

7.4.5.1 客户关系管理信息系统实施成功的关键因素

CRM 系统的实现，我们应该关注如下几个方面。

（1）事先建立可量度、可预期的企业商业目标

企业在导入客户关系管理之前，必须事先拟定整体的客户关系管理蓝图规划，制订客户关系管理预期的短期、中期的商业效益，设定量化评估标准，如以特定企业个案作为指标案例，并以投资回报率（ROI）为数据，衡量 CRM 系统成效。指标案例除了可以帮助企业设定目标外，还可以量化数据追踪与评估 CRM 系统在不同阶段的运作状况，并随时调整 CRM 策略，使其符合公司需求，这对于 CRM 系统的成效往往具有决定性影响。切不可一次性盲目追求大而全的系统，或听从 CRM 系统厂商一味的承诺，毕竟 CRM 系统不是万能的，企业应更多地借鉴国内外其他企业，尤其是同行业企业的应用成效，并从本企业的实际情况出发客观地制订合理的商业目标，并制订可对其进行度量的指标工具。尽管这一因素显而易见，但大部分案例的失败主因，亦归咎于企业没有充分考虑到这项明显的成功因素。

（2）取得企业决策及管理层的鼎力支持

由于客户关系管理导入是企业经营理念转变的策略性计划，其导入必将会对企业传统的工作方式、部门架构、人员岗位、工作流程带来一定的变革和冲击；同时为配合客户关系管理推广的各种业务规范、业务流程，必须有好的行政和规章管理制度加以配合，保证各项制度的顺利实施，这些都需要企业高层管理者予以大力支持，一旦缺乏高层管理者长期的、强有力的支持，导入客户关系管理只能是心有余而力不足。高层领导一般是营销副总或总经理，是项目的支持者，其主要作用体现在三个方面：首先，他为 CRM 系统设定明确的目标；其次，他是一个推动者，向 CRM 项目提供为达到设定目标所需的时间、财力和其他资源；最后，他确保企业上下认识到这样一个

工程对企业的重要性。在项目出现问题时，高层领导要激励员工解决这个问题而不是打退堂鼓。

（3）业务流程重构

成功的项目小组应该把注意力放在流程上，而不是过分关注于技术，必须认识到：技术只是促进因素，本身不是解决方案。因此，好的项目小组开展工作后的第一件事就是花时间去研究现有的营销、销售和服务策略，并找出改进方法；改善各部门工作流程，让员工充分参与 CRM 计划的设计与建置过程，将整个组织都转型为客户导向的服务形态。研究结果显示，“提高员工参与率”以及“整合顾客需求”尤为重要。另外，非常重要的是目前许多销售 CRM 系统的厂商其实并不善于运用客户关系管理的理念去推广它，拿着通用版的软件到处安装，丝毫没有客户关系管理所提倡的“一对一”服务理念，其最终效果可想而知。因此只有对企业的管理现状充分了解，才能推出符合客户需求的独特的客户关系管理解决方案。通常的做法是，聘请具有客户关系管理实践以及行业经验的咨询团队对其进行诊断。通过问卷调查、座谈沟通、流程重组等方式进行企业的咨询诊断工作。通过企业咨询诊断，期望发现企业现存的管理上、流程上、架构上、信息化等方面的主要问题，对企业导入客户关系管理的可行性进行论证，并为未来实施的 CRM 系统进行整体规划和设计。

（4）重视人力资源并组织良好的团队

CRM 系统的实施队伍应该在几个方面有较强的能力。首先，是业务流程重组的能力。其次，是对系统进行客户化和集成化的能力，特别对那些打算支持移动用户的企业更是如此。再次，是对 IT 部门的要求，如网络大小的合理设计、对用户桌面工具的提供和支持、数据同步化策略等。最后，实施小组具有改变管理方式的技能，并提供桌面帮助，这对于帮助用户适应和接受新的业务流程是很重要的，还需要建立健全人员培训制度，并付诸实施。培训主要有两个层面：①高层管理者培训：聘请在客户关系管理方面的研究专家，与企业高层进行交流，使高层管理者能站在一个较高的高度来认识客户关系管理的必要性和重要性，在企业决策层始终贯彻以客户为中心的思想。②员工培训：能够充分了解并掌握客户关系管理的理念，并明确客户关系管理系统为企业和个人带来的利益，使企业上下做到真正意义上的“以客户为中心”的经营模式的转变。具体培训计划主要包括：客户关系管理基本概念的培训；互动问卷调查；按照角色划分进行具体的应用操作培训；明确个人的职责及使用客户关系管理系统的绩效考评方法。

（5）总体规划、分段实施

大部分成功的客户关系管理案例均采用分阶段实施方案。每一阶段侧重于特定客户关系管理目标，从而达到快速制胜的效果。一般地，通过流程分析，可以识别业务流程重组的一些可以着手的领域，但要确定实施优先级，每次只解决几个最重要的问题，而不是毕其功于一役。

（6）全面地系统整合

系统各个部分的集成对 CRM 系统的成功很重要。CRM 系统的效率和有效性的获得有一个过程，它们依次是：终端用户效率的提高、终端用户有效性的提高、团队有效性的提高、企业有效性的提高、企业间有效性的提高。

7.5 电子商务

7.5.1 电子商务的概念

电子商务是指对整个贸易活动实现电子化。从涵盖范围可以将其定义为：交易各方以电子交易方式而不是通过当面交换或直接面谈方式进行的任何形式的商业交易；从技术方面可以定义为：电子商务是一种多技术的集合体，包括交换数据（如电子数据交换、电子邮件）、获得数据（共享数据库、电子公告牌）以及自动捕获数据（条形码）等。因此，电子商务实际上主要由一个以处理商务信息为主的管理信息系统组成，这些信息包括产品和服务的细节、产品使用技术指南、回答顾客意见、顾客信息、销售情况等。

在现代社会中，电子商务不但是一种新型的市场商务运作模式，同时还将影响到企业内部组织结构和管理模式，是计算机技术和网络长足发展后催生的一代新事物。

7.5.2 电子商务系统的组成

电子商务系统是以电子商务为基础的网上交易实现的体系保证。交易中两个有机组成部分，一是交易双方信息沟通，二是双方进行等价交换。在网上交易中，其信息沟通是通过数字化的信息沟通渠道而实现的，一个首要条件是交易双方必须拥有相应信息技术工具，才有可能利用基于信息技术的沟通渠道进行沟通。同时要保证能通过互联网进行交易，必须要求企业、组织和消费者连接到互联网，否则无法利用互联网进行交易。在网上进行交易时，交易双方在空间上是分离的，为保证交易双方进行等价交换，必须提供相应货物配送手段和支付结算手段。货物配送仍然依赖传统物流渠道，对于支付结算既可以利用传统手段，也可以利用先进的网上支付手段。此外，为保证企业、组织和消费者能够利用数字化沟通渠道，保证交易顺利进行的配送和支付，需要由专门提供这方面服务的中间商参与，即电子商务服务商。图 7-11 就体现了一个完整的电子商务体系。

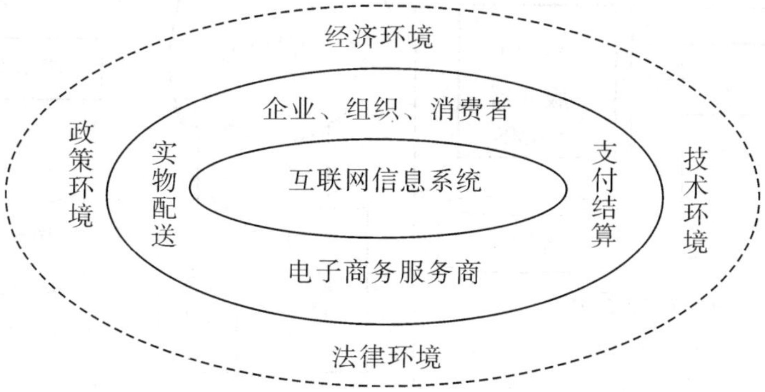

图 7-11 电子商务系统

在图中我们可以看到一个基本的电子商务系统是在互联网信息系统的基础上，由参与交易主体的信息化企业、信息化组织和使用互联网的消费者主体，提供实物配送服务和支付服务的机构，以及提供网上商务服务的电子商务服务商组成。

互联网信息系统的主要作用是提供一个开放的、安全的和可控制的信息交换平台，它是电子商务系统的核心和基石，是电子商务进行交易中企业、组织和个人消费者之间跨越时空进行信息交换的平台，交易中所涉及的信息流、物流和资金流都与其紧密相关。

电子商务服务商起着中间商的作用，但它不直接参与网上的交易。一方面，它为网上交易的实现提供信息系统支持和配套的资源管理等服务，是企业、组织和消费者之间交易的技术物质基础。另一方面，它为网上交易提供商务平台，是企业、组织与消费者之间交易的商务活动基础。

高效的实物配送物流系统是实现满足消费者需求，维系交易顺利进行的保证。最后支付结算是网上交易完整实现的关键环节，一个完整的网上交易，它的支付应是在网上进行的。

企业、组织与消费者是网上市场交易主体，他们主要使用电子商务服务商提供的互联网服务来参与交易。图 7-11 是基于互联网基础上的企业电子商务系统的组成结构图，它反映出电子商务系统由基于企业内部网基础上的企业管理信息系统、电子商务站点和企业经营管理组织人员组成。

7.5.3 电子商务系统的功能和模式

7.5.3.1 功能

企业通过实施电子商务实现企业经营目标，需要电子商务系统能提供网上交易和管理等全过程的服务。因此，电子商务系统应具有广告宣传、咨询洽谈、网上订购、网上支付、电子账户、货务传递、意见征询、业务管理等各项功能。电子商务系统的组成如图 7-12 所示。

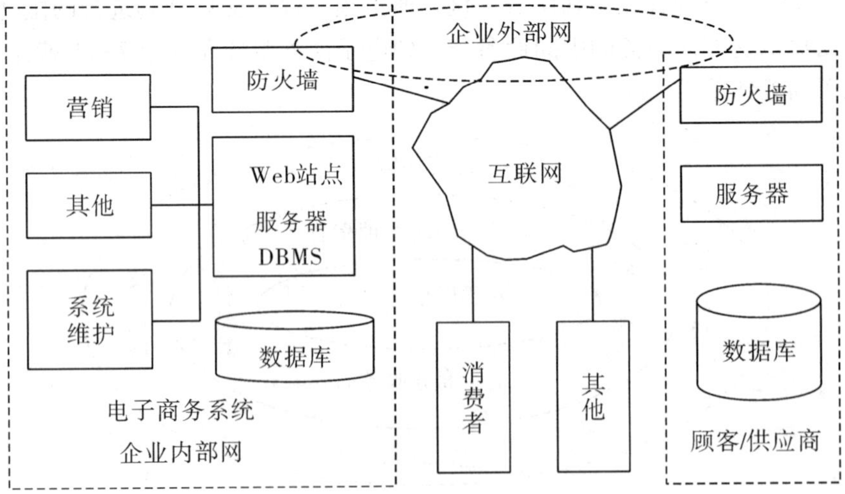

图 7-12 企业电子商务系统组成

（1）网上订购——通常都在产品介绍的页面上提供十分清晰的订购提示信息和订购交互格式框。当客户填完订购单后，通常系统会回复确认信息来保证订购信息的收悉。

（2）货物传递——对于已付了款的客户应将其订购的货物尽快地传送到他们的手中。

（3）咨询洽谈——电子商务借助非实时的电子邮件、新闻组和实时的讨论组来了解市场和商品信息，洽谈交易事务，如有进一步的需求，还可用网上的白板会议来交流即时的图形信息。

（4）网上支付——客户和商家之间可采用多种支付方式，省去交易中很多人员的开销。对于网上支付而言，需要更为可靠的信息传输安全性控制，以防止欺骗、窃听、冒用等非法行为。

（5）电子银行——网上的支付必须要有电子金融来支持，即银行、信用卡公司等金融单位要为交易提供网上操作的服务。

（6）广告宣传——电子商务可凭借企业的 Web 服务器和客户的浏览，在互联网上发布各类商业信息。

（7）意见征询——电子商务能十分方便地收集用户对销售服务的反馈意见。这些意见不仅能提高售后服务的水平，还能使企业获得改进产品、发现市场的商业机会。

（8）业务管理——企业的整个业务管理将涉及人力、财力、物力多个方面，如企业和企业、企业和消费者及企业内部等各方面的协调和管理。因此，业务管理是涉及商务活动全过程的管理。

7.5.3.2　电子商务的基本模式

按照交易主体的不同，可以将电子商务划分为以下几种模式。

（1）企业—企业模式（B to B 模式）

企业对企业（business to business）的电子商务，指的是企业与企业之间依托互联网等现代信息技术手段进行的商务活动。例如，工商企业利用互联网等向供应商采购或利用网络付款等。对一个生产领域的企业来说，它的商务过程大致可以描述为：需求调查—材料采购—生产—商品销售—收款—货币结算—商品交割。当引入电子商务后，这个过程可描述为电子查询—进行需求调查，以电子单证的形式调查原材料信息，确定采购方案—通过电子广告促进商品销售—以电子货币的形式进行资金接收—同电子银行进行货币结算—商品交割。而对于一个流通领域的商贸企业来说，由于它没有生产环节，电子商务活动几乎涵盖了企业的整个经营管理活动，因此它是利用电子商务最多的一类企业。通过电子商务，商贸企业可以更及时、准确地获取消费者信息，从而准确订货、减少库存，并通过网络进行促销活动，以提高效率、降低成本、获得更大利润。

（2）企业—消费者模式（B to C 模式）

企业对消费者（business to consumer）的电子商务，指的是企业与消费者之间依托互联网等现代信息技术手段进行的商务活动。也可以这样说，“它是以互联网为手段，实现公众消费及提供服务，并保证与其相关的付款方式的电子化。它是随着 WWW 的出现而迅速发展的，可以将其看作是一种电子化的零售”。目前，在互联网上遍布各种类型的商业，提供从鲜花、书籍、食品、饮料、玩具到计算机、汽车等各种消费商品和服务。目前，在互联网的 WWW 网上有很多这一类型电子商务成功应用的例子，如全球最大的虚拟书店——亚马逊，顾客可以自己管理和跟踪货物，网上预订外卖食品，等等。

（3）企业—政府模式（B to G 模式）

企业对政府（business to government）的电子商务，指的是企业与政府机构之间依托互联网等现代信息技术手段进行的商务和业务活动。政府与企业之间的各项事务都可以涵盖在此模式中，如电子采购与招投标系统、电子税务系统、电子工商行政管理系统、综合信息服务系统等内容。

（4）消费者—政府模式（C to G 模式）

消费者对政府（consumer to government）的电子商务，指的是政府与个人之间依托互联网等现代信息技术手段进行的商务和业务活动。这类电子商务活动目前还不多，但应用前景十分广阔，如电子身份认证、电子社会保障服务、电子民主管理、电子就业市场、电子医疗服务，等等。

（5）消费者—消费者模式（C to C 模式）

消费者对消费者（consumer to consumer）的电子商务，指的是个人之间依托互联网等现代信息技术手段进行的商务和业务活动。互联网为个人经商提供了便利，任何人都可以“过把瘾”，各种个人拍卖网站层出不穷，形式类似西方的“跳蚤市场”。其中，最成功、影响最大的应该算是“易趣（eBay）”。

（6）政府部门—政府部门模式（G to G 模式）

政府对政府（government to government）的电子商务，指的是政府与政府（包括政府内部、政府上下级之间、不同地区和不同职能部门之间）依托互联网等现代信息技术手段进行的商务和业务活动。政府与政府之间的各项事务都可以涵盖在此模式中，如政府内部办公自动化、垂直网络化管理系统、横向协调系统、电子政策法规系统、电子公文系统、电子财政管理系统、电子司法档案系统、电子培训系统、业绩评价系统等内容。

小结

21 世纪以信息技术为特征的制造业革命正在全球范围内展开，信息技术正以前所未有的速度快速地渗透到制造业的各个领域中，使制造业的产品、研发方式、生产模式和精英管理的理念都发生了深刻地变化。中小企业信息化对整个制造业的发展乃至国民经济的发展有着举足轻重的作用。

1954 年美国通用电气公司安装的第一台商业用数据处理计算机，开创了信息系统应用于中小企业管理的先河。20 世纪 60 年代中期到 20 世纪 70 年代初期，随着计算机技术的发展，各类信息报告系统应运而生。这类系统的特点是按事先规定的要求提供各类报告，如能反映库存数量的库存状态报告、反映生产进度的生产状态报告。这一时期，为了解决生产中库存控制的问题，美国的管理专家1965 年提出了物料需求计划（MRP）的新的管理思想。20 世纪 80 年代在中小企业中开始使用一种典型的管理信息系统——制造资源计划（MRP Ⅱ）。20 世纪 90 年代以来 MRP Ⅱ也逐渐发展成为新一代的中小企业资源系统（ERP）。随着网络的迅猛发展，出现了各种管理思想和模式的管理信息系统，如客户关系管理（CRM）、供应链管理（SCM）、决策支持系统（DSS）、电子商务（EC）和电子政务。中小企业管理信息系统逐步会发展成为一种融合各种管理思想和信息技术的面向产品生命周期的集成系统，以实现资源共享、数据共享，并适应柔性网络经济。

但是在企业信息化应用和实施的过程中，中小企业实施管理信息系统存在风险，由于中小企业个性的存在以及管理软件业务流程的固化，不是应用了管理软件就能实现有效的管理信息系统，就能为中小企业带来效益。

案例

浪潮通软 ERP 在华泰集团中的应用

华泰集团有限公司坐落于山东省东营市，是集造纸、化工、印刷、热电、商贸服务、机械制造于一体的国家特大型工业企业，总资产逾38 亿元。“华泰股份”9 000 万A 股于2000 年9 月28 日在上海证券交易所成功上市，是山东造纸行业第一家A 股上市企业。1997 年年底，华泰集团通过了 ISO 9002 国际质量体系认证；2001 年4 月，作为山东省2000 版 ISO 9001 国际标准转换试点企业，华泰在全国同行业首家顺利通过了2000 版 ISO 9001 国际质量体系认证。

随着改革步伐的加快，华泰集团有限公司（以下简称华泰）驶入了经济发展的快车道，成为国内规模较大的造纸企业之一。在这日新月异的知识经济时代，全球经济一体化已成为经济发展的必然趋势，企业面临着巨大的压力和挑战。华泰只有进一步深化改革，引入先进的管理思想，挖掘增效、提高企业的整体运作和管理水平、提高市场应变能力，才能在激烈的竞争中立于不败之地。企业经营规模的不断扩大，使企业管理面临着很多问题，具体表现在以下几个方面。

（1）传统的手工核算已无法满足财务管理的需要。华泰在财务管理、核算方面，采用分厂自主经营、独立财务核算的方法，即各个分厂及独立核算单位进行个人承包责任制，日常经营活动完全由各个分厂组织进行。集团考核产量、销售收入、利润等财务指标时，会定期对各个分厂进行考核核算，大量的数据需要及时地处理，财务数据的相关性增强了，传统的手工核算和工具无法满足财务管理的需要。

（2）仓库中物资品种繁多，物资管理工作困难，采购成本居高不下。华泰的采购工作由集团统一负责，再分配到各采购厂。仓库中物资种类很多，对于库存物料信息，管理人员不能及时掌握，造成了资源浪费，采购成本居高不下。

（3）无法准确及时地进行生产成本核算。成本管理永远是企业管理的主题，特别是现在面对多变的市场环境，如何及时满足用户的多品种追求，进行科学合理的成本领测、成本分析及成本控制，及时、准确地为企业管理者提供经营决策信息，显得尤为重要。而华泰采取的还是传统的成本核算方法，核算工具只是粗放地进行成本核算及成本管理。至于成本“核算到工序、核算到产品”的思路，在手工操作方式下更是无从谈起。

（4）管理信息相互独立，市场预测方法落后，严重影响企业科学决策。华泰采用的是手工财务数据管理，财务信息相互独立，传递也只是通过层层统计报表，常常出现数字不符、报表不详、事件滞后的情况。集团决策层、领导层很难及时把握来自市场的准确信息，也就无法快速对市场做出正确的预测利决策，市场反馈信息系统已严重滞后于企业管理的需要。

在清楚地意识到规范企业管理和提高管理水平重要性之后，集团领导和信息中心经过多次考察、研究和论证，决定借助信息化技术和工具，全面实施 ERP 系统，给企业“壮骨健肌”。ERP 系统在国内外已被广泛应用，它对改善库存结构、降低生产成本、提高市场能力、提高资金周转率、提向劳动率和科学决策都能起到良好的作用，但该系统在国内造纸行业中开发应用较少。针对该问题，集团主要领导、部门主管和信息中心人员了解和参观了多家 ERP 系统厂商，从软件公司的规模、技术实力、合作服务质量、开发产品的性能、服务价格等诸方面因素进行比较，最后决定选用浪潮集团山东通软有限公司研究开发的分行业 ERP 软件——Prolution，作为企业信息化建设的突破口。

在实施 ERP 项目过程中，经历了从部分人员不理解、抵制到逐渐接受和依赖的过程。从运行情况看，效果很好。通过实施 ERP，公司在物料采购、库存管理、销售管理、生产管理等方面取得了显著的成效，取得了较大的经济效益，主要表现在以下几个方面。

（1）优化管理模式，规范管理，提高了企业管理水平。通过实施浪潮通软行业软件 Prolution，不仅能用计算机快速准确地处理大量信息，而且克服了许多手工管理随意性强、计划性差等无法克服的困难，改变了原有粗犷的、经验型的传统手工管理模式，实现了全公司资源的优化配置。例如：在优化库存方面，实行了 ABC 管理法和高低额库存限制与报警，第一季度比去年年底降低库存资金占用 2 000 多万元，资金周转率提高 1.5 倍，即合理地降低了库存，减少了资金占用，把“死钱”变成了“活钱”，又保证了正常的生产经营需要，避免了因库存不足影响生产。库存保管通过设置仓库的货位、货位和物料的对应关系可以迅速、准确地找到物料的存放地点，从而一举解决了“有货找不到”的问题。

（2）实现了全公司信息资源共享，提高了工作效率，ERP 系统的建立实现了企业各部门之间信息的集成和共享，提高了反应速度，各项工作运行有条不紊。例如：集团以前产品销售计划管理混乱，生产与销售经常出现相互脱节、相互争执的现象，导致有些工作相当被动。实施 ERP 项目后，应用系统管理，将销售客户管理、合同管理、订单管理全部纳入计算机统一管理，生产技术部可以直接通过计算机网络接受销售订单及市场反馈信息。再如，对产品的销售及售后服务的跟踪，对每批产品工具规格号不同建立发货批号，实行批号跟踪管理，只要从物资部输入信息，出现质量问题，销售部门可以及时准确地反馈到每一个生产车间、工段、班组，既提高了工作效率，又分清了责任，从而使公司管理更趋规范、完善。

（3）降低成本，节约资金，增加利润。通过对供应商信息的全面管理及采用比质比价的采购方法，节约了大量的采购资金，提高了采购物料的质量；通过对库存物料的货位管理，达到控制超储物资、积压物资的目的，节约大量库存资金，提高了仓库保管的工作效率；通过对客户信息和价格的管理，物价水平可以及时得到汇总，客户信息可迅速得以反馈，为及时调整销售策略提供了第一手资料，公司得以及时地调整战略，在这期间，再及时调整价格，为公司增加利润；各有关办公人员的效率得到了极大提高，在实施5个月的时间里，公司各种加班共计减少5 432个班次，以每个加班班次平均30元计，减少支出15.30万元。综上所述，在实施期间通过ERP管理实现的经济效益估计达1 076.51多万元。

（4）提高了人员素质。在实施和应用ERP的过程中，人员素质逐步得到提高，人员的竞争意识和学习意识得到了加强。在提高工作效率后，职工有更多的机会和时间参加培训和自我学习。在企业中“人”是第一位的，企业有一支素质高、敬业爱岗的干部和职工队伍是保证企业长期发展的动力，这些间接的经济效益是无法估量的。

资料来源：张建华. 管理信息系统［M］. 2版. 北京：中国电力出版社，2014.

思考题

1. 企业资源计划的主要功能有哪些？
2. 决策支持系统的特点与基本功能是什么？

8 信息系统的管理

本章主要内容：

本章主要介绍了信息系统开发项目管理的相关基本概念和项目管理过程中的质量管理、风险和过程管理、系统的评价以及数据仓库相关知识。

本章学习目标：

理解项目的含义与特点，以及信息系统项目管理的必要性。掌握项目管理的特点，系统项目管理的过程等基本理论。

8.1 信息系统开发的项目管理概述

信息系统开发的项目管理是为了使开发项目能够按照预定的成本、进度和质量顺利完成，根据管理科学的理论，对需求、成本、人员、进度、质量、风险等进行科学分析和有效管理及控制，并利用工程化开发方法来进行系统活动。

8.1.1 信息系统项目管理的意义

信息系统建设是一项复杂的管理工程。从 20 世纪 70 年代开始，人们逐渐认识到，为了保证信息系统的成功开发，必须采用工程化的系统开发方法，软件工程应运而生。软件工程方法旨在应用基础管理理论、科学方法和工程设计规范来指导参与者进行信息系统建设，从而加快信息系统开发的速度，在保证质量的同时降低开发成本。

工程化的系统开发方法在实践中取得了显著的效果，然而仍有许多信息系统的建设项目即使采用了软件工程的开发方法，但结果仍不理想，系统仍不能达到预期的目标，难以满足用户的需求。美国 Gartner Group 公司于 2000 年 11 月 14 日通过其下属的 Tech Repu Blic 公司发表了有关 IT 项目的调查结果。该调查是以北美的 1 375 个 IT 专家为对象进行的问卷调查。根据此项调查，只有 37%的信息化项目能够在计划时间内完成，只有 42%的信息化项目能够在计划预算内完成。问题究竟出在哪里呢？研究者发现问题并没有出在项目的确立、开发方法以及软硬件工具的选择上，而是主要出在开发实施的过程中，也就是说出在项目的管理上。Gartner Group 公司的调查显示，为了降低信息系统建设失败的比例，强化项目管理以及组建项目监察小组的方法较为有效。但是，有 60%的企业没有实施项目管理，有 61%的企业没有设立监察小组。有资料把软件项目失败的原因归纳为四类：项目组织原因、缺乏需求管理、缺乏计划与控制和估算错误。这四类原因无一不在项目管理的范畴之内。可见，有效的管理虽然不是项目成功的全部，但缺乏管理的项目肯定是成功不了的。

软件工程为信息系统的开发提供了理想开发环境中的理想开发模型，而实际的开发环境和开发模型却不可避免地受到各种主客观因素的影响，忽略或者回避这些因素必将导致信息系统建设项目的不完善，甚至失败，而项目管理就是要揭示项目过程中存在的矛盾，并寻求解决的方案。

当然，作为一种工程化的方法，软件工程中必然涉及工程管理问题，与项目管理有一些重叠的部分。但是在软件工程中只涉及与工程技术方法紧密相关的管理要求，而项目管理知识体系是一种通用的知识框架，两者是在内容上是互相补充的。在信息系统项目管理中，应充分注意到这两者的有机结合。

信息系统建设项目的管理是根据管理科学的理论，联系信息系统开发的实际，保证软件工程方法顺利实施的管理实践。信息系统建设项目是指在一定期限内，依托一定的资源，为达成一定的信息化目标而进行的一系列活动。其中资源最终体现为成本，目标最终体现为绩效，而绩效的评价和控制往往能够量化到质量上。项目管理为信息系统建设的成败提供了可控的判定标准，即进度、成本、质量。项目在进度上有没有超出计划，项目在成本上有没有超出预算，项目在质量上有没有满足需求，还可否进一步分解成更细的标准，如：系统的功能是否符合需求计划、系统的信息处理和运行方式是否合适、项目的整体运行状态是否适应企业的运营体系。

如果对以上问题的回答是否定的，则基本可以判定项目是失败的；如果对以上问题的回答是不确定的，则说明项目的建设是不彻底的，也是存在风险的；如果对以上问题的回答是肯定的，则基本可以判定项目是成功的。因此，项目管理需要对项目计划、组织以及对项目所需资源、可能面临的风险等进行分析和控制，目的是确保项目在规定时间内、规定预算内达成预定的绩效目标。

项目管理的意义不仅仅如此，进行项目管理有利于将研发人员的个人研发能力更为有效地转化为企业的研发能力。企业的研发能力越高，表明这个企业的生产力越趋向于成熟，企业越能够稳定发展，化解风险的能力越强。随着信息技术的飞速发展，信息系统项目的规模也越来越庞大，作坊式、精英式的开发方式已经越来越不适应信息产业发展的需要。各 IT 企业都在积极地把项目管理引入信息系统建设活动中，对项目实行有效的管理。

8.1.2 项目管理的组织模式

管理信息系统开发可以是企业管理信息系统的开发，也可以是为实现企业某一管理职能而进行的一个单独的开发项目。对于前者，需成立企业的项目委员会，委员会下设项目管理组、项目评审组和项目开发组；如果是后者，则可以根据职能所涉及的范围，召集相关部门人员成立开发项目组，项目组中分设系统开发小组和项目评审小组，由项目负责人进行统一管理和协调。

项目管理负责人可以为多人，由职能部门和信息部门管理人员组成，主要职责为：

拟定项目管理的进度安排；组织项目阶段评审；协调整体开发工作；对项目管理采取优化措施。

项目评审小组一般由企业技术专家组成，主要职责为：对项目的需求分析进行评审；对系统选型和开发计划进行评审；对系统开发进行阶段性评审；对项目总结报告进行评审。

开发项目组由开发技术人员构成，主要职责是：根据项目负责人的安排具体负责项目的软件开发工作；项目结束后提交开发成果并形成技术文档。

8.1.3 信息系统项目管理过程

一个完整的管理信息系统开发项目通常包括三大阶段：需求分析、系统选型和系统实施。从具体的项目执行过程上来讲，项目管理可分为项目的项目授权、需求分析、项目选型、开发计划制订与实施、项目评估及更新和项目完成六个步骤。

8.1.3.1 项目授权

在管理信息系统的开发要求提出后，需要确定开发项目管理的责任者，由其负责项目的可行性分析、需求评估，并进行项目开发的总体规划和管理与质量控制等，即将项目开发与管理的权限授予某一部门。一般而言，如果是针对企业的某项管理职能而进行的系统开发，应由具备此项管理职能执行能力的部门来负责；若是企业的总体管理信息系统开发，这应由成立的项目管理委员会负责。

8.1.3.2 需求分析

需求分析可分为三个过程：

（1）可行性评估：根据项目所期望达到的目标，明确项目开发所需要投入的企业资源，并从企业现行的管理方式和理念、人力资源、技术支持等方面考虑，确定项目开发成果能否被使用者接受，能否促使工作流程的合理化，提高工作效率，降低企业管理运行成本。

（2）需求评估：对管理信息系统开发的整体需求和期望做出分析和评估，详细考虑需求的实现方式，确定系统的各个功能模块及模块间的关系，对系统的信息标准进行统一确定，并据此明确管理信息系统项目成果的期望和目标。

（3）项目总体安排：对管理信息系统开发的时间、进度、人员等做出总体安排，制订项目的总体计划。

8.1.3.3 项目选型

在明确了项目的期望和需求后，项目选型阶段的主要工作就是为开发选择合适的软件系统和硬件平台。在项目选型阶段的主要管理工作是进行系统选择的风险控制，包括正确全面评估系统功能，合理匹配系统功能和自身需求，综合评价软件系统和硬件平台的功能及价格、技术支持能力，充分考虑系统维护和后续开发等因素。

8.1.3.4 开发计划制订与实施

在项目策划时，企业要充分考虑具体开发人员对开发过程的意见，项目开发的负责人应当协同开发人员进行尽量精确的对开发过程情况的估计。开发计划常以文本文档和图形文档结合的形式出现，文本主要记录项目的约束和限制、风险、资源、接口约定等方面的内容，对于进度和资源分解、职责分解、目标分解最好通过项目管理软件工具来进行规划和管理，以利于进行同步修改。

8.1.3.5 项目评估及更新

项目评估及更新阶段的核心是项目管理控制，就是利用项目管理工具和技术来衡量和更新项目任务。项目评估及更新贯穿于系统开发的全过程。在项目评估及更新阶段常用的方法有：

（1）项目实施过程的阶段性评估，考察开发过程是否按计划进行并达到预期的目的，如果出现偏差，研究是否需要更新计划及资源，同时落实所需的更新措施。

（2）通过定期编写项目进度报告，召开项目开发情况通报会议，进行定期的工作小结，评估实施进度及成果。

（3）通过对开发人员及需求部门人员进行培训，编写完善开发过程中的各种技术保障文档，从而建立起完整的质量资料，以便于开发完成后的进行有效的系统维护，并对将来可能的后续开发提供全面、系统、准确的技术资料。

8.1.3.6 项目完成

项目完成阶段是整个实施项目的最后一个阶段。

（1）结合项目最初对系统的期望和目标，对项目实施成果进行验收。

（2）正式移交系统正式运转及使用，由企业的信息部门进行日常维护和技术支持。

（3）项目总结对项目实施过程和实施成果做出回顾，总结项目实施过程中的经验和教训。

8.2 信息系统的质量管理与质量标准

质量控制是项目管理的重要方面之一，建立和执行适当的质量衡量标准是进行项目质量管理的关键。质量控制贯穿了项目管理的全过程，是在项目管理中对质量的动态管理，它不仅仅是对开发成果的质量要求控制，还包含了对开发工作流程、开发方式、财务成本以及开发风险等更方便的控制管理过程。

8.2.1 建立项目的质量衡量标准

项目质量控制标准的制订是依据系统开发的功能需求，通过开发项目的计划和实施过程所建立起来的，是对项目开发的若干要求，以此作为项目开发评审和控制标准的基础和核心。具体的项目质量控制标准主要包括以下内容：

（1）项目开发工作流程的合理化；

（2）开发时间和成本预算控制；

（3）项目风险控制；

（4）开发工作安排效率；

（5）开发工作的协调管理过程；

（6）工程化开发方式的运用；

（7）程序的运行效率和信息标准的统一；

（8）管理信息系统需求方满意度。

8.2.2 观察开发过程的实际表现情况

通过项目执行过程中的各种渠道，收集项目实施的有关信息，了解开发过程的实际表现情况。在这一步骤中可以利用的信息渠道有：

（1）正式渠道，如定期编写项目进度报告、召开项目开发情况通报会议；

（2）非正式的渠道，如在开发过程中与项目小组成员或需求方的交流等。

8.2.3 进行实际表现和控制标准的比较

比较项目实施的实际表现和预先制订的控制标准，主要是了解项目进展情况，及时调整与项目计划的偏差。

管理控制标准为客观评价项目状况提供了依据，使项目负责人能够迅速、有效地对项目的实际进展情况做出全面、客观判断，从而及时采取必要的措施。

8.2.4 采取调整措施

在比较项目实际表现和衡量标准后，如果出现偏差，就需要采取调整措施，纠正措施可以采取以下的形式：

（1）对开发流程进行合理化调整；

（2）协调项目资源的合理分配；

（3）建立系统、全面、准确的技术文档资料；

（4）调整项目组织形式和项目管理方法。

8.3 信息系统项目的风险管理

人们常常提到风险，而从事项目管理的人首先必须充分理解风险和项目风险，才能有效地进行风险管理。

对于风险的理解有广义的也有狭义的。狭义的风险就是普通意义上的“可能发生的危险”，即人们从事各种活动可能蒙受的损失或损害。广义的风险是一种不确定性，是由于不确定性的存在，使得在给定的情况下和特定时间内，那些可能发生的结果之间的差异，差异越大则风险越大。由于风险具有不确定性，那么风险既可能是危险又可能是机会，也就是说造成的差异可能是不利的，也可能是有利的。

8.3.1 风险以及项目风险

8.3.1.1 风险的概念

下面从风险的来源、条件、触发器、概率、结果和风险事件这几方面来解释风险的基本概念。

（1）风险来源

风险来源指引起该风险的各种原因。风险来源于项目中的不确定因素，如项目的规模、技术的成熟程度、缺乏相应的预留资源、缺乏高层领导的支持、对关键任务缺乏控制等。

（2）风险条件

风险是潜在的，只有具备了一定条件时，才有可能发生风险事件，这一定的条件称为风险条件。风险条件包括项目环境中可能导致项目风险发生的某些因素，例如不良的项目管理或者依赖于不能控制的外部参与方等。

（3）触发器

因为即使具备了风险条件，风险也不一定会演变成风险事件。只有具备了另外一些条件时，风险事件才会实际发生，这种条件称为触发条件或触发器，有时也称为风险征兆，它表示风险已经发生或即将发生。例如，利用国外贷款搞项目有外汇风险，但是外汇风险不一定使贷款者获得在汇率上的好处或蒙受损失。各国货币之间汇率变动的主要原因是它们之间的收支情况。当一国对于另一国的收支长期出现较大赤字时，该国货币对于另一国的货币就可能贬值。两国之间收支长期不平衡就是该国货币相对于另一国货币贬值的条件。收支不平衡固然使两国货币汇率变动具备了条件，但若两国政府能够合作，并取得其他有关国家的支持，共同干预外汇市场，两国货币之间的汇率就不会发生大的变动。相反，如果他们只考虑自己的利益，甚至想借此打击对方，那么就会触发两国货币汇率发生大变动，使借用这两国货币的项目的外汇风险成为真实的风险事件。

（4）风险事件发生的概率

风险事件的发生具有不确定性，这种不确定成分可根据某些方法，比如概率来进行计算和度量。

（5）风险事件的结果

风险事件的结果就是风险事件发生后所带来的后果。

（6）风险事件

风险事件指活动或事件的主体未曾预料到或虽然预料到其发生，但未预料到其后果的事件。每个风险事件的风险可定义为不确定性和后果的函数。总的来说，不确定性和后果的严重性增加，风险加大。

通过上述基本概念，我们知道，了解风险由潜在转变为现实的条件、触发条件及其过程，对于控制风险非常重要。控制风险，实际上就是控制风险事件的条件和触发条件。当风险事件只能造成损失和损害时，应设法消除风险条件和触发条件；当风险事件可以带来机会时，则应努力创造风险条件和触发条件，促使其实现。

8.3.1.2 项目风险及分类

由于信息系统项目的实现过程是一个复杂的、创新的、一次性的过程，项目变动的可能性也很大，这使其不确定性要比其他一些经济活动大许多，其项目风险的可预测性也差很多。信息系统项目一旦出了问题，也很难补救。因此，管理人员必须充分认识与管理信息系统项目的不确定因素，努力使项目取得成功。

风险管理是项目管理的主要内容之一，同时它也是项目会议上最重要的议题，这是因为风险管理涉及的是对不确定的事件或问题的管理，而确定性的工作都已程序化和结构化，需要投入的管理力度有限。

项目风险贯穿整个项目的生命期，并且项目的不同阶段会有不同的风险。随着项目的进展，风险的不确定性逐渐减少，风险的影响逐渐升高，由风险发生最高的时期向风险影响的最高时期过渡。由于最大的不确定性存在于项目的早期，早期阶段做出的决策对以后阶段和项目目标的实现影响最大。所以为减少损失，在早期阶段主动付出必要的代价要比拖延到后期阶段才迫不得已采取措施要好得多。因此，项目管理人员必须具备“生于忧患、死于安乐”的意识，在项目执行之前就识别出项目的各种风险，做到有备无患，在这些风险发生时能够化险为夷，将其影响降至最小。

为了深入、全面地认识项目风险，并有针对性地进行管理，有必要将风险分类。可以从不同的角度、根据不同的标准进行分类，以下是按照风险的表现形式和风险后果来做简单的分类。

按照项目在各个阶段的表现形式，可以将风险划分为以下五种基本类型：信用风险、完工风险、生产风险、经济风险和社会环境风险。

（1）信用风险

项目融资有时是依赖于信用保证结构，组成信用保证机构的各个项目参与者是否有能力或愿意执行其职责，构成了项目融资的信用风险。信用风险有时贯穿于项目的各个阶段。

（2）完工风险

项目的完工风险存在于项目建设阶段和试运行阶段，其主要表现形式为：项目建设延期、项目建设成本超支、项目达不到设计规定的技术经济指标等。

（3）生产风险

项目的生产风险是在项目试生产阶段和运行阶段存在的技术、资源储量、能源和原材料供应、生产经营、劳动力状况等风险因素的总称。其主要的表现形式包括：

①技术风险，是指项目从事过程中使用的技术带来的风险。在信息系统领域的技术风险表现在系统规划、系统分析、系统设计、系统实施、系统运行、系统保护、系统各项文件编制、设备功能、机房设施等方面。诸如该项目在技术上是否可行、硬件、软件和网络功能是否适合、是否有相应的技术在满足项目目标。

②资源风险。信息系统开发是智力密集型的项目，所以受人力资源的影响最大。那么关键技术人员的离开将会使项目面临极大的风险。

③管理风险。管理风险主要来源于从事项目的管理人员的经营管理能力，这种能力是决定项目的质量控制、成本控制和生产效率的一个重要因素。有很多的项目组织形式非常复杂，由于项目有关各方参与项目的动机和目标不一致，在项目进行过程中常常出现一些冲突，会影响合作者之间的关系、项目进展和项目目标的实现。这类风险还包括管理者内部的不同部门由于对项目的理解、态度和行动不一致而产生的风险。

（4）经济风险

经济风险是指由于与信息系统开发相关的经济因素变化，而给项目开发双方带来的可能后果。例如价格、税收、工资等因素的变化。

（5）社会环境风险

社会环境风险是指由于国际、国内的政治、经济政策的波动，或者由于自然灾害而给信息系统开发的双方带来的后果。例如政策的变化、外汇汇率的涨落以及各种自然灾害等。当然，这种风险所带来的后果将波及处在这一环境变化下的所有项目，而不仅仅是信息系统领域的项目。

8.3.2 项目风险管理

8.3.2.1 风险管理

项目风险是一柄双刃剑，既包括对项目目标的威胁，也包括促进项目目标的机会。许多人和组织敢于冒险的原因是从机会中获益。但如果常常遭受损失与损害，为什么人们还接连不断地引进新系统呢？如果信息系统项目的失败率是如此之高，为什么一些公司还继续启动新的信息系统项目？今天许多公司之所以还在IT行业中摸爬滚打，是因为他们敢于承担那些能创造极好机会的风险。许多组织在追求这些机会的过程中，长期地生存了下来。信息技术经常是一个企业战略的关键组成部分，没有信息技术，许多企业就可能生存不下去。所有项目都包含风险和机会，那么如何决定从事什么样的项目？如何在整个项目生命周期中管理项目风险呢？

风险管理，一个经常被忽略的项目管理领域，常常能够在通往项目最终成功的道路上取得重大的进步。风险管理对选择项目、确定项目范围和制订现实的进度计划和成本估算有积极的影响。它不仅有助于项目关系人了解项目的本质，使团队成员确定优势与劣势，而且有助于结合其他项目管理知识领域。

项目风险管理的任务和目标就是项目班组在整个项目生命周期内，通过积极主动而系统地对项目风险进行全过程的识别、评估及监控，并以此为基础合理地使用多种管理方法、技术和手段对项目活动涉及的风险实行有效的控制，采取主动行动，并创造条件，尽量使正面的机会最大化，将负面的影响最小化，从而达到以最小的成本，安全、可靠地实现项目的总目标。

风险识别、风险评价是项目风险管理的重要内容。但是，仅仅完成这部分工作还不能做到以最少的成本保证安全、可靠地实现项目的总目标。还必须在此基础上对风险实行有效的控制，妥善地处理风险事件造成的不利后果。所谓控制，就是随时监视项目的进展，注视风险的动态，一旦有新情况，马上对新出现的风险进行识别、评价，并采取必要的行动。

因此，实践中项目风险管理可以划分为风险分析和风险管理两个阶段。风险分析包括风险识别和风险评价。而按事先制订好的计划对风险进行控制，并对控制机制本身进行监督以确保其成功叫做风险管理。图8-1简要说明了风险分析和风险管理的内容及两者间的关系。

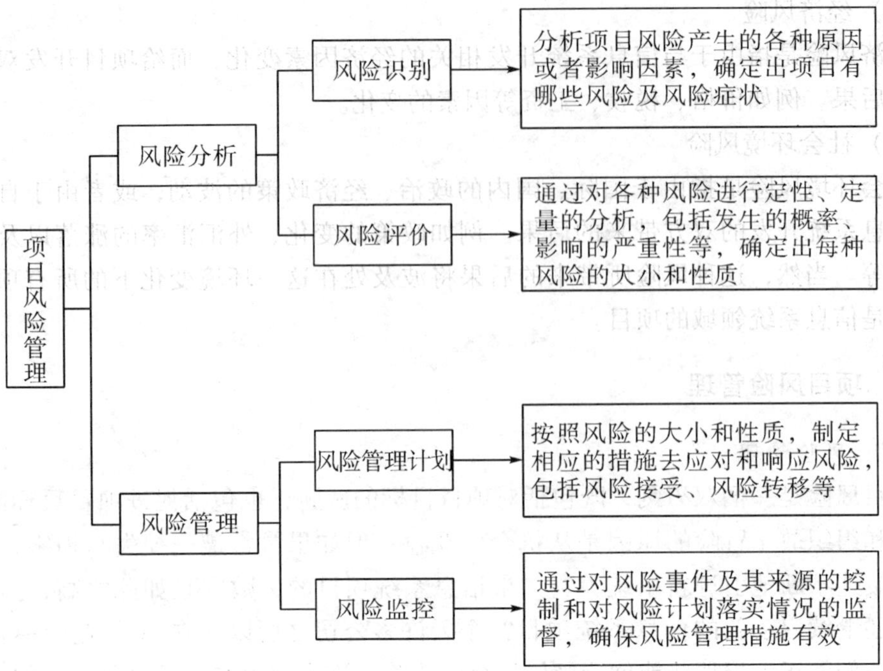

图 8-1　项目风险管理

风险管理过程不是一成不变的，而是成顺序或是划分成各自独立、互不干扰的部分。项目各个不同方面实际上是平行展开的。项目各种不同的活动之间经常重叠。项目活动随时创造出新的选择，因此应该随时对决策做出调整。

风险分析和风险管理是一个连续不断的过程，可以在项目寿命期的任何一个阶段进行。但是，在项目的早期阶段就开始风险分析和风险管理，效果较好，并且是越早越好。

需要注意的是，在任何情况下风险管理的成本不应超过潜在的收益。

8.3.2.2　风险识别

对项目风险进行管理，首先要风险识别。风险识别是项目风险管理中极为重要的环节。项目风险识别就是根据直接或间接的症状，识别和确定项目存在哪些风险、引起风险的主要因素以及这些风险可能会对项目产生什么影响，并将这些风险分类，对风险特征进行详尽的描述，形成相应的文档。

风险识别的参与者应尽可能包括项目队伍、风险管理小组、来自执行组织其他部门的某一问题的专家、客户、最终使用者、其他项目经理、项目关系人、外界专家等。

风险识别是一种持续性和系统性的工作。由于项目在实施过程中，各种条件都在不断变化之中，项目的风险也在不断变化，这就要求风险管理者要持续不断地去识别风险，密切注意风险的变化，并不断识别新的风险。因此，风险识别贯穿于项目整个过程的始终，项目开始阶段、项目执行过程和项目主要变更批准之前都需要进行项目的风险识别。一旦风险被识别出来，通常就可以开发甚至实施简单有效的风险应对措施。

（1）风险识别的依据

要进行风险识别，首先要有目的地收集有关项目本身及其环境的资料和数据，弄清项目的组成、各变数的性质和相互间的关系、项目与环境之间的关系等，必要时还要进行实验或试验。只有认真地研究项目本身和环境以及两者之间的关系、相互影响和相互作用，才能识别项目面临的风险。

那么，哪些东西能够帮助我们识别风险呢？具体来说有以下几个方面：

①项目产品或服务说明书。项目完成之后，要向市场或社会提供产品或服务。项目产品或服务的性质涉及多种不确定性，在很大程度上决定了项目会遇到何种风险。因此，要识别项目风险，可从识别项目产品或服务的不确定性入手，而项目产品或服务的说明书则为此提供了大量信息。一般而言，在所有其他因素相同的情况下，使用成熟技术的项目遇到的风险要比需要创新和发明的项目的风险小。

②项目的前提、假设和制约因素。一般情况下，项目的建议书、可行性研究报告、设计或其他文件都是在若干假设、前提和预测的基础上做出的。这些前提和假设在项目实施期间可能成立，也可能不成立。因此，项目的前提和假设之中隐藏着风险。

任何一个项目都处于一定的环境之中，受到许多内外因素的制约。其中法律、法规和规章等因素都是项目活动主体无法控制的，其中也可能隐藏着风险。

为了找出项目的所有前提、假设和制约因素，应当对项目其他方面的管理计划进行审查。

范围管理计划中的范围说明书能揭示出项目的成本、进度目标是否定得太高，而审查其中的工作分解结构，可以发现以前或别人未曾注意到的机会或威胁。

审查人力资源与沟通管理计划中的人员安排的计划，会发现哪些人员对项目的顺利进展有重大影响。例如，某个软件开发项目的项目经理听说被安排参加系统设计的某人最近常去医院，而此人掌握着其他人不懂的技术。审查会有助于发现该项目潜在的威胁。

项目采购与合同管理计划中关于采取何种计价形式的合同的说明。不同形式的合同将使项目班组承担不同的风险。一般情况下，成本加酬金合同有利于承包商，而不利于项目业主。但是，如果预测表明，项目所在地经济不景气将继续下去，则由于人工、设备等价格的下降，成本加酬金合同也会给业主项目班组带来机会。

③可与本项目类比的先例。以前实施过的，同本项目类似的项目及其经验教训对于识别本项目的风险非常有用。甚至以前的项目财务资料，如费用估算、会计账目等都有助于识别本项目的风险，项目班组还可以翻阅过去项目的档案。向曾参与该项目的有关各方征集有关资料，例如保存的档案中常常有详细的记录，记载着一些事故的来龙去脉，这对于本项目的风险识别极有帮助。

（2）风险识别技术和工具

原则上，风险识别可以从原因查结果，也可以从结果反过来找原因。从原因查结果，就是先找出项目会有哪些事件发生，发生后会引起什么样的结果。例如，项目进行过程中，关税税率提高和降低两种情况会引起什么样的后果呢？从结果找原因：设备涨价将引起项目超支，哪些因素会引起设备涨价呢？项目进度拖延会造成诸多不利后果。造成进度拖延的常见因素有哪些？是项目执行组织最高管理层犹豫不决；是政府有关部门审批程度烦琐复杂；是设计单位没有经验；还是手头的工作太多？

在具体识别风险时，企业可以利用一些具体的工具和技术，如文件审核、检查表、头脑风暴法以及与项目涉及的人员面谈等。

①文件审核。在对整个项目进行风险识别时，项目风险管理人员通常采用的第一个步骤就是从项目整体和详细范围两个方面对项目计划、假设前提、约束条件及其他项目文档进行一次结构化的审查，对潜在风险进行识别。

例如财务报表法。通过分析资产负债表及财务记录等，就能识别本项目当前的所有资产、责任和人身损失风险。将这些报表和财务预测、经费预算联系起来，项目经理就能发现未来的风险。

②检查表。风险识别检查表建立在以前项目中曾遇到的风险的基础上，它可以开阔思路，为理解当前项目中所存在的风险提供了一个有意义的模板。检查表可以包含多种内容，例如以前项目成功或失败的原因、项目其他方面规划的结果（范围、成本、质量、进度、采购与合同、人力资源与沟通等计划成果）、项目产品或服务的说明书、项目班组成员的技能、项目可用的资源，等等；还可以到保险公司去索取资料，认真研究其中的例外的保险案例，这有助于提醒风险管理人员还有哪些风险尚未考虑到。表 8-1 是一种常用的项目风险管理检查表，可以用它来识别信息系统项目可能会有的潜在风险。

表 8-1　项目风险检查表

风险方面	检查的内容
人员方面	1. 人员都到位了吗？他们的分工明确吗？ 2. 他们有经验且能胜任专业技术要求吗？ 3. 能找得到他们吗？ 4. 关键人员变动或离开怎么办？ 5. 工作人员工作努力、专注吗？
技术方面	1. 这种技术使用、验证过吗？ 2. 这种技术可靠吗？ 3. 从哪里能够获得这种技术？ 4. 这种技术容易理解和掌握吗？
管理方面	1. 项目获得明确的授权吗？ 2. 项目获得管理层和其他各方面的支持吗？ 3. 项目的需求分析是否得到客户的确认？需求说明书明确吗？ 4. 预期是否切合实际？有合适的用户吗？ 5. 项目计划充分吗？项目计划编制是否适当？ 6. 项目关系人清楚吗？他们的影响力清楚吗？ 7. 与项目关系人的沟通是否良好？ 8. 是否具备有效的激励机制？
资金方面	1. 资金是否到位？万一资金不能按时到位怎么办？ 2. 项目小组能控制资金吗？ 3. 是否制定成本控制措施？

表8-1(续)

风险方面	检查的内容
合同方面	1. 合同合法、有效吗? 2. 项目小组在合同中的责任和义务清楚吗?
物资供应方面	1. 项目所需物资都具备吗? 2. 物资出现质量事故有补救措施吗?

除了根据项目的特性及项目所生产产品的特性来识别风险之外，通过项目管理知识领域，比如范围、时间、成本和质量等来识别可能的风险，也是非常重要的。表 8-2 列出了存在于各知识领域的可能风险事件。使用这样形成的风险识别检查表，可以将风险识别做得彻底一些。

表 8-2　各知识领域可能存在的风险和条件

知识领域	风险条件
整体	计划不充分；错误的资源配置；拙劣的整体管理；缺乏项目后评价
范围	工作包与范围的定义欠妥；质量要求的定义不完全；范围控制不恰当
时间	错误地估计时间或资源可利用性；浮动时间的分配与管理较差
成本	估算错误；生产率、成本、变更或应急控制不充分；维护、安全、采购等做得很差
质量	错误的质量观；设计不符合标准；质量保证做得不够
人力资源	差劲的冲突管理；表现很差的项目组织及拙劣的责任定义；缺乏领导
沟通	计划编制与沟通比较粗心；缺乏与重要关系人的协商
风险	忽略了风险；风险分配得不清楚；差劲的保险管理
采购	没有实施的条件或合同条款；对抗的关系

使用检查表有明显的优缺点，其优点是简单快捷，缺点是检查表本身不可能面面俱到，而且受限于项目的可比性。在使用检查表对项目进行风险识别时，要注意那些在标准检查表中未列出的而又似乎与该项目相关联的风险。检查表应详细列出项目所有可能的风险类别。将审核检查表作为项目收尾程序的一个正式步骤，对项目管理非常重要，它可以用来完善可能风险清单和风险说明。

③头脑风暴法。它是进行风险识别时最经常使用的方法，即根据项目目标、项目的制约因素和假设条件，以及与本项目具有可能性的历史资料、过去的经验教训等，通过会议的形式充分发挥与会者的创造性思维、发散性思维和专家经验，来综合判断项目的可能风险。例如，一个项目小组要举办信息技术培训班项目，其工作分解结构如图 8-2 所示。项目小组就可以利用头脑风暴法，对该项目工作分解结构中每项任务进行讨论，从而识别出所有可能的风险，并且初步确定每种风险的应对办法。

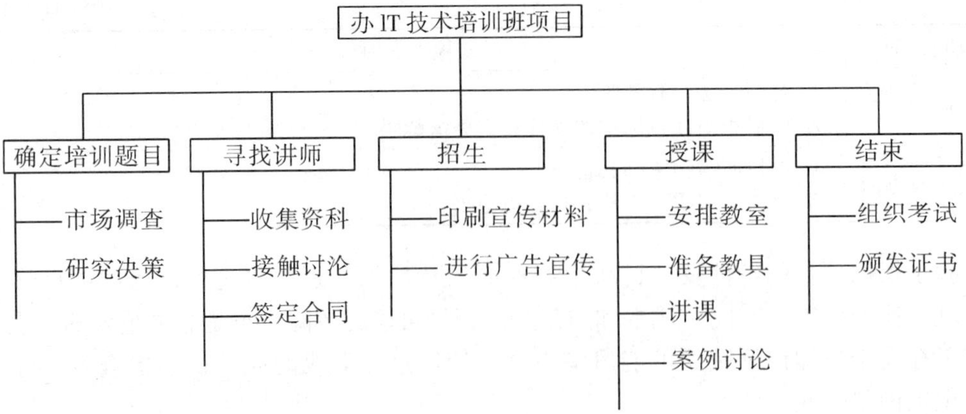

图 8-2　信息技术培训项目的工作分解结构

确定培训题目，题目选择不当可能招不来学生，就会白忙，甚至亏本，应对办法就是事先进行比较广泛的市场调查；寻找培训师，培训师哪天可能生病，或者有事来不了，应对办法就是确定寻找另一个备用老师；招生，可能没有学员报名，应对办法是进行广告促销活动；授课，投影仪可能出问题，应对办法是准备一台备用投影仪；结束课程，学员不满意，大闹课堂，应对办法是对学员进行安抚，提供补救措施，同时改进培训班的教学及组织质量。

这里，每项任务只列出了一种风险，实际情况可能出现问题的方面不止一种，应尽可能把它们全部都列出来。对于每项任务，都要多问几个这样的问题："哪里会出现问题？万一出现问题该怎么办?"项目小组一起思考与讨论，可以防止遗漏重要的风险。

另外，与那些具有类似项目经历的人员（诸如专业技术人员、各位经理或管理人员等）进行有关项目风险方面的面谈，有助于识别常规计划中未被识别的风险。项目前期面谈（往往在可行性研究时进行）记录也可提供这方面的信息。例如，如果一个新项目用到一种特殊类型的硬件和软件，那么近来有过使用这种硬件或软件经验的人，可能会描述出他们在先前项目中所遇到的问题。如果有人以前同某一特定的客户合作过，那么在他们可能会再次同那些客户合作的时候，就能对所涉及的可能风险提出自己的见解。

（3）风险识别的结果

风险识别之后要把结果整理出来，写成书面文件，为风险分析的其余步骤和风险管理做准备。风险识别的结果应包含下列内容：

①风险事件的名称；

②风险事件的类别；

③风险事件发生的概率；

④风险事件的影响或后果（包括对项目范围的影响和对项目目标的影响）；

⑤风险发生的可能时间和可能环节；

⑥风险征兆和风险的触发条件。

另外，在风险识别的过程中可能会发现项目管理其他方面的问题，需要完善和改进。例如，利用项目工作分解结构识别风险时，可能会发现工作分解结构做得不够详细。因此，应该要求负责工作分解结构的成员进一步完善之。再比如，当发现项目有超支的风险，但是又无人制定防止超支的措施时，就必须向有关人员提出要求，让他们采取措施防止项目超支。

8.3.2.3 风险评估

风险评估是一种评价风险的过程，它涉及对风险及风险之间相互作用的评估，并用这个评估分析项目可能出现结果的范围。这有助于确定哪些风险和机会需要应对，哪些风险和机会可以接受，哪些风险和机会可以忽略。风险评估过程包括估计各风险发生的概率、估计它对项目的影响、降低各风险可能采取的战略。通过评价风险，项目经理能够按优先顺序排列风险，并建立一个阈值，以决定哪种风险应受到重视。评估风险的工具和技术包括独立统计、期望货币值分析、风险概率及影响分析、模拟、决策树和专家判断法等。

（1）独立统计

独立统计是指一个事件的发生和另一个事件的发生不存在任何联系，如果一组相互排斥的可能事件是相互独立的，那么它们的概率和为1。独立的意思是如果事件是随机的，那它是独立的，反之不独立。独立统计的概念对计算期望值和决策树有着重要的作用。

（2）期望货币值分析

期望货币值（EMV）首先分析和估计风险事件发生的概率和风险事件可能产生的收益和损失，然后将两者相乘，得出风险的期望值。下面以一个赌博的例子来说明预期货币值的计算方法。有这样一个赌注，下注10美元，有可能会得到500美元，也有可能得到20美元，或者一分钱也得不到。也就是说，每付出10美元，平均收益只能是7美元，如表8-3所示。遇到这种问题，每个人的选择是不同的，这就是投机与风险。有人愿意参加，因为他们愿意接受10美元来获取赢得500美元的机会，这些是风险喜好型的人。当然，期望值是一个统计评估，不是最终的收益和损失。

表8-3 案例

得失量	概率	预期货币值
500美元	1%	5美元
20美元	10%	2美元
0美元	89%	0美元
总计	100%	7美元

期望货币值是根据独立统计原则得出的，它有时用作其他分析的输入，比如决策树。

（3）风险概率及影响分析

风险概率及影响分析是一种简单的风险定性分析的工具。方法是事先建立一个风险条件打分矩阵，并确定评分标准，然后对每一风险的概率、造成的后果及其可控程度进行评分，三个分值相乘，得出这种风险的风险级别。风险级别越大，表示这种风险越大，越应引起重视，并需要制定相应的应对措施。例如，可以用1到10分的等级来评估风险，如果风险管理小组在评估发生资金短缺的风险时，认为它非常不可能发生，得3分，但是一旦发生后果则非常严重，得9分，而且项目小组很难控制资金短缺的问题，得8分，然后把这三个数字相乘，即得到该风险的风险级别（BPN）。风险级别越高，表示风险越大，需要制定相应的措施认真对待。

（4）模拟

模拟是一种模仿行为，是将所研究的对象，用其他手段进行模仿的一种技术。当采用这种方法研究问题时，并不直接研究对象本身，而是先设计一个与研究对象相似的模型，然后通过模拟来间接地研究对象。所谓模型是应用某种方法将一个真实系统的结构和行为进行描述的一种形式，称为该系统的模型。

对于复杂的、具有多个随机因素的系统，要用数学模型来精确地描述往往是十分困难的或者虽然能建立相应的数学模型，但无法求解，但模拟技术则可以根据系统内部的逻辑关系和数学关系，面向系统的实际过程和系统行为，构造模拟模型，从而能得到复杂随机系统的解。模拟技术主要具有以下优点：能模拟运行无法实施的问题；可以进行大量方案的比较和选优；可以模拟有危险和风险的现象；可以模拟成本过高的现象。

模拟包括三个要素，即系统、模型和计算机。可通过建立系统的模型、建立模拟模型和模拟实验来把这三个要素联系起来。

模拟用于风险管理时，就是采用模型去分析和量化项目的风险，它将项目中的不确定性因素转化为项目总体目标的潜在影响。

大多数模拟都以蒙特卡罗分析为基础。蒙特卡罗是一种随机的模拟方法，通过多次模拟一个模型的结果，从而提供计算结果的统计分布，是一种有效的统计实验计算法。蒙特卡罗模拟并不是从模型到计算的简单过程，而是对一个实际系统的模型，一般需要经过以下互相联系、互相制约的基本步骤：

①评估所考虑变量的范围，并确定各变量的概率分布。换句话说，收集模型中变量最可能的、乐观的和悲观的估计值，并决定各变量落在乐观估计和最可能估计之间的概率。

②对于各种变量，根据变量发生的概率分布，选择一个随机值。例如，假设一项乐观估计为10（计量单位可以是天数、美元等），还假设最可能估计为20，悲观估计为50。如果有30%的概率落在10（乐观估计）和20（最可能估计）之间，那么在30%的时间里，选择10~20的随机数；在70%的时间里，选择一个20~50（悲观估计）的随机数。

③利用为每个变量选定的数值组合，进行确定性分析，或一次通过模型。

④多次重复步骤②和步骤③，获得各结果的概率分布。重复次数取决于变量的个数和结果中要求的置信度，但重复的次数一般在100~1 000。

当然，以上这些步骤可以使用软件来执行。

（5）决策树

决策树用树状表示项目所有可供选择的行动方案、行动方案之间的关系、行动方案的后果以及这些后果发生的概率。利用决策树可以计算出可供选择的行动方案后果的数学期望，进而对项目的风险进行评价，并以此评价来对项目作出决策。

在决策树中，树根表示构想项目的初步决策，叫做决策点。从树根向右画出若干树枝，每条树枝都代表一个行动方案，叫做方案枝，方案枝右端叫状态结点。从每个状态结点向右伸出两个或更多的小树枝，代表该方案的两种或更多的后果，每条小树枝上都注明该种后果的大小。若后果是正的，表示收益；若是负的，表示损失。

下面以一个例子来说明决策树的使用方法。假设某公司正试图决定，他们是否应该提交项目 1 的建议书，或项目 2 的建议书，或两个项目的建议书，或不提交任何建议书。其具体情况是，对于项目 1，他们有 20%的机会赢得该项目，这将会有 300 000 美元的利润，而他们有 80%（P＝0.8）的概率不会赢得项目 1，且失败的结果估计会为-40 000 美元，这意味着，如果他们没有赢得合同，则公司投资在项目 1 上的 40 000 美元将得不到补偿。概率通常由专家判断来确定。对于项目 2，则有 20%的概率该公司将会在项目 2 上损失 50 000 美元，10%的概率会损失 20 000 美元和 70%的概率会赚取 60 000 美元。那么怎样用决策树来帮助做出决定呢？

首先，对所有的可能性进行分析，画出决策树，然后计算每个结点的 EMV，如图 8-3 所示。从图 8-3 可以看出，EMV 对项目 1 和项目 2 来说都是正值，那么该公司希望从两者中都得到一个正的结果，就可能同时投标两个项目。如果他们不得不在两者之间做选择（也许是因为有限的资源等原因），该公司将会选择项目 2，因为它有一个相对高的 EMV。

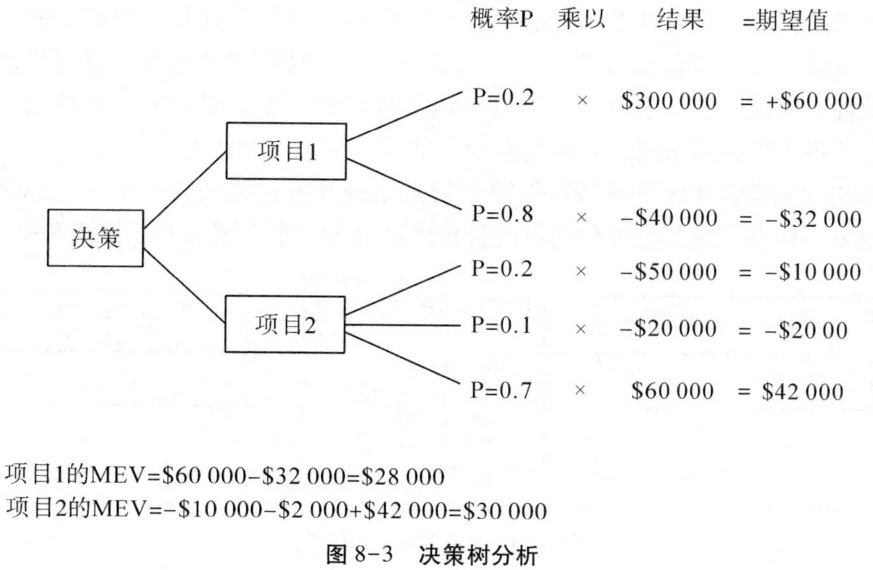

图 8-3 决策树分析

在图 8-3 中也应该注意到，如果仅仅看两个项目的可能结果，那么，项目 1 看起来更加吸引人。因为可以从项目 1 中赚取 300 000 美元，但只能从项目 2 中赚取 60 000 美元。如果经理是一位风险喜好者，他可能自然会选择项目 1，然而，在项目 1 中只有

20%的机会得到那300 000美元，但却有70%的概率在项目2中得到60 000美元。使用EMV有助于计算所有可能的结果和它们发生的概率，从而减少了那种过度寻求激进或保守的风险策略的倾向。

（6）专家判断法

尽管有许多定量化的工具可以用于风险评估，但许多组织仍然依赖专家们的直觉、认识知识和以往的经验来分析、识别项目的风险。管理小组也许会使用专家判断来代替或补充上面介绍过的数学分析技术。例如，专家可以使用定量化结果或不使用定量化结果，把风险分为高、中、低三种。这些专家既可以是项目团队、组织内部的专家，也可以是组织外部的专家；既可以是风险管理专家，也可以是工程或其他领域的专家。

使用定量化的工具有许多缺点。例如，输出不会比输入更好，使用工具的人也许使用了非常差的假设条件等。因为这些缺点，所以在使用定量化方法的时候，加入专家的意见是很重要的。

一种从专家处收集信息的常用方法是德尔菲法。德尔菲法常常很有作用，例如，在关于项目重要未来事件的概率估计方面。要使用德尔菲法必须选择一个与问题相关领域的专家小组。当小组成员彼此不知道各自的身份时，常常效果最佳，这就避免了单个成员的影响和过分简单化的赞同。各位专家可以针对提出的情形回答许多问题，然后风险管理人员评估他们的反应，汇总他们的观点和理由，并在下一轮，将反馈传达给各位专家。持续这一过程，直到大家的意见汇聚于某一个具体的解决方案。如果意见出现分歧，德尔菲法的管理人员则需要确定过程是否有问题。

8.3.3 系统的风险管理计划

经过风险评价，风险管理小组必须制订应对风险的行动计划，也就是制订风险管理计划。风险管理计划必须与以下各项因素相适应：风险的严重性、应对挑战所需成本的有效性、完成任务的适时性、项目环境的现实性。项目风险的各种应对方案应该得到项目关系人的共同认同，并且要有专人负责。

而系统的风险管理计划就是指贯穿于信息系统开发过程全过程的风险管理。从这一思想出发，信息系统开发过程的风险管理应该分为三个主要环节，见图8-4。

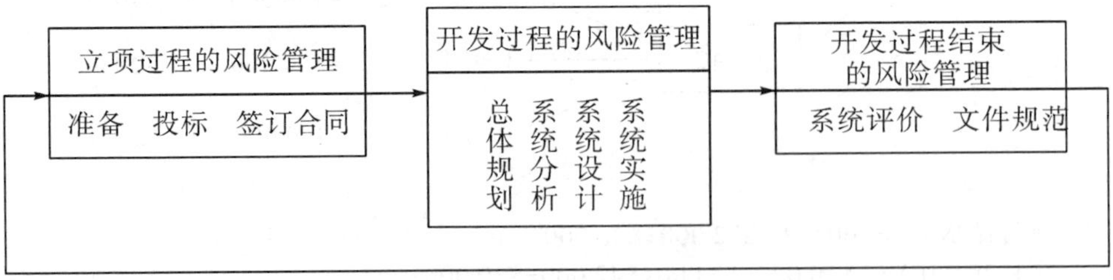

图8-4　系统风险管理过程

8.3.3.1 风险管理过程

（1）立项过程的风险管理

立项过程主要是指投标与签订合同两部分。

①投标是指从资格预审投标准备至递交投标文件的工作。投标是取得项目开发权的前提。这一阶段应在充分广泛地调查分析有关项目的法律、法规、政策、市场竞争对手以及自身的技术经济条件等信息资料的基础上，基本确定了各种可能预见的风险、风险因素及其后果的前提之后，再来决定投标的总报价，递交投标文件。

②签订合同是经过合同的谈判最后签订合同文件的工作。这一工作应该根据权利和义务对等的原则，力求分清责任、尽可能地增加一些有关保险的条款等，力争在项目开工前将风险发生的可能性考虑全面。

（2）信息系统开发过程的风险管理

这一过程的风险管理主要是指在信息系统开发过程的各阶段中，充分考虑各种人力、物力、资金、技术等资源投入时可能发生的风险因素，使其总投入控制在项目开发总成本之内。

（3）信息系统开发过程结束的风险管理

这一过程是指对某一信息系统开发风险管理工作的总结。这一总结应该将风险管理过程中的风险识别的风险清单、使用的技术方法以及实际风险控制的情况，详细整理为规范化的文件，以利于今后在其他项目的风险管理中借鉴，不断提高本公司的风险识别与管理水平。

8.3.3.2 风险应对的方法

在项目风险管理中有多种应对策略。针对某一具体风险，应该选择最有效的策略，在选择风险应对策略时，可以选择主导策略和备用策略。常见的应对风险的基本措施分别为规避、转移、减轻和接受。

（1）风险规避

风险规避有两种含义，一是指风险发生的可能性极大，后果极其严重，又无计可施，于是主动放弃项目或改变项目目标的策略；二是通过变更项目计划，消除风险事件本身或风险产生的条件，从而保护项目目标免受影响的方法。虽然项目的风险不可能完全被消除，但某些特定的风险还是可能回避的，例如充分利用合同的条款而回避减少风险的方法。它一般包括采取增设保险的条款，选择合适的外汇计价结算方式和减少预付、垫付资金数等策略。在项目早期出现的某些风险事件，可以通过澄清需求、获得信息、加强沟通、听取专家意见的方式加以应对。采用一种熟悉的、而不是创新的方法和技术，避免使用一个不熟悉或没有类似项目经验的承包商，增加项目资源或时间，减小项目范围等，这些都是风险规避的例子。

（2）风险转移

风险转移就是设法将风险的结果连同对风险应对的权利转移给第三方。风险转移本身不能降低风险发生的概率，也不能减轻风险带来损失的大小，而是借用合同或协议，在风险一旦发生时将损失的一部分转移给项目以外的第三方。

实行这种策略要遵循两个原则，第一，必须让承担风险者得到相应的报答；第二，对于各具体风险，谁最有能力管理就让谁分担。

从财务角度看，转移风险的财务责任是风险转移最为有效的方法。当然风险转移要付出相应的成本，这类成本包括保险费用、履约保证金、担保和保证费用。也可以使用合同方式将某些特定风险的责任转移给另一方。例如，如果项目的设计不是十分成熟，那么使用固定价格合同就可能将责任转移给卖方。

风险转移的方法主要有出售、分包、保险与担保等。

①出售是通过买卖契约将风险转移给其他组织。这种方法在出售项目所有权的同时也就把与之有关的风险转移给了其他组织。例如，如果项目是通过发行股票或债券筹集资金，当股票或债券的认购者在取得项目的一部分所有权时，也同时承担了一部分风险。

②分包就是指在签订子项目分包合同时，要求分包商接受合同文件中的各项条件，从而将风险转移给分包商。

③保险是转移风险最常用的一种方法，也是非常重要的方法。项目小组只要向保险公司交纳一定数额的保险费，当风险发生给项目带来损失时就能从保险公司获得赔偿，从而将风险转移给保险公司。例如，货物在运输过程中，可以投保一切风险，一旦货物发生丢失、毁坏等风险时，由保险公司来提供赔偿，就是一种典型的风险转移的例子。

④担保是指为另一方的债务、违约或过失负间接责任的一种承诺。在项目管理上是指银行、保险公司或其他机构，为项目风险负间接责任的承诺。

（3）风险减轻

风险减轻是通过事先控制或应急方案设法使风险不发生，或一旦发生后使损失额最小或尽量挽回损失。风险减轻应注意进行成本和收益比较，保证风险减轻成本的合理性。早期采取措施，降低风险发生的概率或风险对项目的影响，比在风险发生后再亡羊补牢要更为有效。

例如，信息系统项目在制订成本计划时，要为不可预见的风险因素留有余地，在投标定价中应该考虑增加一定比例的风险费，在国内称为不可预见费或应急费。

风险减轻采用的形式可能是执行一种减少问题的新的行动方案。例如，使用成熟的技术、招募胜任的项目管理人员、使用各种分析和验证技术、挑选更稳定的卖方等。它可能涉及变更环境条件，以使风险发生的概率降低。例如，增加项目资源或给进度计划增加时间。

当不可能减少风险的概率时，一种减轻措施就是针对那些决定风险严重性的关联环节，来处理风险对项目的影响。例如，在子系统中加入备份设计，可能会减少由原始部件运转不良所导致的影响。

如果在风险发生时，能采取应急方案，就能减轻其后果。因为经济上的原因，并不是对每一个风险都制订应急方案，而是对风险进行评价后，对那些出现概率较大或危害较严重的风险才制订应急方案。例如，在涉及采购的项目中，独家供货是必须考虑的风险，减轻风险就是开发第二货源，这样，如果其中一个供应商不能按时或按规定要求供货，另外一个供应商可能能够做到。

（4）风险接受

风险接受是指如果风险发生，接受其带来的后果。风险接受可以是主动积极的，也可以是被动消极的。前者是已经有了行动计划和应急方案，当风险事件发生时马上执行这些计划和方案；后者是并没有事先制订风险应急方案，而是在风险发生时，由项目小组再去采取行动，对付风险。

风险接受绝不是被动挨打，如果能提前制订应急方案，将会大大减少风险发生时应对行动的成本。如果风险发生后影响巨大，或选择的方案可能并不能完全奏效，那么就应着手编制一个后备措施，后备措施可能包括管理后备措施、研发后备措施、进度后备措施等。例如，如果项目团队知道，一个新的软件包不能及时发布，他们将不能将其用于他们的项目上，那么他们可能会有一个应急计划，即采用已有的旧版软件。

另外，也有为已经识别的风险建立一定数量的应急储备来接受项目风险的，这些储备的手段包括时间、资金、人力或其他资源。应急储备的规模，应由已被接受的风险的影响大小来决定，在某一可能的风险水平基础上进行管理。例如，如果项目因为员工不熟悉一些新技术而导致其偏离既定的轨道，那么项目发起人会从应急储备中提出额外资金，来聘请公司外的咨询师，培训和指导项目员工采用新技术。

8.3.3.3 风险管理计划的内容

风险管理计划应详细说明风险事件、风险来源、风险评价的结果、风险应对措施及其负责人等方面的内容。虽然风险管理计划中包含细节的详细程度会随着项目需求的不同而各异，但一份规范的风险管理计划至少应包括如下内容：

①已识别的风险及其描述（如风险成因、风险如何影响项目目标等）；

②风险承担者及其责任；

③风险分析过程的结果；

④对每一种风险的应对措施，包括应对和预防措施；

⑤实施应对措施的具体行动；

⑥风险应对的预算和时间；

⑦应急计划和后备方案。

8.3.3.4 项目风险监控

（1）风险监控的概念

风险监控就是对项目的风险进行监督和控制。它包括：

①跟踪已识别的风险、监视残余风险和识别新的风险；

②保证风险管理计划的执行与实施；

③评估这些计划对降低风险的有效性。

在项目风险管理过程中，应该对风险监督和控制的过程进行记录，这些记录与应急计划的实施相关联。通过风险监控，可能会引起风险管理计划的修改，但目的是确保项目风险管理计划的有效实施。

在项目实施过程中，风险监控不可一日或缺，这是因为随着项目的进展，项目的风险会不断发生变化，预期的风险可能会消失，也可能会出现新的风险。如果风险发生了，管理措施却不起作用，则要分析原因。如果出现未识别的风险，则要回过头来重新审视为什么当初的风险识别漏掉了这种风险，以便形成经验教训。在风险监控过程中，应该定期对项目风险水平的可接受程度进行评估，在所有的项目关系人之间进行有效沟通是非常必要的。

（2）风险监控的主要工具和技术

①检查表。在风险识别和评价中使用的检查表也可以用于监控风险。

②定期项目评估。风险等级和优先级可能会随着生命周期而发生变化，而风险的变化可能需要新的评估和量化，因此，项目风险评估应定期进行。实际上，项目风险应作为每次项目团队会议的议程。

③收益值分析。收益值分析是按基准计划费用来监控整体项目的分析工具。此方法将计划的工作与实际完成的工作比较，确定是否符合计划的费用和进度要求。如果偏差较大，则需要进一步进行项目的风险识别、评估和量化。

④附加风险应对计划，如果风险事先未曾预料到，或其后果比预测的严重，则事先计划到的应对措施可能不足以应对，因此有必要重新研究应对措施。

⑤独立风险分析。项目办公室之外的风险管理团队比来自项目组织的风险管理的风险管理团队对项目风险的评估更独立、公正。

（3）风险监控的成果

①权变措施。权变措施是为了应对那些出现的、先前又曾识别或者接受的风险，而采取的未事先计划到的应对措施。这些措施应有效地进行记录归档，并融入项目的风险应对计划中。

②纠正措施。纠正措施包括执行附加应对计划或权变措施。

③变更请求。如果频繁执行附加应对计划或权变措施，则需要对项目计划进行变更以应对项目风险，其结果是提出变更申请。变更申请是由综合变更控制进行管理的。

④修改风险应对计划。当预期的风险发生或未发生时，当风险控制的实施消减或未消减风险的影响或概率时，必须重新对风险进行评估和排序，以使新的和重要的风险能得到适当的控制，并对风险事件的概率和价值以及风险管理计划的其他方面做出修改。对于未发生的风险也应进行记录归档，并且其在项目风险计划中关闭。

⑤风险数据库。这是一个对在风险管理中收集和使用的数据进行收集、维护和分析的知识库。使用这一数据库，可以帮助整个组织中的风险管理人员随着时间的推移而不断形成一个风险教训库的基础。

⑥风险检查表更新。根据工作中取得的经验，对检查表进行更新，这种更新的检查表将会对未来项目的风险管理提供帮助。

8.4 信息系统评价

企业使用新系统之后，需要对这个系统进行维护和评价，使之能正常运行，同时总结经验，为以后的开发与系统的管理打下良好的基础。

8.4.1 系统评价的内容

系统评价的内容主要包括以下四个方面。

8.4.1.1 系统运行的一般情况

系统运行的一般情况是从系统建立的目标及其用户接口方面来考查系统的。具体内容包括：

（1）作为建立系统的目标而涉及的各项业务，是否按所要求的质量与速度完成；

（2）完成上述各项任务，用户需要付出的资源是否控制在预定的界限之内；

（3）从系统运行的记录来分析系统各项资源的利用率如何；

（4）询问最终用户，了解他们对系统工作情况是否满意，或满意程度如何。

8.4.1.2 系统性能

系统性能是从技术上对系统进行考查，具体内容包括：

（1）信息系统的总体技术水平

信息系统的总体技术水平主要包括系统的总体结构与规模、地域，所采用技术的先进性与实用性，系统的开放性与集成程度等。

（2）系统功能的范围与层次

系统功能的范围与层次主要包括功能的难易程度和对应管理层次的高低等。

（3）信息资源开发与利用的范围与深度

信息资源开发与利用的范围与深度主要指通过信息集成和功能集成实现业务流程优化，提高人、财、物等制造资源合理使用的程度。

（4）系统的质量

系统的质量主要包括系统的可使用性、可扩展性、通用性、正确性和可维护性等。

（5）系统的安全与保密性

系统的安全与保密性主要指业务数据是否会被破坏或修改，数据使用权限是否得到保证。

（6）系统文档的完备性

8.4.1.3 使用效果

系统的使用效果是从提供信息服务的有效性来考查系统。具体内容包括以下几点：

（1）系统对各个管理层次各业务部门业务处理的支持程度，满足客户要求的程度；

（2）提供信息的有效性，以及信息的利用率；

（3）提供信息的及时性；

（4）提供信息的准确性和完整性，数据管理的规范程度。

8.4.1.4 经济上的评价

在经济上的评价内容主要是系统的效果和效益，包括直接评价与间接评价两个方面。

（1）直接评价

直接评价的内容有：系统的投资额；系统运行费用和维护费用；系统运行所带来的新增效益；投资回收期。

（2）间接评价

间接评价的内容有：对企业形象的改观、员工素质的提高所带来的效益；对企业的组织机构与体制的改革、业务重组及管理流程的优化取得的作用；对基础数据的规范及效果的提高所带来的效益；对企业各部门间、人员间协助精神的加强所起的作用。

8.4.2 信息系统的评价体系

一个信息系统投入运行以后，如何分析其工作质量、投入产出比、信息资源的利用程度、组织内各部分的影响等，都要借助于评价指标体系来进行。

8.4.2.1 信息系统质量评价的特征和指标

质量评价的关键是要定出评定质量的指标以及评定优劣的标准。评价的特征和指标具体如下：

（1）系统对用户和业务需求的相对满足程度；

（2）系统的开发过程是否规范，它包括系统开发各个阶段的工作过程以及文档资料是否规范等；

（3）系统的性能、成本、效益综合比集中地反映了一个信息系统质量的好坏，是综合衡量系统质量的首选指标；

（4）系统功能的先进性、有效性和完备性也是衡量信息系统质量的关键评价指标之一；

（5）系统运行结果的有效性、可行性、完整性；

（6）信息资源的利用率；

（7）提供信息的质量如何，即考查系统所提供信息（分析结果）的准确程度、精确程度、响应速度及其推理、推断、分析等；

（8）系统的实用性。

8.4.2.2 系统运行评价指标

系统在投入运行后，要不断地对其运行状况进行分析评价，并以此作为系统维护、更新以及进一步开发的依据。系统运行评价指标一般有：

（1）预定的系统开发目标的完成情况

①对照系统目标和组织目标，检查系统建成后的实际完成情况；

②是否满足了科学管理的要求，各级管理人员的满意程度如何，有无进一步改进的意见和建议；

③为完成预定任务，用户所付出的成本（人力、财力、物力）是否限制在规定范围以内；

④开发工作和开发过程是否规范，各阶段文档是否齐备；

⑤功能与成本比是否在预定的范围内；

⑥系统的可维护性、可扩展性、可移植性如何；

⑦系统内部各种资源的利用情况。

（2）系统运行实用性评价

①系统运行是否稳定可靠；

②系统的安全保密性能如何；

③用户对系统操作、管理、运行状况满意程度如何；

④系统对误操作保护和故障恢复的性能如何；

⑤系统功能的实用性和有效性如何；

⑥系统运行结果对组织各部门的生产、经营、管理、决策和提高工作效率等的支持程度如何；

⑦对系统的分析、预测、控制的建议有效性如何，实际被采纳了多少。这些被采纳建议的实际效果如何；

⑧系统运行结果的科学性和实用性分析。

（3）设备运行效率的评价

①设备的运行效率如何；

②数据传送、输入、输出与其加工处理的速度是否匹配；

③各类设备资源的负荷是否平衡，利用率如何。

总之，物流管理信息系统的评价是多目标的评价过程，在评价过程中需要结合具体的应用领域、环境条件、历史和用户条件等多方面因素进行综合评价。

小结

企业信息化的一部分是在一个企业或组织中，为建立计算机化的管理信息系统，进行规划、分析、设计和实施的整套相互关联的采用正规化、自动化技术的系统工程。它包括创建成功的信息系统所使用的各种工程化方法、工具和操作流程，是在软件工程基础上的发展和提升。因此，信息系统开发一般都耗时长、投资大、涉及面广、复杂程度高。如今，对于管理信息技术自身的管理，也已成为企业管理中的一个特殊领域。在绝大多数情况下，信息系统开发项目的失败最终表现为费用超支和进度拖延。尽管不能保证有了项目管理后信息系统建设就一定能成功，但项目管理不当或根本就没有项目管理意识，信息系统建设必然会失败。显然，项目管理是信息系统建设成功的必要条件。

管理信息系统开发项目管理是项目管理领域中一个独特的分支，它涉及多方面的知识和技能，并有着不同于一般项目管理的特点。本章着重围绕信息系统开发项目的管理与风险控制来展开。在项目管理的基本概念的基础上，较详细地介绍了管理信息系统开发项目管理过程中涉及的各个主要方面的工作内容、原则、方法和策略，以及项目管理软件的使用，使学生对信息系统开发项目的管理有一个比较全面的认识。

案例

某企业开发管理信息系统的经验

某企业在厂长的积极支持下决定开发新管理信息系统。刚开始，研制工作开展得比较有条理。首先进行系统调研和人员培训，并规划了信息管理系统的总体方案。在系统分析和系统设计阶段绘制数据流程图和信息系统流程图的过程中，课题组和主要科室人员在领导的支持下，进行了多次关于改革管理制度和方法的讨论。他们重新设计了全厂管理数据采集系统的输入表格，得出了改进的成本核算方法，试图将每季度盘点改成每月盘点，将每季度成本核算改为每月成本核算，将产量、质量和中控指标改为日统计核算。整个系统由生产管理、供销管理及仓库管理、成本管理、综合统计和网络公用数据库五个子系统组成。各子系统在完成各自业务处理及局部优化的基础上，将共享数据和企业高层领导所需数据通过局域网传送到服务器，在系统内形成一个全面的统计数据流，提供有关全厂产量、质量、消耗、成本、利润和效率等500多项技术经济指标，为领导做决策提供可靠的依据。在仓库管理方面，通过计算机掌握库存物资动态，控制最低、最高储备。

但在实际执行过程中，课题组夜以继日地工作，软件设计还是比原计划拖延了半年才开始进入系统转换阶段（人工系统和基于计算机的信息系统并行运行阶段）。可以说，系统转换阶段是系统开发过程中最为艰难的阶段。许多问题在这个阶段开始暴露出来，下面列举一些具体的表现。

（1）手工系统和计算机应用系统同时运行，对于管理人员来说，这无疑加重了其负担。在这个阶段，管理人员要参与大量原始的输入和计算机结果的校核。特别是仓库管理系统，需要把全厂几千种原材料的月初库存一一输入，工作量极大，而当个别程序出错且修改时间较长时，往往需要重新输入。这就引起了某些管理人员的不满。

（2）在生产的经济效益方面，虽然计算机打印出来的材料订购计划优于原来由计划员凭经验编写的订购计划，但计划员面子上过不去，到处说计算机系统不好用，并表示不愿意使用新的系统。

以上这些问题，经过努力，逐一得到解决，系统开始正常运行，并获得上级领导和兄弟企业的好评。一段时间后，企业环境发生了很大的变化。一是厂长奉命调离；二是厂外开发人员移交后撤离；三是企业效益下降，人心惶惶，无暇顾及信息系统发展中产生的各种问题。与此同时，新上任的厂长不太支持该管理信息系统的应用。这时，原来支持该系统应用的计划科长也一反常态，甚至在工资调整中不给计算机室人员提工资。结果使已掌握软件开发和维护技术的主要人员调离工厂，整个系统陷入瘫痪状态，最后以失败告终。

1. 系统开发比原计划拖延较长时间，说明了什么问题？
2. 企业管理人员的素质对系统开发有何影响？
3. 通过这个案例，你认为企业领导在开发管理信息系统中的作用是什么？
4. 试用案例说明，管理信息系统不仅是一个技术系统，而且还是一个社会技术系统。

资料来源：陈平. 管理信息系统［M］. 北京：北京理工大学出版社，2013.

思考题

1. 什么是项目的风险？如何识别项目的风险？
2. 有哪些评估项目风险的方法？每一种方法是如何进行评估的？
3. 风险应对的办法有哪些？请给每一种方法举例说明。
4. 项目后评价的作用是什么？
5. 项目后评价的指标体系是什么？项目后评价的主要内容有哪些？

参考文献

[1] 杨一平，马慧. 管理信息系统 [M]. 北京：清华大学出版社，2010.

[2] 滕佳东. 管理信息系统 [M]. 大连：东北财经大学出版社，2007.

[3] 黄梯云. 管理信息系统 [M]. 4 版. 北京：高等教育出版社，2009.

[4] 陆安生. 管理信息系统 [M]. 北京：中国水利水电出版社，2007.

[5] 李兴国. 管理信息系统案例 [M]. 北京：清华大学出版社，2010.

[6] 刘立刚. 工程管理信息系统 [M]. 武汉：华中科技大学出版社，2006.

[7] 戴维斯. 管理信息系统 [M]. 乌鲁木齐：新疆人民出版社，1987.

[8] 何有世. 管理信息系统 [M]. 南京：东南大学出版社，2002.

[9] 李艳杰. 管理信息系统 [M]. 南京：东南大学出版社，2004.

[10] 梅姝娥. 管理信息系统 [M]. 北京：石油工业出版社，2005.

[11] 秦秋莉，邵丽萍，刘会齐. 管理信息系统 [M]. 北京：科学出版社，2010.

[12] 赵苹. 管理信息系统案例教程 [M]. 北京：北京大学出版社，2002

[13] 何勇. 管理信息系统的原理方法及其应用 [M]. 杭州：浙江大学出版社，2004.

[14] 柳佩九. 管理信息系统及其开发技术 [M]. 长沙：国防科技大学出版社，2004.

[15] 吴齐林. 管理信息系统新编 [M]. 西安：西北工业大学出版社，2006.

[16] 章宁. 信息系统开发与项目管理 [M]. 北京：高等教育出版社，2010.

[17] 昝新明. 基于关键因素分析法的财务战略绩效评价体系设计 [J]. 财会通讯（综合版），2008（10）.

[18] 尚晋，杨有. 关键成功因素法在电脑选购方面的应用研究 [J]. 重庆航天职业技术学院学报，2009（2）.

[19] 张爱民. 关键成功因素法在决策者信息需求识别中的应用 [J]. 晋图学刊，2009（6）.

[20] 李兴国. 管理信息系统案例 [M]. 北京：清华大学出版社，2010.

[21] 张友生. 系统分析师考试分析与设计试题分类精解 [M]. 北京：电子工业出版社，2007.

[22] 薛华成. 管理信息系统 [M]. 3 版. 北京：清华大学出版社，2000.

[23] 陈景艳. 管理信息系统 [M]. 北京：中国铁道出版社，2001.

[24] 姜旭平. 信息系统开发方法、策略、技术、工具 [M]. 北京：清华大学出版社，1997.

[25] E. F. Peter Newson. 管理信息系统案例 [M]. 伊娜，李胡娇，译. 北京：机械工业出版社，1997.

[26] 斯蒂芬·哈格. 信息时代的管理信息系统 [M]. 严建援，等译. 北京：机械工业出版社，1998.

[27] Kenneth C. Laudon. 管理信息系统：组织和技术的新途径 [M]. 北京：清华大学出版社，1998.

[28] 牟绍波，唐云锦. 管理信息系统 [M]. 成都：西南交通大学出版社，2012.